本报告整理得到中国社会科学院重大课题 B 类项目（项目编号 0400000110）、国家社科基金重点项目（项目编号 08AKG001）和中国社会科学院哲学社会科学创新工程项目经费资助

本报告出版得到国家文物局重点文物保护专项补助经费资助

《安阳孝民屯》编辑委员会

编委会主任：王 巍

编委会人员：（以姓氏笔画为序）

马俊才　牛世山　白云翔　印 群　朱岩石

刘庆柱　许 宏　孙英民　孙新民　杜金鹏

杨锡璋　何毓灵　谷 飞　张志清　陈星灿

岳占伟　孟宪武　胡秉华　徐良高　唐际根

唐锦琼

主　　　编：王 巍　王学荣

本卷执行主编：何毓灵

中国田野考古报告集

考 古 学 专 刊

丁种第九十四号

安阳孝民屯

（四）殷商遗存·墓葬

上册

中国社会科学院考古研究所　编著

文物出版社

北京·2018

图书在版编目（CIP）数据

安阳孝民屯. 四，殷商遗存·墓葬／中国社会科学
院考古研究所编著. —北京：文物出版社，2018.5
ISBN 978 - 7 - 5010 - 5585 - 2

Ⅰ. ①安…　Ⅱ. ①中…　Ⅲ. ①商墓 – 发掘报告 – 安阳
Ⅳ. ①K878.85

中国版本图书馆 CIP 数据核字（2018）第 084474 号

安阳孝民屯：（四）殷商遗存·墓葬

编　　著：中国社会科学院考古研究所

责任编辑：谷艳雪　张若衡
封面设计：程星涛
责任印制：陈　杰

出版发行：文物出版社
社　　址：北京市东直门内北小街 2 号楼
邮　　编：100007
网　　址：http://www.wenwu.com
邮　　箱：web@ wenwu.com
经　　销：新华书店
印　　刷：北京鹏润伟业印刷有限公司
开　　本：889mm×1194mm　1/16
印　　张：100.75
插　　页：2
版　　次：2018 年 5 月第 1 版
印　　次：2018 年 5 月第 1 次印刷
书　　号：ISBN 978 - 7 - 5010 - 5585 - 2
定　　价：1280.00 元（全三册）

ANYANG XIAOMINTUN

IV - LATE SHANG BURIALS

Volume 1

(*With an English Abstract*)

by

The Institute of Archaeology

Chinese Academy of Social Sciences

Cultural Relics Press

Beijing · 2018

前　言

壹　背景信息

一　孝民屯遗址的地理环境

殷墟位于太行山东麓"一个口朝东三面环山的盆地，（盆地）东西长约 20 公里，南北宽约 10 公里，盆地内的地势西高东低，高度由海拔 130 米，渐降至海拔 80 米"[1]。该盆地是太行山与古黄河漫流区所夹的一系列河川中游地带，此一地带东西宽度少则有 20 千米，多则超过 100 千米。[2]

春秋以前，黄河至少有"汉志河""山经河""禹贡河"三条先后不同的主要路线，而河北平原的黄河河道既不是固定的、也非单一的，而是在一定范围内呈扇形展开，在洪水期窜流于不同的河道间，甚至淹没整个下游地区。[3]辛德勇也认为，战国中期以前，黄河下游河段频繁改道，"基本上是流经今河北平原（包括豫北、冀南、冀中和鲁西北），在渤海西岸入海"，"《山海经》和《禹贡》中的黄河河道转北流，经今内黄、魏县、曲周、广宗等地"。[4]《辞海》"白陉"条目曰："白陉，一名孟门，太行八陉的第三陉，在河南辉县西，为豫北、晋南之间的交通隧道。""（白陉）陉道的山口，古人叫孟门。这个孟门，不是吉县孟门（龙门上口的孟门），而是太行孟门，古代很有名。它出名是出在险。山都是刀劈斧削，路很窄"[5]。发源于太行山的河流南有沁水和淇水、中有洹水、北有漳水等，当时多是黄河的一级支流，自西向东流淌。这些关隘与河流一方面是殷都的天然屏障，另一方面，也给殷都的交通提供了便利。

洹河从殷墟中部穿行，西周之前，殷墟附近及其上游，遗址多沿洹河两侧台地分布；殷墟以东，西周以前遗址的分布偏离了今天的洹河河道，大体呈线性沿西北—东南方向延伸于今洹河南岸数千米，根据"洹河上游早于西周的古文化遗址都具有明显的沿河分布的特性"可知，殷墟时期殷墟以东的洹河曾有多次改道。[6]

---

[1]　中国社会科学院考古研究所编著：《中国考古学·夏商卷》，中国社会科学出版社，2003 年。
[2]　吴忱等：《河北平原的浅埋古河道》，《地理学报》1986 年第 6 期。
[3]　谭其骧：《西汉以前的黄河下流河道》，《长水集（下）》，人民出版社，1987 年。
[4]　辛德勇：《黄河史话》，第 28 ~ 29 页，社会科学文献出版社，2011 年。
[5]　李零：《我们的中国》第三编之《大地文章：行走与阅读》，第 15 页，生活·读书·新知三联书店，2016 年。
[6]　中国社会科学院考古研究所、美国明尼苏达大学科技考古实验室中美洹河流域考古队：《洹河流域区域考古研究初步报告》，《考古》1998 年第 10 期。

河流、湖泊、沼泽的分布除与地形、地貌有关外，与当时的区域气候也关系极大，充沛的降水更易造成河流泛滥、改道。现在的洹河流域地处华北平原腹地西边，为暖温带大陆性季风气候，四季分明。年平均气温 13.6℃，7 月份平均气温 27.2℃，1 月份平均气温 -2.7℃。无霜期 201 天。年均降水量 606.1 毫米，降雨多集中在 7、8 月份，冬春多西北风，夏秋多东南风。殷商时代处在"全新世气候适宜期之末段。其气候总体特征是温和适宜，平均气温按气候纬度向北移 3 度计算，当时的年平均气温当在 16 度左右（现今为 13.6 度），年降水量也应在 800 毫米以上（现今 700 毫米）。因而颇类似于今天的长江流域，但另一方面，殷墟时期的适宜气候已呈强弩之末的态势，这与竺可桢指出的 3000 年前华北地区曾发生气温明显下降的研究结论是一致的。3000 年以前的安阳地区，气候适宜期末段温暖湿润的环境条件应是商王决定以此为都的重要条件"[1]。

自然环境很大程度上左右着古人的生产、生活。甲骨文献中充斥着大量的殷墟时期与"水"相关的占卜，近现代学者也曾就此取得巨大的研究成果。[2]

殷墟遗址范围内零星分布有若干相对低矮的岗地，洹河大体自西往东流经殷墟遗址分布区域，因岗地阻扰而形成两个相对较大的转弯。其中，沿安阳钢铁公司区域岗地的北侧进入，沿其东侧折而南下，在其东南再折而往东，孝民屯遗址位于洹河第一个转弯的内侧（南侧），第二个转弯位于遗址东部偏南。

孝民屯遗址位于殷墟都邑遗址的西部，以近现代孝民屯村落为中心，涵盖其附近周边范围的古代遗址分布区域，该区域位于安阳钢铁公司厂区（2003 年以前）东部，其北侧和东侧紧邻洹河。既往研究发现，孝民屯遗址以北，紧邻洹河北岸的是高井台龙山文化遗址，逆洹河而上，夹河两岸各有一处龙山时期遗址，位于河南岸的为连环寨龙山文化遗址，河北岸的称同乐寨龙山文化遗址，二者不排除是一处遗址的可能性；孝民屯遗址以东，洹河东岸和北岸地带是著名的侯家庄和武官村两个自然村落，殷墟王陵和贵族墓群集中分布的区域；孝民屯遗址东南，洹河南岸是孝民屯东南地铸铜遗址；孝民屯遗址南部和西部是著名的殷墟西区墓地；孝民屯遗址以西是北辛庄商代制骨作坊遗址。

2003～2004 年的考古发掘表明，孝民屯遗址的古代文化序列相对比较完整，发现有仰韶文化、龙山文化、先商文化、早商、晚商、西周、东周、汉魏、北朝、隋唐、宋、元、明、清等阶段的文化遗存。其中，仰韶文化时期发现有居址；龙山时期发现数座陶窑；先商和早商时期也发现有居址；晚商时期居址、墓葬、铸铜作坊等类型遗存皆有发现，时代贯穿殷墟文化第一至第四期，以第二至第四期遗存最为丰富；西周、东周、汉魏、隋唐、宋、元、明、清等时期的遗存主要是墓葬。另外，还发现东周和北朝时期居址，隋代砖瓦窑和铸铜作坊遗存以及宋代砖瓦窑等。

二　周边遗址的考古发掘概况

1928～1937 年，前"中研院"史语所考古组在殷墟进行了 10 年共 15 次考古发掘，取得重要收获。但其发掘区域主要集中在殷墟宫殿区、王陵区、后冈、大司空等地，向西基本未过四盘磨村。

对于殷墟西区的大规模发掘始于 20 世纪 50 年代后期，主要是配合安阳钢铁厂（安阳钢铁公司）的建设进行的。在西区，这种配合基础建设的工作时断时续，直到现在仍在进行，2003～2004 年度孝

〔1〕 唐际根、周昆叔：《姬家屯遗址西周文化层下伏生土与商代安阳地区的气候变化》，《殷都学刊》2005 年第 3 期。
〔2〕 这方面的综合性研究，见张兴照《商代水利研究》，中国社会科学出版社，2014 年。

民屯遗址的发掘应是历年来一次性发掘面积最大的。

实际上，围绕此次发掘的孝民屯遗址周边区域，基本上均进行过发掘工作，但因各种原因，发掘资料未能进行及时、充分的报道。最为集中的报道材料要属"殷墟西区墓地"[1]了。很多学者都对西区墓葬进行了详尽的分析与探讨，该区域的墓葬成为研究殷墟墓葬制度的重要材料。

正如学者们论述的那样，殷墟时期实行族葬制，即同一家族成员相对集中地埋葬在一起，殷墟西区墓地应是典型案例。但除了聚族而葬之外，殷墟时期还可能聚族而居，而且"居"与"葬"之地相距不远，甚至可以说是在同一区域内。从后来的补充发掘、甚至是重新发掘来看，在所谓的"殷墟西区墓地"内也有大量同时期的生活、生产遗迹。此次孝民屯遗址的发掘情况也证实，这种"居葬合一"的模式是殷墟时期最主要的聚落形态。

下面，对孝民屯遗址周边已报道或简要介绍的发掘说明如下：

1. 孝民屯村（已搬迁）附近

1958 年以来，孝民屯以南一带全划为基建区域。1958～1960 年，共有三次发掘工作：

1958 年秋，在孝民屯村西南，清理"殷代灰坑两个、殷墓七座以及宋墓一座"[2]；关于宋墓曾有专门的报道[3]。七座殷墓基本都是殷墟晚期的长方形竖穴土坑墓，形制不大。随葬品主要是陶觚、爵、簋、盘、罐等。两座灰坑中的一座 H10 内有马骨，可能是祭祀坑。

1959 年夏，在孝民屯村正南约 500～600 米处，清理了"殷代车马坑两座，并钻探出大型长方竖穴墓一座"[4]。按此距离描述，其位置应在殷墟西区墓地分区的第六墓区内。

1960 年，在孝民屯村西，发现了主要铸造青铜工具的遗迹、遗物等。[5]由于发掘面积太小，遗迹数量少，而能辨识出可能与铸铜相关的遗迹更是寥寥。在第一区的 H103、H106～H109、H115 中发现有陶范、铜渣、木炭等铸铜遗物，这些灰坑应是废物填埋坑，与铸铜生产应没有直接关系。在第一区的 T106 内，发现一具完整牛骨，侧身屈卧，头北臀南，四肢屈折。用牛祭祀在作坊区内较为常见，推测此牛也应与铸铜作坊区内的祭祀活动有关。

熔铜遗物包括熔炉、坩埚、鼓风嘴等。共发现 14 块熔炉内壁残片，应分属两座熔炉，内壁被烧流成青灰色，上粘铜渣、木炭。草拌泥胎，外部糊泥，已烧成红褐色。被称之为"陶制熔铜器皿"者可能是坩埚，与苗圃北地出土的相同，外壁红色，内壁粘有成片的铜渣。残片含有大量粗砂，壁厚 1～3 厘米。另外，发现 2 件陶鼓风嘴。

铸铜遗物有范、芯及模等。范和芯共计 322 块，其中范占 30%，芯占 40%。范皆残碎，能看出器形的有觚、爵、簋等。范面多呈青灰色，背面凹凸不平，有的带有指纹。纹饰有饕餮、云雷、夔纹等，但多不精细。陶质细腻，多含有细沙。芯以工具和武器为大部，只有一块觚。工具芯有铲和锛两种，为苗圃北地所不见。武器芯为戈、矛两种。能辨识的模较少，仅数件。

〔1〕　中国社会科学院考古研究所安阳工作队：《1969～1977 年殷墟西区墓葬发掘报告》，《考古学报》1979 年第 1 期。
〔2〕　中国社会科学院考古研究所编著：《殷墟发掘报告 1958～1961》，文物出版社，1987 年。
〔3〕　中国科学院考古所安阳工作队：《河南安阳西郊唐、宋墓的发掘》，《考古》1959 年第 5 期。
〔4〕　A. 中国科学院考古研究所安阳发掘队：《安阳殷墟孝民屯的两座车马坑》，《考古》1977 年第 1 期。B. 中国科学院考古研究所安阳发掘队：《1958～1959 年殷墟发掘简报》，《考古》1961 年第 2 期。
〔5〕　中国社会科学院考古研究所编著：《殷墟发掘报告 1958～1961》，文物出版社，1987 年。

生产工具只发现磨石，共 18 块，以粗砂岩为主，另有细砂岩及砾石。

2. 北辛庄村（已搬迁）附近

北辛庄制骨作坊位于孝民屯正西约 600 米，东距小屯村约 3 千米。北辛庄村因基本建设已拆迁，现均位于安阳钢铁公司厂区内。

制骨作坊曾进行过三次调查与发掘：

1959 年第一次调查发掘，共发掘 247 平方米，仅清理房址 1 座、骨料坑 1 个（钻探出骨料坑 7 个）、墓葬 3 座。出土大量的骨料、骨半成品以及较齐全的制骨工具。[1]

1973 年再次发掘，清理骨料坑数个，获得较多的骨料和一些制骨工具，但资料尚未全面整理。[2]

2004 年在遗址内进行大面积钻探与发掘，据称"在 45000 平方米的范围内有商代骨料层和骨料坑的堆积遗存……包括夯土建筑基址、灰坑、窖穴、墓葬及祭祀坑等十分重要的商代遗存，还出土了一批作坊遗留下来的生产工具、骨器等重要文物"[3]。

与制骨作坊相关的遗迹有半地穴式及地面式建筑、骨料坑、祭祀坑、墓葬等。

GNH3 为半地穴式，在生土上挖筑，长方形，南部有七级台阶式通道。坑口东西长 2.8、南北宽 1.95、深 1.05 米。地面平坦，有红褐土居住面，四壁规整光滑。通道口东侧有一堆废骨料。另在房址填土内发现少量骨器。

2004 年曾经发现 2 座夯土建筑，F1 呈东西向，南北长 12 米，东西宽 5 米左右，有两排柱础。F2 也呈东西向，有柱础 2 个，破坏严重。

1959 年清理的 GNH1 为骨料坑，呈不规则长条形，南北长 7.85、东西宽 1.9～2.9 米，深 0.3～1.15 米。填土中有骨料 5110 块及骨笄帽、骨镞、骨针、石刀、石钻、磨石、残铜锯等。

2004 年清理圆形袋状坑 5 座，口径 1.1～1.35、底径 1.5～1.7、深 1.1～1.4 米。填土基本都是松软的灰黄色土，内含大量骨骼废料，另有制骨的工具铜锯、铜刀等。

另据报道，2004 年发现有圆形祭祀坑，坑内有牛骨架 1 具[4]。但具体资料尚未公布。

1959 年曾经发掘 3 座墓葬，随葬陶瓠、爵、簋或豆。2004 年共发掘墓葬 20 座，均为小型墓，未被盗。10 座为俯身葬，8 座为仰身葬，2 座屈肢葬。其中的 M8 墓主俯身直肢，男，头向东。随葬品除陶瓠、爵、豆和铅器外，在填土内还发现 1 件石钻扶手及 1 块磨石。

与制骨作坊相关的遗物有制骨工具、骨料、半成品、成品等。

与铁三路制骨作坊一样，北辛庄制骨工具有铜锯、铜刀、石刀、铜钻、石钻、磨石等。

1959 年发现铜锯 2 件。GNT2④:43，扁平长条形，直背，刃近平，刃部有不太显著的锯齿，前端呈弧形，柄部残，残长 5.1、宽 0.9、厚 0.1 厘米。铜钻 4 件，有长条锥形和扁平长条形两种，平顶，尖锐利。石刀 3 件，凸背弧刃，磨制，一般为青灰色板岩制成。磨石数量较多，形状不一，有粗砂石、细砂石两种，应用于不同的骨器打磨工序。石钻 1 件，扁平长条形，一面中间起棱，通体光滑。

〔1〕 中国社会科学院考古研究所编：《殷墟发掘报告 1958～1961》，第 85～89 页，文物出版社，1987 年。
〔2〕 中国社会科学院考古研究所编著：《殷墟的发现与研究》，第 95 页，科学出版社，1994 年。
〔3〕 李阳：《殷墟北辛庄村商代遗存考察》，安阳市博物馆编《安阳历史文物考古论集》，大象出版社，2005 年。
〔4〕 孟宪武、谢世平：《殷商制骨》，《殷都学刊》2006 年第 3 期。

2004 年亦发现铜锯 2 把,其中标本 J2：1,完整,全长 7 厘米,有短柄,一侧有锯齿。铜刀 1 把,全长 18 厘米,刀尖上翘,刃部锋利。与铁三路制骨作坊一样,也发现一件石钻帽,半球体,直径 6 厘米。另有 2 块磨石。

1959 年共清理各种骨料 5110 块,以长条形、长条尖锥形为主,另外大量碎块、未加工骨料及骨臼等。半成品以笄杆和笄帽为最多,主要产品也是骨笄,可能附带制作骨锥、骨刀和雕花骨块等。

1973、2004 年发掘资料尚未披露详细材料。

2005 年,中国社会科学院考古研究所安阳队与安阳市文物考古研究所联合对此区域又进行发掘,仍有较大量的制骨废料出土。

3. 殷墟西区墓地

1969 ~ 1977 年,考古队在北辛庄、孝民屯村以南,白家坟村以西,梅园庄、郝家店以北的区域内,为配合基本建设,进行大规模、持续性发掘,共清理殷墟墓葬 939 座,车马坑 5 座。发掘者把该区域分为 8 个墓区,其中有 5 座是带墓道的“甲”字形大墓。939 座墓葬中,74 座为殷墟文化二期,189 座为三期,434 座为四期,不能分期者为 242 座。

1977 ~ 1985 年在梅园庄村北、孝民屯村北又分别发掘了第九、十区,但这些墓葬的材料基本未加报道。[1]

1989 ~ 1990 年,在孝民屯村东南即第五区内,发掘墓葬 132 座。[2]

4. 孝民屯东南铸铜作坊

2000 ~ 2001 年,在孝民屯村东南约 200 米,进行两次发掘,共发掘 5000 余平方米。遗迹、遗物十分丰富,其中以殷墟时期的铸铜遗物最引人注目。共清理殷墟时期墓葬 241 座(其中一座为带一条墓道的“甲”字形大墓),车马坑 2 座。[3]

该作坊北部紧临洹河。遗址保存状况很差,与铸铜相关的遗存如灰坑(窖穴)、工房(含烘范窑、熔炉等)及打磨场所、祭祀坑等多被破坏殆尽。与之相应的墓葬也多有发现,但尚未报道。在残存的灰坑等遗迹内出土大量陶范、模、芯等铸铜遗物。

孝民屯村东南的发掘资料尚未全面整理,对作坊内的遗迹现象的认识也是初步的,加之破坏严重,能够辨识与铸铜相关的遗迹较孝民屯村南作坊要少很多。

F6 被 F5、F7 叠压。平面呈长方形,南北宽约 10、东西长 16.5 米以上。F6 表面残存柱础石 1 个、柱洞 1 个、灶 2 处。在 F6 夯土的铺垫土层中发现有 3 座瓮棺葬(这种习俗在殷墟晚期比较常见)。基址夯土分三层,第一层表面有较好的踩踏痕迹,可能是人为活动形成的。在 F6 中部发现一座残窑,残长 1.86、宽 0.4、高 0.6 米。发掘者认为此窑可能属于 F6,是一处烘烤陶范的窑址。窑北约 3 米发现一堆熔炉残块,F6 活动面上还发现三块雕刻比较精细、未曾经使用的陶范。因而,F6 可能是用于生产的工房,与之相关的有制范、烘范、熔铜等生产环节。

〔1〕 中国社会科学院考古研究所编著：《殷墟的发现与研究》,第 121 页,科学出版社,1994 年。
〔2〕 中国社会科学院考古研究所安阳工作队：《河南安阳市殷墟孝民屯东南地商代墓葬 1989 ~ 1990 年的发掘》,《考古》2009 年第 9 期。
〔3〕 中国社会科学院考古研究所安阳工作队：《2000 ~ 2001 年安阳孝民屯东南地殷代铸铜遗址发掘报告》,《考古学报》2006 年第 3 期。

　　F5 的具体情况不详，但发掘者介绍有一薄层铜绿锈面属于此。此绿锈面只残存 1 平方米左右，分布均匀，厚约 0.5 厘米。被认为是铸造铜器最后一道工序——打磨修整铜器形成的。

　　出土铸铜遗物的遗存基本都是废弃的取土坑、窖藏坑等，一般都形制巨大。公布的三处灰坑（含窖穴）是当时典型的垃圾填埋场所，全是当时的生产、生活废弃物。因为在作坊区内，废弃物多与铸铜生产相关，譬如废弃堆积中的包含物有陶范、熔炉、木炭、烧土块、磨石等。

　　用牛祭祀在铸铜作坊内基本都有发现，应与铸铜活动相关。在 2001AGH27 坑的东南边缘有 1 具牛骨架，发掘者推测其与铸铜祭祀有关。该坑西北边缘发现一堆炉壁，应与熔铜有关。

　　熔铜器物主要是熔炉为主，其中草泥炉残块发现 3000 余件。观察分析这些残块并按曲度进行复原，发现按口径不同，可分为直径 100 厘米以上的大型炉、直径 50～100 厘米的中型炉及直径 50 厘米以下的小型炉，以中型炉数量最多，小型炉次之，大型炉最少。据熔炉基体的制作方式又可分为条筑式和堆筑式两类。条筑式炉最多，堆筑式仅发现 10 余件。另一类熔炉为夹砂炉，即坩埚，发现百余件。炉衬表面普遍粘有铜液，胎内含大量粗砂，厚度 1 厘米以上。炉内壁多数有多层粘有铜渣的衬面，说明其被多次使用。草泥炉形制往往大于夹砂炉，前者可能是浇铸大型器物和成组器物群所建，自身设有出铜口和流道；后者可能是浇铸小型器物所建，没有出铜口，浇铸时或从其口部用盛铜器物舀出，再浇入合范以铸造铜器。另外，发现陶鼓风嘴 14 件。"盔"形器 6 件，有学者认为可能是浇注铜液的浇包。此外，木炭、烧土块和炭粒等也十分常见。

　　铸铜器物有陶模、范、芯三类。

　　陶模不足百件。有全模、分模（组合模）两种，泥质，淡红或浅灰色。以兽头、鋬、耳等附件模居多。器类有簋、耳、泡、鋬、棱脊、柱帽、牛首及不明器物模等。

　　陶范共 3 万余块，绝大多数为礼器范。与孝民屯村南作坊一样，陶范有厚、薄两种。厚者较多，背面凸凹不平，有背料和面料之分；薄者较少，背面光滑，只有面料。薄范所铸器物以器形较小者如爵、觚等居多。采用榫卯方式合范。卯眼在范上挖出，多为三角形。榫或者在范上附加一小块泥刻出榫，或者直接在胎上制成。

　　陶范纹饰有兽面纹、夔龙纹、云雷纹、勾连云纹、蕉叶纹、乳丁纹、直棱纹、弦纹、联珠纹、三角几何纹、涡纹、凤鸟纹、蝉纹、象纹等。以兽面纹和夔龙纹为主。特别是直棱纹、凤鸟纹此前在殷墟较少见。

　　可辨识的器形有鼎、甗、簋、瓿、彝、卣、尊、觚、爵、斝、觯、觥、盉、盘、斗、盖、方形器座等。以觚、鼎、卣的数量最多，簋、罍、盖其次。方形器座、大垂珥簋是殷墟所不见器形。

　　芯有明芯、暗芯两种，明芯用于塑造器物的空腔，暗芯浇铸后留大铜器特别是足、耳等部件的内部。均因火候低而疏松，多素面，因接触铜液而形成黑灰色浇铸面。可辨识出的芯有百余块。绝大多数是铜容器芯，鼎、爵、盘等，极少数为兵器芯，有矛等。

　　本作坊内还发现 13 件刻字的模、范、芯，是其他铸铜作坊所未见者。可分为数字范、文字范、铭文芯三种。文字范多刻在陶范的侧面，较潦草，为习刻。铭文芯多为单独芯，与器物主体芯组成复合芯，以铸造铭文。数字范，又称易卦范，一般三个或六个数字为一组，刻在陶范或模的背面或侧面。2001AGH2:2 是殷墟迄今发现铭文最多的一件完整陶范，高约 6.2、宽 4.4、厚约 3 厘米。铭文为"甶公万（丐）敦辟，作父辛尊彝□"，阳文。

贰　考古发掘情况

一　工作概况

孝民屯遗址位于殷墟西部边缘一般保护区。孝民屯遗址自宋代以来被孝民屯村占压，千百年来村民及大型企业等生产生活对遗址本身已造成严重破坏，遗址南部地层中的文化层堆积已几乎破坏殆尽。

2003 年 2 月，按照国家文物局文物保函（2003）90 号文件要求，由河南省文物局组织，中国社会科学院考古研究所和河南省文物考古研究所（现河南省文物考古研究院）组成联合考古工作队（安阳市文物工作队［现安阳市文物考古研究所］参加了部分工作），配合河南安阳钢铁集团 120 吨转炉建设工程，在殷墟孝民屯遗址进行考古发掘工作。考古工作范围约 22 万多平方米，2003 年 3 月 27 日开工，至 2004 年 5 月上旬，田野工作结束，共计发掘面积约 6 万平方米。

考古项目领队、队长为中国社会科学院考古研究所时任常务副所长王巍；考古队副队长为河南省文物考古研究所时任副所长张志清、中国社会科学院考古研究所夏商周考古研究室时任主任杜金鹏；项目执行领队为中国社会科学院考古研究所河南第二工作队（偃师商城队）时任队长（现任文化遗产保护研究中心主任）王学荣，2004 年的现场发掘工作主要由谷飞负责；项目顾问杨锡璋；参加发掘人员中，中国社会科学院考古研究所有胡秉华、王小庆、黄卫东、金英熙、李永强、谷飞、何毓灵、岳占伟、唐锦琼、印群、牛世山、刘忠伏、岳洪彬、李志鹏、陈国梁、曹慧奇、朱岩石、何利群、艾利江、李存信、王明辉、崔良生、刘建国；河南省文物考古研究所有王龙正（王龙正任河南省文物考古研究所方面负责人时间较短，后由马俊才接任）、马俊才、李延斌、樊温泉、杨树刚、丁新功、李秀萍、李素婷、孙蕾等。中国社会科学院研究生院考古系博士生曹峻、高江涛和硕士研究生郝炎锋；四川大学考古系 02 级硕士研究生常怀颖、苏奎、安剑华、伍秋鹏；郑州大学 02 级硕士研究生胡洪琼；吉林大学考古系井中伟、潘玲老师及考古专业 01 级全体同学及 02 级硕士研究生沃浩伟、03 级日本籍博士研究生崎川隆；郑州大学文博学院靳松安老师及部分 00 级本科生；河南大学历史系文博专业袁俊杰、曹建墩老师及 99 级全体同学等。

参加发掘的技师有霍廷合、屈光富、何保国、郭相坤、左亚飞、张绪武、刘兆业、郭明珠、郭中芳、郭辉、夏振民、马富堂、韩庆林、韩彦民、于忠昌、张林、郭天平、李全保、巴特尔、刘福冈、张柱良、赵六德、马平志、刘占礼、姜仕勋、王泽、钱旭、杨军峰等（以上人员不包括参加河南省文物考古研究所负责发掘区域的技师）。

考古发掘实施过程中，中国社会科学院考古研究所和河南省文物考古研究所（含安阳市文物工作队）各自发掘区域相对集中和独立，后期资料的整理和最终刊发等各自独立进行。

孝民屯遗址的发掘克服了难以想象的恶劣环境。孝民屯考古发掘队在前后近 14 个月内，大多数时间发掘工作一直在紧张进行，发掘工作同时，除与全国人民一道抗击非典外，又经历了抗地震、战污染、防事故、战酷暑、抵严寒、抗干扰等一系列的困难，最终圆满完成了发掘工作任务。考古工作区域的南侧（上风方向）和西侧是安阳钢铁公司的生产车间，几乎每日都在排放五彩的烟尘和蒸汽，严重的时候工地区域完全被灰黄色的烟尘覆盖，能见度不足 40 米，有时还面临着蒸汽上升冷凝降水的袭扰。全体参与人员在缺乏有效防护措施和防护经验的前提下，仅仅以薄薄的一次性口罩作为防护，坚持在考古现场。更为惊心动魄的是，2003 年 4 至 6 月正值非典肆虐时期，考古发掘没有中断，每日数百人奋斗在考古发掘现场，牵动着诸多的家庭。

孝民屯遗址的发掘备受瞩目，国家文物局、河南省文物局以及诸多学者均非常关注。2003 年 8 月至 11 月，河南省文物局先后两次组织中国社会科学院考古研究所和河南省文物研究所的专家对安阳孝民屯考古发掘进行检查。参加检查工作的专家有张长寿、杨锡璋、刘一曼、郝本性、杨育彬、杨肇清、蔡全法等。专家们在现场考察工地、观摩出土文物、调阅发掘记录、听取发掘工作汇报。其中，11 月 8～9 日的检查工作纪要认为：1. 本项考古发掘的组织工作认真周到。在省文物局的组织协调下，成立了发掘领导小组和专家组，参与发掘的两单位对于本项工作高度重视，抽调了两单位大量业务骨干，双方密切协作，实行统一规划，统一组织，分工合作。2. 原孝民屯村庄已经严重破坏了遗址，村庄搬迁后，已有文物盗掘现象，对遗址构成新的威胁，如不发掘，遗址保护将面临新的危机。故次抢救发掘很及时，很有必要。3. 本项考古发掘具有明确的学术目的，利用配合基本建设的机会，设定了具体的科研目标，制定了相当周密的工作计划，拟定出比较科学的工作规程。虽然该遗址破坏较为严重，现状保存较差，但通过艰苦努力，基本达到了预设的学术目标。4. 本项考古发掘通过制定切实可行的规范化措施，保证了发掘工作的科学性。从发掘计划的制定到田野发掘的实施，均符合考古规程。对遗迹现象的处理仔细到位，发掘记录认真，探方资料规范，遗址和文物保护措施得力。5. 本项考古发掘根据科研目的和发掘对象的具体情况，采用现代科技手段，集中了较多科研人员组成较强发掘力量，进行了大面积揭露，从而得以对本处遗址的布局、内涵及各种遗迹间的相互关系有了比较全面的了解。不但清理了大量殷墓，而且还发现了商代的祭祀遗迹，较完整地揭露出一组建筑基址，更重要的是通过对这里的铸铜遗迹遗物的比较全面的发掘清理，对于商代铸铜工艺流程有了新认识，填补了殷墟考古的部分空白，有力地推进了殷墟考古工作，应予肯定。6. 参加发掘的科研人员，在空气被严重污染的环境下，爱岗敬业，甘于吃苦，作风过硬，在盛夏酷暑和"非典"肆虐期间，忘我工作，成果卓著，值得赞扬。7. 建议省文物局组织发掘单位认真总结前段工作，对于有创新的科研思路和工作方法予以肯定，对于表现突出的科研人员给予表扬。综上所述，此次发掘学术目的明确，组织有力，计划周密，工作细致、规范，方法得当，成果显著。建议对发掘现场的重要遗迹现象尽快进行保护性回填；利用发掘间歇期对资料进一步进行整理、核查，使其更加完善和规范；春季继续发掘，进一步详尽地获取资料，对重要遗迹采取措施，予以妥善保护，善始善终地完成发掘工作。

2003 年 10 月 17 日在国家文物局进行了专题汇报，张柏、张忠培、李伯谦等先生参加会议；国家文物局局长单霁翔、文保司副司长关强曾分别赴发掘现场检查并指导工作。河南省文物局副局长孙英民多次赴发掘现场指导工作。2003 年 11 月 5 日，中国社会科学院考古研究所夏商周研究室在孝民屯工地召开现场会，杜金鹏、许宏、徐良高、何驽等夏商周研究室同仁，以及中国科学院自然科学史研究所苏荣誉参加会议。此外，发掘进行之中，在郑州市安钢宾馆还举行过多次进展情况汇报会。

2004 年 4 月 19 日，河南省人民政府在安阳市召开"安阳孝民屯遗址考古工作座谈会"，省文化厅厅长郭俊民主持会议，出席会议的代表主要有国家文物局副局长张柏、文保司副司长关强、考古处处长李培松；国家文物局专家组黄景略、徐苹芳、邹衡、严文明、叶学明、张森水、谢辰生；河南省文物局局长常俭传、副局长陈爱兰、文物处处长司治平等；中国社会科学院考古研究所所长刘庆柱、副所长王巍，以及张长寿、郑振香、杨锡璋、刘一曼、高炜和杜金鹏；河南省文物考古研究所副所长张志清，以及杨焕成、郝本性和杨育彬；安阳市委副书记赵微、副秘书长李阳生、文化局长王春杰、文物局长段振美；安阳钢铁集团公司副总经理李利剑等。通过检查发掘现场和考古发掘资料，听取现场执行领队王学荣的汇报，与会专家对孝民屯遗址的发掘给予了充分肯定和高度评价。

二　发掘方法

1. 发掘方案制定和实施

鉴于此次发掘的重要性，发掘工作之初，在河南省文物局的组织协调下，两个研究所有关领导及主要业务人员经过认真研究，在《田野考古操作规程》的基础上制定完备的工作方案，主要内容有：

（1）制定考古队的《工作规程》。

（2）强化田野工地规范化和标准化建设。

A. 建立发掘区的地理信息系统。刘建国在发掘开始前，采用国家标准的测量坐标系统定位发掘区；使用全站仪定位测量并建立发掘区的探方网格系统，重要遗迹使用全站仪直接定位测量；完成发掘区现存地形地貌的测量。鉴于项目区域的范围、考古勘探结果所示的文化遗存分布特点和周围地物分布状况等，我们以东西横跨工作区域的安阳钢铁公司自备铁路线为界，将发掘区域分为南区和北区两部分。南区和北区各自建立自己的坐标体系，在编号上南区为 2003ASTXXXX，北区为 2003ANTXXXX。南北两区发现发掘的考古遗存编号按照各自所属的坐标系统分别进行。

B. 规范田野考古纲要。以国家文物局的《田野考古操作规程》为纲领，针对夏商周三代遗址的特点，进一步完善并规范田野考古纲要。为此，编制了各类遗存的考古操作要领及发掘需应注意的事项；统一各类记录的写作格式（有些规程系随考古发现即时编写）；除先期对发掘成员进行业务培训外，还注意经常召开典型遗迹的现场说明会，强化意识，全面提高发掘质量。

（3）考古发掘工作实施，先易后难，审慎推进。

依勘探信息，首先选择堆积相对简单的北区进行适应性发掘，两星期后大规模的发掘在南区展开。在省文物局的支持下，组织力量对南区重要地点重新钻探，以确保下一步工作准确并顺利展开。当发掘设计与发掘目标偏差比较大时，适时调整发掘方案和部署，突击重点。比如社科院考古所在南区对聚落群的发现与发掘；河南省文研所对北区龙山时期窑址群和商代大型建筑基址等的大规模发掘。

（4）多种形式记录发掘资料。

除文字和线图外，还采用黑白片、彩色反转片、彩色负片、数码摄影和数码摄像等多种形式记录并储存发掘资料，为保证质量，指定专人专职现场绘制墓葬等复杂遗迹的线图。另外还拍摄了部分立体彩色负片。2003 年发掘现场的影像资料获取工作主要由李存信专职负责。建立并依靠三级记录制度，保证发掘日记及记录的完整性，譬如请经验丰富的老先生专人建立整个工地的总记录；各发掘区域负责人的区域总记录；各探方具体负责人的记录。单项遗迹发掘完成后，具体负责人尽快完成该单位考古记录的写作，并交给区域负责人，由区域负责人修改并负责将其录入电脑。

（5）加强多学科合作。

具体有：体质人类学专家王明辉 2003 年全程参与发掘，在现场对墓葬人骨进行生理和病理鉴定，并负责人骨取样；印制动物骨骼图谱，力求现场初步进行动物种属鉴定；加强土壤取样工作，力争每个单位至少提取一份可供浮选的土样。土壤样品浮选后植物考古学专家赵志军对全部样本进行了鉴定，王树芝对浮选所获木材资料进行了鉴定。

（6）加强出土文物的整理与保护。

主要工作有：在发掘同时，专人负责陶片的清洗和标识，墓葬陶器等的修复也基本同步；专人负责珍贵文物及小件器物的登记造册和保管；专业技术人员现场负责起取或保护难以提取和保存的文物。譬如车马坑整体起取搬迁；大型青铜器铸造间及残存浇筑遗存等同比例模型现场制作；其他重要遗存整体提取等等。

（7）强化田野文物安全意识。

制定现场专职值班人员工作守则，日常保卫人员不少于 4 人，重要文物发掘时安全人员最多曾多至 16 人；出土文物当日回收入库。

（8）充分发挥专家作用，加强田野考古力量。

鉴于殷墟考古的特殊性，充实长期在殷墟工作的老同志、老专家作为考古队的人员，组成为老、中、青相结合的考古队伍，充分发挥老同志优势，共同努力，确保田野工作质量。

2. 发掘步骤

（1）依勘探信息，首先选择堆积相对简单的北区进行适应性发掘，两星期后大规模的发掘在南区展开。

（2）当发掘设计与发掘目标偏差比较大时，适时调整发掘方案和部署，突击重点。比如社科院考古所在南区对聚落群的发现与发掘；河南省文研所对北区龙山时期窑址群和商代大型建筑基址等的大规模发掘。

（3）在省文物局的支持下，组织力量对南区重要地点重新钻探，以确保下部工作准确并顺利展开。

（4）对发掘区域内的铸铜遗址给予特别重视，力争全面了解青铜器铸造工作流程及工匠的生活情况。

3. 明确学术目的科学确立发掘范围

通过研究以往孝民屯地区考古发掘成果，确立了学术目标。

其一，鉴于考古所安阳工作队曾在孝民屯西北地发掘到部分兵器范等铸铜遗物，在距南区东南约 300 米处，发掘到丰富的青铜礼器铸范和熔炉块等文化遗物，故寻找和大面积揭露该铸铜遗址的核心区域是这次发掘的主要学术目的。

其二，在南区的南部即是已发掘的著名"殷墟西区墓地"，发掘前，在发掘区勘探出分布密集的晚商墓葬近千座，应与"殷墟西区墓地"属同一个墓区，故本次发掘力争弄清西区墓地的族墓分布规律。

其三，建筑基址特别是大型建筑基址以往在殷墟西区很少发现，钻探显示，南北区均有较大型的建筑基址，故了解这些建筑基址的内涵和分布规律也具有较重要的学术意义。

　　为了完成既定学术目标，我们根据基建区域内 22 万平方米范围进行文物勘探的结果，确定对文物分布密集区进行了地毯式的大面积发掘，对零散分布的遗存定点发掘。经过一年多的努力，共发掘 6 万余平方米。

　　本次发掘，获得 2003～2004 年度国家文物局田野考古二等奖，发掘质量得到诸位专家的认可，这与制订的发掘方案并严格实施是分不开的。

三　重要遗迹的分布及保存状况[1]

1. 北区

　　钻探资料显示，除近代墓群外，该区中北部分布有大面积文化层堆积。经发掘发现龙山时期陶窑 3 组共 6 座；商代建筑基址 17 处，其中 16 处（组）为地面建筑，1 处（组）为半地穴式；古墓葬 295 座，以殷墟时期墓葬和清代墓葬为主；灰坑 469 个（含水井 4 眼）；祭祀遗存若干。在遗存中，龙山时代窑址有 2 组保存较完整；商代夯土建筑基址破坏十分严重，仅残存部分基础及裸露的柱础石，夯土基址铺垫土层中发现若干座瓮棺葬，建筑形制和布局不明确；古墓葬皆小型墓，绝大部分被严重盗毁。

2. 南区

　　该区域遭历代破坏，尤其被现代村庄严重毁坏。考古队进场前该区域的村庄建筑等废弃堆积又被普遍进行过清表处置，已罕见古文化层堆积，甚至绝大部分区域原生土也遭一定程度破坏，多者深度超过 1 米，残存的古文化遗存少且多为其底部。残存的古文化遗存多分布于该区域中、南部，北部有零星古墓葬分布。我们对遗存相对丰富的中、南部进行了全面发掘。清理 118 处（组）古建筑中，商代地面建筑夯土基址 15 处，商代半地穴式建筑 100 处（组），隋代半地穴式建筑 2 处，唐以后地面建筑夯土基址 2 处；古墓葬 983 座；灰坑 720 个（含水井）；祭祀遗存若干；商代铸铜遗址 1 处。这些遗存中，商代地面建筑仅残存部分基础，半地穴式房址已非原始深度，部分仅残存室内踩踏面，室外地面毁坏殆尽，部分分布较有规律的房址，可能分属三个村落；墓葬皆小型墓，绝大部分惨遭盗掘；铸铜遗址分布于该区域南部，原活动地面不复存在，残存的与铸铜工作流程相关部分少量遗存，如取土坑、陈腐池、练泥池、晾范坑、储藏坑、铸造间（坑）等也仅为其底部。

叁　发掘成果主要认识

　　2003～2004 年孝民屯遗址考古发掘，在 22 万多平方米范围内，一次发掘 6 万平方米，此次发掘是殷墟发掘史上一次性发掘面积最大者，取得的成果也十分显著。经过长期的整理与研究，我们对孝民屯遗址的认识也更为深刻。

---

[1]　"重要遗迹的分布及保存状况" 和下文 "孝民屯遗址古代遗存分布及人文环境变迁" 的介绍中，包括部分河南省文物考古研究所负责发掘区域的成果。

一 孝民屯遗址古代遗存分布及人文环境的变迁

整理发现，孝民屯遗址主体堆积是殷墟时期，但这并不代表整个遗址均为殷墟时期，从仰韶文化直至明清时期，人类活动于此基本没有中断过。

1. 仰韶时期

仰韶文化时期的遗存发现于遗址南区东南部，东距离洹河不足100米。发现的遗存为一不规则圆形坑，坑的西半部已经被一条南北向的现代污水沟所破坏，坑中堆积比较纯净，以灰黄色土为主，极少灰烬。灰坑中出土少量碎陶片。该时期遗址的具体情况不清楚，由于仰韶时期的灰坑是发现于铸铜遗址范围内，仰韶时期的遗存是否是受到商代铸铜活动影响而殆尽，尚待考究。综合整个区域考古发现看，仰韶时期只有为数很少的居民在此活动。

2. 龙山时期

龙山时期的遗存主要发现于北区中北部，遗存仅仅为两处相距不远的陶窑。陶窑各自位于大型取土坑的底部，残存陶窑有窑箅、火塘、火门和操作坑等，系在生土面上往下掏挖而形成窑箅和火塘。除两座陶窑外，发掘区域未发现其他该时期遗存。从所在位置推断，在两座陶窑以北约不足200米即是洹河，洹河对岸便发现有龙山时期的遗址——高井台龙山文化遗址。所以从某种意义上说，这两处陶窑遗存或许是高井台龙山文化遗址的陶器作坊遗存。同时，在北区中北部集中发现的大面积坑状遗迹，或许原本与这个制陶作坊有关。直到商代晚期，这些大面积坑状遗迹才逐步被废弃堆积填埋，并且在上部建造了地面建筑。

3. 先商和早商时期

先商和早商时期的遗存发现同样很少，集中分布于南区东南部，相对于仰韶时期的遗存而言，其更加靠近洹河。发现的该时期遗存仅是零星的小坑，堆积为灰土，出土少量陶器残片。聚落状况与仰韶时期相似。

4. 晚商时期

晚商时期是孝民屯遗址最主要的时期，所发现遗存年代自殷墟文化一期始，连续不断延续至殷墟文化四期。

（1）殷墟文化一期遗存

时代属于殷墟文化一期的遗存数量很少，主要发现于南区东南部，被铸铜遗址破坏，主要遗迹为零星的灰坑和一座瓮棺葬墓。聚落状况与先商及早商时期相似，居住人口很少。在相当于殷墟文化一期偏晚阶段，以半地穴式组合建筑为代表，在南区中部和南部陆续出现相对较多的人群，聚落初具规模。

（2）殷墟文化二期遗存

殷墟文化二期是孝民屯遗址人口急剧增多的时期，代表性特征是在南区中部和东南部出现了大量半地穴式建筑。这些半地穴式建筑按照分布规律和相对集中程度，可大体分为三个区域，或许可代表三个相对独立的群体。各群间有明显的空白地带，表明各群房址相对独立。另外，北区中北部也零星发现形制相同的房址。

相当于殷墟文化二期偏晚阶段，在南区东南部开始出现铸铜活动，此时，半地穴式建筑逐步遭到废弃，部分房屋被铸铜活动所破坏。与铸铜活动出现相应的是墓葬数量逐步呈增多趋势。

（3）殷墟文化三期遗存

殷墟文化三期时期，孝民屯遗址最主要的功能是青铜器铸造。铸铜遗址的中心区域位于南区东南部，面积近4万平方米。如果考虑到孝民屯西北地铸铜遗存和东南地铸铜遗存，那么此时的孝民屯地域自西北往东南形成了绵延数千米的铸铜遗址带，规模非常惊人，从铸造器物形制和体量分析推断，应该是属于商代王室所掌控的专业作坊。除铸铜作坊外，南区大部和北区中北部区域，都发现了大量该时期的居住址遗存，墓葬成批涌现，家族式的墓地初步形成。

（4）殷墟文化四期遗存

孝民屯地域的殷墟文化四期继续延续三期时的繁盛，铸铜作坊仍旧是主导产业。与三期所不同的是，在几乎遍布孝民屯遗址南区和北区北部的居址中，大量出现规模相对较大的地面建筑，显示出居民的地位和层次在明显提高和变化。

殷墟文化四期末，商代灭亡，商代遗存急剧减少。

5. 西周时期文化遗存

孝民屯地域的西周文化遗存主要为墓葬，数量相对较少，时代由西周早期延续至西周中期。这些墓葬中死者身份或许是殷遗民。

孝民屯地区商代墓葬大量遭到盗毁，从盗掘留下的痕迹推断，进行盗掘时相当部分墓葬的棺椁木尚且具有一定强度，盗掘者系通过在椁室顶板一端挖洞的办法，钻入椁室进行盗窃。往往这种状况的墓葬人骨被严重扰乱，有的甚至被人为地集中于墓葬一端，墓葬中的随葬品被洗劫一空。综合各种现象，我们认为孝民屯地区第一次疯狂的盗墓狂潮应该始于西周初年，其历史背景就是武王灭商。

6. 东周时期文化遗存

孝民屯地域的东周文化遗存发现于南区，遗存分为居址和墓葬，时代约为战国时期。其中，居址发现于南区东南，主要是灰坑和方形环状沟遗迹（沟不足2米宽，深度近2米。沟的形制非常规整，走向笔直。在我们的发掘区中仅暴露出一部分，呈直角形拐折。初步判断应该是方形或长方形的环状沟，位于发掘区中者应该是其西南隅，沟的内侧区域暂没有发现其他遗存）；墓葬相对集中地发现于南区最北部，呈东西向排列，在南区东南部零星发现有该时期墓葬。

7. 汉魏时期文化遗存

孝民屯地域汉魏时期文化遗存数量极少，仅在北区中北部发现砖室墓一座。

8. 北朝时期文化遗存

孝民屯地域北朝时期文化遗存同样发现很少，仅在南区东南部发现少量该时期的灰土堆积，出土遗物有石质佛像背光残件等。

9. 隋唐时期文化遗存

孝民屯地域隋唐时期文化遗存分布少且十分零散，但种类不一，功能明显，既有制陶作坊遗存，又有铸铜作坊遗存，说明该时期也曾是孝民屯地域历史中的重要时段。其中，北区中北部发现一座隋代墓葬，出土大量陶俑等；南区东南部发现两座隋代半地穴式房址，房址地面散落诸多青铜碎屑，疑似是青铜器铸造后的打磨工作间；南区中北部还发现一座隋代砖瓦窑。

10. 宋代文化遗存

孝民屯地域的宋代遗存发现数量很少，仅在南区中北部发现有墓葬和砖瓦窑各一，北区西北部发现一座墓葬。

11. 元代文化遗存

孝民屯地域的元代文化遗存也十分稀少，仅仅在北区西北部发现一座元代迁葬墓。

12. 明代文化遗存

孝民屯地域明代文化遗存发现于南区东南部，可确认的为一座砖室墓。从墓志记载看，死者是朱姓皇族后裔与其丈夫的合葬墓。在该墓葬以南发现有夯土建筑基址的夯土墙基槽残迹，因没有相关出土遗物，年代无法推定。但从其与该墓葬的关系等初步判断，其或许是该墓葬的享殿性质的建筑。

13. 清代文化遗存

孝民屯地域的清代文化遗存主要是墓葬群。墓葬群共两处，分布于北区西南和西北部。

二　孝民屯陶器群分析

孝民屯陶器可分为日用与随葬两类，日用陶器种类繁多，形制复杂；墓葬随葬陶器种类较少，形制变化也较单一，有些随葬陶器是明器，与日用陶器明显不同。

依照质地，日用陶器有粗泥陶（普通陶器）、硬陶、原始瓷和釉陶等，容器最多。其中普通陶器有夹砂与泥质不同胎质，夹砂陶分灰、红、褐、黑等不同颜色，以灰度不同的灰陶最多；泥质陶有灰、红、褐、黑皮等颜色，也以灰陶居多。

孝民屯陶器与整个殷墟陶器一样，纹饰以中、粗绳纹为主，一般都较为清晰，主要饰于鬲、盆、罐、簋等器物之上。其次是弦纹、三角划纹、附加堆纹、联珠纹等。素面或饰简单几道弦纹的陶器占比也不小。

殷墟陶器主要采用轮制、模制、泥条盘筑以及轮模兼用的方法制作。在殷墟范围内，陶窑比较集中的区域是刘家庄北地[1]，近些来年陆续发现20多座陶窑，除了大量陶器的残次品、废品外，还有

---

[1]　中国社会科学院考古研究所安阳工作队：《河南安阳市殷墟刘家庄北地制陶作坊遗址的发掘》，《考古》2012年第12期。

一些制陶的工具。其中以柄部有刻划符号，或曰族徽的陶垫最引人注目，这或许表明制陶工匠为不同族群。需要说明的是，这些陶窑生产的陶器主要是泥质陶，如陶簋、陶豆、泥质小鬲等，基本不见夹砂陶，如夹砂鬲。这说明，陶器生产组织内，已有明确的专业分工。

孝民屯遗址内陶器种类主要有鬲、甗、甑、罕、鼎、簋、豆、盘、觚、爵、罍、觯、尊、方口器、壶、瓿、钵、盂、盆、罐、瓮、勺、缸形器、筒形器、坩埚形器、器盖、水管等，殷墟都邑内常见的器类在此基本都可发现。同种器物形制多样，除主体器形外，并不是所有器形的演化规律均十分明显，易于掌握。有些器类，如罐、瓮等，早晚变化缓慢，其演化速率与标准器如鬲、簋、豆、盆等明显不同。

依据陶器变化规律不同，孝民屯遗址的陶器与殷墟其他区域陶器一样，可分四期，并可进一步细化为殷墟一期晚段、二期晚段、三期、四期。需要指出的是，在此遗址内，未发现与小屯东北地 87H1[1]相当、被认为是殷墟一期早段的器物，也未发现殷墟二期偏早的遗存。殷墟一期晚段的遗存主要是发掘南区的半地穴式房基。这说明该区域生活在半地穴式建筑内的人群离开此区域后，该地有短暂的空闲。二期晚段此地重新开始辟为铸铜作坊，殷墟三、四期之时，生产、生活特别集中，相应的，陶器也最为丰富。

值得注意的外，在孝民屯陶器中，我们明显可以区分出不同于典型殷墟陶器风格的陶器，运用文化因素分析的方法，可以辨析出一些陶器可能来自于周边区域的考古学文化，这对于进一步探讨殷墟都邑的族群构成、人群迁徙、甚至是王权统治模式等重大问题均提供了可靠的实物资料。

三 孝民屯遗址半地穴式房址群分析

孝民屯遗址发掘出土的半地穴式房址共计 100 组（套），逾 200 间。从层位关系分析，房址绝大多数直接打破生土，被殷墟三或四期的灰坑、墓葬等遗迹打破，未发现被年代更早的遗存所打破者，说明房址的年代下限不晚于殷墟三期。相当部分房址中出土有比较完整的陶器，从陶器出土位置判断，有的陶器摆放在壁龛内，也有的置于灶坑内，说明它们应是房屋使用时的遗留物品。这些陶器的年代大多为殷墟二期，有的或可早至殷墟一期晚段。结合布局和结构特征，这些半地穴房址大多呈排状分布，虽房屋结构多样，但建筑工艺基本相同，一致性比较强。说明房屋结构和组合方式不同所表现出的是聚落中房屋之间的等级差异，而非年代早晚之递变关系。由此，我们认为这批半地穴式房址群的年代应为殷墟第二期，有的或可早至殷墟一期的晚段时期。

从这些半地穴式房址的空间分布看，除北区 1 组外，其余相对集中于南区中南部之三个区域，各群间有明显的空白地带，表明各群房址相对独立，理应分为三个相互独立又有紧密联系的聚落。从布局上，三组房址群皆基本成排分布，排与排间的房屋错落有致，以利通风，同一排房屋的排列方向大体呈西北—东南一线分布。各房址群内房屋的组合形式，房屋结构，具体生活设施如门庭、各类灶、"土床"等的设计和建造方式基本相同，性质为日常居住用途。

同一建筑群内，半地穴根据房屋地穴内的倒塌堆积推断，原房屋墙体采用夯土、草拌泥和土坯等多种形式。

---

[1] 中国社会科学院考古研究所：《安阳殷墟小屯建筑遗存》，第 120～131 页，文物出版社，2010 年。

以保存相对最好的一处房址群为例，共有半地穴式建筑 27 组（套），共 70 间。建筑群的特征可概括为：

（1）房屋分布集中，错落有序。

建筑的基本分布方式为由南往北，大体按排分布，比较成形的有 8 排，排与排间的距离多约 8～10 米，同一排间，相当部分房屋的间距接近前者。房屋相互错位，以利于通风。

（2）房屋结构紧凑，布局合理。

每组（套）房屋构成一个相对独立的单元，单元内房址结构多样，有单间、二间、三间、四间和五间（笔者注：本房址群没有五间者）等，房间组合形式不一，有"口"字形（即单间）、"吕"字形、"品"字形和"十"字形等，各组合的形式也比较固定，出入门道一般位于建筑的南部或东部。各单间房屋皆方形或长方形，多间房屋各房之间以过道连接。值得注意的是，房屋设计非常强调厅或门厅的概念，并在实际运用中灵活发挥厅的作用，其他房屋通过厅或门厅组合为一体。即除单间外，其他类型结构房屋的相同点在于门庭的地位十分突出，通过门庭而过渡到其他房间。故我们完全可以借用现代民用建筑的概念，将 1 间、2 间、3 间、4 间四种组合方式分别称为一室、一室一厅、二室一厅和三室一厅。

（3）房屋结构基本保存完好，功能齐备，饮食方式多样。

相当多的房屋在进入门厅的门道端头或一侧设置有或圆形或方形的坑，应是室内的蓄水设施，以防止室外的水淹没或浸泡室内。部分房屋发现有壁龛，有的壁龛内还保留有陶器或玉石器。门道门厅以外的其他房间，多在一侧发现土台，土台有生土的，也有熟土的，显然是用于睡觉的"床"。土台的宽度一般 1 米左右，接近于现在家庭中常见的单人床，故单个土台没有充足的空间来容纳 2 人以上就寝。绝大多数房间皆发现数量不等且保存基本完好的灶（广义上与用火相关的遗迹），依形制大体分四类。第一类灶专门用于炊煮烧饭，这种灶的结构比较复杂，具备火塘、火道、烟道等，炊煮器皿固定于火塘的上方。第二类灶比较简易，只有火塘，常在居住面上挖椭圆形浅坑而成，应是陶鬲或甗等三足类炊器的专用灶。第三类灶的结构以壁龛式为主，除部分外，多数壁龛的底部接近或低于室内居住面，其性质应主要是用于取暖或保存火种的火塘。相当部分第三类灶底部还附加有第二类灶，使之具备了保存火种或取暖和炊煮的多重功能。第四类灶的主要功能是用于取暖的火塘，有两种形式，其一是依托墙壁，三面使用草拌泥垛起；其二是壁龛和土围相结合，灶的一半以壁龛方式嵌入墙壁，另一半在外，在外的部分周围或被草拌泥或被夯土所包围。个别该类灶的火塘中也设置有第二类灶坑。另外也见有专用于烧烤食物的灶台等。由此说明当时人们的饮食方式已非常多样化。不少房间保留有实用的生活器皿，还有一些房间出土了占卜用的龟腹甲。

（4）房址址群间，房屋的等级分明。

村落房屋以二室一厅者居多，约占总数的一半；三室一厅的房屋有 3 组，由于有 2 组是二室一厅的变体，即三室一厅的房屋中有两种组合方式，前者为通过门庭过渡到各个房间，后者为在二室一厅的基础上，多开辟一间，多出的一间房和门庭以外其他房间串连在一起，实为二室一厅的变体，故真正意义上三室一厅只有 1 组。从在房址群中所处的位置判断，前者处于房址群的中部，地位应明显高于后者。一室的房屋仅 2 组，其余皆一室一厅。由单元房屋的组合，一定程度上可反映出村落内部的等级制度，村落人群的主体是居住在二室一厅和一室一厅中的普通村民，居住在三室一厅者的地位相对较高，而居住在标准布局的三室一厅内的，显然又是村落内地位最高者。

孝民屯地域发掘出的半地穴式建筑群，风格独特，在很多方面表现出与殷墟主流建筑形式不同的特性。

（1）半地穴建筑并不是殷墟平民阶层普遍居住形式。

自以偃师商城遗址和郑州商城遗址所代表的商代早期始，及至以殷墟遗址为代表的商代晚期，整个商代考古遗存中，商文化的传统核心区域中，无论是大型宫殿式建筑，抑或小型建筑，建筑形式以地面建筑为主流，只是偶见半地穴式建筑，并且以单间为主。地面建筑的基本建造方式是基础处理，往往是先挖基槽，再逐层夯筑至高于地面，在然后才构筑墙体。孝民屯地域大量且多间组合式的半地穴式建筑群，从某种意义上讲在商代中原地区尚属特例。因此，孝民屯半地穴式房基并不是殷墟常见的居住方式。从房址群布局、建筑形制特征和出土陶器等方面综合分析，或许居住其中的人们，即有独特的生活方式，同时也深受殷墟文化的影响。

（2）孝民屯遗址半地穴式建筑风格与当地传统不符，而与晋中及内蒙古中南部地方文化有相似性，不排除是由早期的窑洞式建筑演变而来。

安阳地区新石器时代半地穴式建筑特征为单间圆形或长方形，建筑特征与孝民屯半地穴式房基差别很大，不是孝民屯半地穴式建筑群的直接来源。如安阳地区新石器时代仰韶文化以后冈一期的后冈类型与大司空类型为代表，这一时期的居住址都是浅地穴式的，后冈类型的居住址可分圆坑式及带门道式两种[1]。安阳地区龙山文化时期有后冈二期文化，其中属此时的后冈遗址内分布有大量的圆形房址[2]，皆为地上建筑，房基垫土往往经夯打。墙有垛泥墙、木骨垛泥墙及土坯墙三种。房址的居住面上大都抹一层白灰面，少数居住面经焙烧，甚至铺有一层木板。居住面中部有灶。这种龙山时期圆形建筑在距后冈遗址 20 余千米的汤阴县白营遗址内也有大量发现[3]。共揭露出房基 46 座。房基的布局基本上东西成排，南北成行，门大部朝南，少数也有朝东、朝西和朝北的。房基的形状绝大部分圆形，也有长方形的。圆形房基直径 2.8～5.2 米不等。门宽 0.4～1.67 米不等，有的在门口设置门坎，门坎长条形，断面半圆形，由草拌泥做成。

早商和中商时期，类似孝民屯半地穴式建筑特征的房址曾在郑州商城遗址西城墙附近及铭功路西制陶坊遗址[4]内有所发现，但在整个早商时期并不具有代表性。如制陶作坊遗址内的 C11F103、F104、F105 最为典型。原报告把三间相连的单间半地穴式房基（原报告称之为向下挖筑的房基）分别编号，其意可能认为是三座房基。现从孝民屯半地穴式房基来看，应是一座三间套的半地穴房基。时代相当于二里岗上层一期。

年代更早的多间套半地穴式房基，我们在中原地区尚未发现，反而在晋西北地区见到了其踪迹，这确实耐人寻味。如晋中地区杏花村遗址第四期（相当于客省庄文化）有类似的一座两间半地穴式房

---

〔1〕 A. 中国社会科学院考古研究所安阳工作队：《安阳后冈新石器时代遗址的发掘》，《考古》1982 年第 6 期。B. 中国社会科学院考古研究所编著：《殷墟的发现与研究》，第 422 页，科学出版社，1994 年。

〔2〕 A. 中国社会科学院考古研究所安阳工作队：《1979 年安阳后冈遗址发掘报告》，《考古学报》1985 年第 1 期。B. 中国社会科学院考古研究所编著：《殷墟的发现与研究》，第 428 页，科学出版社，1994 年。

〔3〕 河南省安阳市地区文物管理委员会：《汤阴白营河南龙山文化村落遗址发掘报告》，《考古学集刊》第 3 集，中国社会科学出版社，1982 年。

〔4〕 河南省文物教研研究所编著：《郑州商城——一九五三年～一九八五年考古发掘报告》上册，第 146～433 页，文物出版社，2001 年。

址。报告编写者推测原可能是窑洞式建筑，被破坏所致。在其中一间内也有"土床"[1]。另有报道，在内蒙古中南部的朱开沟文化遗址内，发现的房址"以半地穴式为主。以长方形或方形者为主，也有少量圆形房屋。多为单室，少数为双室，个别为三室。双室者大多呈'吕'字形，三室者也以同样的方式串联，也有个别双室者为并联"[2]。其中朱开沟文化南壕遗址 IF26 系三室房基，中室最大，居中，两侧有前后室，每室各有一圆形灶，并有柱础 15 个[3]。这种建筑方式在内蒙古中南部早有出现，传承相对清楚，而以属仰韶时期的环岱海地区老虎山文化较为集中。如石虎山 II 遗址 SIIF3、园子沟遗址 F3041、F3047 等[4]。据推测，这种建筑形式多为窑洞式内掏而成。与孝民屯半地穴式建筑群的建筑方式可能有所不同的是，在孝民屯半地穴式建筑群中，很少发现柱础。是否这种建筑形式在传承过程中融合了商代建筑方法，也未可知。

（3）半地穴式房基内的陶器外来文化因素浓厚，反映出与周边地区同时期地方文化比较紧密的关系。

孝民屯遗址半地穴式建筑群出土的陶器，对比殷墟同时期考古学文化，分为三个类型，即外来型、混合型及殷墟型。通过把孝民屯半地穴式建筑群内出土的非殷墟文化特征陶器与周边地区同时期考古学文化的比较，我们发现，称其为外来型陶器的高领袋足鬲与关中西部的先周文化有着极大的相似性。如 F102－2:2 陶鬲与关中西部的郑家坡遗址 H14:29[5] 极为相近，二者均为高领袋足。而混合型陶鬲则与关中西部的商文化朱马嘴遗址 H15:1[6] 陶鬲十分相似，特别是腹部呈直筒状，裆部凹瘪。

目前，我们还不能仅凭上述的点滴线索，来确定这种文化因素的确切来源地。但有一点则是十分清楚的，这种文化因素不是殷墟文化本身所固有的，或许是与殷墟有关的一批"外来人群"带到当时的都城殷墟的。当时，不论是关中地区的先周文化还是山西西北部、中部一带的青铜文化，均与商文化长期保持联系。关于这方面，甲骨文献中，有许多关于方国的记载，最多牵扯到的是鬼方、土方与工方。众多学者也多角度、多层面地讨论这个问题，均认为，晚商时期，特别是晚商早期，与西方、西北方的民族交流十分频繁。

至于孝民屯半地穴式建筑群的主人，我们也只能做出简单的推测，肯定与西方或西北方的方国有关。在此生活过程中，他们从多个方面表现出与殷墟文化的不同性。至于是何原因使他们能够居住于此，而当时的商人特别是统治集团与这批人是何种关系，我们似乎还难以做出回答。

四 孝民屯遗址商代铸铜遗址分析

从遗迹和遗物的分布范围判断，2003～2004 年发掘的位于孝民屯村南的铸铜遗址南北约 100 米，东西约 380 米，大致由西北往东南呈带状分布，其中铸铜遗址的北限、东限和南界皆基本可以确认。从所处位置判断，发现于孝民屯村西的铸铜遗址与此次发掘区西侧仅隔一条南北向的铁路而相望。故

---

〔1〕 国家文物局等：《晋中考古》，第 121～122 页，文物出版社，1999 年。

〔2〕 A. 中国社会科学院考古研究所编著：《中国考古学·夏商卷》，第 578 页，中国社会科学出版社，2003 年；B. 乌恩岳斯图：《北方草原考古学文化研究——青铜时代至早期铁器时代》，第 66 页，科学出版社，2007 年。

〔3〕 内蒙古文物考古研究所：《准格尔旗南壕遗址》，《内蒙古文物教研文集》第一辑，中国大百科全书出版社，1994 年。

〔4〕 田广金、郭素新：《环岱海史前聚落形态研究》，《北方考古论文集》，科学出版社，2004 年。

〔5〕 宝鸡市考古工作队：《陕西武功郑家坡先周文化遗址发掘简报》，《文物》1984 年第 7 期。

〔6〕 张天恩：《关中地区商文化》，图七，文物出版社，2004 年。另据张天恩先生、徐良高先生相告，这种形制的陶鬲与关中西部地区的京当型陶鬲十分相近。

我们初步认为孝民屯西地、村南部的铸铜遗址应是同一遗址，面积近4万平方米。孝民屯村东南地的铸铜遗址与此处相距近200米，面积约1万平方米，二者之间未发现与铸铜遗址相关的遗存，说明二者各有一定的独立性。然它们又同处洹河的南岸，距离很近，很可能在广义上属同一大型商代铸铜作坊遗址，可通称为"孝民屯商代铸铜作坊遗址"，孝民屯村西地和村南部为西区，村东南地为东区，总面积达5万平方米以上，是安阳殷墟迄今发现的最大一处商代铸铜遗址。

遗址地层关系较为简单，大致是上层为扰土层，中间为汉唐等晚期地层，下部为商代遗存。发掘前，许多地方文化遗存堆积均遭到极大破坏，绝大多数探方清掉扰土后，即暴露出生土及打破生土的一些遗存，种种迹象表明遗址范围内的文化层受到严重破坏，连生土层也已被削去一定高度，残存的与铸铜相关的遗迹仅剩下坑状（含半地穴式建筑）遗存的残部。由于缺乏关联各个类型遗迹的平面堆积，故各个遗迹单位在平面关系上缺乏相应的关联。

1. 与铸铜活动相关的遗迹

根据铸铜遗址区域出土遗迹的形制和出土遗物综合分析，我们大体可将发现的遗迹分为陶范原料取土坑、陶范土备料坑、陶范土沉淀坑（陈腐池或醒泥坑）、陶范土洗练坑（练泥池/坑）、陶范块阴晾坑、窖穴、水井、大型青铜器铸造场间、与青铜铸造相关的地面建筑基址、与铸铜活动有关的祭祀坑、可能是青铜铸造匠人的墓地等，其中最多者为原料取土坑和铸铜遗物废弃堆积。

A. 陶范原料取土坑

铸铜遗址区域发现的数量最多的遗存就是大量规模庞大的坑，尽管这些坑中堆积物主要为铸铜活动所产生的废弃物，但是大坑自身的形成则是制作陶范取土所形成。故此，这些大坑也可称作是陶范原料取土坑。这些坑的规模较大甚至开口面积有达上百方米者，平面形状不一，随意性较强，不少坑还相连成一片，但是坑的深度多在3米左右。

孝民屯地域的原生土堆积自上往下依次为红褐色黏土、黄色夹杂料礓颗粒土、纯净的黄色沉积土等。现场模拟烧造试验显示，最上层的红褐色生土因土壤发育垂直节理明显，土壤中酸性成分较多，呈黏性，且包含有较多料礓颗粒。这种质地的土壤基本不具备直接用于制作陶范的条件，而且在加热过程中因受热不均严重，很快就会出现了爆裂现象。位于中间的黄色夹料礓颗粒土虽然较红褐色土质地纯净和细腻，但是土壤中粗沙粒和料礓颗粒包含量较大，也不适宜制作陶范。上述两种生土的残存厚度约为2米左右。位置偏下的黄色沉积土，含有大量细沙，很少见料礓颗粒，土质纯净细腻。使用整块切割的土块干燥后可以直接进行摹刻，而且使用水搅拌成泥后，可塑性同样很强。经高温焙烧，发现这种土稳定性也很好。

现场模拟试验结果，加之分布于铸铜遗址区域内大量巨型坑的深度大都超过2米等，我们认为这些坑的出现显然是为了获取深度2米以下的质地纯净的黄色沉积土，以用于制造陶范而形成的。

B. 陶范土备料坑

在铸铜遗址区域还发现了一种堆积的坑，坑的底部堆积不是通常所见的废弃物灰烬等，而是大量呈块状的生土，生土块中多含微量细沙，它们大小、形状不一。我们推断应该是用于贮存陶范土的备料坑。有这样堆积物的坑共发现2处。

C. 醒泥坑（或陈腐池）

铸铜遗址区域发现一种圆形深坑，平面开口直径均超过 2 米，深度愈 1.5 米。坑的形状比较规整，但是坑中的堆积物却是十分纯净的黄色细沙土，堆积中极少发现其他包含物。我们初步推断这种坑是用于浸泡生土块使之含水均匀，以达到使用目的，亦即用于醒泥的坑。坑中残留的纯净堆积土是尚未使用的陶范泥料。这样的坑共发现 2 处。

D. 练泥坑（池）

铸铜遗址区域发现一种圆形坑，平面开口直径不足 2 米，深度不足 1.5 米，坑中的堆积可分为上层和下层，上层是灰土等废弃物，下层是十分纯净的沉积土。下层堆积最大厚度不超过 0.5 米，土壤质地细腻略呈黏性，堆积中没有其他包含物，剖面显示呈不规律的"乱层"状。这样的坑共发现 2 处，其中在一处残存下层堆积的表面发现较多赤脚踩踏的印记，脚印普遍较深且变形。初步分析认为这些脚印应该是通过用脚踩踏的方式，达到掺和搅拌泥料目的所留下的痕迹。脚印较深且变形说明被踩踏的是质地脚软的泥。据此，我们认为这两处坑应该为练泥坑。

E. 陶范块阴晾坑

初步推测为用于陶范块阴晾的坑共发现 4 个，平面开口形状不一，圆形坑 2 个，方形坑 2 个。其共同特点是呈竖穴状，制作比较考究规整，在坑的底部比较均匀地铺设木炭。以 SH453 为例，坑的开口平面略呈长方形，东西长约 210、南北宽 166 ~ 172、深 270 厘米。东、西、北三壁较陡直，有抹泥痕迹，表面光滑平整，局部发现有工具痕迹。南壁略有弧度，当是坍塌所致。坑底铺有一层炭末，厚约 6 ~ 8 厘米。炭末未铺满整个坑底，与坑壁之间有一周宽 10 ~ 16 厘米的空隙，推测空隙中原来应有某种遮挡物，由于未发现迹象，故难以复原。在坑底西北角发现少量硬泥块，能观察到人工切削的痕迹，部分阴干后的泥块人工加工痕迹更为明显。这些泥块的形状极似铜器内芯，但未经焙烧。故推测 H453 原本应是阴干陶范的场所。

F. 窖穴

主要是指发现于铸铜遗址区域内的带有上下阶梯的坑。这类坑的规模相对较小，形状呈不规则圆形，往往沿坑壁设置有呈螺旋状的阶梯，其性质应该是窖穴。

G. 水井

发现于铸铜遗址区域的深坑，开口平面有圆形和方形两种，其中圆形坑 2 个，经发掘确认为是性质比较单纯的水井；方形坑 3 个，深度均在 8 米以上，其距离开口平面约 1 米深处发现有一匹呈侧躺状的马，推断应该是祭祀遗存。当然马匹是放置于坑的近口部位，是坑中堆积填埋深度已经接近开口部位的遗存，在其下部是否还有祭祀遗存，同时该坑的原始功用是否是为祭祀而挖置，都尚未有明确结论；另一个坑的堆积下部，不同深度发现多层人骨，系多次埋入，最底层人骨个体最多。所以说不排除是利用了废弃的水井作为祭祀坑的可能性，且这种现象在殷墟也比较普遍。

H. 铸造间

比较明确的专用于铸造青铜器的房址可确认的有 2 处。铸造间的共同特征是半地穴式建筑，房屋内的基本设施是位于地面中部的浇注台，同时房间内还配置有火塘等。从解剖情况分析，这两处铸造间缺少多次从事铸造活动的迹象，铸造产品皆为圆形容器，大的直径达 1.58 米，小的直径也达 1 米左右。

I. 房址

铸铜遗址区域内发现不少地面建筑基址，平面形状呈方形或长方形，规模大小不等，较大的面积近 30 平方米，较小的约 10 平方米等。共同特点是有简单的基础，夯打质量不佳，其中不少建筑基址似乎是专门建造在熟土如灰坑之上，尚没有发现在生土地面上施工建造者。由于商代原始地面已经被严重破坏，这些建筑的形制无法具体了解。

J. 祭祀坑

孝民屯铸铜遗址内发现数座人、马、牛、猪、狗等祭祀坑，当与铸铜时祭祀有关。这些祭祀坑有的是专门以祭祀为目的挖掘的，如有一个坑仅仅是按照能紧紧放下一匹马的空间设计挖就；有的是利用取土坑进行祭祀活动，往往这种方式的祭祀遗存可分多个层次，显示出使用时间和祭祀次数都比较长等；有的是利用水井废弃后进行祭祀或等；也有的祭祀活动仅仅可能是为了建筑奠基使用。祭祀用牲以牛为最，且大量使用牛头，尤其牛的下颌骨。比较明显的是使用牛下颌骨时，牙齿皆被拔离后才使用。

K. 墓葬

铸铜遗址区域的东部和南部各发现一片墓地。这两批墓葬的埋葬方式有别于殷墟常见的墓葬类型，如随葬铸铜工具如削刀、吹管等，墓葬人骨的头向多朝南方等。我们推测死者身份很可能是铸铜作坊中的匠人。

铸铜活动作为一个系统工程，按照流程分工，可把上述遗存归属于陶范制作、铜锭熔融、浇注和打磨四个系统。

A. 陶范制作系统

陶范制作系统发现的遗迹有陶范原料取土坑、陶范土的备料坑、醒泥坑、练泥坑、陶范块阴晾坑、水井和窖穴等，结合废弃物堆积中出土的陶范残块以及考古模拟实验，我们初步认为陶范制作系统的工艺流程可分为泥范制作和泥（土）模制作两个子系统，这两个子系统的工序既存在交叉又各自具有一定独立性。其中泥范制作系统流程为：辨土或选土（陶范原料取土坑）→泥土初加工和储备（陶范土备料坑和醒泥坑）→泥土精加工（练泥坑）→翻模→阴晾→烘干和精细加工。泥模制作系统的流程为：辨土或选土（陶范原料取土坑）→土模或范芯初加工和储备（陶范土备料坑）→阴晾→烘干和精细加工。尽管殷墟铜器和陶范上的纹饰十分繁缛和精细，但主题纹饰和装饰底纹的区别十分明显，精微和粗犷的差距很大。分析出土陶土模和范芯实物资料，结合考古实验结果显示，雕刻在范模上的纹饰往往仅限于线条相对粗犷的主题花纹，而精细的花纹很可能是在陶范翻制并定型之后加工补刻而成的。

B. 铜锭熔融系统

殷墟孝民屯及殷墟其他铸铜遗址发掘状况显示，殷墟的青铜器铸造活动主要是铜锭的熔融和浇筑过程，铜矿石的冶炼系在其他区域完成，殷墟青铜器铸造所使用的铜应该是铜矿石冶炼后的成品铜锭。孝民屯遗址发现的熔铜器具只有熔炉一种，系内燃式炉，有泥条盘筑和堆筑两种制作方式。其中，泥条筑炉的炉壁由里及外分四层：炉衬层、基体层、草泥壳层、加固层。有的熔炉残片发现有多层炉衬，还有的每层衬面均粘有铜液，证明其多次维修和使用。少量炉衬表面粘有铜液和木炭颗粒，有的还有木炭压痕，说明木炭和铜块是放在一起的，属内燃式炉。遗存多为碎片，缺少固定完整的场所及典型完整器，由残存炉壁的圆弧度复原，熔炉的直径大者约 1 ~ 1.4 米。

C. 浇筑系统

浇注系统是陶范制作系统和熔融系统的协作过程。理论上可分为合范→预热→浇筑→去范四个步骤，对于部分难以一体化直接浇筑成型的部位或构件，还要进行分铸，然后再二次浇筑合成等。然而对于体量巨大的大件容器铸造而言，还要考虑到浇筑的便捷、合范整体的稳定性、预热的均匀性、散热或热气的通透性和平和性等。以大型青铜容器浇注间 F43 为例，房址为半地穴式，平面呈不规则长方形，南北最长 354 厘米，东西最宽 320 厘米，残留坑穴深 5 ~ 30 厘米不等，未发现柱洞及门道，但室内有较好的踩踏面。房址东北角有一小灶，呈椭圆形，直径 38 ~ 60 厘米，周壁呈斜坡状。房址中部清理出一件铸造大型铜容器的底范，平面呈圆形，直径约 158 厘米，斜折沿，沿宽约 7 厘米，呈青灰色。推测这很可能是一件圆形口大件容器的芯和底范相连的一部分，正中发现一片经火烧的红烧土，或许是从中（内部）部预热范体的痕迹；口沿外侧的斜边是浇铸时容器口沿留下的痕迹。平台外有一圈草拌泥，用来加固外范。再外还有一圈沟槽，槽内填碎陶范和烧土块，以加强铸件平台。沟槽外铺一层细沙，以作隔离散热之用。最外侧还发现燃烧过的草拌泥和木炭灰烬，推测在铸造时可能经过内、外同时预热处理等。

D. 打磨修整系统

孝民屯铸铜遗址尚未明确发现属于这个系统的遗迹，但废弃遗物中出土数量不菲的砺石等打磨用具。

E. 祭祀系统

祭祀是商代十分盛行的仪式性活动。孝民屯铸铜遗址范围内发现了大量同时期的遗迹遗存，用牲种类丰富多样，数量庞大。然而，以目前的资料，对于祭祀活动与铸铜各个系统的逻辑关系及铸铜整体活动中的祭祀程序等，我们则尚无法得出倾向性认识。

2. 孝民屯商代铸铜遗址的年代、布局和性质

从铸铜遗址出土器物以及遗迹单位间层位关系比较，我们认为孝民屯铸铜遗址内发现的铸铜遗存以殷墟三期和四期为主，二期罕见，一期不见。这说明孝民屯铸铜遗址的主要使用和兴盛时期为殷墟三、四期，延续使用时间较长。从陶范所见，该铸铜遗址以生产礼器为主，所浇铸的青铜礼器种类齐全，其中不少陶范反映了极高规格的青铜礼器的制作，如圆形范座、大圆鼎足陶模等，其个体之大为迄今所仅见。加之该铸铜作坊遗址规模之大等等，种种迹象表明，它很可能是一处商王室控制的铸铜作坊遗址。

关于遗址的布局问题，因商代原始地面早已经被破坏殆尽，我们无法得到具有关联各类铸铜遗迹的平面堆积，所以说布局问题在现有材料下难以言明。分析所发现的铸铜遗迹，就其分布或集中及交错程度，我们认为，如果将铸铜流程分为四个系统，即陶范制作系统、铜锭熔融系统、浇注系统和打磨系统，那么孝民屯铸铜遗址尚没有明确的专业区域功能划分，铸造流程的各个过程都相对集中在较小的区域内，表现出一定的原始性。如从取土坑堆积中出土熔炉，结合取土坑灰土堆积的斜坡状特征分析，在所发现的两个铸造间的中间地带，较大范围内没有发现取土坑，而且位于其南侧的大取土坑堆积中出土若干熔炉的残块，灰土堆积的方向系由北往南坡下，自然这些携带着熔炉残块的废弃物是

从北侧（即两个铸造间的中间地带）倾倒而来，自然熔炉的原始位置应该在北侧，我们更倾向于中间的空白地带。另一种现象是在空白地带的南侧和东侧，同样还分布着用以制范的范土贮存坑、醒泥坑、练泥坑和陶范阴晾坑等。从发现的遗迹看，与陶范制作相关的遗迹坑往往以双数形式出现，尤其是用于阴晾陶范的坑系圆形坑和方形坑搭配出现，这其中的特定释义尚待研究。

总之，结合孝民屯铸铜遗址所使用的年代范围——自殷墟文化二期末至四期末甚至西周初年的漫长时期，虽然我们说铸铜遗址分布范围很大，可以说是迄今所知商代规模最大的青铜器铸造遗址，铸造的产品规格和形体之大同样尚未有出其右者，然而从铸铜遗迹的分布、与铸铜相关的流程体系构成和组合以及各个系统运作关系来看，我们反倒倾向于认为，单位时间内，其规模、生产能力和从业人员数量等都较小，所谓的遗址规模大可能更多与铸造活动延续时间很长有关。

五　孝民屯遗址商代墓葬分析

本次共发掘殷墟时期墓葬 645 座，依据地层关系与随葬器物（以陶器和青铜器为主），对这些墓葬进行了年代学研究。其中属于殷墟一期晚段的墓葬一共只有 4 座；属于殷墟二期的有 13 座，殷墟三期有 109 座，殷墟四期有 239 座（其中有 76 座为确定为殷墟四期早段，149 座为殷墟四期晚段，14 座为殷墟四期），另有 217 座墓葬的年代无法判断，只能认定属于殷墟时期。殷墟一期晚段之时，有大量的半地穴式房基建筑，一定有大量的人群生产、生活，但同时期的墓葬却几乎不见，这着实不可思议。殷墟时期多实行的是"居葬合一"的方式，即居址与墓葬基本在同一区域，如孝民屯遗址二、三、四期之时，既有大量的生前活动遗存，又有同时期的大量墓葬。与半地穴式房基同一时期的墓葬不在该区域内，联系到半地穴式房基内有大量的异于殷墟典型陶器特征的外来陶器，这是否说明生活在半地穴式房基内的人群具有不同的丧葬制度呢？此问题值得进一步探讨。

虽然有很多墓葬无法明确判断其确切年代，但我们仍可以看出，越往后，孝民屯遗址内的墓葬越多，这说明，此区域的人群在不断增加。这一点与殷墟其他区域的特征是一致的。

孝民屯遗址墓葬分布有三个特点：其一，墓葬位置相对集中在一个小的区域内，与相邻墓地有一定的间隔；其二，同一墓地内，墓葬方向有很大的一致性；其三，同一墓地内，墓葬随葬品有很大的相似性。据此，孝民屯南区墓葬可以分为 11 个大小不同的墓地，南区北部墓葬较少，南部较多。

除年代不明者外，A 组墓葬均为殷墟四期早段和晚段时期，这可能是殷墟四期之时新辟的墓地。B 组墓葬能够明确年代的都是殷墟文化三期以后的，且本组墓葬中，能够判定墓主性别的，都遵循男性俯身葬、女性仰身葬的习俗。从已知的墓葬年代判断，一般早期墓葬位于墓地北部，相对较晚的墓葬依次往南布局。C 组虽然只有 3 座墓葬，但 SM17 与 SM16 均出土有青铜礼器，SM17 属殷墟文化三期，位于墓地北部，SM16 属殷墟文化四期早段，位于墓地南部。二者均出土有㐅字铭文的青铜器，可见这里确属同一家族墓地。D 组墓葬也始于殷墟文化三期，并以出土有青铜礼器的 SM43、SM51 及 SM38 为中心各自形成小的"亚组"，在一个"亚组"墓地内，早期的墓葬往往位于墓地东部。E 组墓葬可能大致分为四个相互独立的"亚组"，各"亚组"内，基本上仍是早期墓葬位于墓地的北部或东部，墓葬由早到晚向南、向西分布。本组中，能够判断墓主性别与年龄的墓葬较多。其中 SM95～SM100 共 6 座墓葬东西基本并列，墓葬面积基本相当，都不见腰坑、木棺。墓主几乎都是女性，年龄 30～40 岁，仰身直肢葬，头向北。这种现象目前还很难解释，但应不是偶然。G 组墓葬可分为多个相对独立的

"亚组",从墓主能够鉴别的墓葬来看,本组墓葬主人多数仍遵循俯身直肢葬为男性的习俗,但也有例外。H组墓葬之间相对松散,"亚组"现象不明显。相邻墓葬中,能看到"北早南晚、东早西晚"的规律。I组可能属新开辟的家族墓地,只是尚未形成规模。J组墓葬开始于二期,墓葬以中、南两部分或"亚组"相对集中,中部随葬品多陶瓿爵豆,墓葬头向多朝北。南部随葬品多陶瓿爵鬲,头向多朝南。K组墓葬规模均较小,随葬品多是单件陶鬲。L组墓主以头向西为主。M组远离于其他组墓葬,似为单独的墓地。墓主头向以南向为主,随葬品以陶瓿爵盘簋为主。N组与I组一样远离于其他各组。

孝民屯北区的考古发掘工作主要由河南省文物考古研究所组织发掘,中国社会科学院考古研究所只发掘了北区的一小部分,且发掘区南北狭长,因而此次发表的墓葬应是当时家族墓葬的一部分。据此就难以从布局的角度深入讨论墓葬的分组与布局特征。

孝民屯遗址殷墟墓葬等级普遍偏低。但墓葬之间还存在一定的差异。从墓葬规模、葬具类型、随葬品数量等方面分析仍可看出,墓主之间还存在着一定的等级差异。统计可知,墓葬的葬具、墓室面积、随葬品件数三者是按相同规律变化的。

孝民屯殷墟墓葬实际上主要有三类,即一棺一椁墓、一棺墓、简易或无葬具墓。以一棺一椁墓数量最少,简易或无葬具墓其次,一棺墓数量最多,整体呈纺锤形结构。占人口最多数的中间阶层实际上还拥有一定的财力、物力甚至是社会地位,构成了当时的"中产阶级"。而居于上层的一棺一椁墓所代表的人口实际也不少,这些人是否就是当时的"上层贵族"还缺乏明显的证据。与殷墟其他区域墓葬相比,孝民屯墓葬缺乏高等级者,造成这种现象的原因有待进一步的探讨。

在孝民屯遗址内,有些灰坑、夯土基址有30余处发现有人骨。以前把这些墓葬归为另一种葬俗,称其为"灰坑葬"或"瓮棺葬",称此类人多身无分文,是"奴隶",并以此说明商代社会应是"奴隶社会"。由于这些人骨是在墓葬之外的遗存中发现,所以本报告未予收录。毫无疑问,这些人多属非正常死亡,社会等级低下。但其数量还十分有限,能否依据极少的数据来说明整个社会性质,这需要做深入的研究。我们更愿意认为,这些人可能被用于各种祭祀场景,但当时社会的主要阶层应是以一棺墓为主体的人群,他们有一定的资产甚至是社会地位。

在孝民屯遗址灰坑等遗迹中出土较多与铸造青铜器相关的工具,突出的代表就是陶鼓风嘴与磨石或砺石。这些器物在部分墓葬中也有随葬,如SM952、SM676、SM590、SM637内随葬有陶鼓风嘴;在SM22、SM384、SM51、SM867、SM73、SM607等出土有磨石或砺石。另外,还有21把青铜刀出土。虽然青铜刀在其他墓葬中也十分常见,但考虑到孝民屯遗址的性质即以青铜铸造为主体,那么有理由相信,这些随葬陶鼓风嘴、磨石、青铜刀等工具的墓主人,其生前可能是铸铜工匠,死后随葬象征其身份的工具,并葬在工作区附近。这种居葬合一的模式正是殷墟最为常见的方式。

肆　报告整理与编写

本报告所涉及资料范围为2003～2004年度,中国社会科学院考古研究所在殷墟孝民屯遗址范围内负责发掘的考古资料,河南省文物考古研究所(含安阳市文物工作队)发掘的考古资料将另行刊发。

室内整理工作自发掘结束后就陆续开始,主要是在中国社会科学院考古研究所安阳工作站进行。参加整理工作的主要有王巍、王学荣、何毓灵、印群、牛世山、岳占伟、唐锦琼、李志鹏、王树芝等;

技师主要有刘小珍、王卫国、王艳丽、马媛、郭明珠、刘缀生、刘海文、姜海丽等。

整理工作先后得到中国社会科学院重大课题 B 类（课题编号 0400000110，主持人为王学荣）、考古研究所科研经费、国家社科基金重点项目（项目编号 08AKG001，主持人为王学荣）及中国社会科学院创新工程项目的资金支持。2014 年获得国家文物局国家重点文物保护专项补助经费支持本书出版。

为了全面、系统地报道发掘资料，中国社会科学院考古研究所专门成立了报告撰写小组，成员有王巍、王学荣、何毓灵、印群、牛世山、岳占伟、唐锦琼、李志鹏。以王学荣为主草拟了报告的大纲，撰写组多次召开会议，细化大纲和讨论编写体例，协调相关工作，推进工作进度等。

资料整理和报告编写之初，小组成员们低估了工作难度。随着工作的开展，大家均发现困难重重。首先是体量庞大。房基、灰坑、水井等遗存上千处，仅陶片就达 37 万余块、陶范 7 万余块；殷墟时期墓葬就有 645 座，随葬各式器物达万件；动物骨骼数万块。相应的器物修复、统计、测量、绘图、照相等工作均需花费大量的时间、人力、物力。其次是没有任何一个人有专职时间做报告整理和写作。田野发掘工作结束后，参加发掘的成员都各自奔赴新的工作岗位，很难集中大段时间进行整理，加之各自新承担的课题任务均很重，整理工作多是利用田野发掘空余时间进行，时断时续，同时还经常面临重新熟悉资料才能进入工作状态的情况，客观上造成了资料整理和报告撰写周期大大拉长。每每遇到关心支持报告整理的领导、老师、同仁询问工作进度之时，我们既倍感压力，又备受鼓舞。

由于报告资料体量巨大，且整理进展略有差异，因此报告撰写小组经多次协商，决定把殷墟时期的遗存分为四卷，分别为《安阳孝民屯——（一）殷商遗存·遗迹》、《安阳孝民屯——（二）殷商遗存·遗物》、《安阳孝民屯——（三）殷商遗存·铸铜遗物》和《安阳孝民屯——（四）殷商遗存·墓葬》。资料整理过程中，资料统计和各个遗迹单位年代确认，由报告撰写小组统一商定。对于遗址出土的动植物遗存资料和人骨资料等，本报告将其作为遗迹单位堆积及信息构成的重要组成部分，在各个遗迹单位中进行介绍。除殷墟时期以外，本次发掘还获得大量史前、先商、西周、战国、汉唐、宋元和明清等时期的遗存，这部分资料将作为本报告的第五卷，即《安阳孝民屯——（五）其他时期遗存》，集中刊发。

《殷商遗存·遗迹》卷主要按殷墟文化分期不同，分别报道了不同时期的遗迹，包括居址、灰坑、水井、铸铜生产遗存、祭祀坑、窖藏坑等。《殷商遗存·遗物》卷主要报道的是遗迹中出土的各种遗物（铸铜相关遗物除外），以陶器为主，另有青铜器、玉石器、骨角牙蚌器、动物骨骼等。其中陶器部分，利用孝民屯发掘获取的大量陶器，对殷墟陶器的种类和组合进行了深入而系统的研究，成为本报告的亮点。《殷商遗存·铸铜遗物》卷主要报道的是与铸铜生产相关的遗物，以陶范为大宗，其次有陶模、熔炉、磨石、鼓风嘴等。把铸铜遗物单独作为一卷，首先是铸铜遗物数量过于庞大；其次是铸铜遗物如陶范的刊发方式与其他遗物有所不同，需要考虑拓片、线图和照片三者的对应，同时对线图和影像的质量要求相对更高；再次也希望藉此突显铸铜遗物的重要性。虽然殷墟曾发现过大量的陶范等铸铜遗物，但报道都不够充分，此次报道应是最全面、最详细的。《殷商遗存·墓葬》卷全面报道了 645 座殷墟时期墓葬，如此全面的报道，在殷墟考古发掘报告中也属首次。在编写体例上，本卷除分期外，还依照墓葬葬具的不同进行分类，目的是想从棺具的角度，结合随葬器物来突显墓葬等级的高低。需要强调的是，虽然分为五卷出版，但各卷之间相互联系，是一个有机的整体。

目　录

上　册

中　册

插图目录

第一章　概述

一　孝民屯周边区域殷墟时期墓葬的发掘

1928～1937 年，"中研院"史语所考古组在殷墟进行了 10 年共 15 次考古发掘，取得重要收获。其发掘区域主要集中在殷墟宫殿区、王陵区、后冈、大司空等地，向西基本未过四盘磨村。

对于殷墟西区的大规模发掘始于 20 世纪 50 年代后期，主要是配合安阳钢铁厂（现安阳钢铁公司）的建设进行的。在西区，这种配合基础建设的工作时断时续，直到现在仍在进行，2003～2004 年对孝民屯遗址的发掘应是历年来一次性发掘面积最大的。

实际上，围绕此次发掘的孝民屯周边区域，基本上均进行过发掘工作，但因各种原因，大多数发掘的资料未能及时、充分地报道。最为充分集中报道的当属"殷墟西区墓地"[1]，该区域的墓葬成为研究殷墟墓葬制度的重要材料。（图 1-1）

殷墟时期实行族葬制，即同一家族成员相对集中地埋葬在一起，殷墟西区墓地也不例外。但除了聚族而葬之外，殷墟时期还应该会聚族而居，而且"居"与"葬"之地相距不远，甚至可以说是在同一区域内。从后来的补充发掘、甚至是重新发掘来看，在所谓的"殷墟西区墓地"内，也有大量同时期的生活、生产遗迹。此次孝民屯遗址的发掘情况也证实，这种"居葬合一"的模式是殷墟时期最主要的聚落形态。

下面，仅就孝民屯遗址周边已公布的发掘说明如下（以墓葬为主）：

（1）孝民屯村（已搬迁）附近

1958 年秋，在孝民屯村西南，清理"殷代灰坑两个、殷墓七座"[2]；

1959 年夏，在孝民屯村正南 500～600 米处，清理了"殷代车马坑两座，并钻探出大型长方竖穴墓一座"[3]。按此距离描述，其位置应在殷墟西区墓地分区的第六墓区内；

1960 年，在孝民屯村西，发现主要铸造青铜工具的遗迹、遗物等，在村北发现"梅园庄一期"遗物。[4]

（2）北辛庄村（已搬迁）附近

1959 年，在北辛庄村南进行发掘，发现较多的骨料坑，清理殷墟墓葬 3 座。[5]2005 年，中国社会

〔1〕　中国社会科学院考古研究所安阳工作队：《1969～1977 年殷墟西区墓葬发掘报告》，《考古学报》1979 年第 1 期。
〔2〕　中国社会科学院考古研究所编著：《殷墟发掘报告 1958～1961》，文物出版社，1987 年。
〔3〕　A. 中国科学院考古研究所安阳发掘队：《安阳殷墟孝民屯的两座车马坑》，《考古》1977 年第 1 期。B. 中国科学院考古研究所安阳发掘队：《1958～1959 年殷墟发掘简报》，《考古》1961 年第 2 期。
〔4〕　中国社会科学院考古研究所编著：《殷墟发掘报告 1958～1961》，文物出版社，1987 年。
〔5〕　中国社会科学院考古研究所编著：《殷墟发掘报告 1958～1961》，文物出版社，1987 年。

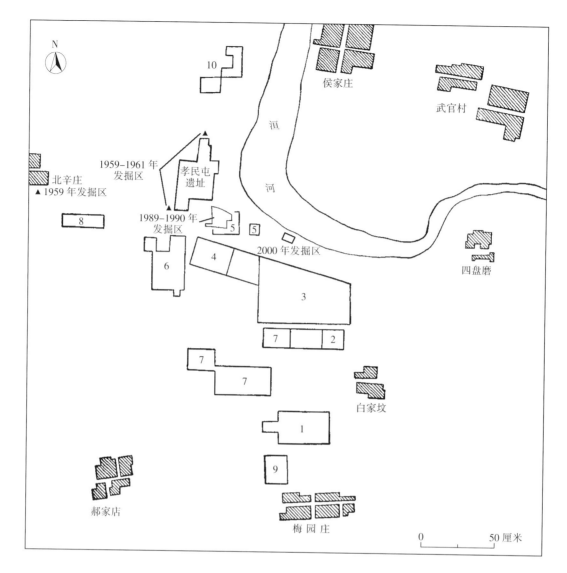

图 1-1 孝民屯遗址周边发掘区域位置示意图（图中数字为殷墟西区墓地分区）

科学院考古研究所安阳队与安阳市文物考古研究所联合对此区域又进行发掘，仍有较大量的制骨废料出土。

（3）殷墟西区墓地

1969～1977 年，考古队在北辛庄、孝民屯村以南，白家坟村以西，梅园庄、郝家店以北的区域内，为配合基本建设，进行大规模、持续性发掘，共清理殷墟墓葬 939 座、车马坑 5 座。发掘者把该区域分为 8 个墓区，其中有 5 座是带墓道的"甲"字形大墓。939 座墓葬中，74 座为殷墟二期墓葬，189 座为殷墟三期墓葬，434 座为殷墟四期墓葬，不能分期者为 242 座。

1977～1985 年在梅园庄村北、孝民屯村北又分别发掘了第九、十区，但这些墓葬的材料基本未加报道。[1]

---

〔1〕 中国社会科学院考古研究所编著：《殷墟的发现与研究》，第 121 页，科学出版社，1994 年。

1989～1990 年，在孝民屯村东南即第五区内，发掘墓葬 132 座。[1]

（4）孝民屯东南铸铜作坊

2000～2001 年，在孝民屯村东南约 200 米，进行了两次发掘，共发掘 5000 余平方米。遗迹、遗物十分丰富，其中以殷墟时期的铸铜遗物最引人注目。共清理殷墟时期墓葬 241 座（其中一座为带一条墓道的"甲"字形大墓）、车马坑 2 座。[2]

二　本次发掘孝民屯墓葬的情况

本次发掘的孝民屯遗址墓葬，编号 M1～M983，基中 M251～M350、M451～M550 共 200 个编号为河南省文物考古研究所（现河南省文物考古研究院）发掘墓葬的编号。

墓葬分为南区和北区，南北两区统编墓号，但南区墓葬墓号前标示"S"、北区墓葬墓号前标示"N"，更直观方便。

南区，中国社会科学院考古研究所发掘 693 座墓葬。其中，SM651～SM655 为空号，SM861 为猪祭祀坑，69 座为晚于殷墟时期墓葬，20 座为殷墟时期灰坑、房址、地层或陶棺葬，598 座为殷墟时期墓葬（包括 1 座车马坑 SM30 和 1 座未找到对应遗迹的陶棺葬 SM776）。（图 1－2A、B）

北区，中国社会科学院考古研究所发掘 90 座墓葬。其中，NM122、NM167、NM185 为空号，27 座为晚于殷墟时期墓葬，13 座为殷墟时期灰坑、房址或陶棺葬，47 座为殷墟时期墓葬。（图 1－3）

从整个殷墟西布区域来看，孝民屯南区为原孝民屯村所在地，其南部和东南部即是 20 世纪六七十年代发掘的殷墟西区墓地[3]，发掘区东边缘往东 200 米即是洹河西岸。但从历年的考古发掘情况来看，往东 200 米直抵河岸，仍有大量遗迹存在。往北受发掘区域的限制，逐渐收窄。但从发掘情况来看，越往北，殷墟时期遗迹越稀少，特别是墓葬的数量急剧减少。南区的西部也经过多次发掘，遗迹现象仍很复杂。南区的西南部不远即是北辛庄制骨作坊遗址。

总体来说，南区处在相对独立的区域内，内部的遗迹特别是铸铜遗址和半地穴式建筑群与周围其他遗迹界线分明。基于这种原因，这里的墓葬也相对于周边的墓葬区要独立，这一点从以下对于墓葬特征的分析中也可以看出。

孝民屯村始于宋代，大量的后期人类活动使得殷墟时期的原生地面早已不复存在，只有极小的区域保留有殷墟时期的地层堆积，绝大多数墓葬直接开口于近现代的扰土层、耕土层下，许多墓葬直接打破生土。南区墓葬被殷墟时期其他遗迹如灰坑、房基等打破的情况较为常见，也有墓葬打破其他遗迹的现象。但总体来说，墓葬之间相互打破的情况并不多。

三　殷墟墓葬的保存状况

由于各种形式的破坏，孝民屯遗址殷墟墓葬的保存状况较差，除了晚期人类活动无意识的破坏外，最主要的破坏则是盗掘。据统计，645 座墓葬中，有 252 座被盗，被盗率 39%。规模大的墓葬一般随葬器物较多，因而成为盗掘者首选。发掘表明，墓葬规模越大，规格越高，被盗掘的就越多。如 94 座

〔1〕　中国社会科学院考古研究所安阳工作队：《河南安阳市殷墟孝民屯东南地商代墓葬 1989～1990 年的发掘》，《考古》2009 年第 9 期。
〔2〕　中国社会科学院考古研究所安阳工作队：《2000～2001 年安阳孝民屯东南地殷代铸铜遗址发掘报告》，《考古学报》2006 年第 3 期。
〔3〕　中国社会科学院考古研究所安阳工作队：《1969～1977 年殷墟西区墓葬发掘报告》，《考古学报》1979 年第 1 期。

一椁一棺墓中，61 座被盗，被盗率高达 64.9% ；315 座一棺墓中，120 座墓被盗，占 38.1% ；而 176 座简易或无葬具墓只有 18 座墓被盗，占 10.2% 。被盗年代从殷墟同时期直至近现代都有，以晚近时期较多。盗掘一般都是采用盗沟或是盗洞的方法，在墓室正上方垂直下挖，直至墓底。在近墓底部横向掏挖过程中，墓室被毁严重。盗掘者以铜、玉质随葬品为首要目标，其他器物则多被毁坏、弃置。墓室内葬具、墓主等均遭破坏，以至于发掘时无法取得更多有价值的信息。有 58 座墓就因被盗严重，甚至连葬具都无法辨识。

被称之为"保存完好，没有被盗"的墓葬，历经 3000 余年的地下埋藏，发掘呈现出来的情景也与埋葬之初相去甚远。作为葬具的木质椁、棺、席、布幔等已全部腐朽成泥，椁室、棺室坍塌，很难辨别或复原下葬之时的形制。作为随葬品的陶、铜、玉、石、骨、蚌器等相对来说保存较好，但也有被墓室塌陷砸碎、挤压变形及长期埋藏后铜器腐蚀严重等情况。而漆器、木器、皮制品等有机物已很难发现，墓主的服饰及作为葬具的布幔等也多时隐时现，难以窥其全貌。另外，作为体质人类学研究的主体的人骨，保存状况不好，也极大地制约了相应的研究。

综合以上各种因素，发掘所见的情形及能够收集到的信息，相对于墓葬埋藏之时来说，已大打折扣。

四　本次殷墟墓葬的发掘方法

本次发掘是配合安阳钢铁集团 120 吨转炉建设工程进行的，属"被动式发掘"。发掘面积很大，但发掘时间则十分有限。如何在有限的条件下保质保量地完成如此大面积的发掘，对发掘组织者来说是极大的考验。

发掘之前，该发掘区曾进行过一次大面积的钻探，相较于其他遗迹来说，钻探材料所显示的墓葬信息要准确很多，这为发掘提供了一定的参考。结合遗址、墓葬特征及当时的实际情况，对殷墟墓葬采取了如下发掘方法：

（一）在遗址大部区域，由于晚期的严重破坏，很多墓葬直接开口于晚期地层下，打破生土。这些晚期地层，多是现代建筑垃圾层，采用开探方逐层发掘的方法没有意义。因此，对这些区域的发掘采用直接去除晚期地层的方法进行清理。

（二）在遗址的局部区域，殷墟地层尚有保存，各类遗迹如房基、灰坑、水井、墓葬相互叠压、打破关系复杂。对此区域，严格按照考古学方法，统一布探方逐层发掘。结果显示，此部分墓葬地层关系十分清晰。

（三）针对殷墟墓葬"聚族而葬"的特征，结合钻探资料，对于那些相对集中分布的墓葬，统一清理至墓口，绘图、照相。发掘之时，充分考虑墓葬之间关系，如墓葬间的距离、排列方式、方向、体量（大小与深度）、葬式、随葬品等。

（四）虽然发掘时间紧，但在关键性发掘节点上，保证发掘时间，不匆忙清理，避免人为毁坏信息。这样做的效果，在墓葬底部桩孔的发现上体现得最为充分，这也成为此次发掘的亮点之一。另外，对许多墓葬的葬具结构、墓主服饰、布幔等的清理，也在一定程度上超越了此前的认识。

（五）对于重要的遗迹现象除了常规的清理、记录外，还采取了整体包装、搬迁的方法运到室内进行再清理、保护，为以后条件许可时进行殷墟遗迹展示奠定了基础。

（六）由于发掘时间紧、任务重，为在有限的发掘时间内充分保证发掘质量，本次墓葬发掘采用了"流水作业"的发掘模式，即每一个关键环节都是由专门技术人员负责，如墓葬编号、清理、绘图、记录、照相、人骨鉴定、样本提取、随葬品清理与保管等。发掘领队负责统一协调人员配置，相关信息最终汇集于专门墓葬记录人员处。这种墓葬发掘方法，效率极高，最重要的是充分保证了发掘质量。

此次发掘的645座墓葬，都是极为普通的殷商墓葬，等级较低。但通过上述方法的发掘，并后期的细致整理与深入研究，底层殷人墓葬制度就清晰地展现出来。为全面研究殷墟墓葬制度提供了难得的材料。

五 本次殷墟墓葬资料的发布方式

孝民屯遗址南北两区共645座殷墟时期墓葬，是本卷报告的内容，且按照分期全面报道每一座墓的信息。晚于殷墟时期的墓葬和殷墟时期的灰坑、房址、地层或瓮棺葬，在《安阳孝民屯》系列报告的其他卷集中介绍。

因为墓葬分布区域广大，关于墓葬的整体分布情况很难在纸面上清晰表现，本报告只提供了南/北区殷墟墓葬分布示意图，孝民屯遗址南/北区殷墟墓葬分布图则需参见"中国社会科学院考古研究所网站考古数据库"。

由于本报告逐一报道了645座殷墟墓葬的全部资料，孝民屯遗址殷墟墓葬登记表、孝民屯遗址殷墟墓葬殉狗登记表则采用Excel表格的形式，同样公布在社科院考古所网站数据库中。网站数据库同时还公布了安阳殷墟遗址分布示意图，以展示孝民屯遗址的历史文化背景。

第二章　墓葬分述

本报告采用殷墟的四期七段（其中一、二、四期各分为早晚两段）分期[1]。全部 645 座殷墟时期墓葬，有期段明确的，有仅期别明确的，有年代下限能卡定在某一期段的，也有只能大致确定属于殷墟时期的（墓地分期详见本书第三章）。

本章首先按照殷墟一期晚段—殷墟二期晚段（附：不晚于殷墟二期晚段）—殷墟二期（附：不晚于殷墟二期）—殷墟三期（附：不晚于殷墟三期）—殷墟四期早段（附：不晚于殷墟四期早段）—殷墟四期晚段（附：不晚于殷墟四期晚段）—殷墟四期（附：不晚于殷墟四期）—殷墟时期的顺序安排，各时期内先南区、后北区，各期、区按墓号大小为次。

各墓出土遗物随遗迹单位介绍，按照陶器、铜器、铅器、玉石器、骨器、漆器、蚌器、贝类等的顺序，除了数量、质地、尺寸、器形等的具体描述外，一并登录器物型式（器物型式划分详见本书第九章）。

第一节　殷墟一期晚段墓葬

SM5

位于 ST1429 的西南部。开口于②层下，被 F6 打破，打破 SM6 和生土层。方向 7 度。

长方形竖穴土坑墓。长 220、北部宽 70、南部宽 72、深 240 厘米。填土为黄褐色花夯土，夯层厚 5～10 厘米。距墓口 200 厘米处填土内发现殉狗一条，头向南，与墓主头向相反。骨骼腐朽严重，只见腐蚀痕迹。（图 2-1；彩版一）

未发现葬具。

墓主仰身直肢，头北面东。下肢保存较好，上肢骨保存较差，肋骨无存。

无随葬品。

墓葬年代：打破 SM5 的 F6 年代属殷墟一期偏晚之时，因而 SM5 年代应不晚于殷墟一期偏晚阶段。

人骨鉴定：

骨质极差，皆呈粉状，仅余其形。

性别不明。25±岁。身高（未说明是根据股骨长等估算身高的，均为现场测量身高。下同）165 厘米。

残存牙齿判断年龄，M3 刚萌出，未磨耗。

---

[1]　中国社会科学院考古研究所编著：《殷墟的发现与研究》，科学出版社，1994 年。

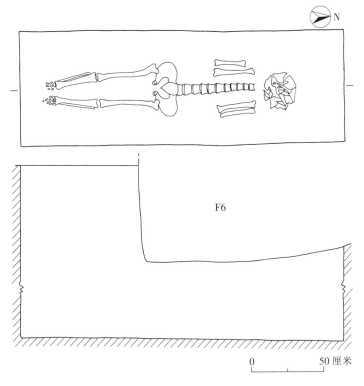

图 2 - 1 SM5 平、剖面图

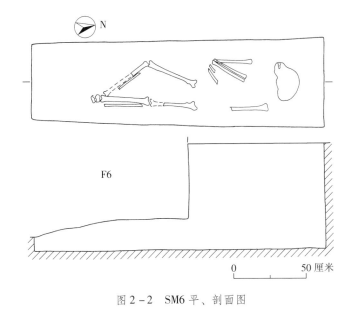

图 2 - 2 SM6 平、剖面图

SM6

位于 ST1429 西南部。开口于②层下，其南部和东部分别被 F6 和 SM5 打破，打破生土层。方向 10 度。（图 2 - 2）

长方形竖穴土坑墓。长 200、宽 50 ~ 60、深 70 厘米。填土为褐色五花夯土，夯层厚 10 ~ 20 厘米。无二层台和腰坑。

未发现葬具痕迹。

墓主仰身直肢，头北面西。骨骼腐朽严重，仅保存有部分上、下肢骨和头骨。

无随葬品。

墓葬年代： 打破 SM6 的 F6 年代属殷墟一期偏晚阶段，因而 SM6 年代不晚于一期偏晚之时。

人骨鉴定：

骨质极差，多呈粉状，仅具其形。

性别不明。35～40 岁。

残存牙齿磨耗为 3～4 级。

SM724

位于 ST2709 中东部。开口于②层下，打破 G9（殷墟一期晚段）及红褐色生土。方向为 202 度。
（图 2 - 3；彩版二）

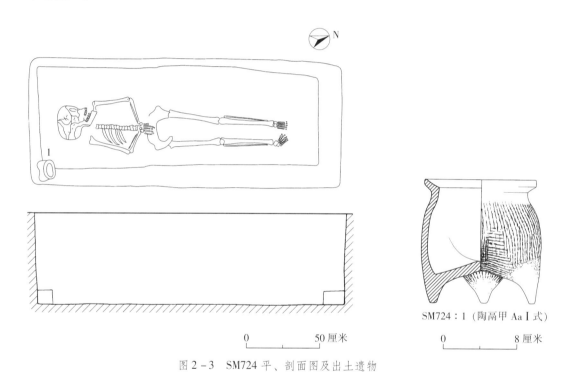

SM724：1（陶鬲甲 Aa I 式）

图 2 - 3　SM724 平、剖面图及出土遗物

长方形竖穴土坑墓，墓壁较为规整、平直。墓口长 214、宽 84 厘米，墓深 60 厘米。墓内填土为红褐色花土，颜色与周围生土接近而稍浅，经细致夯打，较致密纯净，内出一兽牙。在距墓口约 49 厘米、距北壁 50 厘米、紧贴西壁的填土中出土一狗头，已腐朽，依稀可辨头朝北。

二层台为熟土，东、北宽而西、南窄，宽 5～17、残高 9 厘米。

葬具为木棺。棺长约 193、宽约 65 厘米。外髹红漆。

墓主仰身直肢，头南面西，两臂弯曲，两手交叉放于腹部之上，左手在上，掌心皆向下。左腿平直，右趾骨西偏。

随葬陶鬲 1 件，置于东南角二层台上，外有烟熏痕迹。

陶鬲　1 件。

SM724:1，甲 Aa 型 I 式。夹砂灰陶。腹与袋足饰竖直绳纹，裆下饰横斜绳纹，颈部经修整，足根部绳纹被抹掉。裆下有烟炱。口径 12.2、高 13.5 厘米。（图 2-3；彩版二，2）

墓葬年代： 该墓虽然打破殷墟一期晚段 G9，但根据陶鬲形制，推测其年代属殷墟一期晚段。

人骨鉴定：

头骨碎裂严重，上体骨腐朽严重，下体骨破损严重。

女性。25±岁。身高约 150 厘米。

头骨、肢骨性征明显。肢骨中等粗壮，骨密度大。牙齿磨耗 2~3 级，M3 刚萌出。

第一跖骨上有明显跪踞面痕迹。髌骨上未见骨赘。

SM776

位于 ST3609 西南角。开口于①层下，北端被 H460 打破，南端被晚期坑打破。方向为 220 度。（图 2-4A、B；彩版三）

长方形竖穴土坑墓，墓底南高北低，两侧稍高，中部略下凹。墓口距地表约 50 厘米，墓口长 95、宽 35~42 厘米，墓底长 95、宽 35~42 厘米，墓深 25~33 厘米。填土为红褐花土，土质坚硬。

葬具为陶棺。共由五件陶器组成，将其打碎后摆放，陶器位置稍错乱。自南向北五件陶器分别是：陶甗 1 件（SM776:1），仅上半部，直口，饰细绳纹；陶甗 1 件（SM776:2），仅上半部，折沿侈口，饰粗绳纹；陶鬲 1 件（SM776:3），饰细绳纹，口沿饰三角形花边；陶簋 1 件（SM776:4），素面；陶鬲一件（SM776:5），饰细绳纹。

墓主仰身，头南面上，头骨碎裂变形，肢骨、肋骨凌乱错位，有人为摆放迹象，为二次迁葬。性

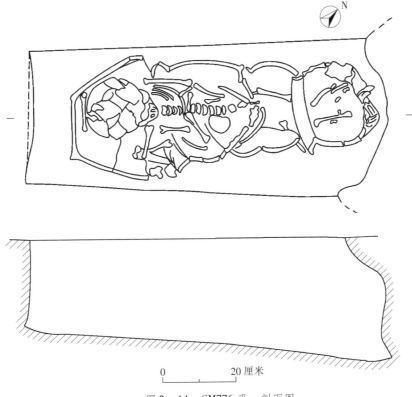

0   20 厘米

图 2-4A SM776 平、剖面图

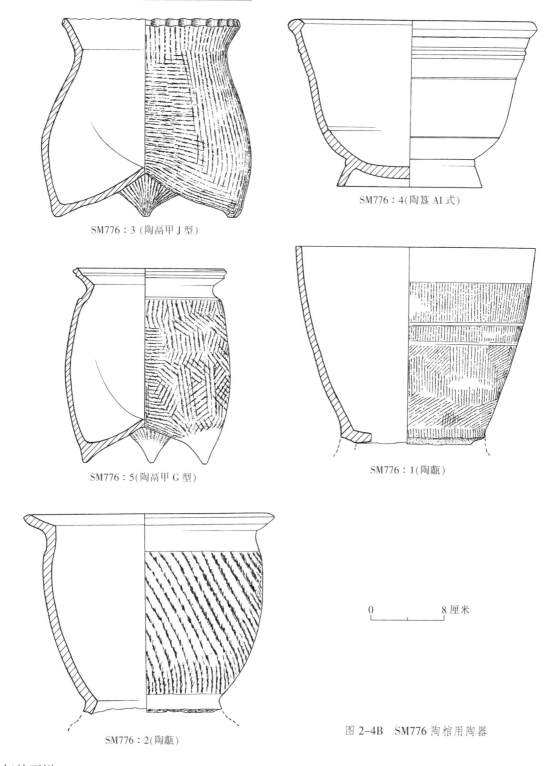

SM776：3（陶鬲甲J型）

SM776：4（陶簋AI式）

SM776：5（陶鬲甲G型）

SM776：1（陶甗）

0　　　　　8厘米

SM776：2（陶甗）

图 2-4B　SM776 陶棺用陶器

别、年龄不详。

无随葬品。以下为陶棺用陶器。

陶鬲　2件。

SM776：3，甲J型。夹砂灰陶。修复。通体饰中粗绳纹。口径19.6、高21.1厘米。（图2-4B；彩版三，3）

SM776：5，甲G型。夹砂灰陶。修复。通体饰交叉中粗绳纹，足根部绳纹被抹掉。口径17、高

20.7 厘米。(图2-4B；彩版三，4)

陶簋 1件。

SM776：4，A型Ⅰ式。修复。器表腹部饰凹弦纹四周。口径27.1、圈足径15.9、高17.6厘米。(图2-4B；彩版三，5)

陶甗 2件。

SM776：1，夹砂灰陶。仅剩上半部分，直口，深腹内收，平底，底中空。腹上部饰竖向细绳纹间以凹弦纹二周，腹下部饰交叉细绳纹。下腹部有烟炱。口径26、残高20.8厘米。(图2-4B)

SM776：2，夹砂灰陶。残。仅剩上半部分，侈口，小方唇，宽折沿，束颈，深腹内收，腹部饰斜向粗绳纹。器表有烟炱。口径27.6、残高21厘米。(图2-4B)

墓葬年代：殷墟一期晚段。

第二节 殷墟二期晚段墓葬

SM701

位于ST2409中东部。被现代井、H275（殷墟四期早段）打破，打破生土层。方向为5度。(图2-5；彩版四，1；彩版五，1)

长方形竖穴土坑墓，墓壁东西壁外扩，南北壁垂直，口小底大。墓口长215、宽78厘米，墓底长215、宽90厘米，墓深185厘米。墓内填土为黄褐花夯土，土质硬，夯土厚4~9厘米。

墓底四周有熟土二层台，宽5~23、高16厘米。

腰坑位于墓底中部，长55、宽24、深5厘米。内殉狗一条，但被破坏严重，只保存少部分。

葬具为一棺。棺长205、宽65~75、高16厘米。

墓主俯身直肢，头北面下，上肢微屈，双手压在盆骨下，脊椎微弯曲，下肢平直，双脚平放。

出土随葬品3件：陶觚、陶爵均位于墓主人头骨西北角，陶觚呈东西向，压在陶爵上；磨石位于骨架东侧，呈东西向平放，一部分压在背部和右肱骨上，推测原应是放在棺板上的。

陶觚 1件。

SM701：1，A型Ⅲ式。修复。腹部有凹弦纹三周。口径14.4、圈足径8.6、高19.9厘米。(图2-5)

陶爵 1件。

SM701：2，Ⅱ式。修复。口中部有两个对称小泥丁，口沿外侧有浅凹槽一周，腹部饰凹弦纹二周。口径9.7、高13.5厘米。(图2-5)

磨石 1件。

SM701：3，砂岩。残。体厚重，扁平长方形，四边粗糙不平。残长23.7、宽7.4、厚1.6厘米。(图2-5；彩版五，1)

墓葬年代：殷墟二期晚段。

SM701：1(陶觚 AⅢ式)   SM701：2(陶爵Ⅱ式)   SM701：3(磨石)

1、2 0 ————— 8厘米   3 0 ————— 4厘米

图2-5 SM701平、剖面图及出土遗物

人骨鉴定：

头骨碎裂严重，肢骨较好。

男性。30±岁。身高约165厘米。

盆骨性征明显。肢骨粗壮。牙齿磨耗不统一，基本中等。

跖骨上有明显跪踞面痕迹，髌骨无骨赘，说明当时人的跪坐重心在后部，而不是膝部。椎骨未见明显增生。牙齿磨耗不统一，右侧重于左侧，且不是孤例，说明当时人可能存在偏重右侧单侧咀嚼的习惯。上颌右侧单侧牙周炎严重，齿根暴露严重。

SM753

该墓位于 ST3206 的西北部。开口于第④层下，打破生土。方向为 280 度。（图 2 - 6；彩版四，2；彩版五，2~4）

长方形竖穴土坑墓，直壁，墓底长宽同墓口。墓口距地表 100 厘米，墓口长 210、东侧宽 60、西侧宽 55 厘米，墓深 30 厘米。填土为红褐花土，颜色与生土较近似，未施夯。

墓底有腰坑，位于墓底中部偏北，长 51、宽 22、深 12 厘米。腰坑中未见狗骨架，可能已腐朽。

未发现葬具。

墓主为仰身直肢葬。骨骼保存一般，头部、上肢亦仅存轮廓，下肢和脚趾清晰可见。

墓葬中随葬器物 3 件：陶觚位于墓主人头骨右侧，倾斜放置，口部偏向外侧；陶爵置于墓主人头骨左侧，口部向西；陶豆位于墓主人腰部右侧，倾倒，口部向南。

陶觚　1 件。

SM753：3，A 型 Ⅱ 式。泥质灰陶。修复。体高大，喇叭口，腹部较瘦，近直腹，高圈足外撇下折。腹部有凹弦纹三周。口径 14、圈足径 9、高 19.6 厘米。（图 2 - 6；彩版五，2）

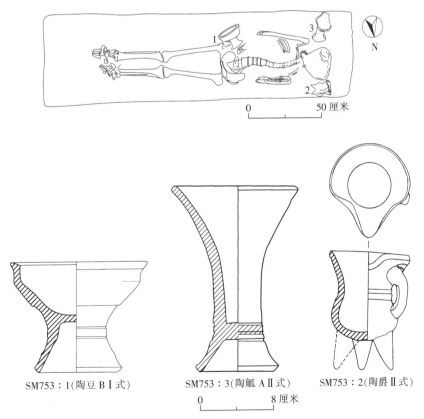

SM753：1(陶豆 B Ⅰ 式)　　SM753：3(陶觚 A Ⅱ 式)　　SM753：2(陶爵 Ⅱ 式)

图 2 - 6　SM753 平面图及出土遗物

陶爵 1 件。

SM753:2，Ⅱ式。泥质灰陶。完整。口径大于腹径，有流无尾，半环形鋬，束腰，圆鼓腹，三足高而外撇。腹部饰凹弦纹三周。口径 8.7、高 12.5 厘米。（图 2 - 6；彩版五，3）

陶豆 1 件。

SM753:1，B 型 Ⅰ 式。泥质灰陶。修复。敛口，平沿，方唇，盘腹略鼓，高圈足较粗。盘壁、圈足上部饰凹弦纹三周。口径 15、圈足径 9.4、高 11.6 厘米。（图 2 - 6；彩版五，4）

墓葬年代：殷墟二期晚段。

人骨鉴定：

男性。30～40 岁。

盆骨性征明显。肢骨密度 1 级。

第一跖骨上跪踞面明显。

SM755

位于 ST3206 中部偏西处。开口于④层下，其南部有一条盗沟。方向为 194 度。（图 2 - 7A、B；彩版六，1；彩版七）

长方形竖穴土坑墓，直壁，底部稍微不平，北高南低。墓口距地表 115 厘米，墓口长 227、宽 95、深 5～15 厘米。填土为红褐花土，夯实。（图 2 -7A）

未见葬具。

墓主人葬式为仰身直肢，头朝南面侧向西，左手置于腹上，右手置于髋下。骨骼保存较好，头部破碎，上肢、肋骨、脊椎等保存完好，下肢左腿股骨缺失、其余保存较好。

随葬器物 5 件，位于墓主人四周：额头平置铜戈 1 件，戈首尖部向西；腰部平放铜戈 1 件，尖向东；缺失的下肢骨中央平放铜戈 1 件；左脚外侧倒放陶爵 1 件，口部朝向脚侧；左手上倒放陶瓿 1 件，口向外侧。另，墓主人头骨右侧随葬有一动物骨骼。

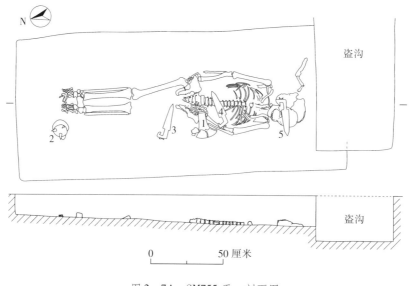

图 2 -7A　SM755 平、剖面图

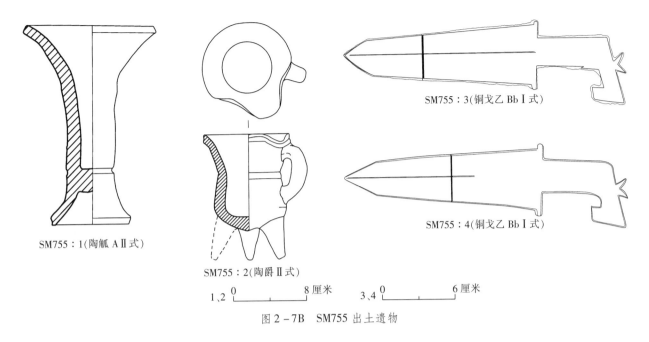

SM755：1(陶觚 A Ⅱ 式)

SM755：2(陶爵 Ⅱ 式)

SM755：3(铜戈乙 Bb Ⅰ 式)

SM755：4(铜戈乙 Bb Ⅰ 式)

1、2　0 ————————— 8 厘米　　　3、4　0 ————————— 6 厘米

图 2 - 7B　SM755 出土遗物

陶觚　1 件。

SM755：1，A 型 Ⅱ 式。修复。腹部有凹弦纹一周。口径 14.6、圈足径 8.8、高 21 厘米。（图 2 - 7B）

陶爵　1 件。

SM755：2，Ⅱ 式。修复。口沿外侧有浅凹槽一周，腹部饰凹弦纹二周。口径 9.9、高 13.3 厘米。（图 2 - 7B）

铜戈　3 件。乙 Bb 型 Ⅰ 式。体轻薄，扭曲变形。

SM755：3，完整。通长 24.3、援长 16.8、援最宽 4.8、阑宽 5.6、内宽 5.6、援厚 0.1、内厚 0.1 厘米。重 0.096 千克。（图 2 - 7B；彩版七，1）

SM755：4，完整。通长 23.3、援长 15.6、援最宽 4.8、阑宽 5.6、内宽 5.6、援厚 0.1、内厚 0.1 厘米。重 0.088 千克。（图 2 - 7B；彩版七，2）

SM755：5，完整。通长 25.2、援长 17.2、援最宽 5、阑宽 5.6、内宽 5.6、援厚 0.1、内厚 0.1 厘米。重 0.096 千克。（彩版七，3）

墓葬年代：殷墟二期晚段。

NM149

位于 NT1627 西部，少量进入 NT1626 东隔梁。开口于③层下，直接打破生土。方向为 101 度。（图 2 - 8；彩版五，5；彩版六，2）

长方形竖穴土坑墓，墓壁陡直。口底同大，墓口距地表 95 ~ 100、东西长 260、宽 120 厘米，墓深约 195 厘米。填土为红褐色花夯土，质地坚硬，夯层不清楚。

墓底四周有熟土二层台，宽 15 ~ 20、高 25 厘米。

墓底中部有一长方形腰坑，坑壁较直，长 75、宽 30、深 20 厘米。坑内无物。

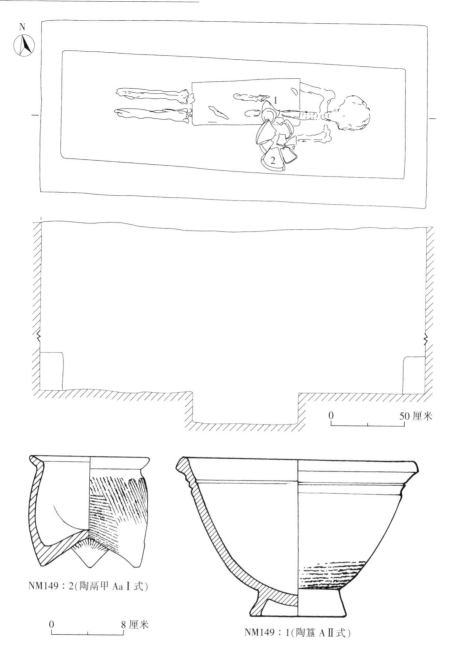

NM149:2(陶鬲甲 Aa I 式)

0   8 厘米

NM149:1(陶簋 A II 式)

图 2 - 8   NM149 平、剖面图及出土遗物

葬具木棺，已朽毁，长约 233、宽 74、高 25 厘米。

墓主葬式为直肢，头东面南。保存较差，已腐朽成粉状，部分骨架塌入腰坑中。

在墓主左侧上肢和腹部压有陶簋、陶鬲各 1 件，原可能位于棺盖之上。

陶鬲   1 件。

NM149:2，甲 Aa 型 I 式。夹砂灰陶。残。体较小。腹及裆部饰中粗绳纹，足根部绳纹模糊。器表布满烟炱。口径 13.3、高 11.7 厘米。（图 2 - 8）

陶簋   1 件。

NM149:1，A 型 II 式。修复。器内壁口沿下饰凹弦纹一周，器表颈部饰凹弦纹二周，腹下部饰模糊细绳纹。口径 26.2、圈足径 10.5、高 16.6 厘米。（图 2 - 8；彩版五，5）

墓葬年代：殷墟二期晚段。

人骨鉴定：

骨质极差，头骨、肢骨呈粉状，胫骨平行。

性别不明。30～40岁。身高约160厘米。

残牙磨耗3～4级。

NM155

位于NT1827、NT1828二探方之间西部。开口于④层下，直接打破生土。墓葬方向为187度。（图2－9A～C；彩版八、九）

长方形竖穴土坑墓，墓壁竖直。墓口距地表95～100厘米，墓口长240、宽110～115厘米，墓底长240～245、宽110～115厘米，墓深约245厘米。填土为黄褐色花夯土，土质坚硬，夯层不清，夯土内夹杂有殷墟时期陶片。（图2－9A）

墓底四周有熟土二层台，宽5～25、高25厘米。

墓底中部有长80、宽28、深22厘米的腰坑，坑壁直、平底。内有铜镞3枚（NM155：7～9）。

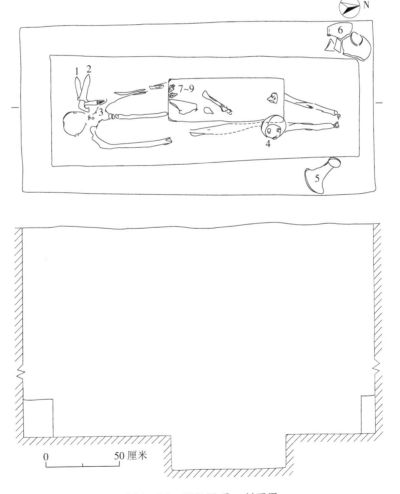

图2－9A　NM155平、剖面图

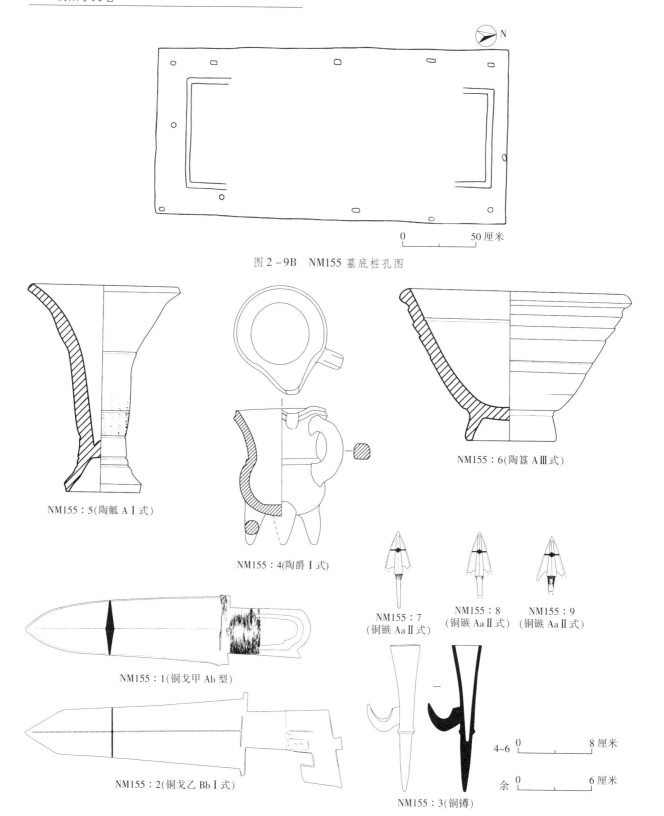

图 2-9B　NM155 墓底桩孔图

NM155:5(陶觚 AⅠ式)

NM155:4(陶爵Ⅰ式)

NM155:6(陶簋 AⅢ式)

NM155:7
(铜镞 AaⅡ式)

NM155:8
(铜镞 AaⅡ式)

NM155:9
(铜镞 AaⅡ式)

NM155:1(铜戈甲 Ab 型)

NM155:2(铜戈乙 BbⅠ式)

NM155:3(铜镈)

图 2-9C　NM155 出土遗物

　　葬具为木棺。棺长 210、宽 65~74、高 25 厘米，棺板腐蚀后厚度仅有 0.4 厘米。棺上髹有红黑色漆。墓底发现纵向棺底板痕迹。在墓底铺有席子。

　　在墓底的棺外和墓壁间发现 12 个木桩孔洞，南北两端各有 1 个，东西两侧各有 5 个。这些孔洞对

称有序排列，直径 2~4、深 13~18 厘米。（图 2-9B）

墓主葬式为仰身直肢，头南面上。骨骼范围长度 180 厘米，保存较差，大多腐朽成粉末状。

随葬品 9 件：二层台西北角放置陶簋 1 件；二层台东北角放置陶瓠 1 件；墓主右膝处压着陶爵 1 件，当是从二层台滚入棺中所至；墓主头西侧放置着铜戈 2 件和铜镈 1 件；腰坑南壁处有 3 件铜镞。

陶瓠 1 件。

NM155：5，A 型 I 式。泥质灰陶。修复。体高大，喇叭口，近直腹，高圈足外撇下折。腹部有凹弦纹三周，足部有凹弦纹二周。口径 16.7、圈足径 8.5、高 21.9 厘米。（图 2-9C；彩版九，1）

陶爵 1 件。

NM155：4，I 式。泥质灰陶。修复。器形高大。有流无尾，半环形鋬，粗腰，圆鼓腹，三足高而外撇。口沿外侧有凸棱一周，腹部饰凹弦纹二周。口径 10.3、高 14.7 厘米。（图 2-9C；彩版九，2）

陶簋 1 件。

NM155：6，A 型 III 式。泥质灰陶。修复。敞口，圆唇，斜沿，深腹斜收，圜底，圈足略高且外撇。器内壁口沿下饰凹弦纹一周，器表颈部饰凹弦纹三周。口径 25.2、圈足径 9.9、高 16 厘米。（图 2-9C；彩版九，3）

铜戈 2 件。

NM155：1，甲 Ab 型。完整。整体厚重。直内，后端出一刺，无阑，长条形宽援，中脊直达前锋。通长 23.4、援长 16.5、援最宽 5.3、内宽 3.8、援厚 0.6、内厚 0.4 厘米。重 0.258 千克。（图 2-9C；彩版九，4）

SM155：2，乙 Bb 型 I 式。完整。体轻薄，扭曲变形。曲内后端内勾，简化鸟首形，有歧冠；上、下出短阑；条形援，残，中部有细线状中脊，援末呈圭首形。通长 25.8、援长 17.4、援最宽 5.6、阑宽 6.4、内宽 3、援厚 0.1、内厚 0.1 厘米。重 0.097 千克。（图 2-9C；彩版九，5）

铜镞 3 枚。Aa 型 II 式。形体较小，镞体呈三角形，中脊截面呈菱形，短翼，后尖残，短圆铤，关长于本。（图 2-9C；彩版九，6）

NM155：7，残。残长 6、铤残长 2.7、翼残宽 2 厘米。

NM155：8，残。残长 4.3、铤残长 1.2、翼残宽 2.2 厘米。

NM155：9，残。残长 5、铤残长 2.6、翼残宽 2 厘米。

铜镈 1 件。

NM155：3，完整。尖锥形，圆形銎，下半部有凸棱一周，一侧带一弯钩。通长 11.5、钩长 2.7、銎径 1.8、銎厚 0.2 厘米。重 0.075 千克。（图 2-9C；彩版九，7）

墓葬年代：二期晚段。

人骨鉴定：

骨质极差，皆呈粉状，仅具其形。

性别不明。中年。

NM166

位于 NT0906 探方的北部。开口于③层下。方向为 12 度。（图 2-10A~C；彩版一〇~一二）

铜镞　3枚。均Aa型Ⅰ式。

NM166：5-1，通长6、铤长3.1、翼残宽1.8厘米。（图2-10C；彩版一二，2）

NM166：5-2，AaⅠ式。残长4.5、铤残长1.8、翼残宽1.8厘米。（图2-10C；彩版一二，2）

NM166：5-3，残。通长5.3、铤残长2.5、翼残宽1.6厘米。（图2-10C；彩版一二，2）

铜锛　2件。均Bb型。

NM166：4，残。通长10、刃宽4.3、銎宽1.7×3.8厘米。重0.149千克。（图2-10C；彩版一二，3）

NM166：6，完整。通长11、刃宽4、銎宽1.8×3.9厘米。重0.166千克。（图2-10C；彩版一二，4）

骨匕　1件。

NM166：7，修复。系用大型动物肋骨磨制而成，弧形宽扁长条状，中间较细，刃部呈铲形。通长20.8、宽3.3~4.5、厚0.3厘米。（图2-10C；彩版一二，5）

骨饰　1件。

NM166：8，残。由动物肋骨锯截而成，体呈圆头楔形，一端有一圆形钻孔。残长1.9、宽0.7厘米。（图2-10C；彩版一二，6）

墓葬年代：殷墟二期晚段。

人骨鉴定：

骨质较差，头骨呈碎片挤压变形，其他骨骼腐朽严重。

男性。35±岁。身高约160厘米。

头骨、肢骨性征明显。肢骨粗壮。白齿磨耗为3级。

卵圆形颅、中短颅、高颅、中颅、高面、狭面、高眶、狭鼻、窄额、鼻颧角大、平颌型等。

下颌左右M3横生。

SM620

位于探方北隔梁下。被H318、H382、H335打破，打破H338、H388和H342，并打破生土。方向为18度。（图2-11；彩版一三，1）

长方形竖穴土坑墓，直壁，南壁口部至底略向内倾斜。墓口距地表90厘米，墓口长196、宽92厘米，墓深97厘米。填土为灰土，较疏松，与被其打破的H342内的堆积土质、土色相近。

没有腰坑与二层台。

未发现葬具。

墓主仰身直肢，头北面西，墓主右手自然下垂，左手放于胸前。除头部和右腿骨有断裂痕迹外，其他部分保存良好。

墓主双手和右脚处分别各有贝1枚。左手为A型货贝、右手和脚部为B型货贝。

墓葬年代：打破该墓的H382为殷墟二期晚段，因而该墓年代不晚于此期。

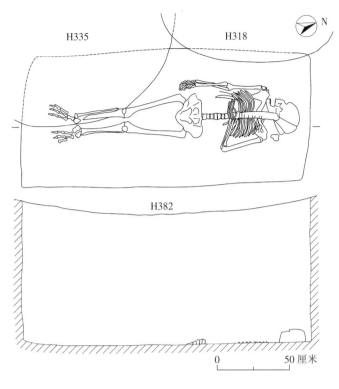

图 2 – 11 SM620 平、剖面图

人骨鉴定:

头骨挤压碎裂变形严重,肢骨多残损,盆骨椎骨腐朽严重。

男性。40 ~ 45 岁。身高约 156 厘米。

盆骨、头骨性征明显。粗壮度 2 级,骨密度 3 级。牙齿磨耗 4 ~ 5 级。

头骨特征:长颅、高颅、高面等。

牙齿磨耗上颌重于下颌,齿列较好。左右第一距骨上跪踞面明显,髌骨骨赘明显。腰椎增生明显,局部产生连桥现象。

SM650

位于 ST2707 的东北部,墓葬的西北角进入到 ST2807 的西部。被殷墟二期晚段的 H375 打破,打破生土。方向为 118 度。(图 2 – 12)

长方形竖穴土坑墓,墓壁垂直,较平整。现存墓口距地表深 110 厘米,墓口长 170、宽 45 厘米,墓深 120 厘米。填土为浅黄色、红褐色相间的细腻沙土相掺杂,经过夯打。

未发现木棺。墓主人面部、颈部有朱砂的痕迹。发现墓底铺有一层纺织品的痕迹。

墓主仰身直肢,头东南面上,左手向前弯曲。骨架保存较好。

无随葬品。

墓葬年代: 不晚于殷墟二期晚段。

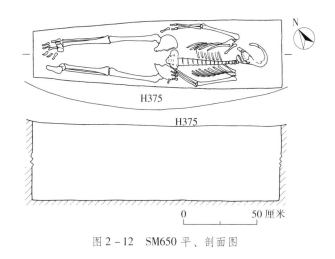

图 2 - 12　SM650 平、剖面图

第三节　殷墟二期墓葬

SM212

位于 ST2024 中北部。开口于扰土层（①层）下，直接打破生土。方向为 201 度。（图 2 - 13；彩版一四，1）

长方形竖穴土坑墓，墓壁略外扩，口小底大。墓口距地表 25 ~ 33 厘米，墓口长 200、宽 70 厘米，墓底长 210、宽 80 厘米，墓深约 165 厘米。填土为红褐色花夯土，质地较硬。夯层厚 8 ~ 12、夯窝直径 6 ~ 10 厘米。夯迹排列无序，夯具为单束夯。

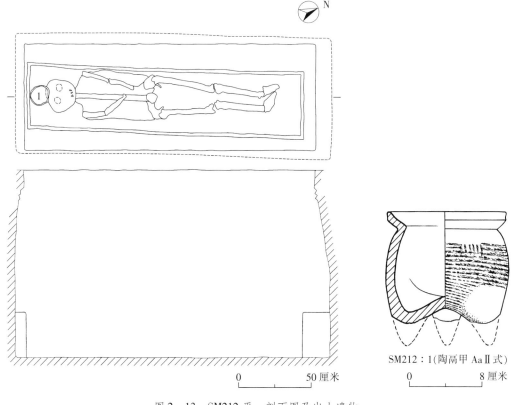

SM212：1（陶鬲甲 Aa Ⅱ 式）

图 2 - 13　SM212 平、剖面图及出土遗物

墓底四周有熟土二层台，宽8~23、高30厘米。

葬具为木棺。棺长190、宽43、高30厘米。棺盖板腐蚀后板灰厚0.1厘米，棺侧板与前后挡板厚3~4厘米。已朽成木灰。棺底腐朽物厚0.1~0.2厘米。

墓主葬式为仰身直肢，头南面上，上肢弯曲放于腹部。骨架腐朽严重。

棺内墓主头顶处放置陶鬲1件。

陶鬲　1件。

SM212：1，甲Aa型Ⅱ式。夹砂灰陶。三足残。体较小，厚胎。窄折沿，方唇，短颈，深直腹，矮裆，足尖下有实足，无足尖。腹及裆部饰中粗绳纹，足根部绳纹模糊。器表布满烟炱。口径13.1、残高11.8厘米。（图2-13）

墓葬年代：殷墟二期。

人骨鉴定：

骨质较差，头骨成碎片，挤压变形，肢骨腐朽，多呈粉状。

女性。35~40岁。身高约153厘米。

盆骨性征较明显。牙齿磨耗3~4级。

一枚腰椎椎体中部有明显凹坑，似椎核过度磨耗导致。残存10枚牙齿，有3枚患不同程度龋齿，包括齿颈龋和咬合面龋。

SM396

位于ST2006探方的东北角。开口于②层扰土下，直接打破生土。方向为3度。（图2-14A~D；彩版一三，2、3；彩版一五，1）

长方形竖穴土坑墓，墓壁略向内收，口大底略小。墓口距地表深45厘米，墓口长212、宽76厘米，墓底长192、宽70~73厘米，墓深249厘米（图2-14A）。填土为黄褐色五花夯土，土质较硬。在距墓口深185厘米处的填土内殉葬一狗，头南面东（图2-14B）。

墓底四周有熟土层台，宽13~20、高34厘米。

墓底中部有一个长70、宽35~42、深19厘米的腰坑。内殉狗一条，头南面西，四肢收拢近腹部。（图2-14C）

葬具木棺。从现存迹象，棺长165、宽43~46、高34厘米。

墓主葬式为仰身直肢，头北面东，两手至肘部弯曲，交叉放于骻骨上。头骨已被压成扁平，肢体其他骨骼保存良好。

墓内只出土陶豆1件，位于墓主的头骨之上，略偏西。

陶豆　1件。

SM396：1，B型Ⅰ式。泥质灰陶。修复。口微敛，平沿，方唇，盘腹略鼓，高圈足较粗。盘壁、圈足上部饰凹弦纹三周。口径15.8、圈足径9.5、高11.9厘米。（图2-14D；彩版一五，1）

墓葬年代：殷墟二期。

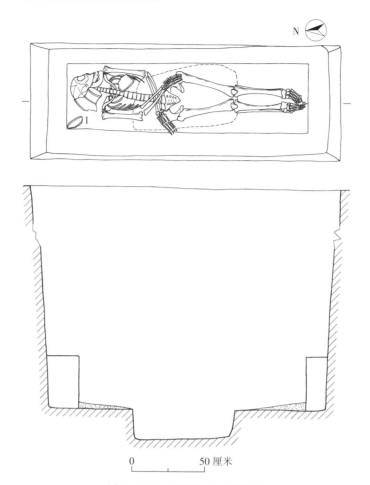

图 2 - 14A SM396 平、剖面图

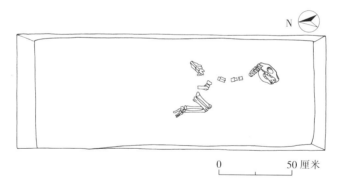

图 2 - 14B SM396 填土殉狗平面图

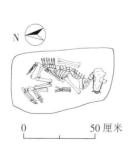

图 2 - 14C SM396 腰坑殉狗平面图

SM396:1(陶豆 B I 式)

图 2 - 14D SM396 出土遗物

SM634

位于 ST2804 东南部，其南部伸入探方南壁。开口于③层下，直接打破生土。未被盗。方向为 101 度。（图 2-15；彩版一四，2；彩版一五，2）

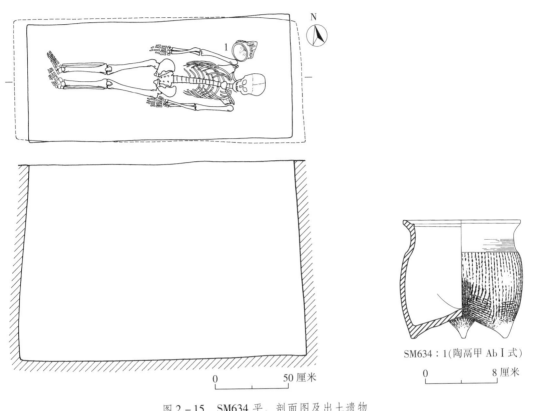

图 2-15　SM634 平、剖面图及出土遗物

SM634：1（陶鬲甲 Ab I 式）

长方形竖穴土坑墓，周壁较平整，口小底大，四壁从口到底部向外倾斜。墓口距地表深 90 厘米，墓口长 179、宽 78~82 厘米，墓底长 195、宽 78~82 厘米，墓深 130 厘米。填黄色花土，夯得不实，上下一致未分层，填土较纯净，其中无包含物。

未见葬具。

墓主为仰身直肢葬，头东面上，两手置于体侧。人骨保存较好。

在墓主人右肩部发现保存较好的陶鬲 1 件。

陶鬲 1 件。

SM634：1，甲 Ab 型 I 式。夹砂褐陶。修复。近方体。侈口，小方唇，窄折沿，高颈，深腹，袋足通底，实足较小，高裆。沿面有浅凹弦纹二周，颈部经修整，腹与袋足饰竖直绳纹，裆下饰横斜绳纹，足根部绳纹被抹掉。裆下有烟炱。口径 13、高 12.5 厘米。（图 2-15；彩版一五，2）

墓葬年代： 殷墟二期。

人骨鉴定：

女性。16±岁。

盆骨、头骨、肢骨性征明显。恒齿皆萌出，肢骨缝多未愈合。

SM777

位于 ST2709 中部稍偏北。西南角被 H486 打破，打破 G9。方向 111 度。（图 2 - 16；彩版一四，3）

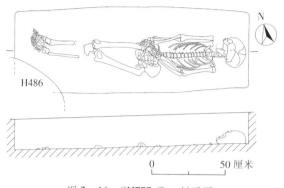

图 2 - 16   SM777 平、剖面图

长方形竖穴土坑墓，墓壁较为规整和平直。墓口长 160、宽 49 ~ 57 厘米（两头稍窄，中间稍宽），墓底长约 160、宽约 50 厘米，墓深约 21 厘米。填土为黑褐色土，非常疏松，未经过夯打，含有大量炭屑、陶片、骨头及鹅卵石等。

无二层台和腰坑。

无葬具。墓底未发现铺垫物。

墓主仰身直肢，头东面北，两臂稍弯曲，左手放于中小腹上，右手放于右腹边缘、压于左手手指上，掌面均向下，脚趾北偏。骨架基本完整，骨骼范围长度 134 厘米，头骨已裂为几瓣，胫骨上部残缺约 8 厘米，腓骨已不见。

无随葬品。

墓葬年代：该墓被殷墟二期晚段的 H486 打破，自身打破殷墟一期晚段的 G9，因而其年代定为殷墟二期较为合适。

人骨鉴定：

男性？12 ± 岁。

盆骨性征不明显。M2 未完全萌出。

跖骨上未见跪踞面。

SM892

位于 ST2905 南部。开口于②层下，南部被殷墟四期早段 SM891 打破，打破生土。方向 290 度。（图 2 - 17；彩版一五，3；彩版一六，1）

长方形竖穴土坑墓，口大底小。墓口距地表约 70 厘米，墓口长 212、宽 80 厘米，墓底长 207、宽 70 ~ 73 厘米，墓深 112 厘米。填土为红花夯土，夯层厚 16 ~ 20、夯窝直径 6 ~ 8 厘米。

生土二层台宽 12 ~ 16、高 16 厘米。

腰坑长 63、宽 33 ~ 38、深 16 厘米。内见少量杇骨及陶鬲碎片。

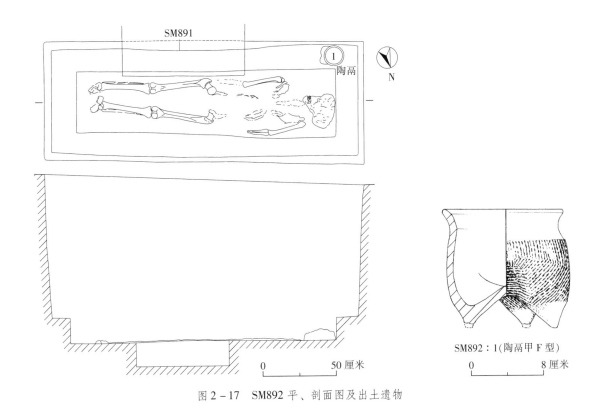

图 2－17 SM892 平、剖面图及出土遗物

葬具为木棺。棺长 175、西部宽 45、东部宽 40、残高 16 厘米。底部见有棺灰。

墓主俯身直肢，头西面南。仅部分骨头已朽，保存基本完好，骨骼范围长 166 厘米。

西南部二层台上有陶鬲 1 件。

陶鬲 1 件。

SM892：1，甲 F 型。夹砂灰陶。体大，近方体。侈口，小方唇，斜折沿，高颈，深腹较直，实足根，高裆。通体饰交叉绳纹，颈部经修整，足根部绳纹被抹掉。腹裆部有烟炱。口径 13.3、高 12.6 厘米。（图 2－17；彩版一五，3）

墓葬年代： 殷墟二期。

人骨鉴定：

男性。35～40 岁。

肢骨性征明显。骨密度 1 级。牙齿磨耗 3 级。

NM148

位于 NT1626 中部。开口于③层下，直接打破生土。方向为 98 度。（图 2－18；彩版一五，4；彩版一六，2、3）

长方形竖穴土坑墓，墓壁陡直。墓口距地表 105～135 厘米，口底同大，墓口长 270、宽 120 厘米，墓深 180～220 厘米。填土为黄褐色花夯土，质地坚硬，夯层不清楚。

墓底四周有熟土二层台，宽 20～30、高 50 厘米。

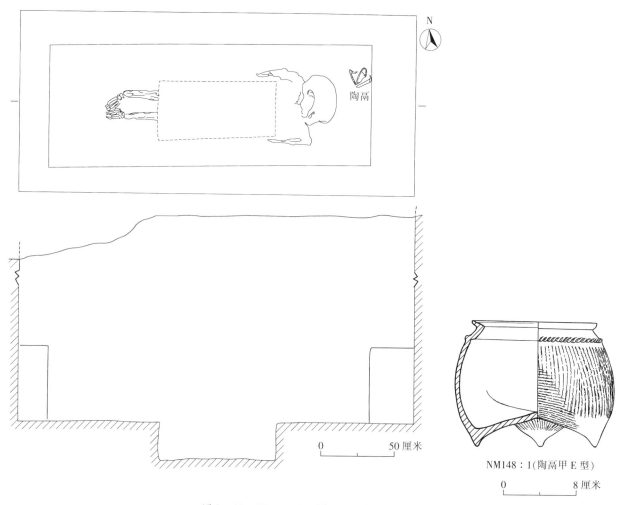

NM148：1(陶鬲甲 E 型)

0　　　　　　　　8 厘米

图 2-18　NM148 平、剖面图及出土遗物

　　墓底中部有一长方形腰坑，坑壁较直，长 80、宽 36~40、深 25 厘米。内填有褐色花土。坑内有殉狗腐朽后的骨粉痕迹，因腐朽过甚，已难以辨别。

　　葬具木棺。棺已大多朽毁，长约 220、宽 80 厘米。棺板厚 3.5~4 厘米，上髹白色和黑色漆。

　　在墓底的东西两侧中部，距棺 10 厘米处，发现有木桩孔洞，平面呈圆形，直径 2~3、深 7~8 厘米。

　　墓主为仰身直肢葬，头东面南。骨架保存较差，已腐朽成粉状。

　　在棺内东部偏北处放置陶鬲 1 件。

　　陶鬲　1 件。

　　NM148：1，甲 E 型。夹砂褐陶。修复。体较大，通体扁胖。斜平沿，小方唇，短颈，深腹较直，高裆，足根内敛，乳头状小足尖。颈部饰附加堆纹一周，腹及裆部饰中粗绳纹，足根部绳纹被抹掉。口径 13.7、高 13.2 厘米。（图 2-18；彩版一五，4）

　　墓葬年代：殷墟二期。

　　人骨鉴定：

　　骨质极差，头骨、肢骨呈粉状。

　　性别不明。成年。身高约 150 厘米。

SM982

位于 ST2004 南部。开口于 H226 下，打破 H700。方向为 200 度。（图 2 – 19）

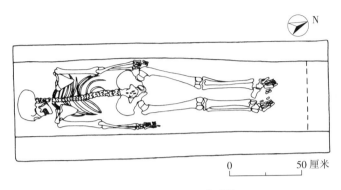

图 2 – 19　SM982 平面图

长方形竖穴土坑墓，墓壁竖直，口底同大。墓口距地表 300 ~ 360 厘米，墓口长 215、宽 76 厘米，墓深 55 ~ 100 厘米。填土为灰色花土。

在墓底北侧及东西两侧有熟土二层台，宽约 15、高约 13 厘米。

葬具应为木棺。根据二层台的范围，判断棺长 200、宽 50、残高 13 厘米。

墓主为仰身直肢葬，头南面东，双手置于体侧。骨架保存一般。

未见随葬任何器物。

墓葬年代：叠压该墓的 H226 属殷墟二期，因而该墓年代不晚于殷墟二期。

人骨鉴定：

人骨保存情况一般。头骨破损，颚骨缺如，右侧下颌骨髁突残缺，31 颗牙齿保存。上肢骨、上、下支带骨及脊柱未保存。胸骨、肋骨未保存。手部骨骼未保存。下肢骨、髌骨及足部骨骼保存。

墓主颅骨骨壁较厚，骨表面肌线和肌脊明显。眶上缘圆钝。乳突稍大，乳突上嵴明显。上项线明显。下颌角区肌线明显。长骨肌肉附着痕迹明显。据以上性别特征推测，墓主可能为男性个体。骨骺完全愈合。第三臼齿萌出，齿尖略有磨耗。第一、第二臼齿的磨耗程度为 2 ~ 3 级（吴汝康分级系统）。据以上信息推测，墓主应为年轻成年个体。右侧股骨最大长为 43.8 厘米，估算墓主身高 155 ~ 165 厘米。

墓主额骨、顶骨人字缝区及枕骨多孔型骨肥大呈愈合状态。上颌前部牙齿及双侧下颌犬齿唇侧面均可见多条线型釉质发育不全，其中上颌右侧犬齿唇侧面远中区可见凹陷型釉质发育不全。轻度牙结石。上颌右侧第一臼齿咬合面可见轻微的釉质剥脱现象。双侧股骨头凹边缘骨赘生成。双侧股骨内、外侧髁，与髌骨相接的关节面，以及髌骨关节面上均可见网织状新骨形成。双侧胫骨骨干前内侧面均可见骨膜炎性病理表现，板层状骨。双侧第一跖骨远端关节面背缘骨赘生成。

第四节　殷墟三期墓葬

SM10

位于 ST1430 西南部。开口于②层下，打破生土，东壁上部被一近代坑打破。方向为 13 度。（图 2 - 20；彩版一七）

长方形竖穴土坑墓，口小底大。墓口距地表 60 厘米，墓口长 226、宽 90 厘米，墓底长 260、宽 100 厘米，墓深 250 厘米。填土为红褐色夯土，夯层厚 5 ~ 10 厘米，夯窝不清晰。北端有一盗洞直达墓底，直径 75 厘米，内填土色较杂，松软。

墓底中部有腰坑，长 52、宽 20 ~ 25、深 25 厘米。内空无物。

在墓底发 8 个木桩孔洞，墓室南北两端各 1 个，东西两侧各 3 个，排列基本对称，较整齐。列表如下：

编号	位置	形状	口径（厘米）	深度（厘米）
A	北部中间	椭圆形	3 × 5	17
B	西侧北部	椭圆形	3 × 3.5	15
C	西侧中部	椭圆形	4.5 × 6	26.5
D	西侧南部	椭圆形	4 × 5	18.5
E	南端中部	椭圆形	3 × 5	25
F	东侧南部	椭圆形	5 × 6	19.5
G	东侧中部	椭圆形	2.5 × 4.5	19.5
H	东侧北部	椭圆形	4 × 5	14

葬具为一木棺。从板灰痕迹测量，长约 206、北宽 68、南宽 40 厘米。棺板上髹有红、白、黄、黑漆。

墓主应为仰身直肢葬。骨架上部无存。

随葬陶豆、罐、簋及铜戈等。

陶豆　1 件。

SM10：2，Aa 型。泥质灰陶。修复。敛口，尖唇，唇不外凸，浅盘，高圈足，束腰。盘壁、圈足上部分别饰凹弦纹二、三周。口径 13.8、圈足径 9、高 12.3 厘米。（图 2 - 20）

陶罐　1 件。

SM10：1，泥质灰陶。残片。残存口、腹部残片若干，无法修复。侈口，方唇，直颈，圆肩。肩、腹部饰弦断粗绳纹及附加堆纹一周，口径 14.4、残高 12.9 厘米。（图 2 - 20）

陶簋　1 件。

SM10：4，泥质灰陶。口、腹部残片。侈口，方唇，斜腹。器内壁口沿下饰凹弦纹一周，器表腹部饰三角划纹及凹弦纹二周，其间饰细绳纹。口径 25.2 厘米。（图 2 - 20）

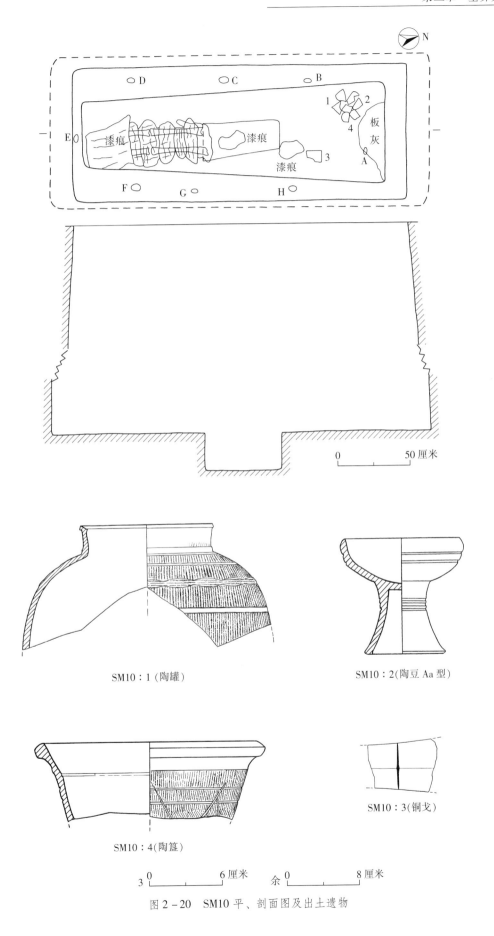

SM10:1(陶罐)

SM10:2(陶豆 Aa 型)

SM10:4(陶簋)

SM10:3(铜戈)

3 0 ____ 6厘米　余 0 ____ 8厘米

图 2 - 20　SM10 平、剖面图及出土遗物

铜戈 1件。

SM10:3，援部残片。质轻薄，中部有细线状中脊，残长5.7厘米。（图2-20）

墓葬年代：殷墟三期。

人骨鉴定：

骨质极差，上肢腐朽尽，腰部落入腰坑，盆骨余残片，下肢骨呈粉状。

女性？成年。

SM14

位于ST1330的西北部，西壁被压在ST1230的东隔梁下。开口于②层下，打破生土层。方向5度。（图2-21A、B；彩版一八，1、2）

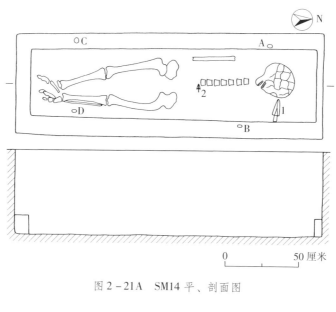

图2-21A SM14 平、剖面图

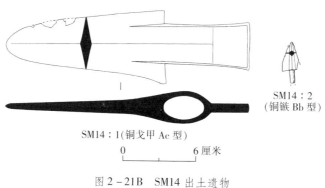

SM14:2
（铜镞Bb型）

SM14:1（铜戈甲Ac型）

0   6厘米

图2-21B SM14 出土遗物

长方形竖穴土坑墓，墓壁较直。墓口距地表75厘米，墓口长210、宽66~70厘米，墓深56厘米。填土为较软的褐色五花土，并经轻夯，夯窝不清。（图2-21A）

墓底四周有熟土二层台，宽5~12、高12厘米，较硬，并经夯实。

另外，在墓底部有4个圆形和椭圆形木桩孔洞。列表如下：

编号	位置	形状	口径	深度
A	北部偏西	椭圆形	2.5×3	9.5
B	北部偏东	椭圆形	2×2.5	15
C	南部偏西	圆形	3	9.5
D	南部偏东	椭圆形	2.5×3	11

葬具仅有一棺。根据墓底板灰痕迹可知，棺长为195、宽44~48、残高12厘米。

墓主为仰身直肢葬。骨架保存较差，头骨挤压成饼状，上肢仅存右上肢骨一节，已腐朽，脊椎骨成粉状，肋骨不清，盆骨及下肢骨保存较完整，下肢挤压变形呈扁平状，双足向右并拢，均腐朽严重。

随葬铜戈1件，位于头骨的东侧。铜镞1枚，位于上腹部脊椎骨的左侧。

铜戈 1件。

SM14:1，甲Ac型。整体厚重。内呈长条梯形，前端有椭圆形銎，三角形短援，中脊直达前锋。通长20.2、援长13.2、援最宽5.4、内宽3.3、援厚0.9、内厚0.7、銎径1.9~2.9厘米。重0.315千克。（图2-21B；彩版一八，3）

铜镞 1件。

SM14:2，Bb型。残。形体较小，镞体呈柳叶形，中脊截面呈菱形，短翼，后尖残，扁圆铤残。残长3.2、铤残长1厘米。（图2-21B；彩版一八，4）

墓葬年代： 殷墟三期。

人骨鉴定：

男性？35±岁。

肢骨片性征不明显。牙齿磨耗3级。

SM17

位于南区ST1930的北部。开口于现代扰土层下，打破生土。方向为14度。（图2-22A~H；彩版一九~二八）

长方形竖穴土坑墓，口稍大于底。墓口距地表约55厘米，墓口长约280、宽约140厘米，墓底长约274、宽约137厘米，墓深约190厘米。墓内填土为黄褐色花夯土，结构致密。（图2-22A）

墓底中部有一腰坑，口呈圆角长方形，长约76、宽约38、深约24厘米。坑内未见殉狗。

二层台东北角填土中发现一条牛腿骨，原是放在椁顶板上的。在填土中部（椁顶板之上）发现一具狗骨架，已朽，仅可判断狗头朝北（图2-22B）。

葬具为一棺一椁，均已朽。椁室长约252、宽约116、高45厘米（以熟土二层台的高度计）。椁板髹白漆，间有红漆，朽木呈浅黄色。椁顶板由东西向方木构成，椁侧板厚约3厘米，椁底板由9根南北向圆木构成，圆木直径6~7厘米，压在二层台下，直抵墓壁。（图2-22C~E）

棺室长约215、宽约88厘米，高度不详，棺板厚度不详。主要髹红漆，也有黑、白、黄漆等。

墓中人骨已朽为粉末，但仍可判断其头朝北。人骨上发现有细密的经纬分明的丝织品痕迹，可能是墓主的衣物。

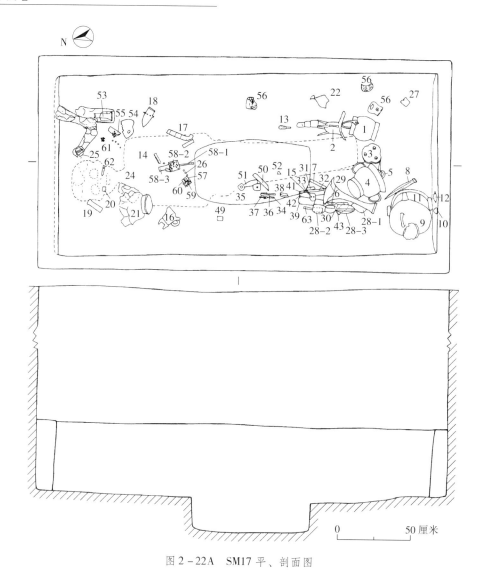

图 2－22A　SM17 平、剖面图

图 2－22B　SM17 填土殉狗平面图

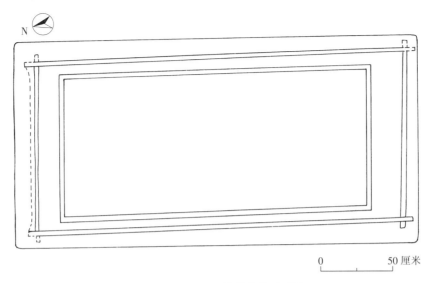

0　　　　　50 厘米

图 2－22C　SM17 棺椁结构平面图

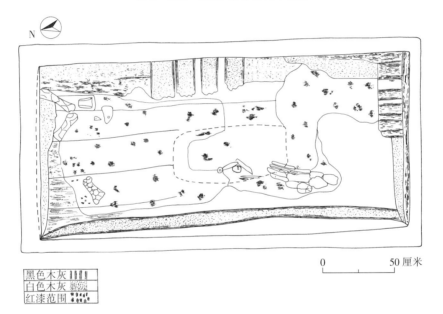

0　　　　　50 厘米

黑色木灰
白色木灰
红漆范围

图 2－22D　SM17 木椁顶板平面图

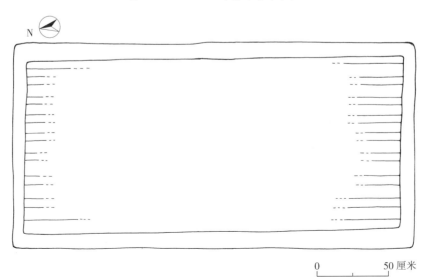

0　　　　　50 厘米

图 2－22E　SM17 木椁底板平面图

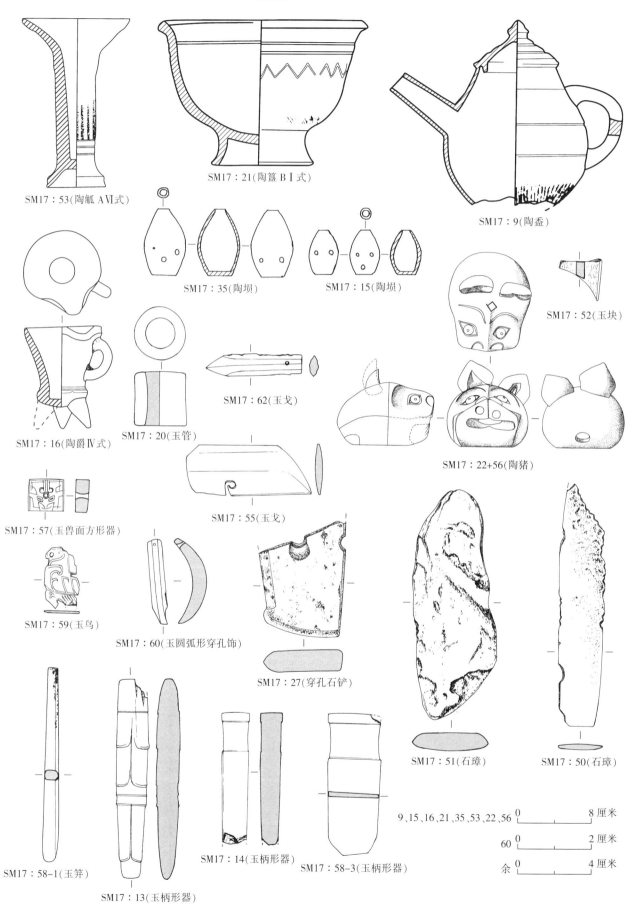

SM17：53(陶觚 AⅥ式)

SM17：21(陶簋 BⅠ式)

SM17：9(陶盉)

SM17：35(陶埙)

SM17：15(陶埙)

SM17：52(玉块)

SM17：16(陶爵Ⅳ式)

SM17：20(玉管)

SM17：62(玉戈)

SM17：22+56(陶猪)

SM17：57(玉兽面方形器)

SM17：55(玉戈)

SM17：59(玉鸟)

SM17：60(玉圆弧形穿孔饰)

SM17：27(穿孔石铲)

SM17：51(石璋)

SM17：50(石璋)

SM17：58-1(玉笄)

SM17：13(玉柄形器)

SM17：14(玉柄形器)

SM17：58-3(玉柄形器)

9、15、16、21、35、53、22、56　0　　　　8 厘米

60　0　　2 厘米

余　0　　　4 厘米

图 2－22F　SM17 出土遗物

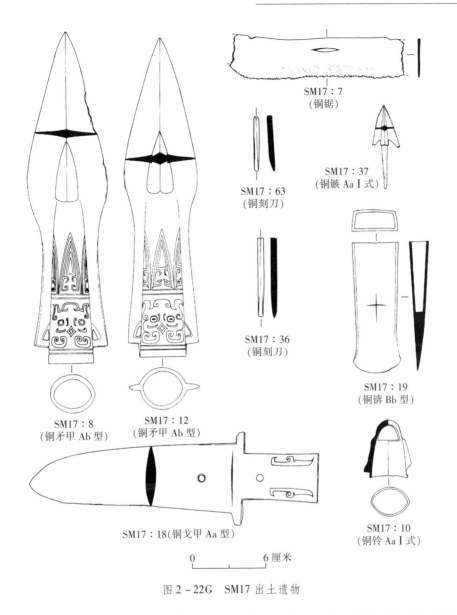

图 2 - 22G　SM17 出土遗物

出土陶器 7 件、青铜器 19 件、玉石器等近 40 件（由于腐朽太甚，难以确定具体件数）。其中，青铜器大都粘附着黑红色漆皮，位于棺椁之间。大部分陶器表面有朱砂，特别是陶猪及陶盉，出土时极鲜艳。陶盉压在铜鼎（SM17∶11）上，陶簋压在墓主的肩部，而陶瓿和陶猪均为打碎后置于墓室内的，它们的碎块散见于棺内多个位置。2 件陶埙放在棺内。玉石质礼器如璋、戚、柄形器等放棺内，位置不一，有的放在墓主身上，有的放在墓主两侧，还有的压在墓主身下。但因材质与埋藏等原因，石质随葬品朽坏、剥落极为严重，有的已很难分辨其形状。

陶瓿　1 件。

SM17∶53，A 型Ⅵ式。泥质灰陶。下腹部有三周凹弦纹。口径 11.5、圈足径 6.3、高 17.9 厘米。（图 2 - 22F）

陶爵　1 件。

SM17∶16，Ⅳ式。泥质灰陶。下腹饰一周凹弦纹。口径 8.7、高 11.1 厘米。（图 2 - 22F；彩版二一，1）

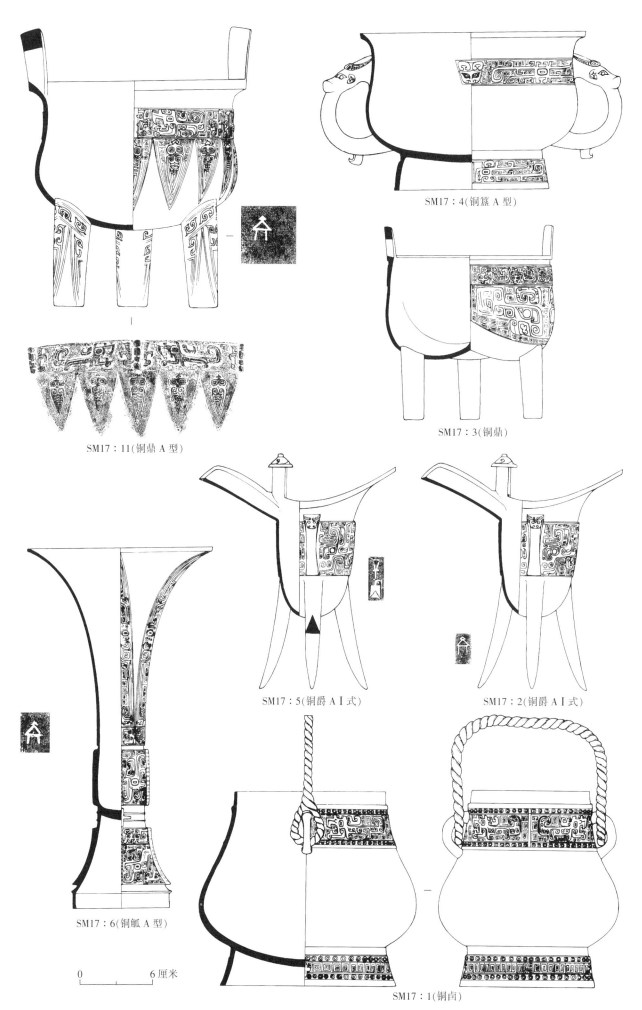

SM17∶4(铜簋 A 型)

SM17∶3(铜鼎)

SM17∶11(铜鼎 A 型)

SM17∶5(铜爵 A I 式)

SM17∶2(铜爵 A I 式)

SM17∶6(铜觚 A 型)

SM17∶1(铜卣)

0   6厘米

图 2 – 22H SM17 出土遗物

陶簋　1件。

SM17：21，B型Ⅰ式。泥质灰陶。口部略残。口沿内壁略靠上处有一周凹弦纹，颈部有两周弦纹，腹部有一周小三角纹。口径23.1、圈足径11.9、高15.3厘米。（图2-22F；彩版二一，2）

陶盉　1件。

SM17：9，泥质灰陶。底部残缺，带器盖。器盖基本完整，子母口，平沿，弧形顶，圆头状纽。素面。直径9.2、通高6.2厘米。器身呈罐形，小直口，尖唇，鼓腹下垂。上腹部一侧有半环形鋬，对应一侧有一管状长流，微上翘。腹部饰数周弦纹，近底部饰模糊的绳纹。口径8.9、残高15.2厘米。（图2-22F；彩版二一，3）

陶埙　2件。泥质灰陶。形似鸡蛋，但较细长，平底，表面磨光。顶端有一孔，下部一面有呈倒三角形分布的三孔，另一面有横排的两孔。

SM17：35，较大，高7.1、顶端孔径0.8厘米。（图2-22F；彩版二一，4）

SM17：15，较小，高4.7、顶端孔径0.6厘米。（图2-22F；彩版二一，5）

陶猪　1件。

SM17：22+56，泥质灰陶。写实猪头形。张口，双鼻孔，凸眼，直立耳。长10.4、宽8.9、连耳高9.2厘米。（图2-22F；彩版二一，6）

铜鼎　2件。

SM17：11，A型。完整。底部内壁有铭文"合"。通高22.2、口径17.6、腹径16.5、耳高4、耳根宽4.5、耳厚1.4、足高8.5、柱足径2.8、腹壁厚0.3厘米。重2.454千克。（图2-22H；彩版二二，1、2）

SM17：3，残。分档鼎。通高15.4、口径14.4、腹径13.6、耳高2.3、耳根宽3.5、耳厚0.5、足高5.9、柱足径1.8、腹壁厚0.4厘米。重0.958千克。（图2-22H；彩版二二，3）

铜簋　1件。

SM17：4，A型。微残。通高12.7、圈足高3.3、口径17.7、腹径16、圈足径12.2、腹壁厚0.2厘米。重1.568千克。（图2-22H；彩版二三，1、2）

铜卣　1件。

SM17：1，缺盖，器身完整。通高15.6、圈足高3.2、口径9.3~12.2、腹最大径17.6、圈足径11~14.3、腹壁厚0.3厘米。重1.748千克。（图2-22H；彩版二三，3）

铜觚　1件。

SM17：6，A型。修复。圈足内壁有铭文"合"。通高28.6、口径15.2、底径8、口沿厚0.2厘米。重0.923千克。（图2-22H；彩版二四，1、2）

铜爵　2件。均A型Ⅰ式。

SM17：5，完整。鋬下有铭文"辛合"。通高18.6、柱高2.8、足高8.3、流至尾长15.9、流长7.1、流宽3.7、腹壁厚0.2厘米。重0.576千克。（图2-22H；彩版二五，1、2）

SM17：2，完整。鋬下有铭文"合"。通高18.6、柱高3.4、足高8.1、流至尾长15.8、流长6.5、流宽3.7、腹壁厚0.2厘米。重0.556千克。（图2-22H；彩版二五，3、4）

铜戈　2件。

SM17：18，甲 Aa 型。完整。通长 23.3、援长 16.6、援最宽 5.4、内宽 3.6、阑宽 7.2、援厚 0.9、内厚 0.6 厘米。重 0.391 千克。（图 2-22G；彩版二六，1）

SM17：17，残损严重，不辨形制。

铜矛　2 件。形制相同，均为甲 Ab 型。

SM17：8，通长 26.3、叶长 24.8、叶最宽 6.6、叶厚 0.6、銎腔径 2.2×3 厘米。重 0.407 千克。（图 2-22G；彩版二六，2）

SM17：12，通长 25、叶长 24、叶最宽 5.8、叶厚 0.6、銎腔径 2.7×3.3 厘米。重 0.404 千克。（图 2-22G；彩版二六，3）

铜镞　1 件。

SM17：37，Aa 型 I 式。微残。通长 6.6、铤长 3.3、翼残宽 2.3 厘米。（图 2-22G；彩版二六，4）

铜铃　2 件。均为 Aa 型 I 式。

SM17：25，残，未见铃舌。通高 5.2、口缘径 2.4×3.5、腔壁厚 0.2 厘米。（彩版二六，5）

SM17：10，残，未见铃舌。体较小。素面。通高 4.2、口缘径 2.1×2.8、腔壁厚 0.3 厘米。（图 2-22G；彩版二六，7）

铜刀　1 件。

SM17：34，残。残碎严重，不辨形制。

铜锯　1 件。

SM17：7，残。较薄。长条形，已变形，背部有长条形穿孔，刃部有锯齿。残长 14.1、宽 3.1～3.2 厘米。（图 2-22G；彩版二六，6）

铜刻刀　2 件。

SM17：36，残。柄部呈圆柱形，双面刃，扁平。残长 6.2，直径 0.5 厘米。（图 2-22G）

SM17：63，残。细条形，尖刃，截面呈三角形。长 4.3 厘米。（图 2-22G）

铜锛　1 件。

SM17：19，Bb 型。完整。体呈扁平长条形，长方形銎口，单面弧刃。通长 10.4、刃宽 3.9、銎宽 1.4×3.1 厘米。重 0.166 千克。（图 2-22G）

玉、石器出土较多，但保存较差，特别是砂岩类的璋、璧、戚、柄形器等已朽成粉末。

绿松石　1 件。

SM17：61，残蚀。

玉管　1 件。

SM17：20，灰褐色。对钻穿孔，中部微凹腰，通体抛光。长 2.8、直径 2.8～2.9、孔径 1.6 厘米。（图 2-22F；彩版二七，1、2）

玉兽面方形器　1 件。

SM17：57，灰褐色。方形，中部单面桯钻穿孔。一面阴线刻饕餮纹。边长 1.7×1.9、厚 0.8 厘米。（图 2-22F；彩版二七，3）

玉圆弧形穿孔饰　1 件。

SM17：60，淡黄色。系凸缘环改制而成。圆弧状，一端单面穿孔。弧径 4.5、凸缘厚 0.9 厘米。

（图2-22F；彩版二七，4）

玉戈　2件。

SM17：55，灰褐色。属改制器。大致呈长条形，中部起脊，前端似璋形，弧刃，中部有扉牙形穿孔缺口。长6.8、脊厚0.4厘米。（图2-22F；彩版二七，5）

SM17：62，白灰色。援、内间无阑，突脊，前锋尖利。长5.3、厚0.5厘米。（图2-22F；彩版二七，6）

玉笄　1件。

SM17：58-1，灰白色。扁平长条形，前端有扁平刃。长10.2厘米。（图2-22F；彩版二七，7）

玉鸟　1件。

SM17：59，青灰色。立鸟形，极薄，饰双阴线云纹。残长3.2、宽1.8厘米。（图2-22F；彩版二七，8）

玉饰　1件。

SM17：26，风化残蚀。

玉块　1件。

SM17：52，灰白色。应是管钻穿孔器的一部分，一侧有两面切割痕迹。厚0.5厘米。（图2-22F；彩版二七，9）

玉柄形器　3件。

SM17：14，半透明。平顶，柄首凹腰，末端已残。长6.9、宽1.3~1.4、厚0.9~1.1厘米。（图2-22F；彩版二八，1）

SM17：13，柄首略残。青灰色。三面饰莲瓣状阳纹，首端宽厚，末端窄薄。长10.3、宽1.1~1.7厘米。（图2-22F；彩版二八，2）

SM17：58-2，柄首略残。青色。宽扁形，柄首凹腰，末端近梯形。长7.6、宽2.9~1.5厘米。（图2-22F；彩版二八，3）

石戚　1件。

SM17：54，风化残蚀。

石柄形器　3件，其中2件保存较好。

SM17：32，砂岩。风化严重。平顶，亚腰长条形，末端略窄，斜刃。长15.1、宽1.7~3、厚0.6厘米。（图2-22F）

SM17：31，砂岩。风化。梯形柄首，末端较平。长6.7、最宽1.3、厚0.6厘米。（图2-22F）

SM17：28，风化残蚀。

石棒形器　2件。

SM17：30，砂岩。风化。扁平长条棒形，一端残，另一端较平。长6.9、宽1.2厘米。

SM17：33，风化残蚀。

石笄　2件。

SM17：29，砂岩。风化。扁平长条形，一端有尖。长11.5厘米。

SM17：45，风化残损，不辨形制。

穿孔石铲 1件。

SM17：27，上半部残缺。近长方形，中部及一侧有对钻穿孔，双面弧刃。残长6.2、刃宽4.3厘米。（图2-22F；彩版二八，4）

石刀 1件。

SM17：42，风化严重，无法辨识。

石璋 13件，分别为SM17：23、24、38~41、43、44、46、47、49~51，保存较好者2件。

SM17：50，残。黄褐色。风化严重。扁平长条形，中间略厚，两缘稍薄，直柄，一侧有半圆形缺口，尖端残失。残长13、宽2.4、厚0.2厘米。（图2-22F；彩版二八，5）

SM17：51，残。黄褐色砂岩。风化严重。体厚重，四边不规整。柄端略窄，尖端呈不对称的斜三角形。残长11.7、宽3.4~4.3、厚0.7厘米。（图2-22F；彩版二八，6）

石璧 1件。

SM17：48，风化，无法辨识。

墓葬年代：殷墟三期。

SM38

位于ST1219与ST1220之间西部。开口于②层下，墓口南北两端分别被现代坑所扰。方向为10度。（图2-23A、B；彩版二九~三一）

长方形竖穴土坑墓，壁凹凸不平，南、北壁下段向外倾斜，底较平。墓口距地表深50厘米，墓口长243、宽130厘米，墓底长290、宽130厘米，墓深273厘米。填土为黄花土，经夯实，较硬，夯层厚6~10厘米。（图2-23A）

二层台东宽40、南宽57、西宽30、北宽40厘米，高33~43厘米，熟土经夯实。在东二层台南部上有殉狗一条，头向南，骨骼已朽，颈部有铜铃（SM38：13）。

腰坑长55、宽20、深12厘米，坑南端略向东偏。

葬具为长方形木棺。棺长193、宽62、残高43厘米。髹红、黑漆。

南二层台之上有彩绘痕迹，推测为漆盾牌。图案由红、黄、白、黑色构成，色彩艳丽。但图案内容已模糊不清。

墓主头向北。骨骼已成粉末。

随葬品共有22件。其中铜觚、爵各1件（SM38：3、4），出土时位于墓主头部附近。墓主头部有方形玉片1件（SM38：6），口内含玉环形饰1件（SM38：5）。墓主胸部有小石子（SM38：7），腹部有2件石柄形器（SM38：8、9）、1件石璋（SM38：10）和1件石器（SM38：11）。北二层台上放置陶爵（SM38：1）、陶觚（SM38：14）和1件羊肩胛骨（SM38：16）。在北二层台内有3件铜铃（SM38：2、20、22）。南二层台上有铜戈1件（SM38：12），放置在彩绘盾牌（SM38：17）之上。东二层台上有3件铜矛（SM38：15、18、21）和3条兽腿骨（SM38：19）。

陶觚 1件。

SM38：14，A型Ⅵ式。修复。口径11.2、圈足径5.7、高16.9厘米。（图2-23B）

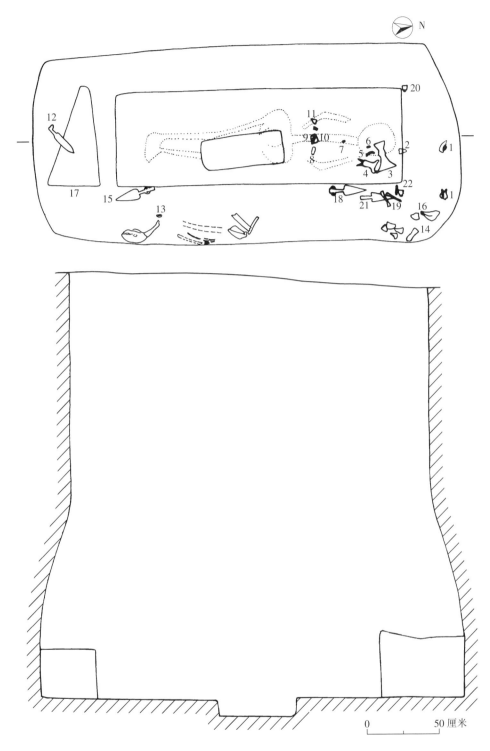

图 2 - 23A SM38 平、剖面图

陶爵 1 件。

SM38:1，Ⅳ式。修复。口径 9.2、高 10.9 厘米。（图 2 - 23B）

铜瓿 1 件。

SM38:3，C 型 I 式。微残。腹上部饰模糊凸弦纹一周。锈蚀较重，腹内底部尚存范土。通高 19.6、口径 13.2、底径 7.9、口沿厚 0.2 厘米。重 0.745 千克。（图 2 - 23B；彩版三〇，1）

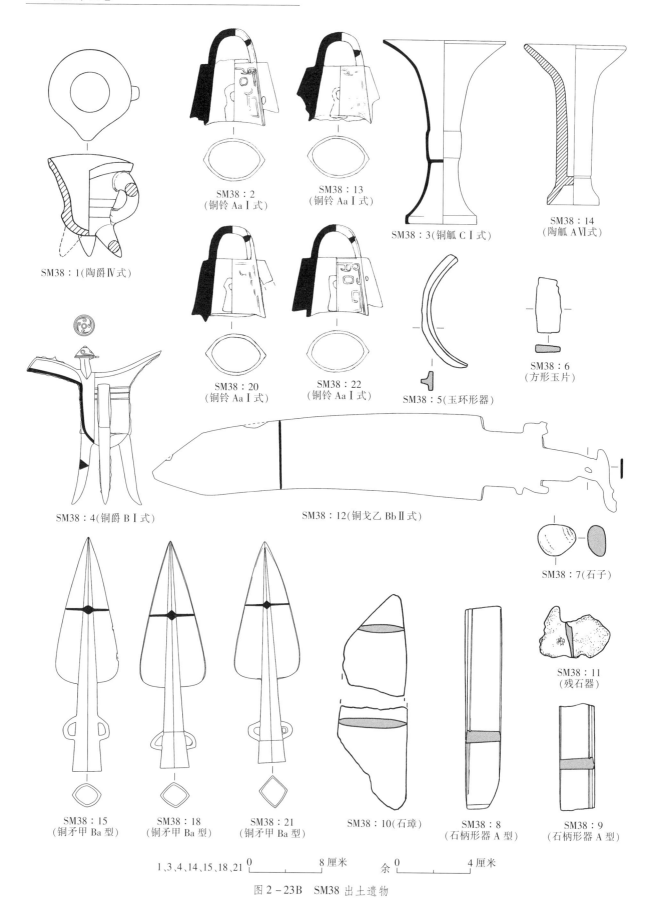

SM38：1(陶爵Ⅳ式)

SM38：2
(铜铃 Aa I 式)

SM38：13
(铜铃 Aa I 式)

SM38：3(铜觚 C I 式)

SM38：14
(陶觚 A Ⅵ式)

SM38：20
(铜铃 Aa I 式)

SM38：22
(铜铃 Aa I 式)

SM38：5(玉环形器)

SM38：6
(方形玉片)

SM38：4(铜爵 B I 式)

SM38：12(铜戈乙 Bb Ⅱ式)

SM38：7(石子)

SM38：15
(铜矛甲 Ba 型)

SM38：18
(铜矛甲 Ba 型)

SM38：21
(铜矛甲 Ba 型)

SM38：10(石璋)

SM38：8
(石柄形器 A 型)

SM38：11
(残石器)

SM38：9
(石柄形器 A 型)

1、3、4、14、15、18、21 0 ____ 8 厘米   余 0 ____ 4 厘米

图 2 - 23B　SM38 出土遗物

铜爵　1件。

SM38:4，B型Ⅰ式。完整。柱帽尖较高，上饰涡纹，上腹部饰三周凸弦纹，口、流中部至腹、底部有铸缝。通高16.6、柱高2.7、足高7.3、流至尾长14.6、流长6、流宽3.1、腹壁厚0.3厘米。重0.649千克。（图2-23B；彩版三〇，2）

铜戈　1件。

SM38:12，乙Bb型Ⅱ式。修复。通长25.3、援长18、援最宽4.5、援厚0.1、内厚0.1厘米。重0.065千克。（图2-23B；彩版三〇，3）

铜矛　3件。甲Ba型。完整。

SM38:15，通长24.8、叶长15.4、叶最宽6.8、叶厚0.3、銎腔径2×2.5厘米。重0.215千克。（图2-23B；彩版三一，1）

SM38:18，通长24、叶长15.5、叶最宽7.4、叶厚0.3、銎腔径2×2.6厘米。重0.229千克。（图2-23B；彩版三一，2）

SM38:21，通长23.5、叶长14.4、叶最宽7.2、叶厚0.3、銎腔径2.4×3厘米。重0.209千克。（图2-23B；彩版三一，3）

铜铃　4件。Aa型Ⅰ式。

SM38:2，铃舌残。饕餮纹模糊不清。通高5、口缘径2×3、腔壁厚0.1厘米。（图2-23B；彩版三〇，4）

SM38:20，铃舌残。一侧有扉棱，素面。通高5、口缘径1.8×2.8、腔壁厚0.1厘米。（图2-23B；彩版三〇，5）

SM38:22，铃舌残。铃身两面饰梯形凸弦纹，内填阳线饕餮纹。通高5.2、口缘径2×2.8、腔壁厚0.1厘米。（图2-23B；彩版三〇，6）

SM38:13，口缘略内凹，未见铃舌。铃身两面饰模糊梯形凸弦纹。通高5、口缘径2×2.7、腔壁厚0.2厘米。（图2-23B）

玉环形饰　1件。

SM38:5，残。白色，受沁。弧形，或为改制器。外缘有凸棱，一端留有钻孔时未钻透痕迹。残长5.9、宽0.8厘米。（图2-23B；彩版三一，4）

方形玉片　1件。

SM38:6，残。牙黄色，受沁。扁平长方形，一边有一缺口。素面。长2.8、宽1.3、厚0.3厘米。（图2-23B；彩版三一，5）

石子　1件。

SM38:7，完整。浅黄色，不规则形，最长2.1厘米。（图2-23B；彩版三一，6）

石柄形器　2件。A型。白色砂岩，风化严重。扁平窄条形，较厚，器表粘有朱砂。

SM38:8，柄首、腰部残失，柄末端出斜刃。残长10.8、宽1.8、厚0.7厘米。（图2-23B）

SM38:9，柄首、腰部残失，柄末端残。残长5.6、宽1.8、厚0.5厘米。（图2-23B；彩版三一，7）

石璋　1件。

SM38：10，残。白色砂岩。风化严重。长条形，中部略厚，两缘稍薄，尖端呈不对称的斜三角形。表面粘有朱砂。残长 10.1、宽 3.7、厚 0.5 厘米。（图 2-23B）

残石器 1 件。

SM38：11，残。不规则形状。（图 2-23B；彩版三一，8）

羊肩胛骨 1 件。

SM38：16，残，无加工痕迹。

彩绘盾牌 1 件。

SM38：17，形状模糊不清。

墓葬年代：殷墟三期。

SM43

位于 ST1524 和 ST1523 之间。开口于②层下，直接打破生土。方向为 7 度。（图 2-24A~H；彩版三二~三五）

长方形竖穴土坑墓，墓壁外扩，口小底大。墓口距地表约 30 厘米，墓口长 250、宽 101~105 厘米，墓底长 280、宽 130~133 厘米，墓深 295 厘米。填土为黄褐色花夯土，土质坚硬，夯层厚 7~23 厘米，夯窝清晰，直径约 4 厘米，有单根夯和 3 根集束夯。（图 2-24B）

距墓口 200 厘米的东北角填土中有殉狗，葬式为头北面东，侧卧，前肢被缚于背后，后肢置于腹下。在西侧中部填土中出有狗的下颌骨。在西南角填土中出有零散猪头骨（图 2-24C）。距墓口 220 厘米的东北角填土中出有羊下颌骨，已散乱（图 2-24D）。距墓口 230 厘米的北侧填土中出有狗腿骨（图 2-24E）。

墓底四周有熟土二层台，宽 7~20、高 40 厘米。

墓底中部有一圆角长方形腰坑，腰坑壁斜直，长 55、宽 39、深 22 厘米。内有零散的狗骨，只能判断头骨位于南侧。（图 2-24A）

葬具为木棺。由残迹判断，棺长 220、宽 65~72、高 40 厘米。木棺的四角斜掏榫卯，然后各部分相扣，构成一具棺。棺内侧髹有黄漆。棺盖板由 3 块宽 16~18 厘米的纵向木板组成，残长 198 厘米，上髹黑漆。两侧的棺立板残高约 16、厚 3~5 厘米，前后挡板厚约 5 厘米。棺底板较宽，由纵向木板构成，残存 2 块，残长 258、残宽 110 厘米。在棺底板上铺有席子。在棺底板下有残宽 16~20 厘米的横向枕木。（图 2-24F、G）

墓底发现有 12 个木桩孔洞。可分为内外两圈，外圈的孔洞在墓室南北两端各有 1 个、东西两侧各有 3 个，内圈一组分别位于棺内侧的四角。直径 3~6 厘米不等，最浅者只有 2 厘米，最深 18 厘米。（图 2-24G）

墓主为俯身直肢葬，头北面下，双手弯曲置于腹部。骨架已朽成粉状。在腰部洒有朱砂。

棺内墓主头西侧出有 3 件石柄形器和 1 件铜瓿。在柄形器和铜瓿上残留有纺织品的痕迹。头东侧出铜爵 1 件，上亦残留有纺织品痕迹。在左小腿上部外侧放置铜戈 1 件。脚南侧出铜锛 1 件，上也残留有纺织品的痕迹。铜锛北侧与脚之间放置着铜镞 2 件。墓主左臂下压着石戈 1 件。墓主口含小玉戈 1 件。

图 2-24A　SM43 腰坑
殉狗平、剖面图

0　　　　50 厘米

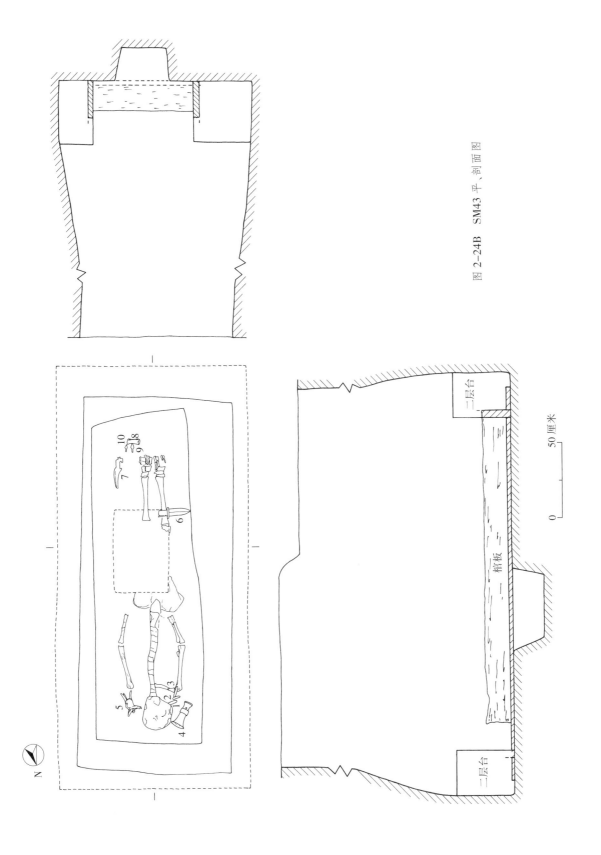

图 2-24B SM43 平、剖面图

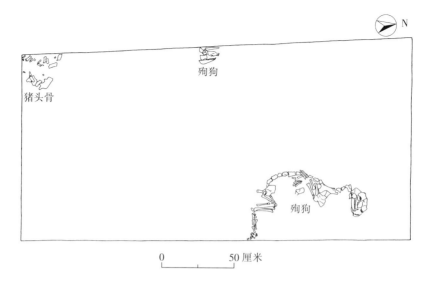

0   50 厘米

图 2 – 24C   SM43 填土殉狗平面图（墓口下 200 厘米）

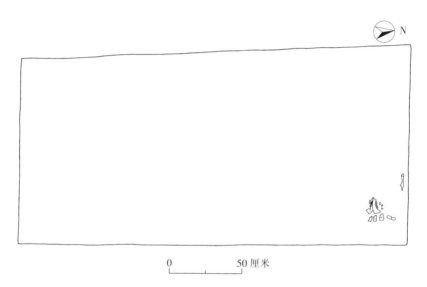

0   50 厘米

图 2 – 24D   SM43 填土殉狗平面图（墓口下 220 厘米）

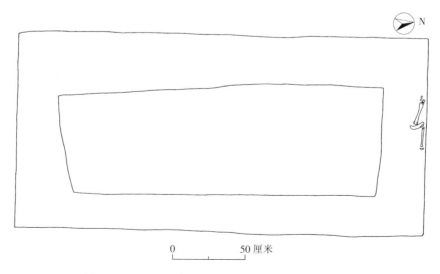

0   50 厘米

图 2 – 24E   SM43 填土殉狗平面图（墓口下 230 厘米）

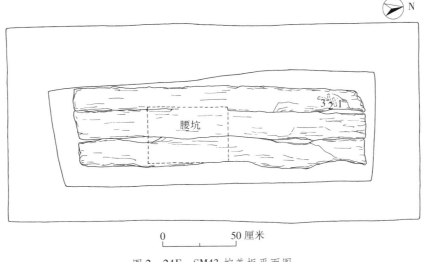

图 2 - 24F SM43 棺盖板平面图

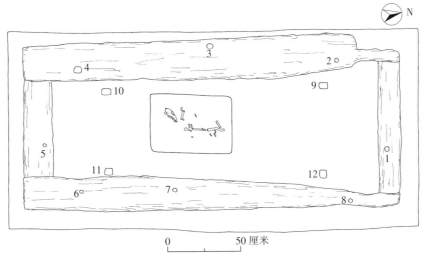

图 2 - 24G SM43 棺底板及墓底桩孔图

铜觚 1 件。

SM43：4，D 型。微残。腹部饰两条浅扉棱，腹上、下部各饰二周凸弦纹。圈足上部残有一孔。通高 19.5、口径 13.2、底径 8.9、口沿厚 0.3 厘米。重 0.489 千克。（图 2 - 24H；彩版三四，1）

铜爵 1 件。

SM43：5，B 型 Ⅱ 式。完整。柱帽上饰模糊涡纹，上腹部饰三周模糊凸弦纹。通高 17、柱高 3.2、足高 6.7、流至尾长 13.8、流长 6.2、流宽 3.2、腹壁厚 0.2 厘米。重 0.421 千克。（图 2 - 24H；彩版三四，2）

铜戈 2 件。

SM43：7，甲 Ab 型。完整。通长 23.6、援长 16.3、援最宽 5.3、内宽 4.3、阑宽 6.7、援厚 0.6、内厚 0.5 厘米。重 0.289 千克。（图 2 - 24H；彩版三四，3）

SM43：6，乙 Bb 型 Ⅰ 式。残长 25.8、援长 17.6、援最宽 5、阑宽 5.5、内宽 3、援厚 0.1、内厚 0.1 厘米。重 0.08 千克。（图 2 - 24H；彩版三四，4）

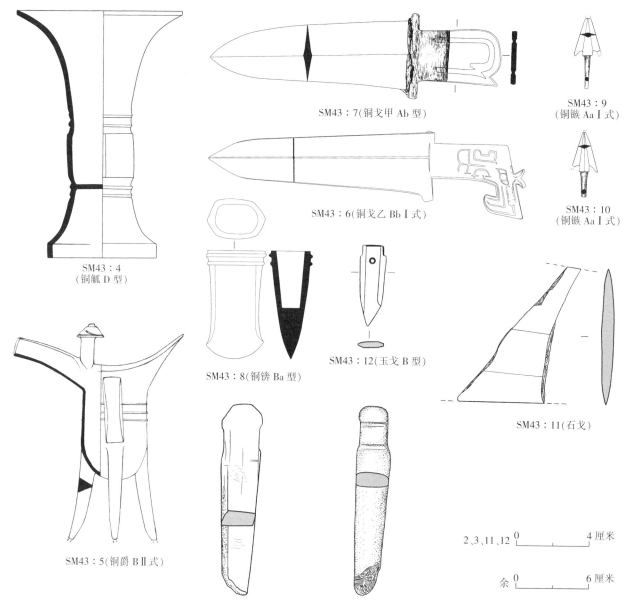

SM43 : 7(铜戈甲 Ab 型)

SM43 : 9
(铜镞 Aa I 式)

SM43 : 6(铜戈乙 Bb I 式)

SM43 : 10
(铜镞 Aa I 式)

SM43 : 4
(铜觚 D 型)

SM43 : 8(铜锛 Ba 型)

SM43 : 12(玉戈 B 型)

SM43 : 11(石戈)

SM43 : 5(铜爵 B II 式)

2、3、11、12 0 ——————— 4 厘米

余 0 ——————— 6 厘米

SM43 : 2(石柄形器 A 型)   SM43 : 3(石柄形器 A 型)

图 2 - 24H   SM43 出土遗物

铜镞 2 件。Aa 型 I 式。

SM43:9，残长 5.5、铤长 2.6、翼残宽 2.1 厘米。（图 2 - 24H；彩版三四，5）

SM43:10，微残。通长 5、铤长 2、翼宽 2.2 厘米。（图 2 - 24H；彩版三四，5）

铜锛 1 件。

SM43:8，Ba 型。完整。銎口下带二箍，双面弧刃。两侧有铸缝。通长 8.8、刃宽 4.7、銎宽 2.4 ×
3.7 厘米。重 0.227 千克。（图 2 -24H；彩版三四，6）

玉戈 1 件。

SM43:12，B 型。完整。灰白色。短直内，三角形援末，无中脊，边刃圆钝。援部有一双面钻孔。
通长 4.2、内长 0.4、内宽 1.1、援宽 1.3、援厚 0.3 厘米。（图 2 -24H；彩版三五，1）

石戈　1 件。

SM43：11，残。灰白色，残存援部一段，宽条形，中部厚，两缘较薄。打磨光滑。残长 4.5、宽 7.3、厚 0.6 厘米。（图 2 – 24H；彩版三五，2）

石柄形器　3 件。其中 1 件（SM43：1）残甚，另 2 件为 A 型。白色砂岩。扁平窄长条形，较厚。柄首平顶，柄部两侧略内收，柄末端变窄。

SM43：2，A 型。残。器表粘有朱砂，柄首粘有纺织物痕迹。残长 10.1、宽 2.2、厚 0.7 厘米。（图 2 – 24H；彩版三五，3）

SM43：3，A 型。残。柄末端残。器表粘有朱砂。残长 10、最宽 1.9、厚 0.7 厘米。（图 2 – 24H；彩版三五，4）

SM43：1，不辨型式。残。白色砂岩，风化严重。

墓葬年代：殷墟三期。

人骨鉴定：

骨质极差，仅余部分头骨残片。

男性。50±岁。

头骨性征明显。残牙磨耗较重。

SM51

位于 ST1323 北部隔梁下偏东。开口于②层下，打破③层。方向 9 度。（图 2 – 25A～G；彩版三六～四〇）

长方形竖穴土坑墓。墓口距地表深 10 厘米，墓口长 285、宽 145 厘米，墓深 290 厘米（图 2 – 25A）。墓室内填土黄褐色，经过夯打，土质较硬。墓室内近棺盖板处，殉狗一条，头朝南，颈部系铜铃（图 2 – 25B）。

墓底有一周熟土二层台，宽 7.5～16.5、高 80 厘米。二层台东北角有一只动物足部。

墓底中部有腰坑，长 90、宽 33～37、深 20～24 厘米。（图 2 – 25A、D）

墓室底部有 4 个桩孔，深 25～30 厘米。（图 2 – 25E）

葬具为一椁一棺。椁室长 260、宽 120、高 80 厘米。椁室塌陷，但尚可观察到木板腐蚀痕迹，底板上有白色痕迹，推测髹有白漆。椁盖板呈东西向横放，两端压在二层台上，可以观察到的有 9 块（图 2 – 25A、C）。自北向南分别为 A～I：

A，基本完整，两端搭在椁室侧壁板之上。长 125、宽 12～15 厘米。

B，只剩东半部。残长 76、宽 10 厘米。

C，只剩东部。残长 15、宽 8 厘米。

D，东、西两端各剩一段。残长 105、宽 11 厘米。

E，东、西两端各剩一段。残长 105、宽 10 厘米。

F，只有东部一段。残长 23、宽 6 厘米。

G，基本完整。长 106、宽 10 厘米。

H，只剩东部一段。残长 50、宽 10 厘米。

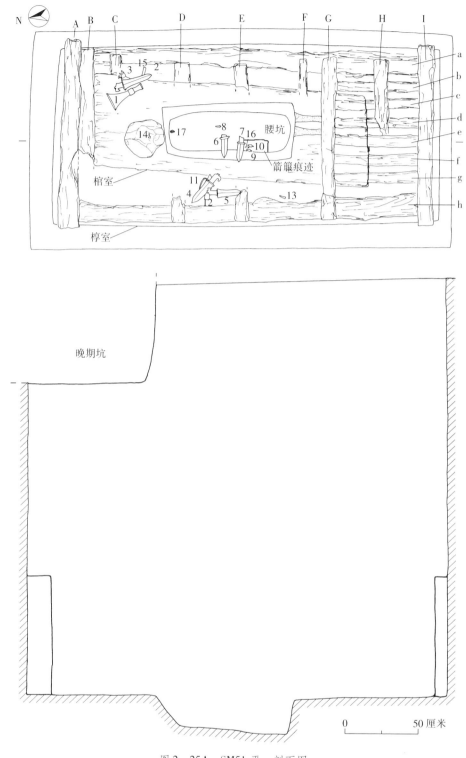

图 2-25A　SM51 平、剖面图

　　I，基本完整，两端搭在椁室侧壁板之上。长 120、宽 11 厘米。

　　另外，在椁室南部，可见椁室的东、西两块侧板和 6 块底板的木痕。自东向西分别编号为 a~h。其中 a、h 应是侧壁板的最上面一块，基本是椁室的长度，宽 10~15 厘米。中部 6 块底板残长 55、宽约 6 厘米。

　　棺长 189、宽 62 厘米，高度不详。棺板上普遍留有红色痕迹，推测可能髹有红漆。

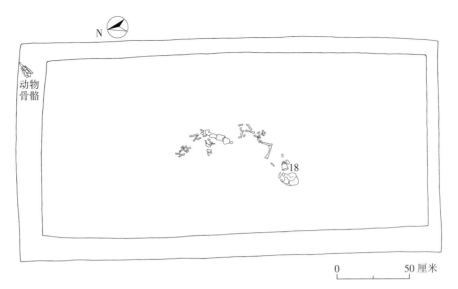

图2-25B　SM51填土殉狗平面图

图2-25C　SM51椁室平面图

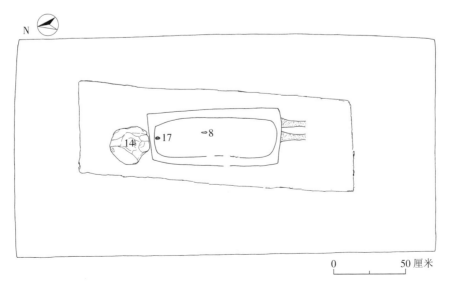

图2-25D　SM51棺室、腰坑平面图

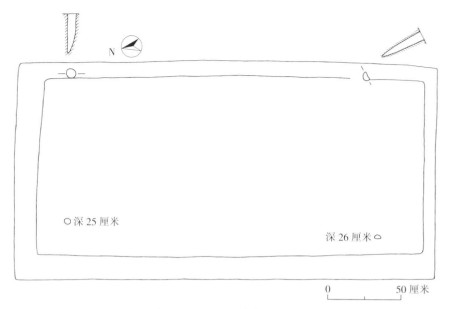

图 2－25E　SM51 墓底桩孔图

图 2－25F　SM51 箭箙平面图

墓主头直肢，头向北。骨架已成粉末状。口内含石锛（SM51:14）。

随葬品有铜觚、铜爵各 1 件，铜戈 8 件，这些器物可能下葬时放在椁、棺之间的空间内。另有铜镞、石锛、玉戈、货贝等与墓主人一起，棺室内 3 枚铜镞可能放置在箭箙之内。箭箙放在腰坑南部靠腰坑西部，也即墓主人的腰部，箭箙长 30、宽 6～10 厘米，皮制，局部有兽皮痕迹（图 2－25F）。石锛含在墓主人口中，玉戈在腰部，货贝在颈部。

铜觚　1 件。

SM51:1，B 型 I 式。完整。腹上、下部各饰模糊凸弦纹二周，腹部有两条浅扉棱，并均匀间饰四枚乳丁。通高 24、口径 14、底径 7.2、口沿厚 0.2 厘米。重 0.749 千克。（图 2－25G；彩版三八，1）

铜爵　1 件。

SM51:3，B 型 I 式。完整。柱帽尖凸起，上饰涡纹，上腹部饰二周凸弦纹，底部有铸焊修补痕迹。通高 18.2、柱高 3.6、足高 8.2、流至尾长 14.7、流长 6.1、流宽 3.6、腹壁厚 0.2 厘米。重 0.588 千克。（图 2－25G；彩版三八，2）

铜戈　8 件。

SM51:7，甲 Ab 型。修复。通长 24.6、援长 17.2、援最宽 5.6、内宽 4、援厚 0.5、内厚 0.4 厘米。重 0.221 千克。（图 2－25G；彩版三九，1）

SM51:6，甲 Ac 型。完整。通长 23、援长 16、援最宽 5.7、内宽 4、援厚 0.9、内厚 0.6、銎腔径 2.1×2.8 厘米。重 0.336 千克。（图 2－25G；彩版三九，2）

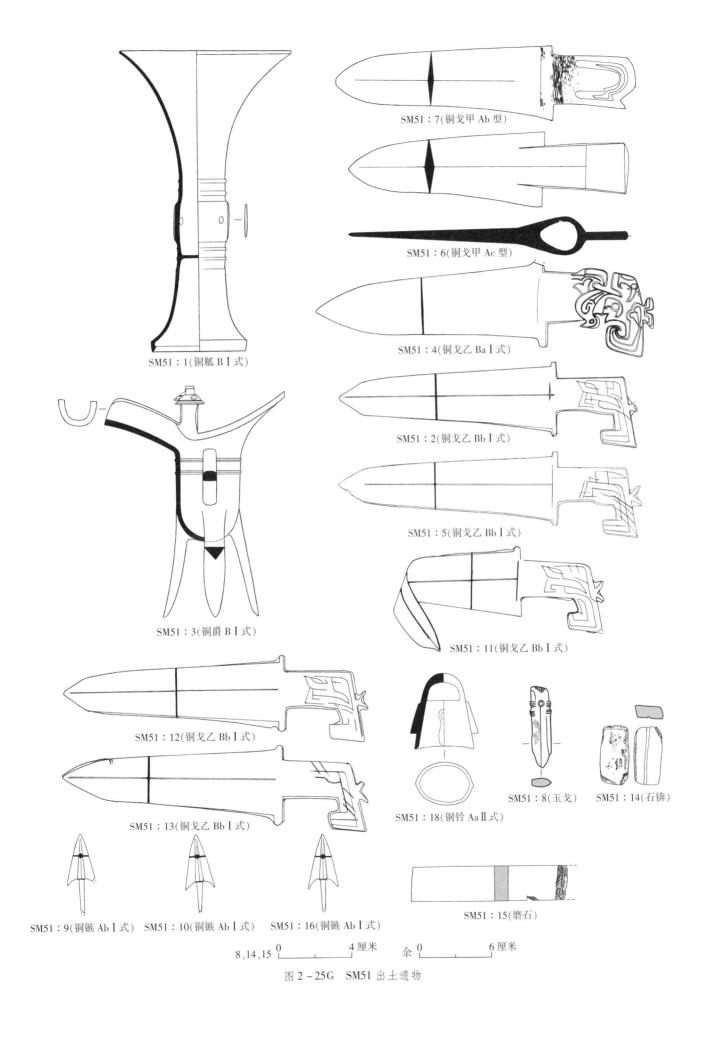

SM51：7(铜戈甲 Ab 型)

SM51：6(铜戈甲 Ac 型)

SM51：4(铜戈乙 BaⅠ式)

SM51：1(铜觚 BⅠ式)

SM51：2(铜戈乙 BbⅠ式)

SM51：5(铜戈乙 BbⅠ式)

SM51：11(铜戈乙 BbⅠ式)

SM51：3(铜爵 BⅠ式)

SM51：12(铜戈乙 BbⅠ式)

SM51：18(铜铃 AaⅡ式)　　SM51：8(玉戈)　　SM51：14(石锛)

SM51：13(铜戈乙 BbⅠ式)

SM51：9(铜镞 AbⅠ式)　SM51：10(铜镞 AbⅠ式)　SM51：16(铜镞 AbⅠ式)

SM51：15(磨石)

8、14、15　0 ——— 4厘米　　余　0 ——— 6厘米

图 2-25G　SM51 出土遗物

SM51：4，乙 Ba 型Ⅰ式。完整。通长 27.7、援长 18、援最宽 5.5、阑宽 6.8、内宽 4.2、援中脊厚 0.2、内厚 0.2 厘米。重 0.170 千克。（图 2-25G；彩版三九，3）

SM51：2、5、11、12、13，共 5 件，乙 Bb 型Ⅰ式。保存较完整。轻薄，曲内后端内勾，简化鸟首形，有歧冠；上、下出短阑；条形援，中部有细线状中脊，援末呈三角形。

SM51：11，扭曲变形，上出短阑。通长 17.6、援长 10.6、援最宽 5、阑宽 5.5、内宽 3、援厚 0.1、内厚 0.1 厘米。重 0.095 千克。（图 2-25G；彩版四〇，1）

SM51：5，完整。上、下均出短阑。通长 24.8、援长 17.6、援最宽 4.9、阑宽 5.9、内宽 3、援厚 0.1、内厚 0.1 厘米。重 0.080 千克。（图 2-25G；彩版四〇，2）

SM51：2，残。上、下出短阑。残长 24.8、援长 17.6、援最宽 5、阑宽 6、内宽 3、援厚 0.1、内厚 0.1 厘米。重 0.099 千克。（图 2-25G；彩版三九，4）

SM51：12，完整。上、下出短阑。通长 24.8、援长 17.6、援最宽 5.3、阑宽 6、内宽 3、援厚 0.1、内厚 0.1 厘米。重 0.099 千克。（图 2-25G；彩版四〇，3）

SM51：13，完整。上、下出短阑。通长 25、援长 17.4、援最宽 5.4、阑宽 6.4、内宽 3、援厚 0.1、内厚 0.1 厘米。重 0.107 千克。（图 2-25G；彩版四〇，4）

铜镞 3 件。Ab 型Ⅰ式。形体大。镞体呈三角形，中脊截面略呈圆形，长翼尖直，圆铤。（图 2-25G；彩版三八，3）

SM51：9，一翼残。长圆铤，铤上残留箭杆痕迹。通长 6、铤长 2.5、翼残宽 2.3 厘米。（图 2-25G；彩版三八，3）

SM51：10，残。短圆铤。残长 6、铤残长 2.2、翼宽 2.3 厘米。（图 2-25G；彩版三八，3）

SM51：16，一翼残。长圆铤，铤上残留箭杆痕迹。通长 6、铤长 2.5、翼残宽 2.3 厘米。（图 2-25G；彩版三八，3）

铜铃 1 件。

SM51：18，Aa 型Ⅱ式。残。素面，锈蚀严重。通高 6.4、口缘径 3×4、腔壁厚 0.3 厘米。（图 2-25G；彩版三八，4）

玉戈 1 件。

SM51：8，微残。乳白色，器表粘有少量朱砂。直内，援部有中脊，三角形援末，本部两侧各有两组阴线纹，每组三道。援内交界处有一双面钻孔。通长 4.2、内长 0.7、内宽 1、援宽 1、中脊厚 0.5 厘米。（图 2-25G；彩版三八，5）

石锛 1 件。

SM51：14，残。浅黄色。长方形，一面中部有一横向凹槽。长 2.9、宽 1.8、厚 0.5 厘米。（图 2-25G；彩版三八，6）

磨石 1 件。

SM51：15，残。黄褐色砂岩，风化严重。体窄而薄，扁平长方形，上端残失。表面粘有少量朱砂。残长 8、宽 1.8、厚 0.7 厘米。（图 2-25G；彩版三八，7）

贝 1 枚。A 型货贝。

墓葬年代：殷墟三期。

SM88

位于 ST2321 的西北部。开口于扰土层下，西部被晚期沟打破，直接打破生土。方向为 17 度。（图 2 - 26；彩版四一，1）

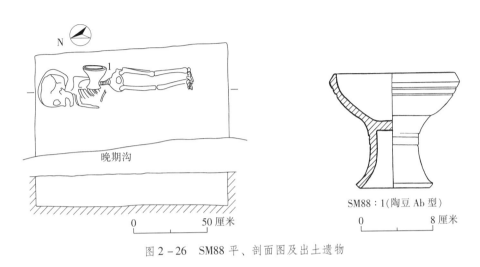

图 2 - 26　SM88 平、剖面图及出土遗物

长方形竖穴土坑墓，墓壁竖直。墓口距地表约 50、墓长 130、残宽 62 ~ 67 厘米，墓深 19 ~ 22 厘米。填土为红褐色花夯土，质地紧密坚硬。

墓内无二层台和腰坑。

墓内未发现有葬具痕迹。在墓底和墓主身上发现有少量黑灰。

墓主仰身直肢，头北面西。右上臂垂于体侧，下臂和手部弯曲置于腹部。

在墓主胸腹部放置陶豆 1 件。

陶豆 1 件。

SM88：1，Ab 型。泥质灰陶。完整。敛口，尖唇，沿稍外斜，浅盘，高圈足，束腰。盘壁、圈足上部分别饰凹弦纹二、三周。口径 14.5、圈足径 8.7、高 12.3 厘米。（图 2 - 26）

墓葬年代： 殷墟三期。

人骨鉴定：

骨质较差，头骨挤压成饼状，呈粉状，肢骨多呈粉状。

性别不明。7 ~ 8 岁。

上颌恒门齿刚萌出。

SM91

位于 ST2322 中部偏北。开口于扰土层下，东北角被一晚期盗坑打破，直接打破生土。方向为 13 度。（图 2 - 27A ~ D；彩版四一，2、3；彩版四二）

长方形竖穴土坑墓，墓壁竖直。墓口距地表约 5 厘米，墓口长 250、北端宽 90 厘米，墓深约 201 厘米。填土为黄褐色花夯土，质地紧密坚硬，包含有烧土粒、炭屑、陶片等。（图 2 - 27A）

熟土二层台宽 12 ~ 17、高 24 厘米，经过夯打。二层台的东北角被盗坑破坏。

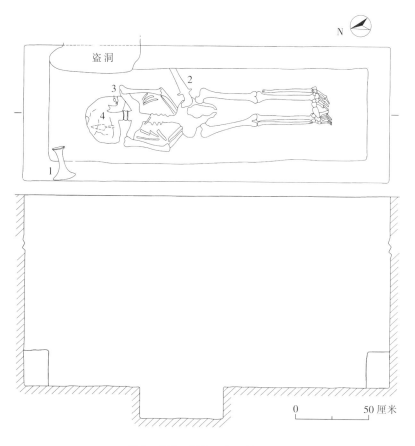

图 2 – 27A　SM91 平、剖面图

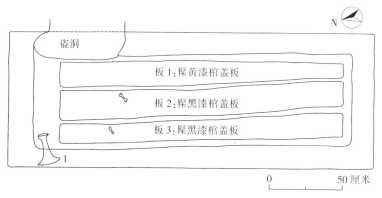

图 2 – 27B　SM91 棺盖平面图

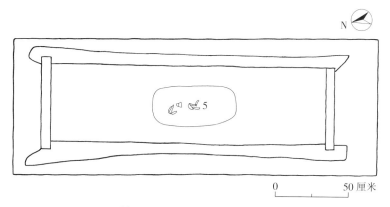

图 2 – 27C　SM91 棺底结构图

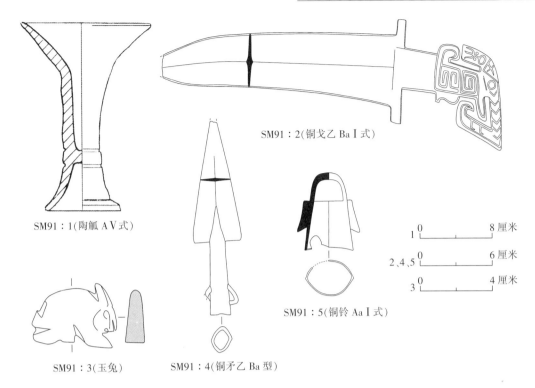

SM91：2(铜戈乙 Ba I 式)

SM91：1(陶觚 A V 式)

SM91：5(铜铃 Aa I 式)

SM91：3(玉兔)

SM91：4(铜矛乙 Ba 型)

图 2 - 27D　SM91 出土遗物

墓底有一圆角长方形腰坑，长 57、宽 16 ~ 27、深 22 厘米。内殉狗已大部腐朽，仅存少量骨骼。内出有铜铃 1 件。（图 2 - 27A、C）

葬具仅有一木棺。盖板由三块长 194 厘米、纵向放置的木板组成，由东向西分别编号为板 1、板 2、板 3。盖板上置有两小块兽骨，保存较差。（图 2 - 27B）

盖板 1，上髹有黄漆。板宽 10 ~ 17 厘米。板 1 与板 2 间距 2 厘米。

盖板 2，上髹以黄漆为底，自下向上为红漆、黑漆。板宽 17 ~ 20 厘米，板 2 与板 3 间距 2 ~ 5 厘米。

盖板 3，髹漆与板 2 相同。板宽 13 ~ 17 厘米。

墓底有明显的棺侧板痕迹。棺呈四出头式。左右两侧的侧板出头，前后挡板插入侧板中（图 2 - 27C）。左右侧板较宽，为方木，长 220、宽 6 ~ 14 厘米。前后挡板较窄，呈方形，长 61、宽 6 厘米。通过棺侧板可知，棺长 202、宽 66 ~ 77、残高 24 厘米。

墓主为俯身直肢葬，头北面东，双手压于骨盆下。墓主尸骨身上紧贴有一层黄底红漆的物品，未见有明显的纺织品痕迹，具体形制不明。

在二层台西北角棺上放置陶觚 1 件。在棺内，墓主骨盆的右上方放置铜戈 1 件。墓主口内有兔形玉琀 1 件。在头骨下压有铜矛 1 件。

陶觚　1 件。

SM91：1，A 型 V 式。泥质灰陶。修复。体高大，喇叭口，瘦腹呈直筒形，高圈足。腹部有凹弦纹三周。口径 14.9、圈足径 8.6、高 19.8 厘米。（图 2 - 27D）

铜戈　1 件。

SM91：2，乙 Ba 型 I 式。微残。体长，较轻薄。曲内呈鸟首形，无歧冠，上饰阳线纹；上、下均出阑，上阑较长；长条形援，中部有线状中脊隆起，前锋微残。残长 29、援长 19.8、援最宽 5.5、阑

宽 8.3、内宽 3.3、援中脊厚 0.5、内厚 0.2 厘米。重 0.205 千克。（图 2-27D；彩版四二，2）

铜矛　1 件。

SM91:4，乙 Ba 型。微残。体小而轻薄。叶呈三角形，中脊稍隆起；骹截面呈菱形，两侧有纽。通长 15.5、叶残长 9.7、叶最宽 4.2、叶厚 0.2、骹腔径 1.3×1.5 厘米。重 0.071 千克。（图 2-27D；彩版四二，3）

铜铃　1 件。

SM91:5，Aa 型 I 式。残。铃腔瘦长，铃腔截面呈椭圆形，两侧有扉棱，无顶盖，上有半环形梁，口缘较平直，未见铃舌。素面。通高 6.1、口缘径 2.5×3.7、腔壁厚 0.1 厘米。（图 2-27D；彩版四二，4）

玉兔　1 件。

SM91:3，完整。青色。圆雕。垂首，双耳上竖，弓背，前足前突，后足蹲踞，短尾。前足有一个斜向单面钻孔。首尾间长 4.9、背部宽 3、最厚处 1.1 厘米。（图 2-27D；彩版四二，5）

墓葬年代：殷墟三期。

人骨鉴定：

骨质极差，头骨上体骨腐朽严重，基本呈饼状和粉状，下肢骨相对较好，但也腐朽严重。

男性。30~35 岁。身高约 155 厘米。

肢骨、头骨性征明显。肢骨密度大，头骨男性化，牙齿磨耗中等。

跗骨上有跪踞面痕迹。

SM106

位于 ST2320 西北部，西距探方边 125~160 厘米。开口于①层扰土下，直接打破生土。方向为 15 度。（图 2-28A~C；彩版四三；彩版四四，1、3~5）

长方形竖穴土坑墓，墓壁稍向外倾斜，口小底大。墓口距地表 30 厘米，墓口长 205、宽 75~80 厘米，墓底长 230、宽 86 厘米，墓深约 160 厘米。填土为红褐色花夯土，土质坚硬，夯层厚约 20 厘米，夯窝不明显。距墓口 110 厘米的墓室中部填土中殉狗一条，头南面东，骨架已经大部腐朽，仅可辨认大致的形状。（图 2-28A）

墓底有一周熟土二层台，宽 15~23、北部高 25、南部高 20 厘米。

墓底中部有一长方形腰坑，坑壁直，长 50、宽 20、深 10 厘米。内出贝 1 枚。

葬具为木棺。二层台内侧粘有白、黄漆，当是棺上髹以白、黄漆。棺长 195、宽 44~52、高 20~25 厘米。

墓主为仰身直肢葬，头北面西，上肢前臂弯曲置于腹部，双膝双足并拢，足尖向西。骨架保存极差，头骨扁平变形，骨骼朽成粉末，仅可辨其形状。

在二层台的东北部上放置陶豆 1 件。在北侧棺盖上放置着陶瓿、陶爵、陶簋和铜戈各 1 件（图 2-28B）。在南部棺盖上放置文蛤双扇。在棺内墓主头上有铅戈 1 件。墓主口内贝 1 枚。腰坑中出贝 1 枚。

陶瓿　1 件。

SM106:2，A 型 V 式。修复。柄部有凹弦纹三周。口径 13.4、圈足径 7.4、高 20.6 厘米。（图 2-28C）

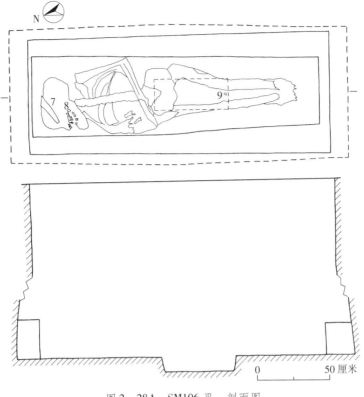

图 2 - 28A　SM106 平、剖面图

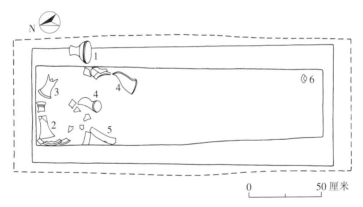

图 2 - 28B　SM106 棺板之上器物图

陶爵　1 件。

SM106：3，Ⅲ式。完整。口径 8.5、高 11.9 厘米。（图 2 - 28C）

陶豆　1 件。

SM106：1，Aa 型。修复。盘壁、圈足上部分别饰凹弦纹二、三周。口径 14.6、圈足径 8.6、高 12.6 厘米。（图 2 - 28C）

陶簋　1 件。

SM106：4，B 型Ⅱ式。修复。唇面饰凸棱一周，器内壁口沿下饰凹弦纹一周，器表颈、腹部饰凹弦纹三周。口径 21.1、圈足径 10.4、高 16.4 厘米。（图 2 - 28C；彩版四四，1）

铜戈　1 件。

SM106：5，乙 Ba 型Ⅰ式。残。通长 31.8、援长 21、援最宽 5.5、阑宽 6.6、内宽 3.6、援中脊厚

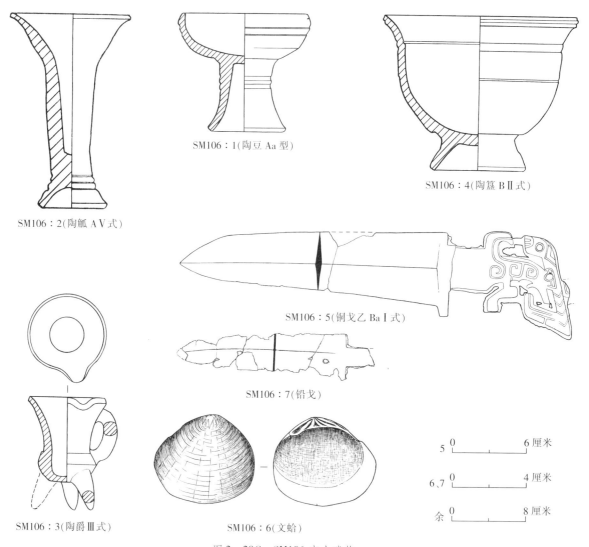

SM106∶1(陶豆 Aa 型)

SM106∶4(陶簋 BⅡ式)

SM106∶2(陶瓬 AⅤ式)

SM106∶5(铜戈乙 BaⅠ式)

SM106∶7(铅戈)

SM106∶3(陶爵Ⅲ式)

SM106∶6(文蛤)

5 ⊢0———————6厘米

6,7 ⊢0———————4厘米

余 ⊢0———————8厘米

图 2－28C　SM106 出土遗物

0.5、内厚 0.2 厘米。重 0.208 千克。(图 2－28C；彩版四四，3)

铅戈　1 件。

SM106∶7，残。残存援部残片，质轻薄，有细线状中脊。残长 10.8 厘米。(图 2－28C；彩版四四，4)

文蛤　1 件。

SM106∶6，残。双扇，蛤背残朽，根部磨出一孔。一扇背上有褐色锯齿纹，一扇背上粘附有黑色物质。残宽 4.6 厘米。(图 2－28C；彩版四四，5)

贝　2 枚。A 型货贝。

墓葬年代: 殷墟三期。

人骨鉴定:

男性? 20±岁。身高约 160 厘米。

残牙硕大，倾向于男性。牙齿磨耗极小，有的未磨耗。

SM109

位于 ST2420 中部偏西北。开口于①层扰土下，直接打破生土。墓葬南侧有一盗洞进入墓室，扰乱了墓室底部。方向为 15 度。（图 2 – 29A ~ C；彩版四四，2；彩版四五）

长方形竖穴土坑墓，由于被盗扰，墓室底部被扰动，被外掏许多，致使墓壁下端向外倾斜。墓口距地表 40 厘米，墓口长 210、宽 80 ~ 85 厘米，墓底长 250、宽 130 厘米，墓深约 275 厘米。填土为黄褐色花夯土，土质坚硬，夯层厚约 20 厘米，夯窝稀疏、分布无规律，夯窝直径 6 ~ 8、深约 3 厘米。（图 2 – 29A）

墓底二层台的南端已被破坏，仅在其余三面有所保留，宽 10 ~ 15、残高 10 厘米。

墓底中部有一圆角长方形腰坑，斜壁，平底，长 80、宽 35、深 20 厘米。内殉狗一条，头南面东，背部朝西，四肢屈于腹下。

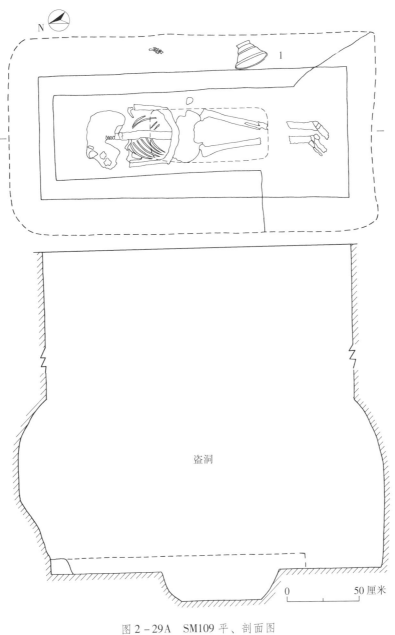

图 2 – 29A　SM109 平、剖面图

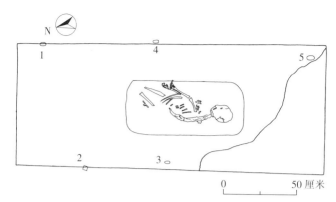

图 2 - 29B　SM109 腰坑及墓底桩孔图

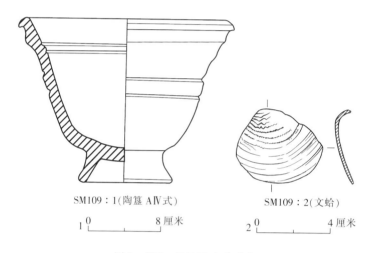

SM109：1（陶簋 A Ⅳ式）　　　　　SM109：2（文蛤）

图 2 - 29C　SM109 出土遗物

葬具为木棺。已经被扰乱，发现有板灰和白、黄漆皮。长 165、宽 56、残高 10 厘米。

墓底两侧发现有 5 个木桩孔洞。其中东侧分布 3 个，西侧可能由于扰动，仅保存 2 个。孔洞平面形状有椭圆形和方形，直径 2～5、深 6～17 厘米。（图 2 - 29B）

编号	位置	形状	直径（厘米）	深度（厘米）
1	北部东侧	椭圆形	2.5×4	6
2	北部西侧	方形	3	16
3	西侧中部	椭圆形	2×3.5	17
4	东侧中部	椭圆形	2×4	17
5	南部东侧	椭圆形	3×5	17

墓主为仰身直肢葬，头北面西，上肢前臂弯曲，双手置于腹部，双膝双足并拢，足尖向西。墓主骨骼范围长度 157 厘米，骨架保存较差，大部骨骼朽成粉末。

在墓室东壁偏南的扰土中出陶簋 1 件。

陶簋　1 件。

SM109：1，A 型Ⅳ式。泥质灰陶。修复。敞口，方唇，深腹斜收，圜底，矮圈足外撇。器内壁饰凹弦纹四周，器表腹部饰凹弦纹二周。口径 23.8、圈足径 10.3、高 17 厘米。（图 2 - 29C；彩版四四，2）

文蛤　1件。

SM109：2，残。双扇小文蛤，一扇残朽严重，一扇完整，蛤背较光滑，上有褐色锯齿纹。残宽4厘米。（图2－29C）

墓葬年代：殷墟三期。

人骨鉴定：

女性。30~35岁。

盆骨片性征较明显。骨密度1级。牙齿磨耗极重，普遍4~5级。

SM244

位于ST2413西南角，少许进入ST2412西北角。开口于②层下，直接打破生土。方向为25度。（图2－30A~E；彩版四六~四八）

墓葬为长方形竖穴土坑墓，墓壁略向外扩，口小底大。墓口距地表35~58厘米，墓口南高北低。墓口长240、宽105厘米，墓底长258、宽113厘米，墓深约335厘米（图2－30A）。填土0~50厘米为黄褐色花夯土，其下为红褐色花夯土，土质较硬，夯层厚9~10厘米，夯窝直径6~8、深3~5厘米。距墓口270厘米的墓室中部偏南填土中殉狗一条，狗侧卧，头南面西，前肢被缚于背部，后肢位于体后，颈部系铜铃1个（图2－30B）。

熟土二层台宽13~34、高35厘米。

墓底中部有圆角长方形腰坑，坑壁较直，长70、宽35、深20厘米。内殉狗一条，头向南面向西，背部向东，四肢屈于腹下。（图2－30A）

葬具为一棺一椁。椁板已朽成木灰。椁为长方框形，四出头式。各部分以暗榫卯组合。从残存迹象判断，椁盖长217、宽70厘米，椁盖板上髹有红漆。侧板与前后挡板厚3~10厘米。（图2－30A、C）

棺紧贴椁内侧放置。棺的形状为长方框形，暗榫卯连接。在棺板外侧髹有红漆。根据残迹，棺长200、宽55~64厘米。侧板与前后挡板厚4~6厘米。棺底腐朽物呈黑白色，厚0.1~0.2厘米。（图2－30A、D）

墓主为俯身直肢葬，头北面西。骨骼范围长度175厘米，头部至骨盆部位已朽成骨粉，下肢较为清楚。

在椁盖板上中部偏北放置陶瓠（下半部分）、陶爵各1件。在椁盖板上的东北角放置羊腿骨一段。在棺内墓主头部西侧放置铜瓠、铜爵各1件，左右肩部、骨盆西侧和右下肢外侧各放置铜戈1件。在右上臂上压着陶豆、陶瓠（上半部分）各1件。墓主口内含玉戈1件。（图2－30C、D）

陶瓠　1件。

SM244：3＋8，应是一件器物打碎，分置两处。泥质灰陶。喇叭状口，腹呈直筒形，高圈足外撇。腹下部有凹弦纹三周。圈足径7.6、残高24.2厘米。（图2－30E）

陶爵　1件。

SM244：2，Ⅲ式。腹部饰凹弦纹二周。口径8.7、高11.9厘米。（图2－30E）

陶豆　1件。

SM244：9，Aa型。盘壁、圈足上分别饰凹弦纹二、三周。口径14、圈足径9.2、高12.7厘米。（图2－30E）

图 2-30A SM244 平、剖面图

铜瓿 1件。

SM244:5，C 型 I 式。完整。通高 21.2、口径 13.4、底径 7、口沿厚 0.3 厘米。重 0.812 千克。（图 2-30E；彩版四七，3）

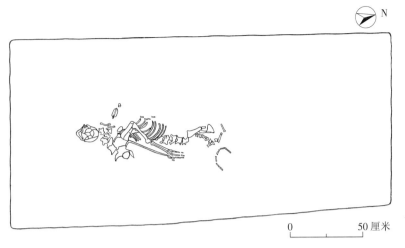

图 2 - 30B SM244 填土殉狗平面图

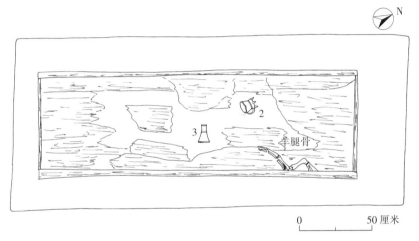

图 2 - 30C SM244 椁盖板平面图

铜爵 1 件。

SM244：4，B 型 I 式。完整。通高 18.3、柱高 3.5、足高 8.8、流至尾长 15.4、流长 6.5、流宽 3.4、腹壁厚 0.3 厘米。重 0.597 千克。（图 2 - 30E；彩版四七，4）

铜戈 4 件。

SM244：6，甲 Ab 型。完整。通长 24.4、援长 17、援最宽 5.6、内宽 3.3、援厚 0.9、

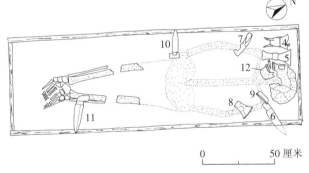

图 2 - 30D SM244 棺内随葬器物图

内厚 0.5 厘米。重 0.299 千克。（图 2 - 30E；彩版四八，1）

SM244：11，甲 Ba 型。完整。通长 29.2、援长 18、援最宽 5.5、阑宽 6、内宽 4、援厚 0.6、内厚 0.4 厘米。重 0.309 千克。（图 2 - 30E；彩版四八，2）

SM244：7，乙 Bb 型 I 式。残长 23.2、援长 17、援最宽 4.8、内宽 2.5、援厚 0.1、内厚 0.1 厘米。重 0.063 千克。（图 2 - 30E）

SM244：10，乙 Bb 型 I 式。残长 22.5、援长 15.6、援最宽 4.6、内宽 2.5、援厚 0.1、内厚 0.1 厘

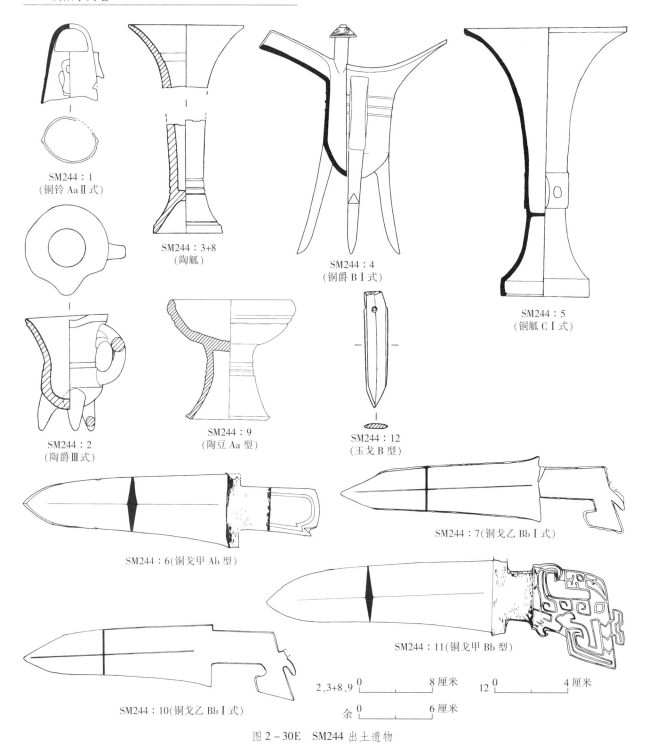

SM244∶1
(铜铃 AaⅡ式)

SM244∶3+8
(陶瓢)

SM244∶4
(铜爵 BⅠ式)

SM244∶5
(铜瓢 CⅠ式)

SM244∶2
(陶爵Ⅲ式)

SM244∶9
(陶豆 Aa 型)

SM244∶12
(玉戈 B 型)

SM244∶6(铜戈甲 Ab 型)

SM244∶7(铜戈乙 BbⅠ式)

SM244∶11(铜戈甲 Bb 型)

SM244∶10(铜戈乙 BbⅠ式)

2、3+8、9 0 ⌐⌐⌐⌐⌐ 8 厘米　12 0 ⌐⌐⌐⌐ 4 厘米

余 0 ⌐⌐⌐⌐ 6 厘米

图 2 - 30E　SM244 出土遗物

米。重 0.059 千克。（图 2 - 30E；彩版四八，3）

铜铃　1 件。

SM244∶1，Aa 型Ⅱ式。残。体大，素面。通高 6.4、口缘径 3.5 ×4.2、腔壁厚 0.1 厘米。（图 2 - 30E；彩版四七，2）

玉戈　1 件。

SM244∶12，B 型。完整。青绿色，有杂斑，玉质温润。直内，援部微显中脊，圭首形援末。援内

交界处有一单面钻孔。双面抛光。通长 6、内长 0.8、内宽 1、援宽 1.2、中脊厚 0.3 厘米。（图 2 -
30E；彩版四八，4）

墓葬年代： 殷墟三期。

人骨鉴定：

骨质极差，腐朽严重，仅余部分牙齿和胫骨以下部分。牙齿保存较好。

男性。30～35 岁。肢骨粗壮，骨密度中等。牙齿磨耗中等，2～3 级。

跖骨上有明显跪踞面痕迹，髌骨缺失。

SM250

位于 ST1608 西南部，西邻 SM234。在墓的北端与西端发现有近现代盗沟两个，打破墓圹。方向为
10 度。（图 2 -31A～C；彩版四九，1）

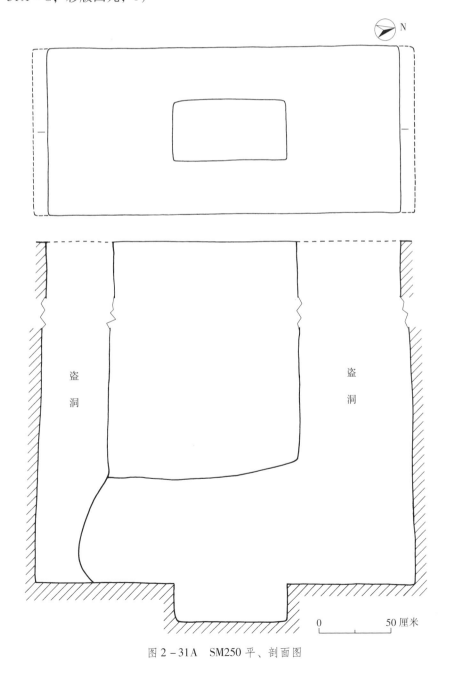

图 2 -31A　SM250 平、剖面图

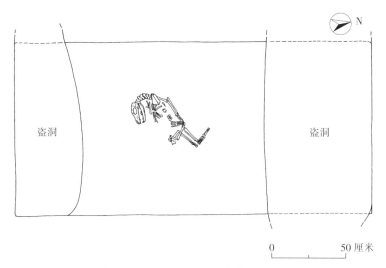

图 2 - 31B   SM250 填土殉狗平面图

长方形竖穴土坑墓，墓的两侧壁较直，墓的前后两端壁略外扩，口小底大。墓口距地表 40 ~ 60 厘米，墓口长 240、宽 110 厘米，墓底长 260、宽 110 厘米，墓深 430 厘米。填土为红褐色花夯土，质地较硬，夯层厚 8 ~ 10 厘米，夯窝直径 6 ~ 9 厘米，夯迹无序排列（图 2 - 31A）。距墓口 210 厘米墓室中部填土中殉狗一条，头南面东，侧身屈肢（图 2 - 31B）。该墓因被盗严重，距墓口 350 厘米以下为盗后扰土或淤土。

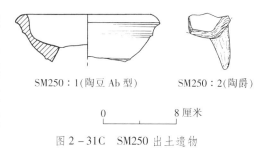

SM250：1（陶豆 Ab 型）   SM250：2（陶爵）

图 2 - 31C   SM250 出土遗物

二层台被扰。

墓底中部有一圆角长方形腰坑，坑壁较直，底平，长 77、宽 40、深 25 厘米。内空无物。

因盗扰未见葬具。

在墓底盗后扰土内出部分碎骨。

在墓底盗后扰土内出残陶爵、陶豆各 1 件。

陶豆   1 件。

SM250：1，Ab 型。泥质灰陶。残。方唇，斜沿，豆盘底部及足残失，口径 15.6、残高 5 厘米。（图 2 - 31C）

陶爵   1 件。

SM250：2，泥质灰陶。残存一锥状足，残高 6 厘米。（图 2 - 31C）

墓葬年代：殷墟三期。

SM358

位于 ST1613 西南部，其西南角离 ST1613 西壁仅 10 厘米。开口于②层下，被两个晚期坑打破，打破 H24（殷墟三期），直至生土。方向为 17 度。（图 2 - 32A ~ C；彩版四九，2）

长方形竖穴土坑墓，东、北、西三部分是口小底大，南部是口大底小。墓口距离地表 75 ~ 119 厘米，墓口长 205、北宽 80、南宽 82 厘米，墓深 237 ~ 270 厘米。填土为黄花土，含炭粒，质较硬。

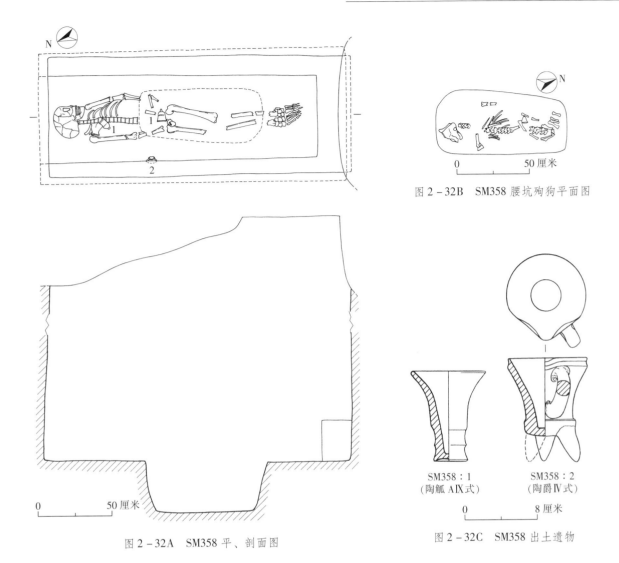

图 2 - 32B SM358 腰坑殉狗平面图

SM358:1
(陶觚 A IX式)

SM358:2
(陶爵 IV式)

图 2 - 32A SM358 平、剖面图

图 2 - 32C SM358 出土遗物

填土中出土有陶片、动物骨骼、陶范等，但量很少。（图 2 - 32A）

南、东、西三面有二层台，南宽 23、东宽 17、西宽 15 厘米，高约 27 厘米。

墓底中部有腰坑，长 83、宽 30 ~ 35、深 34 厘米。内殉狗一条，头南，骨架不完整。（图 2 - 32B）

从二层台判断，应有一木棺。棺长 188、宽 54 ~ 58、残高 27 厘米。

墓主骨架保存较完整，部分骨骼陷于腰坑中。仰身直肢，面向东。整个骨架基本位于棺中央，头正直，口紧闭，肩微耸，两臂自然伸直置于盆骨处，两腿肢骨伸直并行排列，脚趾完整，略向东内敛。

随葬有陶觚、陶爵各 1 件。陶觚被打碎放置于墓主胸部，陶爵位于棺内西侧。另外，在墓主口中见有 3 枚货贝，腰坑内有 1 枚货贝。

陶觚 1 件。

SM358:1，A 型 IX 式。泥质灰陶。修复。器形矮小，喇叭口，上腹外鼓，圈足极矮。素面。口径 8.3、圈足径 3.8、高 9.6 厘米。（图 2 - 32C）

陶爵 1 件。

SM358:2，IV 式。泥质灰陶。修复。短流，无尾，半环形鋬，束腰下移，下腹部不明显，三足外撇。素面。口径 8.8、高 11.2 厘米。（图 2 - 32C）

贝　4 枚。A 型货贝。

墓葬年代：殷墟三期。

人骨鉴定：

骨质保存状况极差，仅部分肢骨残段及少量足部骨骼保存。

墓主长骨上的结节、突起及粗隆不明显，肌肉附着痕迹也不明显。足骨较小。以上形态特征均提示墓主可能为女性个体，但考虑人群间存在一定的差异，这些特征并不足以作为判定性别的依据，因此仅供参考。据骨骺愈合情况推测，墓主应为成年个体。仅据四肢长骨保存状况，目前无法进行身高估算。

墓主左侧尺骨鹰嘴关节面中央可见粗糙的新骨形成。右侧第一跖骨远端关节面背缘及第一趾骨近端关节面均可见骨赘生成。

SM361

位于 ST1609 西北部。北部被晚期灰坑打破。在墓葬的北部和南部发现有盗沟直扰至墓底。盗沟内有黄牛左前腿骨骼。方向为 10 度。（图 2 - 33A ~ E；彩版五〇、五一）

长方形竖穴土坑墓，口小底大，墓壁斜直呈袋状外扩。墓口距地表深约 20 厘米，墓口长 255、宽 140 厘米，墓底长 327.5、宽 180 ~ 200 厘米，墓深 350 厘米。填土为黄花夯土，土质较硬（图 2 - 33A）。在填土内发现有 2 具殉狗骨架：头均朝南，其一距墓口 200 厘米处，头南面上，四肢朝上（图 2 - 33B）；其二距墓口 250 厘米处，狗架较乱（图 2 - 33C）。

近墓底有一周熟土二层台，宽 20 ~ 28、高 85 厘米。

墓底有一近长方形腰坑，长 72、宽 35、深 20 厘米。未发现殉狗，可能因盗扰未能保存。

葬具为一椁一棺。椁长方形，长 280、宽 140、残高 85 厘米。椁室底部残存有 8 块木板痕迹，宽 10 ~ 22 厘米。（图 2 - 33D）

棺长方形，长 230、宽 85 ~ 93、残高 30 厘米。

墓主尸骨因盗扰或埋藏环境等原因，仅余头骨和肢骨残块。从填土殉狗头向判断，墓主头向可能朝北。

随葬品有蚌圆形泡饰 1 件，位于北部盗沟内；铅戈 1 件，位于东二层台内中部；陶爵 1 件，位于西南角二层台内；陶瓿 1 件，位于东二层台内中部；陶豆 1 件，位于西南角二层台内；铜戈 1 件，位于西北角棺椁之间。

陶瓿　1 件。

SM361：4，泥质灰陶。口、足部残。体高大，直筒形腹，高圈足外撇。腹下部饰凹弦纹二周。残高 17.7、底径 7.8 厘米。（图 2 - 33E）

陶爵　1 件。

SM361：3，Ⅲ式。泥质灰陶。修复。体略瘦，有流无尾，半环形鋬，束腰，下腹略鼓，三足高而外撇。腹部饰凹弦纹二周。口径 9.3、高 13.2 厘米。（图 2 - 33E）

陶豆　1 件。

SM361：5，Aa 型。泥质灰陶。修复。敛口，尖唇，唇不外凸，浅盘，高圈足，束腰。盘壁、圈足上部各饰凹弦纹二周。口径 14.5、圈足径 9.2、高 12.3 厘米。（图 2 - 33E；彩版五一，1）

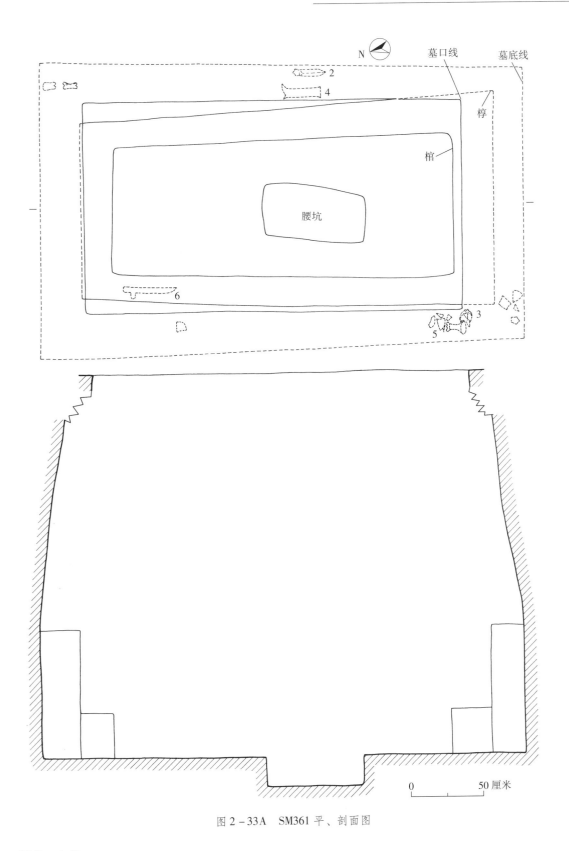

图 2－33A　SM361 平、剖面图

铜戈　1件。

SM361：6，甲 Ba 型。微残。整体厚重。鸟首形曲内，有歧冠，阴线纹清晰；有上阑，下阑残；长条形援，援中部隆起，援末呈三角形。通长 28、援长 19、援最宽 5.3、阑宽 6.2、内宽 3.6、援厚 0.7、

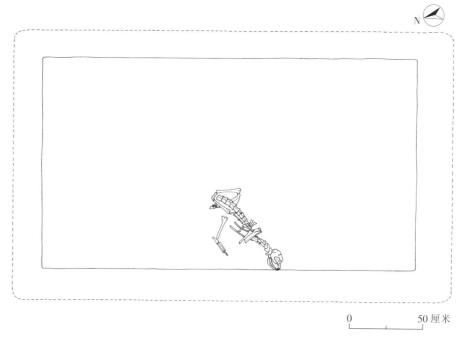

图 2 - 33B　SM361 填土殉狗平面图（墓口下 200 厘米）

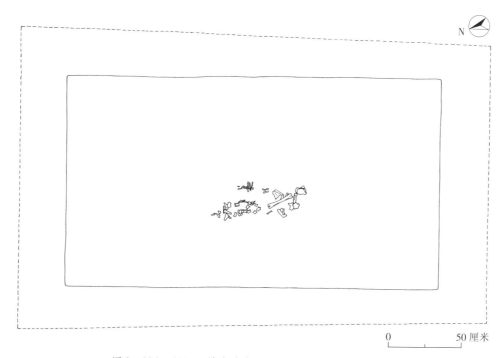

图 2 - 33C　SM361 填土殉狗平面图（墓口下 250 厘米）

内厚 0.6 厘米。重 0.323 千克。（图 2 - 33E；彩版五一，2）

铅戈　1 件。

SM361:2，残。形似乙类 Bb 型铜戈。质轻薄，内扭曲变形，内后端内勾，简化鸟首形，有歧冠，长条形援。内中部有细线状中脊，援中部有三条线状中脊，两端细线交叉成三角形。援残长 14、宽 3.5 厘米。（图 2 - 33E）

蚌圆形泡饰　1 件。

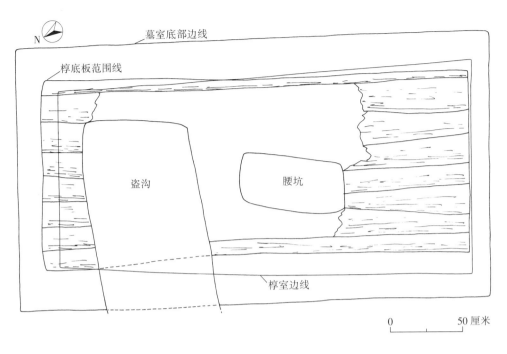

N

墓室底部边线

椁底板范围线

盗沟

腰坑

椁室边线

0   50 厘米

图 2 – 33D   SM361 椁底平面图

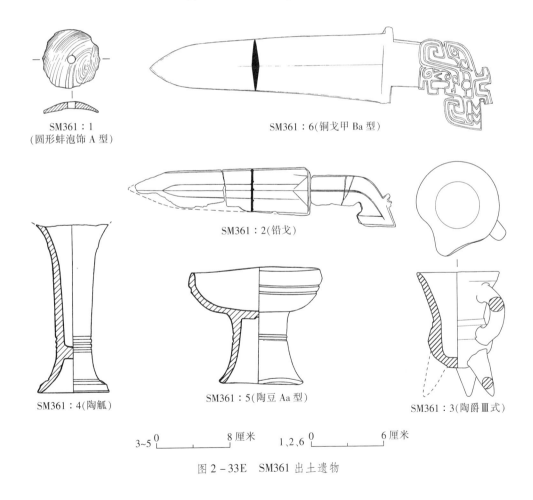

SM361：1
(圆形蚌泡饰 A 型)

SM361：6(铜戈甲 Ba 型)

SM361：2(铅戈)

SM361：4(陶觚)

SM361：5(陶豆 Aa 型)

SM361：3(陶爵Ⅲ式)

3~5 0   8 厘米   1、2、6 0   6 厘米

图 2 – 33E   SM361 出土遗物

SM361:1，A 型。残。体型大，由厚蚌壳锯磨而成，圆饼状，一面平，一面略鼓，中间有一圆形钻孔。直径 4.6、厚 0.8、孔径 0.5 厘米。（图 2 - 33E；彩版五一，3）

墓葬年代：殷墟三期。

人骨鉴定：

男性。40 ± 岁。

头骨性征明显。粗壮度中等，骨密度 3 级。牙齿磨耗 3 级强。

上颌牙齿磨耗右侧重于左侧。

SM377

位于 ST1612 西南部，东南部距 F27 约 2 米。开口于②层下，保存状况较好。方向为 10 度。（图 2 - 34A、B；彩版五二，1）

平面呈长方形。墓口距地表深 80 厘米，墓口长 188、宽 68 ~ 72 厘米，墓底长 190、宽 72 厘米，墓深 110 厘米。填土为黄褐色花夯土，质较硬，夯层厚 8 ~ 13 厘米。（图 2 - 34A）

无二层台。

墓底有圆角长方形腰坑，长 60、宽 30、深 16 厘米。

未发现葬具。

墓主为俯身直肢葬，头北面下。

墓主头部西侧出土有陶觚、陶爵各 1 件；东侧出土有铅戈 1 件。陶豆位于墓室西壁中部，柄部残失。

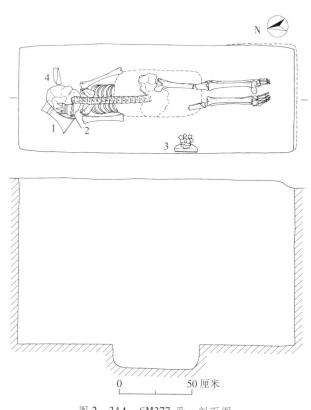

0   50 厘米

图 2 - 34A　SM377 平、剖面图

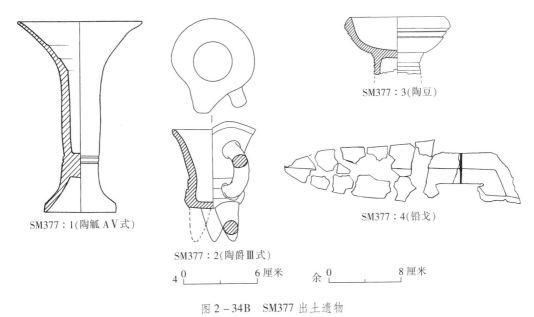

SM377:1(陶觚 A V 式)

SM377:3(陶豆)

SM377:2(陶爵Ⅲ式)

SM377:4(铅戈)

4 0———6厘米   余 0———8厘米

图 2－34B SM377 出土遗物

陶觚　1件。

SM377:1，A 型V式。修复。腹部有凹弦纹二周。口径13.6、圈足径7.9、高20.3厘米。（图2－34B）

陶爵　1件。

SM377:2，Ⅲ式。修复。腰部饰凹弦纹二周。口径9、高12.4厘米。（图2－34B）

陶豆　1件。

SM377:3，泥质灰陶。残。敛口，尖唇，浅盘。盘壁饰凹弦纹数周。柄部残失。口径10.4、残高5.8厘米。（图2－34B）

铅戈　1件。

SM377:4，残。形似乙类 Bb 型铜戈。质轻薄。内后端内勾，简化鸟首形，援残片中部有细线状中脊，残长19.2厘米。（图2－34B）

墓葬年代：殷墟三期。

人骨鉴定：

人骨保存情况较差，墓主上颌第三臼齿发育级别为 Ri（齿根发育开始），下颌第三臼齿为 Rcl（齿根根鞘发育开始）；第二臼齿萌出，齿尖略有磨耗。据以上信息推测，墓主年龄12～16岁。性别未知。

墓主上颌前部牙齿及双侧下颌犬齿均可见线型釉质发育不全。

SM378

位于 ST1707 东南部，西邻 SM379。开口于②层下，直接打破生土。方向为350度。（图2－35；彩版五二，3）

长方形竖穴土坑墓，东西两壁较直，北壁略外扩，南壁略内收。墓口距地表45～50厘米，口底同大，墓口长200、宽75厘米，墓深215厘米。填土为红褐色夯土，质地坚硬。夯层厚6～8厘米，夯窝直径5～6厘米。

墓底距墓口200厘米有一周熟土二层台，宽5～23、高15厘米。

图 2 – 35　SM378 平、剖面图

葬具为一棺。已朽成灰，呈黑白色，无装饰。从残存迹象判断，棺长 182、宽 42、高 15 厘米，棺板厚度不明。

墓主仰身直肢，头向北，面略侧向西，两手交叉置于腹部，左手在下，右手在上。女性，35～39 岁，骨骼范围长度 160 厘米。

在北端二层台上出 1 件较完整陶爵，另有残觚、豆数片。在棺内北端墓主头北处另出部分残陶觚、豆片。可能随葬时陶觚、豆已打碎。

墓葬年代：殷墟三期。

人骨鉴定：

人骨保存较完整。头骨及 24 颗牙齿、上肢骨及上肢带骨、脊椎骨、下肢及下肢带骨均保存较好，但断裂；手部骨骼，除掌骨缺如外，其余指骨保存相对完整；足部骨骼，除趾骨缺如外，其余跗骨、跖骨保存相对完整。

墓主前额陡直，眶上缘薄锐，眉弓发育弱，鼻根点凹陷相对较浅，颅骨表面肌线及肌脊较弱，乳突上嵴不显著，枕外隆凸欠发达；坐骨大切迹宽而浅；耻骨支移行部呈方形，耻骨联合面下端至耻骨下支内侧缘呈一薄锐骨脊，耻骨下支的下缘向内凹入；耳前沟宽且深。据以上性别特征判断，该个体为女性。骨骺完全愈合；耻骨联合面形态Ⅶ级（Todd分级系统）和4级（Suchey-Brooks分级系统），第八期（邵象清分级系统），耳状面形态4级（Lovejoy分级系统），第三臼齿萌出，齿尖部分磨平，第一、二臼齿磨耗程度3~4级（吴汝康分级系统）。据以上信息推断该个体年龄35~40岁。仅据四肢长骨保存状况目前无法进行身高估算。

墓主顶骨的冠状缝、矢状缝及枕骨人字缝区多孔型骨肥大呈愈合状态。上下颌犬齿可见线型釉质发育不全。右侧上颌第三臼齿、右侧下颌第二臼齿咬合面龋齿。左侧上颌第一臼齿处齿槽颊侧面可见根尖脓疡病变的瘘孔。多数上颌牙齿可见轻微的釉质剥脱现象。轻度牙结石。双侧颞下颌关节的髁突关节面可见炎性病理改变，呈边缘硬化型骨质疏松，而颞骨的下颌窝则未见病理变化。脊柱病变累及绝大部分椎体，除寰椎外，其余颈椎椎体呈珊瑚样骨质疏松，椎体边缘骨赘生成，枢椎椎弓上关节突关节面骨赘显著；胸椎及腰椎椎体骨质疏松，多个椎体可见许莫氏结节（Schmorl's nodes），椎弓上下关节面骨赘显著，同时关节面伴有骨质疏松现象，部分腰椎椎弓上下关节突呈骨质象牙化；第一骶椎椎体上关节面可见许莫氏结节。右侧肱骨头边缘、左侧肩胛骨关节盂可见轻微的骨质增生病变；右侧肱骨小头边缘骨赘生成；双侧尺骨鹰嘴均可见骨质增生病变；桡骨头关节面边缘可见针尖样骨质疏松现象。双侧髋臼窝上内侧壁骨表面粗糙不平。双侧髌骨关节面边缘骨质增生。双侧胫骨骨干前内侧面呈骨膜炎性病理表现，板层状骨。足部双侧跟骨和距骨关节面边缘骨质增生，双侧距骨远端关节面上骨赘明显，由此形成的假关节面呈珊瑚样骨质疏松。

SM379

位于ST1707中部偏南，东邻SM378。开口于②层，直接打破生土。墓中南端被近代坑破坏少许。在墓北端有一近代盗沟，打破墓圹填土，扰至墓底，距墓口180厘米下均为盗后扰乱土。方向为350度。（图2-36；彩版五三，1、2）

长方形竖穴土坑墓，墓壁略外扩，口小底大。墓口距地表40~90厘米，墓口长200、宽92厘米，墓底长240、宽96~100厘米，墓深235厘米。填土为红褐色夯土，质地坚硬，夯层厚9~10、夯窝直径6~8厘米。

墓底有熟土二层台，被盗扰乱，残宽10~20、高15~35厘米。

墓底中部有圆角长方形腰坑，壁较直，长60、宽23~28、深8厘米。内空无一物。

从二层台判断，应有木棺。

在墓底部扰土内出土部分墓主碎骨，在墓的西北角二层台上出墓主的部分头骨。

距墓口190厘米扰土内出陶瓿残片，在墓底东二层台内侧中东部出铜戈1件。

陶瓿 1件。

SM379:1，泥质灰陶。残存口部残片若干。大喇叭口状。口径15.2厘米。（图2-36）

铜戈 1件。

SM379:2，乙Bb型Ⅰ式。完整。体轻薄。曲内后端内勾，简化鸟首形，有歧冠；上、下出阑；条形援，中部有细线状中脊，援末呈三角形。通长24、援长16、援最宽4.7、阑宽6、内宽5.2、援厚0.1、内厚0.1厘米。重0.086千克。（图2-36；彩版五三，2）

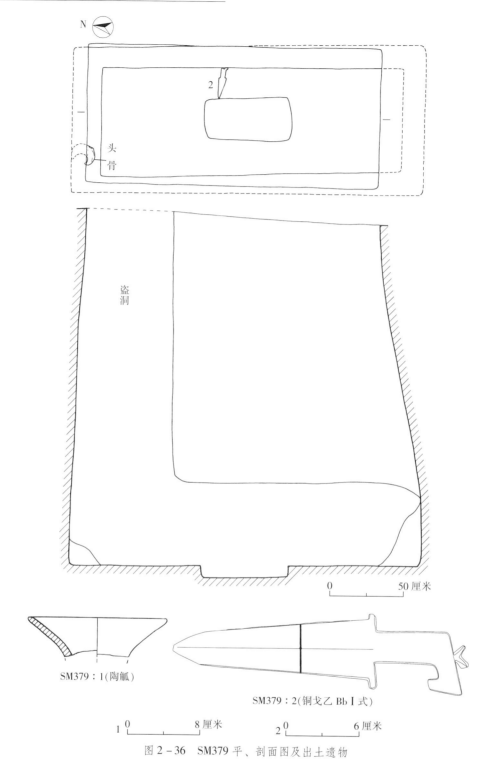

SM379∶1(陶瓴)

SM379∶2(铜戈乙 Bb I 式)

1 0 ———————— 8厘米   2 0 ———————— 6厘米

图 2 - 36　SM379 平、剖面图及出土遗物

墓葬年代：殷墟三期。

人骨鉴定：

男性。壮年。

头骨男性化明显。骨密度较大。

SM381

位于 ST1803 东南隔梁下，部分位于 ST1903 内。开口于①层下，直接打破生土。北部距墓的北边 52 厘米处有一长 240、宽 50 厘米的长条形盗沟。方向为 10 度或 190 度。（图 2 - 37A、B；彩版五三，3）

长方形竖穴土坑墓，四壁斜直，北壁内凹，东、西壁均外凸或内凹，南壁较直。墓口距地表 60 厘米，墓口长 294、宽 139 厘米，墓底长 296、宽 136 ~ 144 厘米，墓深 488 厘米。填土以黄细沙为主的黄褐色花夯土。盗扰土中有陶片，器形有簋、瓿、爵等。另外在盗沟中出土 1 件铜铃。（图 2 - 37A）

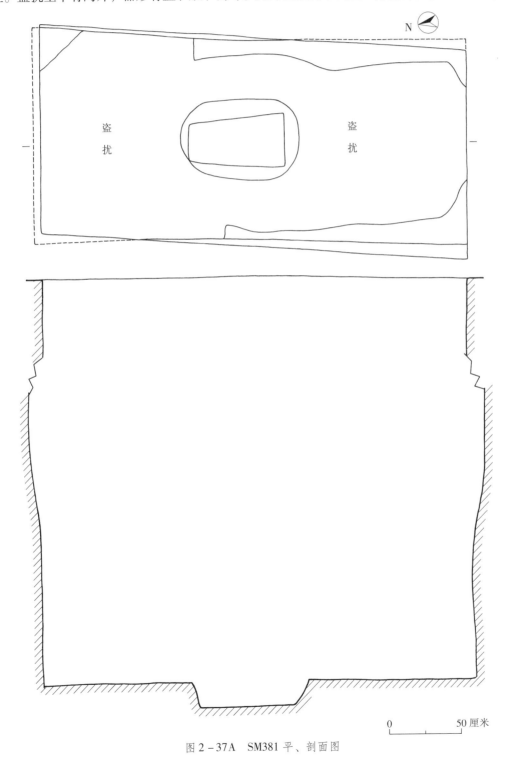

图 2 - 37A SM381 平、剖面图

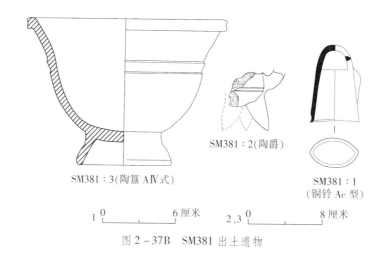

SM381：2(陶爵)

SM381：3(陶簋 AⅣ式)

SM381：1
（铜铃 Ac 型）

1 0   6厘米   2,3 0   8厘米

图 2－37B SM381 出土遗物

从残留的部分看，墓底有熟土二层台。由于被盗扰，二层台的高度与宽度都不详。

墓底中部有一腰坑，坑壁斜直，长 80、宽 52、深 16 厘米。无殉狗。

因盗掘，葬具情况不明。

墓底经过夯打，厚达 40 厘米，共分 5 层：其中上层厚 9 厘米，土质黏、硬，褐色；第 2 层为很黏硬的灰黄土，厚 7 厘米；第 3 层为厚 3 厘米的黄土；第 4 层为厚 7 厘米的黄褐土，底层为厚 3.5 厘米的褐土。底部经夯打处理的情况在殷墟墓葬中较少见。

因被盗，墓主情况不明。

陶爵 1 件。

SM381：2，残。下腹有凸棱，带鋬，锥足较高，残高 6.2 厘米。（图 2－37B）

陶簋 1 件。

SM381：3，A 型Ⅳ式。修复。器表腹上部饰凹弦纹二周。口径 22、圈足径 10.5、高 15.4 厘米。（图 2－37B）

铜铃 1 件。

SM381：1，Ac 型。铃舌残失。素面。通高 6.2、口缘径 2×3.5、厚 0.2 厘米。（图 2－37B；彩版五三，3）

墓葬年代： 殷墟三期。

SM383

北半部位于 ST16003 东南部，南半部位于 ST1602 东北部。开口于①层下，直接打破生土。中部有一盗沟伸进墓内，至底部逐渐扩大，致使墓葬破坏较严重。方向为 185 度。（图 2－38A、B；彩版五二，2；彩版五三，4）

长方形竖穴土坑墓。墓口距地表 110 厘米，墓口长 220、宽 78～80 厘米，墓深 100～104 厘米。填土为黄色花夯土，土质坚硬。距墓口 40 厘米的东北角填土中见有骨粉痕，应是一条殉狗。（图 2－38A）

墓底四周有熟土二层台，北侧宽 10、高 38 厘米，南侧宽 15、高 28 厘米，西侧宽 5～13 厘米，东侧宽 11～13 厘米。

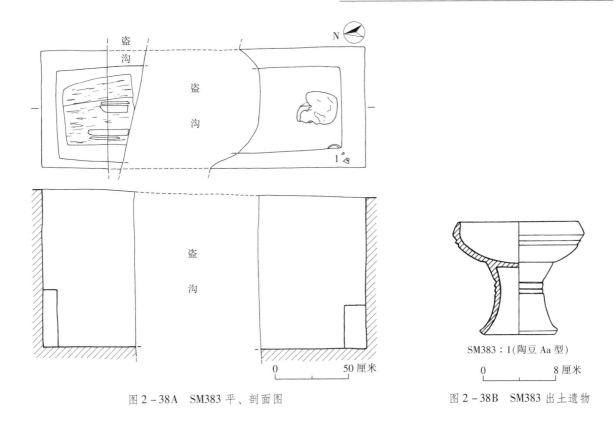

图 2 - 38A SM383 平、剖面图

图 2 - 38B SM383 出土遗物

根据墓底残存的板灰痕及其上残髹的红漆痕，判断葬具应为一木棺，长 190、宽 54～64 厘米。

墓主已腐朽，且被盗而扰乱，仅存头骨及下肢骨。头骨已被压成扁平粉末状，下肢骨仅残存一段。从头骨残存痕迹看，葬式为头南面西。

在棺内西南角出陶豆 1 件。

陶豆 1 件。

SM383：1，Aa 型。泥质灰陶。修复。敛口，尖唇，唇不外凸，浅盘，高圈足，束腰。盘壁、圈足上部分别饰凹弦纹二、三周。口径 13、圈足径 8.7、高 12 厘米。（图 2 - 38B；彩版五三，4）

墓葬年代：殷墟三期。

SM414

位于 ST1710 北侧东部。开口于①层下，直接打破生土。方向 12 度。（图 2 - 39A、B；彩版五四，1）

长方形竖穴土坑墓，墓壁南半部略向外扩，北半部较直。墓口距地表 10～25 厘米，墓口长 207、宽 76 厘米，墓底长 211、宽 79 厘米，墓深 156 厘米。填土为灰褐色花夯土，土质坚硬，夯层为 10 厘米左右，夯窝清晰，直径 7～8 厘米。（图 2 - 39A）

墓底四周有熟土二层台，宽 10～19、高 25 厘米。在东、西熟土二层台下有高 6～10、宽 8～12 厘米的生土二层台。

墓底中部有一椭圆形腰坑，长 72、宽 29、深约 23 厘米，斜壁、内收。空无一物。

葬具为一木棺。长 187、宽 50、残高 27 厘米。

墓主俯身直肢，双手背放于背部。头骨被压偏，腰椎部腐朽，其他骨骼较好。

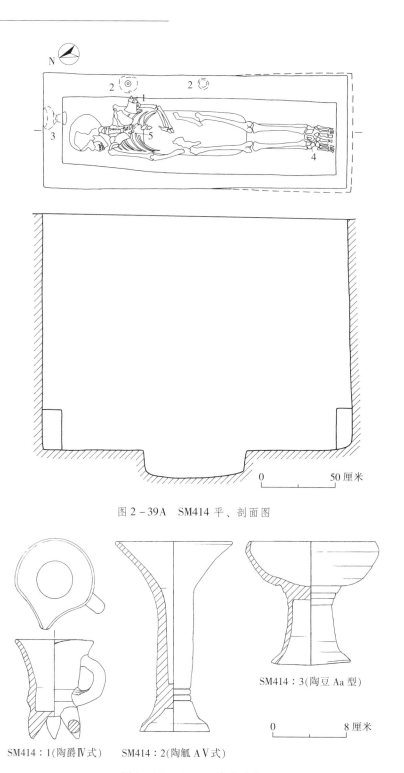

图 2 – 39A SM414 平、剖面图

SM414∶1(陶爵Ⅳ式)　　SM414∶2(陶觚 A Ⅴ式)

SM414∶3(陶豆 Aa 型)

图 2 – 39B SM414 出土遗物

　　墓主胸部下出货贝 2 枚（SM414∶5），两脚间出贝 1 枚（SM414∶4），北部二层台内出陶豆 1 件，东部二层台上出陶爵 1 件及陶觚 1 件（被打碎分开放置）。

　　陶觚 1 件。

　　SM414∶2，A 型Ⅴ式。泥质灰陶。修复。体高大，喇叭口，瘦腹呈直筒形，高圈足。腹下部有凹弦纹三周。口径 12.9、圈足径 7.7、高 20.1 厘米。（图 2 – 39B）

陶爵　1件。

SM414∶1，Ⅳ式。泥质灰陶。修复。短流，无尾，半环形鋬，束腰下移，下腹部形成凸棱，平底，三足外撇。素面。口径8.7、高10.5厘米。（图2-39B）

陶豆　1件。

SM414∶3，Aa型。泥质灰陶。微残。豆盘不规整。敛口，尖唇，唇不外凸，盘较深，高圈足，束腰。圈足上部饰凹弦纹三周。口径13.7、圈足径8.5、高13.1厘米。（图2-39B）

贝　3枚。A型。

墓葬年代：殷墟三期。

人骨鉴定：

男性。16~18岁。

肢骨下颌骨性征明显。下颌右侧M3已萌出，但胫骨上端和肱骨上端骨缝皆未愈合。

轻度摇椅形下颌。左右第一距骨上有跪踞面，但不明显，与年龄较轻有关。

SM422

位于ST1807北部。开口于②层下，直接打破生土，上部被近代坑打破。中部有一个宽约60、长约150厘米的东西向盗沟，直到墓底中部。方向为6度。（图2-40A、B）

长方形竖穴土坑墓，墓壁略外扩，口小底大。墓口距地表约80厘米，墓口长220、宽60厘米，墓底长240、宽80厘米，墓深73厘米。填土为黄灰色花土，中部盗沟填土较杂，土质松散。（图2-40A）

葬具不详。

墓主俯身直肢，头北面西，两手压于身下腹部，中部从盆骨向下约60厘米宽被盗沟打破，骨架无存。

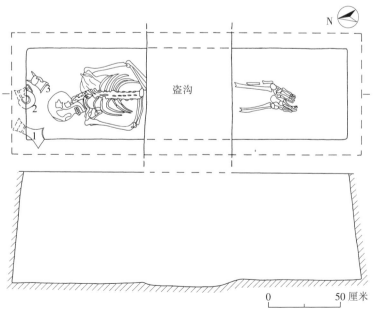

图2-40A　SM422平、剖面图

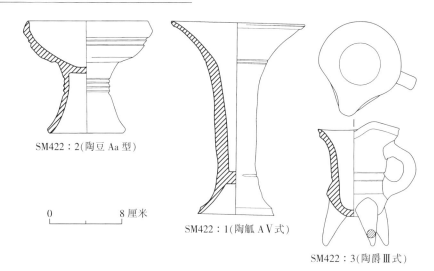

SM422：2(陶豆 Aa 型)

0   8 厘米

SM422：1(陶瓠 AⅤ式)

SM422：3(陶爵Ⅲ式)

图 2－40B   SM422 出土遗物

在墓主头部以北，近北壁处出土陶瓠（残）、陶豆、陶爵（残）各 1 件和少量陶片等，墓主手中有贝 1 枚。

陶瓠 1 件。

SM422：1，A 型Ⅴ式。泥质灰陶。修复。体高大，喇叭口，瘦腹呈直筒形，高圈足。素面。口径 14.5、圈足径 8、高 20.5 厘米。（图 2－40B）

陶爵 1 件。

SM422：3，Ⅲ式。泥质灰陶。修复。体略瘦，有流，无尾，半环形鋬，束腰，腹部较短，三足外撇。腹部饰凹弦纹二周。口径 9、高 13.2 厘米。（图 2－40B）

陶豆 1 件。

SM422：2，Aa 型。泥质灰陶。修复。敛口，尖唇，唇不外凸，浅盘，高圈足，束腰。盘壁、圈足上部分别饰凹弦纹二、三周。口径 13.2、圈足径 8.6、高 11.9 厘米。（图 2－40B）

贝 1 枚。A 型。

墓葬年代：殷墟三期。

人骨鉴定：

人骨保存状况极差。仅双侧上颌骨残段及双侧颚骨，19 颗恒齿保存并采集。

墓主第二臼齿的发育程度为 Rc（齿根发育完全），第二臼齿萌出，齿尖磨耗痕迹不明显。据以上信息推测，墓主的年龄 14 岁左右。性别未知。

墓主上颌前部牙齿唇侧面，右侧上颌第二和第三臼齿，下颌右侧第二前臼齿及第一臼齿齿冠表面均可见线型釉质发育不全。左侧上颌第三臼齿及左侧下颌第三臼齿先天缺失。轻度牙结石。左侧下颌侧门齿于犬齿融合。

SM437

位于 ST2106 西南部，SM438 东侧，二者北部相连。开口于①层（扰土）下，直接打破生土。方向 3 度。（图 2－41A、B；彩版五四，2）

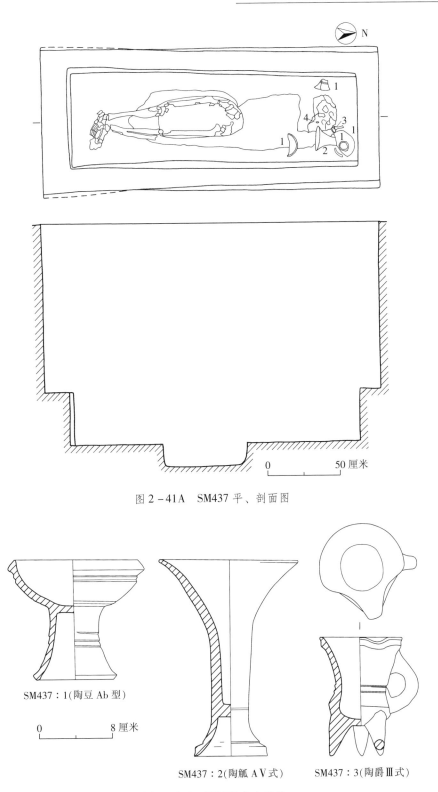

图 2 - 41A　SM437 平、剖面图

SM437：1(陶豆 Ab 型)

SM437：2(陶斝 A V 式)　　SM437：3(陶爵 Ⅲ 式)

图 2 - 41B　SM437 出土遗物

长方形竖穴土坑墓，墓壁不太规整，北部口大底小，南部口小底大。墓口距地表约50厘米，墓口长230、宽94~96厘米，墓底长230、宽85~100厘米，墓深145厘米。填土为红褐色花夯土，土质较硬，夯层厚约20厘米，夯窝稀疏，分布无规律，夯窝直径8厘米左右，剖面呈半球状。（图2－41A）

墓底有一周生土二层台，与棺之间空隙仅2～5厘米，北端宽15、南端宽20、两侧宽13～18厘米，高35厘米，其内壁残留有较多白漆。

墓室中部有一长方形圆角腰坑，长57、宽约27、深15厘米。内空无物。

葬具为木棺，残存有部分板灰及白漆。棺室中部有大面积的黑红漆，推测为棺盖朽后坍塌入棺内。根据二层台推测，木棺长195、宽55～62、残高35厘米。

墓主为仰身直肢葬，头北面东，双脚并拢成右上左下叠压，趾尖向东。骨架保存较差，头骨朽为黄褐色骨粉，上半身骨骼全部朽无，盆骨及股骨塌陷入腰坑，保留部分残段。骨骼范围长度约160厘米。

随葬品放置于北部棺盖上，随朽木塌入棺内。有陶豆、陶瓿、陶爵各1件。另有1枚货贝含于墓主口内。

陶瓿　1件。

SM437：2，A型Ⅴ式。泥质灰陶。修复。体高大，喇叭口，瘦腹呈直筒形，高圈足。腹部有凹弦纹一周。口径15.2、圈足径8、高20.8厘米。（图2-41B）

陶爵　1件。

SM437：3，Ⅲ式。泥质灰陶。修复。短流，无尾，半环形鋬，束腰，下腹部形成凸棱，圜底，三足外撇。腹部饰凹弦纹二周。口径9.2、高12.5厘米。（图2-41B）

陶豆　1件。

SM437：1，Ab型。泥质灰陶。修复。敛口，尖圆唇，沿稍外斜，盘较浅，高圈足。盘壁、圈足上部分别饰凹弦纹二、三周。口径13.5、圈足径9.1、高12.7厘米。（图2-41B）

贝　1枚（SM437：4）。A型货贝。

墓葬年代：殷墟三期。

人骨鉴定：

男性？中年。

肢骨相对粗壮，骨密度中等。

SM444

位于ST1813中部略偏西处，西面为SM431，东面为SM563。开口于②层下，北部有一东西向盗沟。方向为13度或193度。（图2-42A、B）

长方形竖穴土坑墓，墓南北两壁垂直，东西两壁外扩。墓口距地表75厘米，墓口长210、宽74厘米，墓底长210、宽94～100厘米。墓深296厘米。墓内未扰部分填土为红褐色花夯土，土质较密，但夯层、夯窝不明显。盗沟内填土为灰褐色，内含有煤灰渣。从墓北头直接盗至墓底。（图2-42A）

墓底四周有熟土二层台，宽10～26、高40厘米。

墓底被破坏，未发现腰坑。

葬具是一棺，根据现存二层台判断，棺长约190、宽56～61、残高40厘米。

墓主骨架被扰，未见。

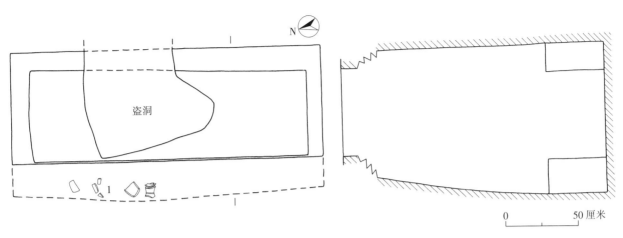

图 2 - 42A SM444 平、剖面图

西二层上出土残陶豆 1 件，应有意打碎后放置。

陶豆 1 件。

SM444∶1，Aa 型。泥质灰陶。修复。敛口，圆唇，唇不外凸，豆盘较深，圈足略矮。盘壁、圈足上部分别饰凹弦纹一、二周。口径 12.8、圈足径 8.3、高 11.5 厘米。（图 2 - 42B）

墓葬年代： 殷墟三期。

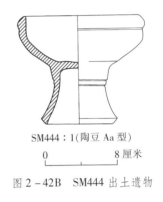

SM444∶1（陶豆 Aa 型）

0   8厘米

图 2 - 42B SM444 出土遗物

SM447

位于 ST2206 西北角。开口于第①层扰土下，被 SM446 打破，墓室南端被盗扰，盗坑呈东西向且同时打破 SM446。方向为 10 度。（图 2 - 43A ~ C；彩版五五、五六）

长方形竖穴土坑墓，口小底大，墓壁下半部向外倾斜。墓口距地表 50 厘米，墓口长 223、宽 115 厘米，墓底长 260、宽 145 厘米，墓深 358 厘米。墓室填黄花夯土，夯土较实，土色较杂。墓室南端被扰乱较严重。至距墓口 180 厘米时，发现一具狗架，头南背西脚东，前腿反捆于背部。（图 2 - 43A、B）

有熟土棺椁二层台。椁二层台宽 25、高 55 厘米。椁东侧北部二层台上有猪左前腿骨。棺二层台宽 10、高 30 厘米。

腰坑口大底小，坑壁呈缓坡状，底较平，口长 85、宽 40 厘米，底长 75、宽 30 厘米，深 20 厘米。腰坑内殉狗一条，头南背西脚东。

葬具为一棺一椁。椁的长度不详，宽 90、高 55 厘米。棺长度亦不详，宽 70、高 30 厘米。

墓主情况不明。从填土与腰坑殉狗头向判断，墓主头向朝北。

随葬品有：铜瓠 1 件，位于棺西侧南部二层内；铜爵 1 件，位于棺西侧南部二层台上；铜戈 2 件，分别位于棺中部东端和腰坑内；玉管 1 件，置于棺北部。另外在盗洞内出土贝 2 枚和一些陶片。

铜瓠 1 件。

图 2－43A SM447 平、剖面图

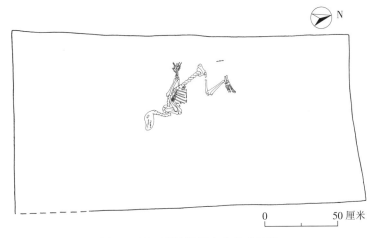

0　　　　　　　　　50 厘米

图 2－43B　SM447 填土殉狗平面图

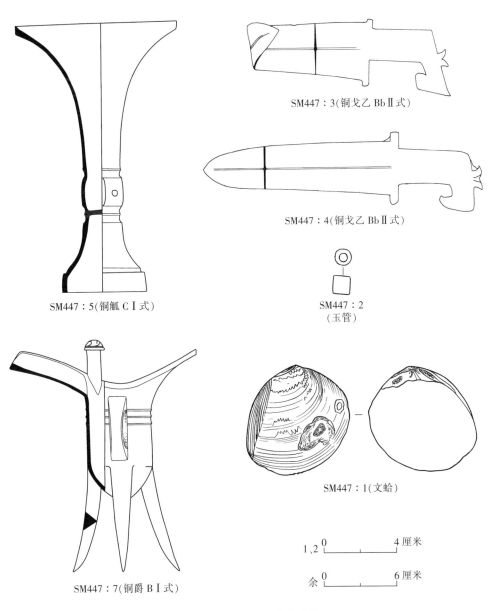

SM447：3(铜戈乙 BbⅡ式)

SM447：4(铜戈乙 BbⅡ式)

SM447：5(铜觚 CⅠ式)

SM447：2
(玉管)

SM447：7(铜爵 BⅠ式)

SM447：1(文蛤)

1、2　0　　　　　　4 厘米

余　0　　　　　　6 厘米

图 2－43C　SM447 出土遗物

SM447:5，C型Ⅰ式。微残。腹上、下部各饰凸弦纹一周。通高21.6、口径12.9、底径7、口沿厚0.3厘米。重0.84千克。（图2-43C；彩版五六，1）

铜爵 1件。

SM447:7，B型Ⅰ式。完整。柱帽尖较矮，上饰涡纹，上腹部饰三周凸弦纹。通高18.2、柱高3.1、足高8.4、流至尾长15.1、流长6.6、流宽3.4、腹壁厚0.2厘米。重0.543千克。（图2-43C；彩版五六，2）

铜戈 2件，乙Bb型Ⅱ式。

SM447:4，残。锋尖扭曲。残长22.8、援长15.5、援最宽4.2、阑宽5.7、内宽3、援厚0.2、内厚0.2厘米。重0.094千克。（图2-43C；彩版五六，3）

SM447:3，完整。通长17、援长9.8、援最宽4.5、阑宽5.4、内宽2.4、援厚0.1、内厚0.1厘米。重0.068千克。（图2-43C；彩版五六，4）

玉管 1件。

SM447:2，完整。乳白色。短圆柱形，两端平齐，两面对钻圆孔。高0.8、直径0.8厘米。（图2-43C；彩版五六，5）

文蛤 1枚。

SM447:1，微残。双扇文蛤，蛤背光滑，上有褐色锯齿纹，根部磨出一小孔。宽5.5厘米。（图2-43C；彩版五六，6）

贝 2枚。A型货贝。

墓葬年代：殷墟三期。

SM448

位于ST2206东北端，向北延伸至ST2207内。开口于①层扰土下，打破生土。墓室东端被一座战国时期的灰坑打破。方向为95度。（图2-44；彩版五七，1、2）

长方形竖穴土坑墓。墓口距地表深50厘米，墓口长202、西端宽65、东端宽70厘米，墓深150厘米。填土经夯实，较硬，土色黄花，较杂。

有熟土二层台，北侧宽8、东侧宽10、南侧宽12.5、西侧宽15厘米，高25厘米。

墓室中部有腰坑，长70、宽25、深13厘米。

葬具为木棺，髹红漆。棺长175、宽48、深25厘米。

墓主仰身直肢，头东面上，股骨以上至胸部均陷于腰坑内，骨质较好，左肱骨置于墓底。

随葬品有铜戈1件，置于头骨北侧；陶豆1件，置于南二台东端上；贝1件，置于腰坑内。

陶豆 1件。

SM448:2，Ab型。泥质灰陶。残。敛口，尖唇，斜沿，浅盘，圈足缺失。盘壁、圈足上分别饰凹弦纹二、三周。口径13.5、残高7.6厘米。（图2-44）

铜戈 1件。

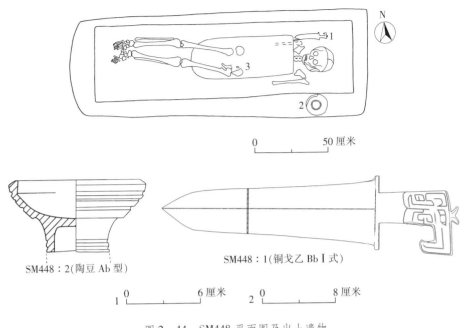

图 2 - 44 SM448 平面图及出土遗物

SM448：1，乙 Bb 型 I 式。完整。体轻薄，扭曲变形。曲内后端内勾，简化鸟首形，有歧冠；上、下出短阑；条形援，中部有细线状中脊，援末呈圭首形。通长 24.4、援长 17.4、援最宽 4.8、阑宽 6、内宽 2.4、援厚 0.1、内厚 0.1 厘米。重 0.093 千克。（图 2 - 44；彩版五七，2）

贝 1 枚（SM448：3）。A 型货贝。

墓葬年代：殷墟三期。

人骨鉴定：

保存较差。

女性？50 ± 岁。

下颌与肢骨特征倾向于女性。骨密度极弱，4 级。牙齿磨耗普遍达 5 级。

牙齿磨耗偏重，骨密度极小。距骨上未见明显跪踞面痕迹。

SM552

位于 ST2106 西北角。开口于①层（扰土）下，大部分被 SM439（殷墟四期晚段）打破。方向为 20 度。（图 2 - 45A、B）

长方形竖穴土坑墓。墓口距地表约 50 厘米，残长 170、宽 75 厘米，墓深 75 厘米。红褐色花夯土，质较硬，仅保存南端一少部分。（图 2 - 45A）

未发现二层台和腰坑。

未发现葬具。

墓室南端保存有脚骨，头骨被扰后放置于 SM439 东南角的填土中，推测头向北。

在 SM439 东南角发现陶豆 1 件，当为扰至此处。距墓口深 40 厘米。

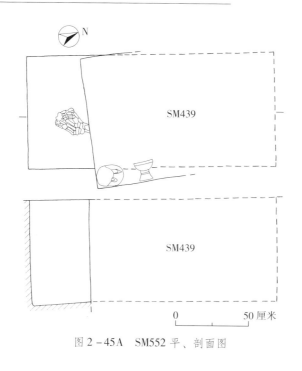

图 2 - 45A　SM552 平、剖面图

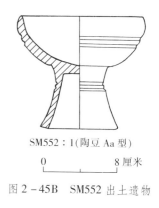

SM552 : 1(陶豆 Aa 型)

图 2 - 45B　SM552 出土遗物

陶豆　1 件。

SM552 : 1，Aa 型。泥质灰陶。微残。敛口，尖唇，唇不外凸，豆盘较深，高圈足，束腰。盘壁、圈足上部各饰凹弦纹二周。口径 13.9、圈足径 8.4、高 12 厘米。（图 2 - 45B）

墓葬年代：殷墟三期。

人骨鉴定：

男性？成年。

头骨壁厚，斜额，乳突中等。

SM556

位于 ST2307 东南部。开口于①层下，南部被晚期坑打破。方向 12 度。（图 2 - 46A、B；彩版五七，3）

长方形竖穴土坑墓，墓壁较直，墓底大小同于墓口。墓口距地表深 35 厘米，墓口长 220、宽 80 ~ 100 厘米，墓深 90 厘米。填土为黄褐花夯土，土质较硬。（图 2 - 46A）

墓底有一周熟土二层台，宽 15 ~ 25、高 8 厘米。

葬具为一木棺，已朽为灰迹。棺长 197、宽 45 ~ 65、高 18 厘米。

墓主俯身直肢，头北面东，双手交叉压于盆骨下。骨架保存较完整，但骨质保存较差，头骨被压成碎片。

在墓主胸部有 1 件陶爵，腰部有 1 件陶觚，手内有 1 枚货贝。

陶觚　1 件。

SM556 : 2，A 型Ⅵ式。泥质灰陶。残。体较高，喇叭口，瘦腹呈直筒形，足部缺失。腹部有凹弦纹三周。口径 12.3、残高 15.8 厘米。（图 2 - 46B）

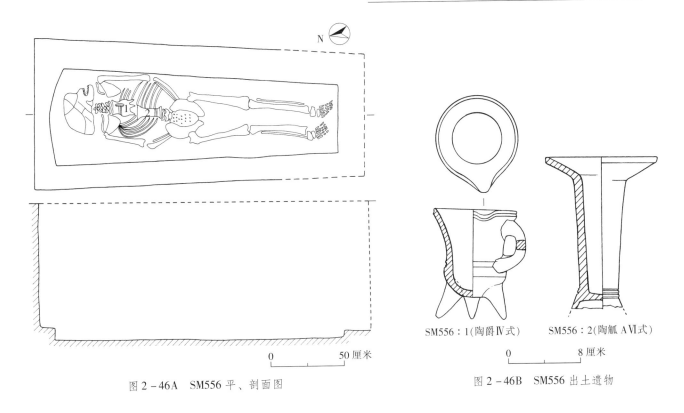

图 2 - 46A SM556 平、剖面图   图 2 - 46B SM556 出土遗物

陶爵 1件。

SM556：1，Ⅳ式。泥质灰陶。残。短流，无尾，半环形鋬，束腰下移，下腹部较短，圜底，三足外撇。腹部饰凹弦纹二周。口径9.3、高11.6厘米。（图2-46B）

贝 1枚。A型货贝。

墓葬年代： 殷墟三期。

人骨鉴定：

现场鉴定墓主为成年男性个体。人骨骨架保存较完整，但骨质保存非常差，头骨被压成碎片，因此仅提取牙齿以供观察研究。

墓主保存24颗牙齿。双侧上颌第三臼齿萌出，齿尖略有磨耗；双侧下颌第三臼齿先天缺失。前部牙齿磨耗程度略高于后部，臼齿磨耗4级（吴汝康分级系统），齿质点暴露面积扩大，互相连片。据此进一步推断墓主为中年个体。

墓主上颌前部牙齿及双侧下颌犬齿可见线型釉质发育不全。

SM569

位于ST2308东南角，SM715西侧，南部延伸到ST2307内。开口于①层扰土下，打破生土。方向为12度。（图2-47A、B；彩版五八，1）

长方形竖穴土坑墓，墓壁平直。墓口距地表深15厘米，墓口长220、宽70厘米，墓深262厘米。填土经夯打，土色黄而杂。（图2-47A）

墓底四周有熟土二层台，宽5~7、高35厘米。

墓底中部偏南有长方形腰坑，长65、宽22、深10厘米。

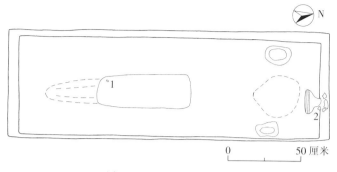

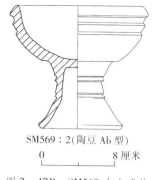

SM569：2(陶豆 Ab 型)

0   8 厘米

图 2－47A　SM569 平面图　　　　　　　　图 2－47B　SM569 出土遗物

葬具为木棺，髹红漆，长 206、宽 62、高 35 厘米。

墓底有 2 个桩孔，位于棺下，墓室北端左右各一处。左侧桩孔距墓室北壁 26、距西壁 10 厘米，右侧桩孔距墓室北壁 35、距东壁 4、深 6～7 厘米，均为长方形，口大底小。左侧桩孔长 18、宽 13 厘米，右侧桩孔长 15、宽 10 厘米。桩孔内有木灰痕迹。

墓主骨架朽成粉状，头北脚南，直肢。

北二层台有陶豆 1 件，腰坑内有贝 1 枚。

陶豆　1 件。

SM569：2，Ab 型。泥质灰陶。修复。敛口，尖唇，沿稍外斜，深盘，高圈足，束腰。盘壁、圈足上部分别饰凹弦纹二、三周。口径 13.8、圈足径 9.2、高 13 厘米。（图 2－47B）

贝　1 枚。A 型货贝。

墓葬年代：殷墟三期。

SM578

该墓位于 ST3610 西中部，其西南角距探方边仅 5 厘米。开口于①层（扰土）下，直接打破生土。方向为 196 度。（图 2－48A～D；彩版五九）

长方形竖穴土坑墓，墓口墓圹不甚规范，两端向外弧，墓壁不平，口大底小，两端收缩较多。墓口距地表约 50 厘米，墓口长 320、宽 140～159 厘米，墓底长 267、宽 133～139 厘米，墓深 155 厘米。北部填土为黄褐色花夯土，南部发灰，含烧土，土质坚硬，夯层不明显。（图 2－48A）

二层台分两层，椁二层台北端宽 25～30、南端宽 28～30、东侧宽 17～23、西侧宽 32～38 厘米，西侧高 55 厘米。棺二层台两端宽 19～23、两侧宽 13～23、高 30 厘米。

腰坑居墓室中部，平面呈长方形，长 73、宽 38、深 15 厘米。内殉狗一条，头北背东，保存较差。（图 2－48C）

葬具有一椁一棺。据二层台推断，椁长 229、宽 78～81、高 55 厘米，立板厚度 3.5 厘米。髹白漆。其上有椁盖板痕迹，由约 18 块东西向木板组成，做工粗糙，长短不齐，最长的约 85 厘米长，每块宽约 10 厘米左右，从剖面上看，每块木板是圆木的一半，其弧面向上，平面向下摆放（图 2－48B）。椁底纵向铺 6 根圆木，每根长 240、宽 16 厘米左右。底部剖面呈圆弧形，深 1～2 厘米（图 2－48C）。盖板与底板均髹白漆。

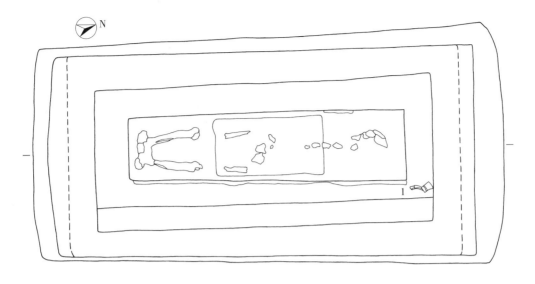

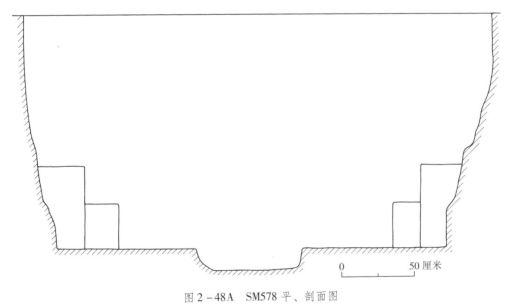

图 2-48A　SM578 平、剖面图

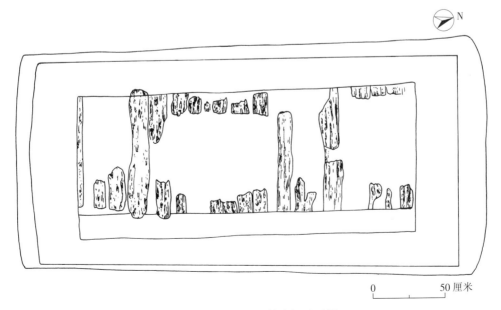

图 2-48B　SM578 椁盖板平面图

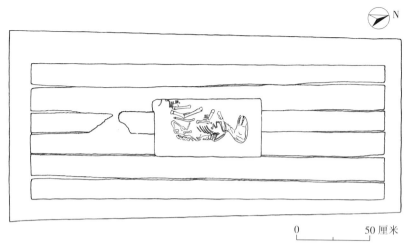

图 2-48C SM578 腰坑及椁底板平面图

棺长 187、宽 40~47、高 30 厘米。

墓主头向南。骨骼保存较差，大部分骨骼朽无，头骨及胫骨朽为粉状，只显其形。葬式、年龄、性别不详。

随葬陶豆 1 件，碎，位于椁二层台东北角。

陶豆 1 件。

SM578:1，Ab 型。泥质褐陶。修复。盘壁、圈足上部各饰凹弦纹二周。口径 14.1、圈足径 8.6、高 11.9 厘米。（图 2-48D）

墓葬年代：殷墟三期。

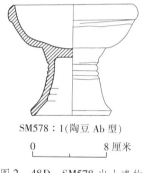

SM578:1(陶豆 Ab 型)

0   8 厘米

图 2-48D SM578 出土遗物

SM581

位于 ST3411 的西北部。开口在 ST3411②层下，打破生土。方向为 200 度。（图 2-49A、B）

长方形竖穴土坑墓，口、底相当。墓口距地表 70 厘米，墓口长 210、宽 80 厘米，墓深 31 厘米。填土为黄色花夯土，可见夯打痕迹。（图 2-49A）

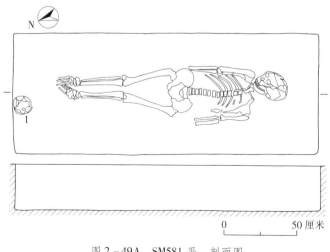

图 2-49A SM581 平、剖面图

SM581:1(陶鬲乙 A I 式)

0   8 厘米

图 2-49B SM581 出土遗物

墓坑北有黑色板灰。但未发现木棺痕迹。

墓主仰身直肢，头侧向东。骨骼保存较好。

墓主脚端放有 1 件陶鬲。

陶鬲　1 件。

SM581：1，乙 A 型I式。泥质灰陶。修复。小型鬲。侈口，小方唇，窄折沿，短直颈，鼓腹，连裆，较高，有足尖。沿面有凹弦纹二周，颈腹部饰浅凹弦纹二周。口径 11.4、高 9.6 厘米。（图 2 –49B）

墓葬年代：殷墟三期。

人骨鉴定：

女性。25～30 岁。

头骨、肢骨性征明显。肢骨细弱，骨密度 1 级。牙齿磨耗偏重，2～3 级，第三白齿刚萌出。

SM582

位于探方 ST3412 的西南角，北临 SM584，东近 SM583。开口于②层下，打破生土。此墓被盗扰。方向为 195 度。（图 2 –50A、B；彩版五八，2、3）

长方形竖穴土坑墓，口小底大。墓口距地表 70 厘米，墓口长 206、宽 56 厘米，墓底长 216、宽 70～77 厘米，墓深 139 厘米。填土为黄色花夯土，土质硬，中含少量红烧土块、碎骨。（图 2 –50A）

二层台东宽 15～17、西宽 15～19、南宽 16、北宽 18 厘米，高 17 厘米。

葬具为木棺。推测棺长 182、宽 39～43、残高 17 厘米。

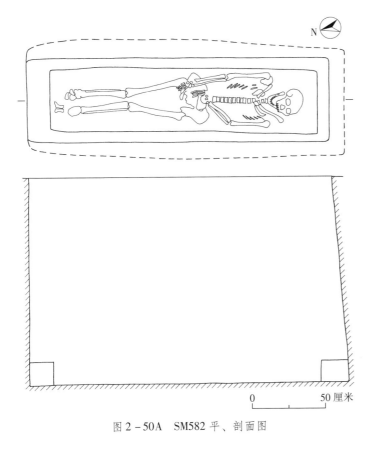

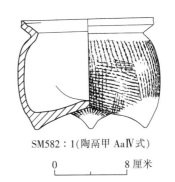

SM582：1（陶鬲甲 AaⅣ式）

图 2 –50A　SM582 平、剖面图　　　　　　图 2 –50B　SM582 出土遗物

墓主骨骼保存较好。仰身直肢，右臂置于体侧，左臂放于小腹。

东北角二层台填土内陶鬲 1 件。

陶鬲 1 件。

SM582：1，甲 Aa 型Ⅳ式。夹砂褐陶。修复。扁方体，斜折沿，方唇内敛并带浅凹槽，短颈，鼓腹，裆与实足较高。器表及裆部饰粗绳纹，颈部经修整，足根部绳纹被抹掉。口径 14.5、高 11.7 厘米。（图 2–50B；彩版五八，3）

墓葬年代：殷墟三期。

人骨鉴定：

女性。25±岁。

头骨、肢骨性征明显。骨密度极大，1 级。4 枚 M3 已完全萌出，但磨耗较小。

轻度摇椅形下颌。

SM583

位于 ST3412 中部。开口于②层下，打破生土。南端有盗坑 2 个，南端的西侧盗坑长 80、宽 25 厘米，东侧盗坑长 45、宽 25 厘米。方向为 193 度。（图 2–51A～E；彩版六〇～六二）

长方形竖穴土坑墓，平面近梯形。墓口距地表约 30 厘米，墓口长 290、南端宽 135、北端宽 118 厘米，墓底长 290、南端宽 150、北端宽 120 厘米，墓深 175～183 厘米。填土为灰色花夯土，含少量红烧土粒。夯窝有大、小两种，大者直径 9 厘米，小者直径 3.5 厘米。夯窝不太密集。土中含少量红烧土粒，包含有少量陶片。（图 2–51A）

二层台南、北两端略宽，东、西端略窄，宽 9～35、高 17～21 厘米。南二层台东侧有苇席痕。

腰坑呈椭圆形，口部长 45、宽 25、深 14 厘米。里面为青黄色淤土，未发现任何包含物。

葬具为一棺一椁，上部被扰严重。椁室的营造较为特殊，铺板共由五部分组成：东西两侧板，南北两挡板和中部的木棍铺板。北端挡板宽 16、厚约 8 厘米，东西两端有卯，东西两侧立板榫入其中。东西两侧立板均紧贴墓壁。东侧立板长 270、宽 7～10、高 8 厘米，北端有榫头，榫头长 5、宽 4 厘米，为方形头。西侧立板亦长 270、宽 11～15 厘米，榫头与东侧立板相同。南端挡板长 117、宽 9～12、厚 7 厘米，似在东西两端有榫头嵌入东西两侧立板之中。中部的铺板由南北向并列的 18 根木棍组成，木棍未经加工，圆形，直径 5 厘米，长 242 厘米。（图 2–51B、C）

木棺位于椁室中部，即椁室木棍铺板之上。可见棺顶板 3 块。残长 120、残宽 60～62 厘米；东、中、西板各宽 25、36、15 厘米。棺侧板厚 8 厘米。棺盖板北端有一根宽约 6 厘米的横置木条。棺髹漆，以红色为底色，白、黑色为主色。（图 2–51B）

墓主保存较差。仰身直肢，双手放于腹上。墓主身上有彩绘织物，长 172、宽 48 厘米。覆盖于人骨头至踝骨上。以红色为底，黄、白、黑为主色。彩绘织物（或称布幔）的主题似应以黄色装饰为主，自墓主口部开始有一圆环，环内有"T"字形装饰直通下腹，环内还有两道"八"字形装饰与"T"字形装饰相交叉。沿墓主两腿股骨亦有两道黄色装饰，髌骨以下有黑色勾边、红白两色填充的花纹，其他部分均模糊不清。（图 2–51D）

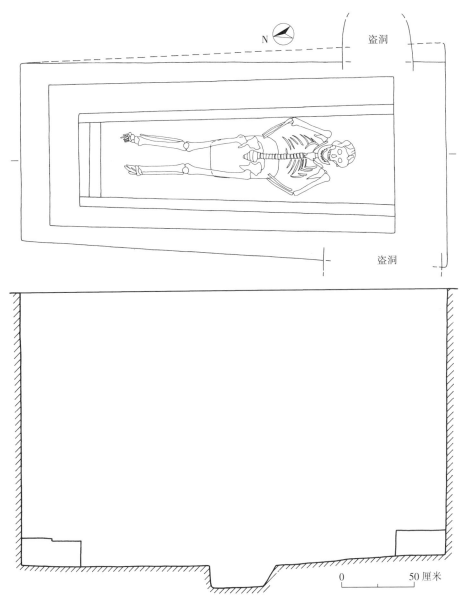

图 2－51A　SM583 平、剖面图

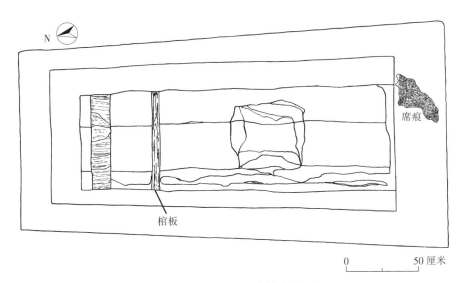

图 2－51B　SM583 棺椁结构图

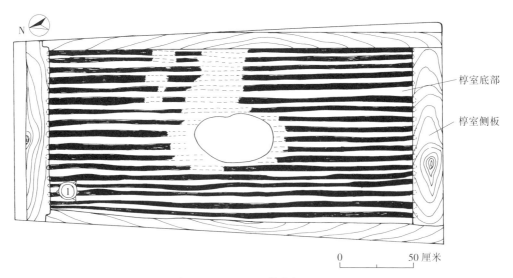

图 2 - 51C SM583 椁底板平面图

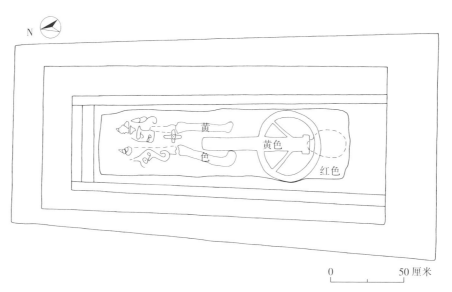

图 2 - 51D SM583 墓主服饰图

随葬品共有 3 件：墓主口内货贝 2 枚，棺外西北角陶鬲 1 件。

陶鬲 1 件。

SM583：3，乙 A 型 I 式。完整。沿面有凹弦纹二周。颈腹部饰凹弦纹一周。口径 11.6、高 10.1 厘米。（图 2 - 51E）

贝 2 枚。A 型货贝。

墓葬年代：殷墟三期。

人骨鉴定：

女性。30 ~ 35 岁。

肢骨、头骨性征明显。骨密度较大，牙齿磨耗重，3 级。

轻度摇椅形下颌。髌骨骨赘开始发育。

SM583：3(陶鬲乙 I 式)

图 2 - 51E SM583 出土遗物

SM584

位于探方 ST3412 的西北部。开口在①层下。被盗。方向为 195 度。（图 2 – 52A ~ C；彩版六三）

图 2 – 52A　SM584 平、剖面图

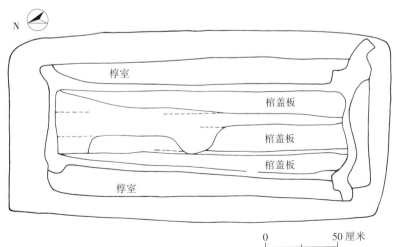

图 2 – 52B　SM584 棺椁结构图

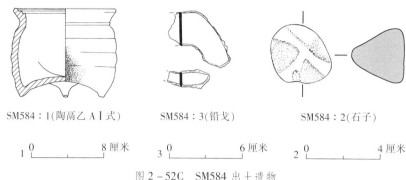

SM584:1(陶鬲乙AⅠ式)　　　SM584:3(铅戈)　　　SM584:2(石子)

1 |0————————8厘米|　　　3 |0————————6厘米|　　　2 |0————————4厘米|

图 2-52C　SM584 出土遗物

长方形土坑竖穴墓。墓口长 249、北边宽 120、南边宽 110 厘米，墓底长 260、南边宽 116、北边宽 109 厘米，墓深 224 厘米。填土为细质黄色花土，表层填土含有少量陶片、兽骨及蚌壳，下部为较紧密的黄色夯土，填土较纯净。（图 2-52A）

墓底有生土二层台，宽 20、高 31 厘米。

墓底中部有腰坑，长 83、南边宽 47、北边宽 35、深 16 厘米。内殉葬狗一条，头向北方，侧身而葬。

葬具为一椁一棺。椁室平面呈长方形，南边大北边小，腐朽后为灰白和灰黑色，表面有红漆痕迹，长 220、宽 88~93、高 31 厘米。由枕木垫底，椁痕内表面有苇席痕迹。（图 2-52B）

木棺平面呈不规则长方形，南边大北边小，长 210、宽 54~60、高 31 厘米。棺板厚 4~6 厘米。表面髹红漆。棺盖板由三块木板构成，每块宽约 20 厘米。

墓主尸骨保存状况较差，已腐烂成粉末状。根据尸骨痕迹轮廓，墓主头向南。年龄、性别和葬式不详。

东北角二层台土内发现陶鬲 1 件，东北角二层台下发现小石粒 1 枚。

陶鬲　1 件。

SM584:1，乙 A 型 Ⅰ 式。完整。沿面、颈腹部饰凹弦纹二周。口径 11.2、高 9.7 厘米。（图 2-52C）

铅戈　1 件。

SM584:3，残损严重，仅剩内部。（图 2-52C）

石子　1 枚。

SM584:2，完整。青灰色。形状不规则。（图 2-52C；彩版六三，4）

墓葬年代：殷墟三期。

SM600

位于 ST3611 东部偏南，东半部进入 ST3711。开口于①层（扰土）下，直接打破生土。方向为 190 度。（图 2-53；彩版六四，1；彩版六五，1）

长方形竖穴土坑墓，南宽北窄，两端墓壁向内收缩倾斜，不平整，墓底南高北低。墓口距地表约 50 厘米，墓口长 205、宽 66~80 厘米，墓底长 185、宽 66~80 厘米，墓深 44~50 厘米。填土为红褐色花夯土，土质坚硬，夯层不明显。

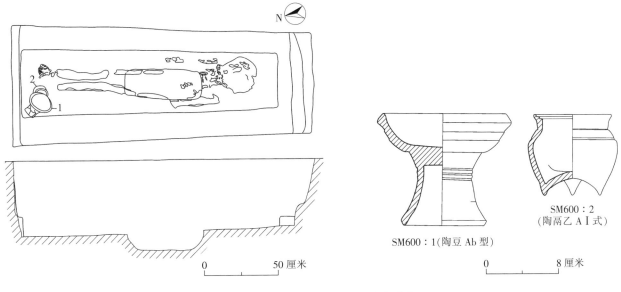

图 2 - 53　SM600 平、剖面图及出土遗物

墓室北端没有二层台，南端二层台宽 10、东西两侧宽 15 ~ 19、高 7 ~ 13 厘米。

腰坑居墓底中部，圆角长方形，口长 50、宽约 20、深 12 厘米。内有贝 1 枚。

葬具为木棺。发现有黑色板灰，棺长 174、宽 36 ~ 45 厘米，高度不详。

墓主仰身微西侧，头南面东，双膝并拢，左脚朽无，右趾尖向前。骨骼保存较差，肋骨、盆骨朽无，头骨及四肢朽为粉状，只显其形。

棺室西北角，有陶豆、陶鬲各 1 件。腰坑内有 A 型贝 1 枚。

陶豆　1 件。

SM600：1，Ab 型。泥质灰陶。修复。敛口，方唇，浅盘，圈足略矮。盘壁、圈足上分别饰凹弦纹二、三周。口径 14.7、圈足径 9.4、高 11.9 厘米。（图 2 - 53）

陶鬲　1 件。

SM600：2，乙 A 型 I 式。泥质灰陶。微残。小型鬲。方体。侈口，小方唇，窄折沿，短直颈，下腹较直，连裆较高，有足尖。沿面、颈腹部饰凹弦纹二周。口径 8.5、高 8.5 厘米。（图 2 - 53；彩版六五，1）

贝　1 枚。A 型。

墓葬年代：殷墟三期。

人骨鉴定：

骨质极差，多呈粉末状，仅余数枚牙齿。

性别不明。14 ± 岁。身高约 140 厘米。

恒齿刚完全萌出，牙齿未磨耗。

SM607

位于 ST2507 西北部。开口于②层下，打破 H345，打破生土。被盗，圆形盗洞位于该墓东部，一直延伸至墓底，但没有打破墓的四壁。方向为 10 度。（图 2 - 54A、B；彩版六四，2；彩版六五，2、4、5）

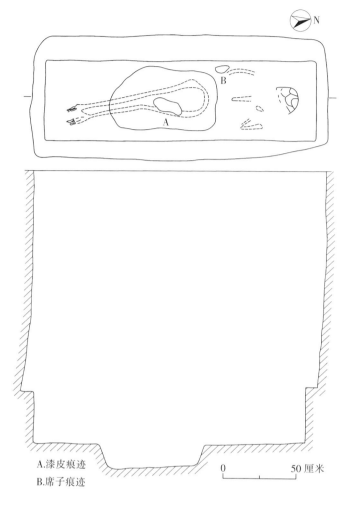

A.漆皮痕迹
B.席子痕迹

图 2 - 54A SM607 平、剖面图

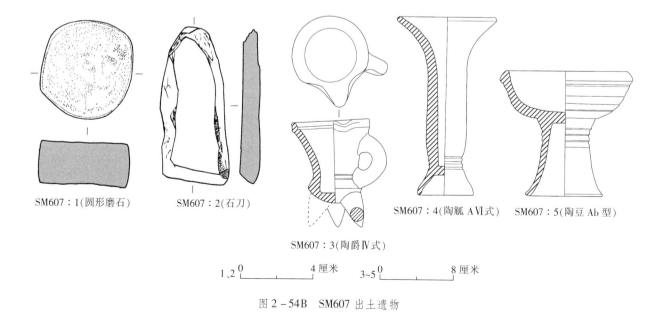

SM607：1(圆形磨石)　　SM607：2(石刀)

SM607：4(陶觚 A Ⅵ式)　SM607：5(陶豆 Ab 型)

SM607：3(陶爵Ⅳ式)

1,2 　　4厘米　　3~5 　　8厘米

图 2 - 54B SM607 出土遗物

　　长方形竖穴土坑墓。周壁平整，北壁从口到底部向内倾斜，其他三侧墓壁口部至底部向外倾斜。墓口距地表约95厘米，墓口长202、宽87厘米，墓深约185厘米。填土基本为2层，上层为灰黑色夯土，下层为黄褐色夯土，出土大量陶片。盗洞填土中还出狗骨及少量人骨。（图2-54A）

　　熟土二层台长185、宽6、高35厘米。

　　腰坑长75、宽43、深12～14厘米。内殉狗一条，头向朝南，侧卧式。

　　葬具为木棺。棺长170～175、宽53、残高37厘米。另发现小块的棺板漆痕迹，漆色以红，黑为主，也有黄色。墓底有席子印记，应以席作为铺垫物。

　　墓主仰身直肢，头北面西。骨骼保存较差，下颌、胸骨、脊椎、盆骨基本不存。

　　填土中出圆形磨石和石刀各1件。另有3件陶器，爵、觚、豆各1件，但由于该墓已被盗，因此很可能已不在原位。

　　陶觚　1件。

　　SM607：4，A型Ⅵ式。泥质灰陶。修复。体较高，喇叭口，瘦腹呈直筒形，圈足稍矮，腹部有凹弦纹三周。口径10.7、圈足径6、高18.8厘米。（图2-54B）

　　陶爵　1件。

　　SM607：3，Ⅳ式。泥质灰陶。修复。短流，无尾，半环形鋬，束腰下移，短腹，下腹部形成凸棱，三足外撇。腹部饰凹弦纹二周。口径8.5、高11.5厘米。（图2-54B）

　　陶豆　1件。

　　SM607：5，Ab型。泥质灰陶。修复。敛口，方唇，深盘，高圈足，束腰。盘壁、圈足上部分别饰凹弦纹二、三周。口径14.5、圈足径8.4、高13.2厘米。（图2-54B；彩版六五，2）

　　圆形磨石　1件。

　　SM607：1，完整。砂岩。近圆饼状，表面粗糙。直径5、厚2.5厘米。（图2-54B；彩版六五，5）

　　石刀　1件。

　　SM607：2，残。青灰色砂岩，残器近长方形，三侧均有刃，双面磨制。一面粘有少量朱砂。残长8.1、最宽3.6、厚1厘米。（图2-54B；彩版六五，4）

　　墓葬年代：殷墟三期。

　　SM609

　　位于ST2608中部。开口于①层下，被H349和H307打破，其又打破③层和生土。被盗，人骨和兽骨皆残损。方向为202度。（图2-55；彩版六四，3；彩版六五，3）

　　长方形竖穴土坑墓，平面形状呈梯形，四壁平整，两侧由口部至底部向外倾斜，北壁由口部至底部向外倾斜，南壁由口部至底部向内倾斜。墓口距地表深34厘米，墓口长218、北端宽97厘米，墓底长219、北端宽90、南端宽100厘米，墓深230厘米。北部填土被盗扰，南部填土为夯土，黄色、褐色相间，质地坚硬，填土中发现有少量陶片。墓中部170厘米深处见一狗头骨，其口部朝西，因位于松软的黄土中，应是已被搅动过的殉狗的头骨。

　　二层台各处宽窄不等，最宽处17、最窄处7厘米，高32厘米。

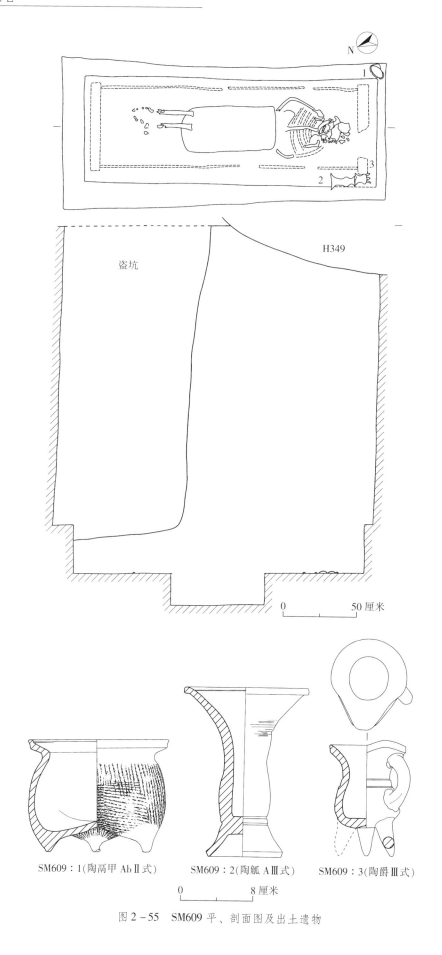

图 2-55 SM609 平、剖面图及出土遗物

腰坑近长方形，长64、宽29、深21厘米。殉兽骨骼已破坏，和陷入腰坑的人的掌骨、指骨、髋骨、股骨混在一起，其中有一件完整的狗的下颌骨，因此可知腰坑中原有殉的狗。

葬具为木棺。棺长190、宽55、残高32厘米。东西两侧的板灰宽1.7厘米，南北两侧的板灰宽6~7厘米，南北两侧的板灰西端长出东西两侧的2~4厘米。

墓主仰身直肢葬，头朝南偏西，面向西。骨骼保存很差，非常松脆，颅部已被压碎，掌骨、指骨、髋骨和股骨皆陷入腰坑，和殉狗的骨头混在一起。

随葬品有陶瓿、爵、鬲各1件，皆放于头部附近二层台上。另在墓主口中贝1枚。

陶瓿 1件。

SM609：2，A型Ⅲ式。泥质灰陶。修复。体高大，喇叭口，腹近直筒形，高圈足。腹部有凹弦纹二周。口径13.8、圈足径8.4、高17.8厘米。（图2-55）

陶爵 1件。

SM609：3，Ⅲ式。泥质灰陶。完整。体略瘦，有流无尾，拱形鋬，束腰，腹部略鼓，三足外撇。口沿外侧有浅凹槽一周，腹部饰凹弦纹二周。口径8.2、高11.7厘米。（图2-55；彩版六五，3）

陶鬲 1件。

SM609：1，甲Ab型Ⅱ式。夹砂灰陶，修复。扁方体。折沿上翘，沿面略内凹，方唇内敛并带浅凹槽，短颈，鼓腹，裆与实足较高，乳头状足尖。器表及裆部饰细绳纹，颈部经修整，足根部绳纹被抹掉。口径15.6、高11.8厘米。（图2-55）

贝 1枚。A型货贝。

墓葬年代：殷墟三期。

人骨鉴定：

骨质极差，仅余头骨片、上肢骨残迹和两胫骨。

女性。50±岁。身高约143厘米。

头骨片特征明显。肢骨相对细弱。骨密度小，3级。牙齿磨耗4~5级。

SM610

位于ST2607的南部。开口于②层下，打破H346（殷墟三期）与③层，打破生土。被3个盗洞打破，墓中人骨和殉兽骨头已被扰乱。方向为24度或204度。（图2-56A、B；彩版六六，1~4）

长方形竖穴土坑墓，周壁较平整，斜壁，口部内收，墓底较平整。墓口距地表94~100厘米，墓口长约为243、宽为95~100厘米，墓底长约287、宽约144厘米，墓深265厘米。西壁从墓口到160厘米深的地方，每隔40厘米有一个小脚窝，共4个，可能是挖墓的人为方便上下而做。填土为黄色花土为主，夯层厚10厘米左右，发掘至40厘米深时出现深棕色填土，夯打程度也较上面轻，可能是分层夯打的原因所致。（图2-56A）

墓室底部南、北、东三面有生土二层台，宽25、高49厘米左右。在墓室西部被盗毁区域内发现有羊腿骨、猪腿骨等动物骨骼。

腰坑被盗洞破坏，实际轮廓不清，但从平、剖面形状判断应该存在腰坑。

图 2-56A　SM610 平、剖面图

　　根据二层台推测至少有棺，可能有椁。棺板灰厚度有 8 厘米左右，漆皮有黑、白、红三种颜色，可能糅了几层漆。

　　墓底仅发现散乱人骨，部分人骨在盗洞中被发现。

　　在填土发现 1 件骨镞、3 枚货贝。盗洞中出土 1 件铜镞、1 件骨镞和 2 枚榧螺。在墓底出 1 件铜镞和 1 枚榧螺，墓底西南部出 1 件陶爵。

陶爵 1 件。

SM610:3，Ⅳ式。泥质灰陶。修复。短流，无尾，半环形鋬，束腰下移，短腹，下腹部形成凸棱，圜底，三足外撇。口径 9.6、高 10.6 厘米。（图 2 - 56B）

陶簋 1 件。

SM610:9，泥质灰陶。残存口部残片，不辨型式。残高 3.2 厘米（图 2 - 56B）

铜镞 2 件。

SM610:1，Aa 型 Ⅱ 式。微残。形体较小，镞体呈三角形，锋尖锐利，中脊截面呈菱形，短翼，后尖残，短圆铤，关长于本。通长 5、铤长 2.3、翼宽 1.6 厘米。（图 2 - 56B；彩版六六，1）

SM610:8，Aa 型 Ⅱ 式。微残。形体小，镞体呈三角形，锋尖锐利，中脊截面呈菱形，短翼，短圆铤，关长于本。通长 4.6、铤长 2、翼宽 1.4 厘米。（图 2 - 56B；彩版六六，1）

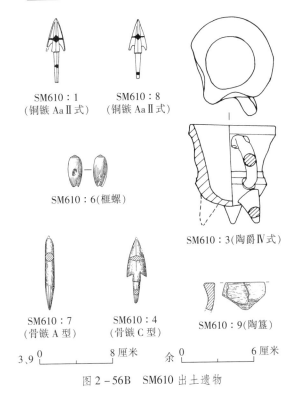

图 2 - 56B SM610 出土遗物

骨镞 2 件。

SM610:7，A 型。残。镞身似圆棍，镞尖似子弹头，铤呈尖锥状。铤部有切削痕迹。通长 5.6 厘米。（图 2 - 56B；彩版六六，2）

SM610:4，C 型。残。镞身呈柳叶形，有中脊，短翼尖直。短铤呈锥状，关长于本。通长 5、铤长 1.6、翼宽 1.7 厘米。（图 2 - 56B；彩版六六，3）

贝 3 枚。A 型。

榧螺 3 枚。

SM610:6，完整。背中部磨出一小圆孔。长 2.4 厘米。（图 2 - 56B；彩版六六，4）

墓葬年代：殷墟三期。

SM615

位于探方西部。开口于①层下，被 H344 和 H307 打破，其又打破③层和④层，打破生土。未被盗，保存完好。方向为 208 度。（图 2 - 57；彩版六七，1）

长方形竖穴土坑墓，直壁平底，平面形状呈梯形。现存墓口距地表深 95 厘米，墓口长 205 厘米，头端宽 87、脚端宽 65 厘米，墓深 144 厘米。填土为红褐色和黄色相间的花土，质地坚硬，上部填土略灰，其填土中包含有少量陶片。

熟土二层台最宽处 20、最窄处宽 5 厘米。

从二层台判断，应有木棺，长 183、最宽 63 厘米。

墓主骨架保存较好，仰身直肢葬，面向西，双手交叠于下腹部。

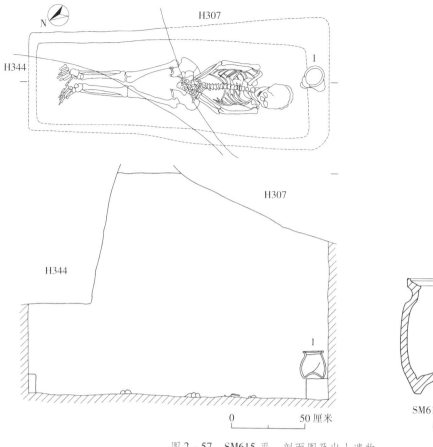

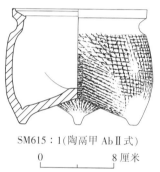

SM615：1（陶鬲甲 Ab Ⅱ 式）

图 2 - 57　SM615 平、剖面图及出土遗物

墓主头部右上方二层台上放有 1 件陶鬲。

陶鬲　1 件。

SM615：1，甲 Ab 型 Ⅱ 式。夹质褐陶。修复。体较大。扁方体，折沿上翘，方唇，短颈，鼓腹，实足根内收，高裆，乳头状足尖。腹及袋足饰篮纹，裆部饰横斜粗绳纹，足根部绳纹被抹掉。口径 14.7、高 12.2 厘米。（图 2 - 57）

墓葬年代： 殷墟三期。

人骨鉴定：

头骨碎裂严重，肢骨相对较好。

男性。18～20 岁。身高约 151 厘米。

年龄较小，各部位性征不一致，盆骨倾向于男性，头骨呈女性化。肢骨粗壮度 2 级，骨密度 1 级。髂骨嵴和股骨头缝未完全愈合，骨骺线明显，M3 未萌出，牙齿磨耗 2 级。

左胫骨 31.6、右胫骨 31.4、左股骨 38.2、右股骨 38.6 厘米。

左右第一跖骨上有明显跪踞面痕迹，未见髌骨。

SM619

位于探方中南部。开口于②层下，打破生土层，被近代黄土坑打破。已被盗两次，严重破坏。方向 20 度或 200 度。（图 2 - 58A～C；彩版六六，5～7）

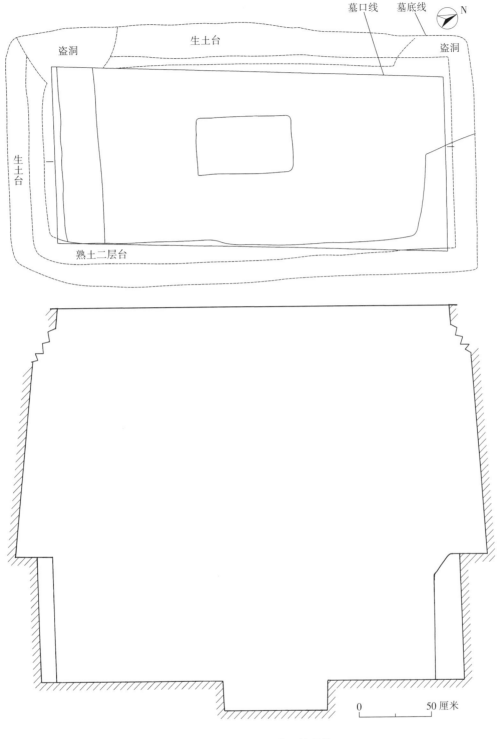

图 2 – 58A　SM619 平、剖面图

　　平面呈长方形，墓壁底部西北角、西南角处被盗洞破坏，表面不规则，口小底大。墓口距地表深 82 厘米，墓口长 268、宽 126～128 厘米，墓底长约 290、宽 130～135 厘米，墓深 390 厘米。填土为黄土中带有少量褐色土的夯土，有夯窝痕迹，夯窝直径 8 厘米。因墓两次被盗，大半部填土已被扰乱。（图 2 – 58A）

　　西南、西北二层台被毁，其余除边缘外基本完整。二层台宽 26～37 厘米。二层台上发现黄白相间的漆层，附在一薄层板灰土上。

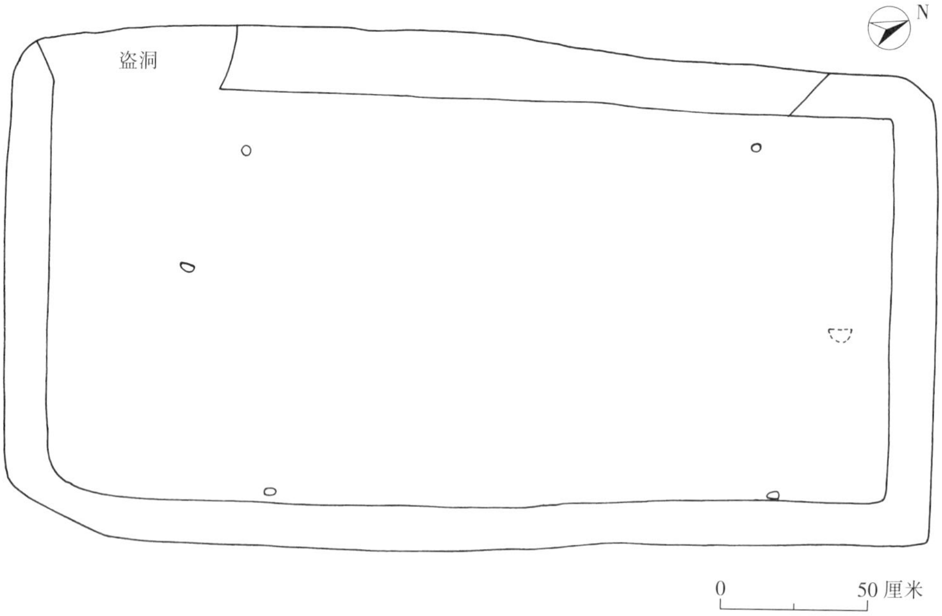

图 2－58B SM619 墓底桩孔图

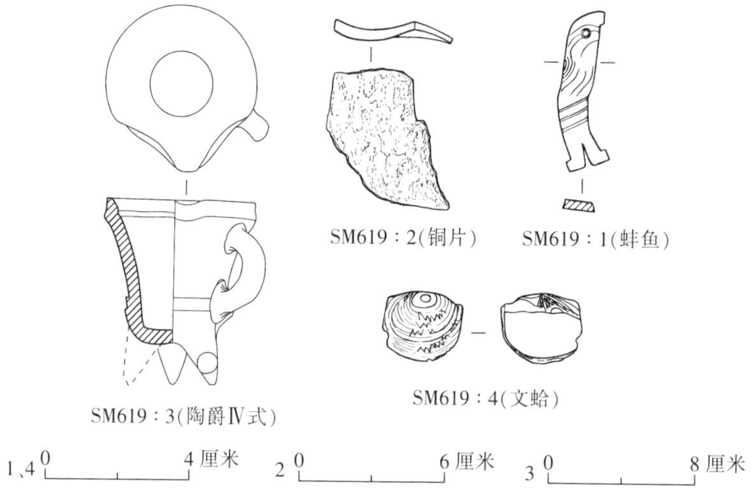

图 2－58C SM619 出土遗物

腰坑长约 71、宽约 41、深 20 厘米。其中殉兽已经被盗散乱，估计为狗。

墓底有桩孔 6 个，分布于墓底南北侧，为长方形或半圆形，深 8～16 厘米不等。(图 2－58B)

葬具被盗毁，除二层台两侧尚残留板灰痕迹外，其余部分均被盗。

墓主已被彻底盗乱，有的部分甚至缺失，无法确定其头向、面向和葬式。

在被扰过的墓内填土里出土了陶觚、陶爵、贝、文蛤、蚌鱼及碎青铜片、残陶片等。

陶爵 1 件。

SM619：3，Ⅳ式。泥质灰陶。完整。短流，无尾，半环形鋬，束腰下移，下腹部不明显，平底，三足外撇。腹下部饰凹弦纹二周。口径 8.4、高 9.8 厘米。(图 2－58C)

铜片 1 件。

SM619：2，残。残存铜器碎片若干，较厚重，不辨器形。(图 2－58C)

蚌鱼　1 件。

SM619:1，残。体弧弯，扁平，嘴下垂，分尾，尾尖上卷，眼睛为一小孔，用于穿系。长 4、宽 1、厚 0.2 厘米。（图 2－58C；彩版六六，6）

文蛤　1 件。

SM619:4，残。单扇小文蛤，蛤背光滑，上有褐色锯齿纹，边缘经打磨，根部磨出一小孔。残宽 1.8 厘米。（图 2－58C；彩版六六，7）

贝　4 枚。A 型货贝。

墓葬年代：殷墟三期。

人骨鉴定：

男性。50±岁。

头骨、肢骨性征明显。牙齿磨耗 4～5 级。

SM637

位于 ST2608 的东南部。开口于②层下，直接打破生土。遭盗掘，被破坏严重。方向为 290 度或 110 度。（图 2－59；彩版六七，2；彩版六八）

长方形竖穴土坑墓，口小底大，由口至底略向外倾斜，周壁光滑，经过有意修整。墓口距地表深 90 厘米，墓口长 250、宽 105 厘米，墓底长 270、宽 130 厘米，墓深 360 厘米。内填土为黄褐色花土，经过夯打，夯窝直径 7 厘米左右，但夯打不坚实。

墓底四周有生土二层台，宽 14、高 49 厘米。

腰坑大体呈长方形，由于被破坏，长宽不明，深 23 厘米。

葬具有一棺一椁。椁长 240、宽 94 厘米。棺由于被破坏，长度不明，根据一侧板灰距二层台 13 厘米，推测棺宽 68 厘米。

墓被破坏严重，不见尸骨，只在盗坑底部采集 3 枚人牙齿，头向无法判断。

在墓西南角二层台上发现 1 件铜鼎。在盗沟中出有残损的陶爵、陶觚。

陶觚　1 件。

SM637:2，泥质灰陶。仅剩腹、足部残片。直筒形腹，矮圈足。圈足径 5.5、残高 15.4 厘米。（图 2－59）

陶爵　1 件。

SM637:3，泥质灰陶。仅剩口、腹、足部残片。束腰，下腹部形成凸棱，三足高且外撇。残高 11 厘米。（图 2－59）

陶鼓风嘴　1 件。

SM637:4，泥质灰陶。残。圆头状嘴，有孔，细管。孔径 0.6、残长 3.9 厘米。（图 2－59；彩版六八，2）

铜鼎　1 件。

SM637:1，B 型 I 式。完整。通高 22.3、口径 17.4、腹径 17.7、耳高 3.8、耳根宽 4.6、耳厚 1.1、

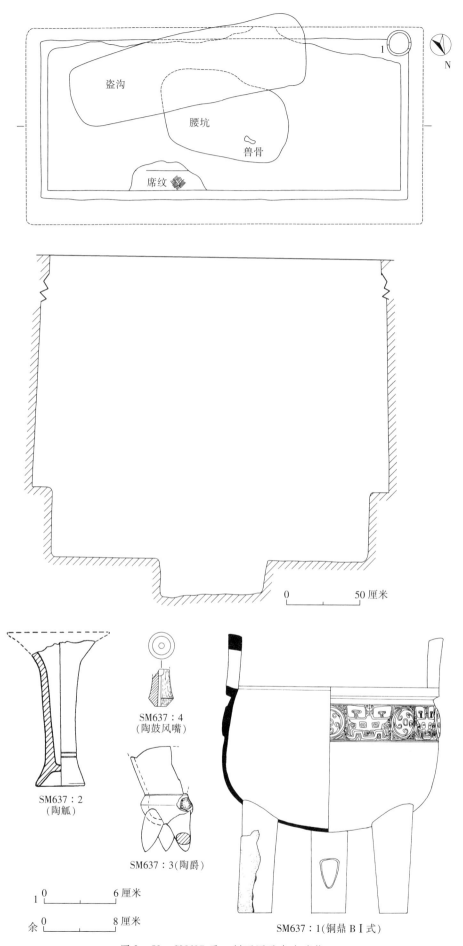

盗沟

腰坑

兽骨

席纹

N

1

0   50 厘米

SM637：4
(陶鼓风嘴)

SM637：2
(陶觚)

SM637：3(陶爵)

1 0   6 厘米

余 0   8 厘米

SM637：1(铜鼎 B I 式)

图 2－59   SM637 平、剖面图及出土遗物

足高 6.9、柱足径 3.1、腹壁厚 0.3 厘米。重 2.377 千克。（图 2 - 59；彩版六八，1）

　　墓葬年代：殷墟三期。

SM644

　　位于 ST2608 北部。开口于①层下，打破 H397，打破生土。未被盗掘，保存完好。方向为 203 度。（图 2 - 60；彩版六九，1、2）

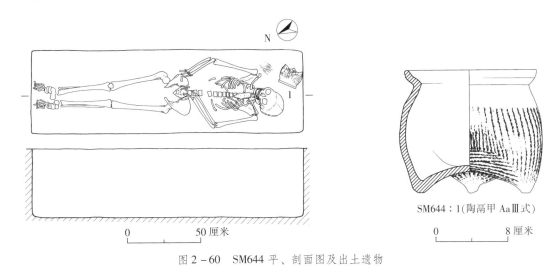

SM644：1（陶鬲甲 Aa Ⅲ式）

图 2 - 60　SM644 平、剖面图及出土遗物

　　长方形竖穴土坑墓，四壁垂直向下，墓壁不十分光滑，应未经过有意修整。墓口距地表深 30 厘米，墓口长 185、宽 55 厘米，墓深 45 厘米。填土为颜色较浅的灰土，出有少量红烧土块及带有铜渣的炉壁等物，未经过夯打。

　　未见葬具，只在墓主身下有铺垫物，但不明显。

　　墓主为成年女性，仰身直肢葬，头南面上，双手放在腹上。尸骨保存较好，牙齿也保存完好。

　　墓主头顶偏东处出陶鬲 1 件。

　　陶鬲　1 件。

　　SM644：1，甲 Aa 型Ⅲ式。夹砂灰陶。修复。通体饰中粗绳纹，颈部经修整，裆部及足根部绳纹被抹掉。腹部有烟炱。口径 14.6、高 13.1 厘米。（图 2 - 60；彩版六九，2）

　　墓葬年代：H397 为殷墟三期，该墓出土的陶鬲亦为三期之时，综合判定该墓为殷墟三期。

　　人骨鉴定：

　　人骨保存状况除手部骨骼大部缺如外，其他部分骨骼保存相对较好。虽头骨较残破，但 26 颗牙齿得以保存；上、下肢骨及带骨部分断裂，第 3～7 颈椎、胸椎及腰椎保存完整。

　　墓主前额陡直，眉弓发育较弱，眉间突度不显著，眶上缘薄锐，乳突上嵴不显，枕外隆突不发达；坐骨耻骨支外翻，闭孔呈近似三角形，骶骨短宽且曲度较小，耳前沟宽而深。据以上性别特征判断该个体为女性。耳状面形态 1～2 级（Lovejoy 分级系统），下颌左侧第三臼齿刚萌出，未见磨耗；第一、二臼齿磨耗 2 级（吴汝康分级系统）；骨骺愈合，愈合痕迹可见。据以上信息推断该个体年龄 18～25 岁。右侧桡骨最大长 22.3 厘米，左侧胫骨最大长 33.3 厘米，估算身高 151～161 厘米。

墓主右侧下颌第三白齿先天缺失。双侧上、下颌犬齿可见线型釉质发育不全。右侧上颌第一白齿和第二前白齿可见轻微的釉质剥脱现象。双侧髋臼窝上内侧面骨表面粗糙，呈点麻点状凹陷。部分胸椎椎体边缘骨赘生成，下段胸椎、腰椎多个椎体可见许莫氏结节（Schmorl's nodes）。其余上、下肢骨及带骨的各个关节面未见骨关节炎等病理表现。

SM661

位于 ST2311 西壁下，西跨 ST2211 东部。开口于表土层下，打破 SM846 和 H456。方向为 18 度。（图 2-61；彩版六九，3）

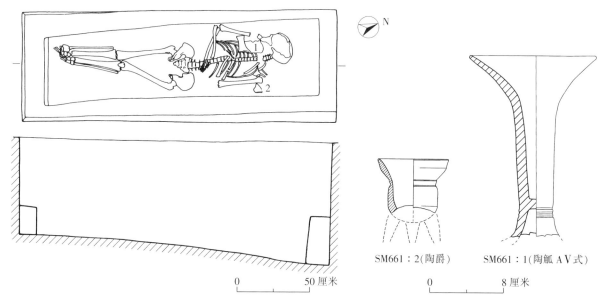

SM661：2（陶爵）　　　SM661：1（陶觚 A V 式）

图 2-61　SM661 平、剖面图及出土遗物

长方形竖穴土坑墓，墓室直壁，墓底南高北低，南部因 H456 灰土导致墓底下陷。墓口长 215、宽 74 厘米，墓底长 212、宽 68 厘米，墓深 80 厘米。填土为五花夯土，结构致密。

墓底四周有熟土二层台，宽 15、高 22~30 厘米。

从墓底残留灰痕判断有一木棺，长 188、宽 48 厘米。

墓主头北面西，头骨破碎，仰身，脊椎较直，右臂肱骨较直，尺、桡骨斜压在脊椎下，左臂只残存肱骨，右腿直，左腿微西撇，趾骨靠西。

墓主左肱骨近端外侧有陶爵碎片，右胸部上方放陶觚 1 件。

陶觚　1 件。

SM661：1，A 型 V 式。泥质灰陶。残。体高大，喇叭口，腹部较瘦，近直腹，足部缺失，柄部有凹弦纹三周。口径 14、残高 18.8 厘米。（图 2-61）

陶爵　1 件。

SM661：2，泥质灰陶。残存口、腹部残片。束腰，腹略鼓。腰部饰凹弦纹二周。口径 7.6 厘米。（图 2-61）

墓葬年代：殷墟三期。

人骨鉴定：

女性。30±岁。

盆骨、头骨、肢骨性征明显。耻骨联合面清晰。牙齿磨耗2级。

椎骨未见增生。

SM666

位于ST2814南侧中部。①层下开口，直接打破H562。方向为22度。（图2-62A、B；彩版七〇）

长方形竖穴土坑墓，脚端（南侧）较宽，中部较窄，墓壁略外扩，口小底大。墓口距地表30~50厘米，墓口长208、宽65~70厘米，墓底长212、宽72~80厘米，墓深111~133厘米。由于墓葬南侧坐落在H56上，随着灰坑内填土的坍塌，墓底也随之下陷，导致南侧较深、北侧较浅。墓葬的原深度应以头端的深度为准，即墓深111厘米。填土为黄灰色花夯土，土色略偏黄，填土颗粒较大，内含大量炭屑和少

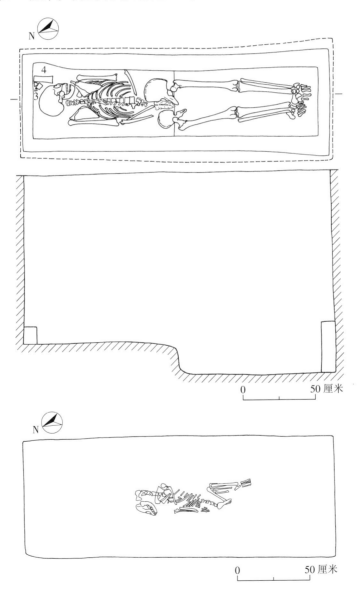

图2-62A　SM666平、剖面图及填土殉狗平面图

量陶片。填土经夯打，但夯打痕迹不明显，土质稍硬。在填土中发现有骨笄及笄帽。在距墓口深80厘米处发现殉狗一条，狗头向北，侧卧，前肢被缚于背部，后肢屈于俯下，为殷墟墓葬填土中的殉狗的一般葬式。（图2-62A）

二层台略经夯打，夯窝不明显。东侧宽9~12、西侧宽13~17、南侧宽10、北侧宽9厘米。随着墓底的坍塌，二层台也随之下陷，导致二层台的高度不一，北侧较矮、高约11厘米，南侧较高、高约33厘米。

葬具仅有一棺。长方形，北头较宽，长192、宽45~50、残高11~33厘米。

墓主为俯身直肢葬，头北面东，双手交于腹下。

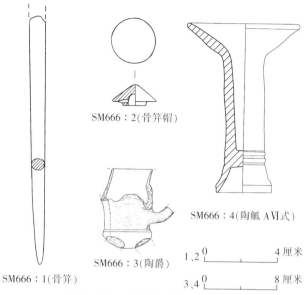

SM666:2(骨笄帽)

SM666:4(陶瓠 AⅥ式)

SM666:3(陶爵)

SM666:1(骨笄)

图2-62B　SM666出土遗物

棺内东北角发现陶瓠、陶爵各1件，均已在入葬时破碎。

陶瓠　1件。

SM666:4，A型Ⅵ式。泥质灰陶。修复。体较高，喇叭口，瘦腹呈直筒形，圈足稍矮，腹部有凹弦纹二周。口径12.4、圈足径6.1、高17.8厘米。（图2-62B；彩版七〇，3）

陶爵　1件。

SM666:3，泥质灰陶。仅剩口、腹部残片。下腹部形成凸棱。（图2-62B）

骨笄　1件。

SM666:1，残。笄首残失。笄杆细长，截面呈椭圆形，笄尖尖锐。通体磨光。残长13、最大径0.8厘米。（图2-62B；彩版七〇，4）

骨笄帽　1件。

SM666:2，完整。帽鼓面呈笠形，平面有一圆孔，用于插笄杆。孔外缘有领凸起，两侧有小穿孔一对。打磨光滑。径2.3、高1.2厘米。（图2-62B；彩版七〇，5）

墓葬年代： 殷墟三期。

人骨鉴定：

人骨保存状况一般。部分头骨残片保存。牙齿未见保存。右侧肩胛骨残片及双侧髋骨大部保存。胸椎、腰椎大部保存完好。双侧肱骨、股骨、胫骨及腓骨保存较好。右侧距骨保存。

墓主右侧肩胛骨关节盂最大长为38.2毫米，该数值在男性个体的变异区间范围之内[1]（Stewart 1979：98）。右侧肱骨头矢状径为46.1毫米（落入中性区间，但接近区间的最大值[2]）。左侧股骨头

---

〔1〕　根据Stewart（1979：98）对黑人和白人对比组的研究显示，男性肩胛骨关节盂最大长一般大于36毫米，但考虑到一定的群体差异，这个数值区间在这里仅做参考。

〔2〕　男性肱骨头矢状径一般大于47毫米，这个个体落入43~47毫米的中性区间，但考虑到一定的群体差异，这个数值区间在这里仅做参考（Stewart 1979：100）。

矢状径为 49.1 毫米 (落入男性个体的变异区间之内[1])。髂骨翼厚, 坐骨大切迹较深, 耳前沟不显。墓主耻骨下支的下缘外凸, 耻骨联合面下端向下至耻骨下支内侧缘之间骨面平坦, 耻骨支移行部呈三角形。据以上形态特征判断, 墓主为男性个体。骨骺完全愈合; 耻骨联合面形态 V 级 (Todd 分级系统)、2 级 (Suchey - Brooks 分级系统)、第五期 (邵象清分级系统)。据以上信息推测, 墓主的年龄 25~30 岁。右侧肱骨最大长为 32.2 厘米, 右侧股骨最大长为 45.5 厘米, 左侧腓骨最大长为 36.3 厘米。据此估算身高 165~173 厘米。

墓主右侧肩胛骨关节盂边缘骨赘生成。右侧股骨头边缘及双侧髋臼窝边缘骨赘生成。双侧股骨远端与髌骨相接的关节面边缘轻度骨质增生。右侧股骨骨干近端正常形态改变, 显示骨折愈合的痕迹。左侧腓骨骨干近端内侧面起止点骨刺; 相应的, 左侧胫骨骨干远端外侧面起止点骨刺。

SM669

位于 ST2710 东北部。开口于①层下, 墓葬打破了 F71。墓葬西侧为东西向盗沟打破, 盗沟在距墓口约 168 厘米处范围扩大, 并破坏超过墓底。方向为 115 或 295 度。(图 2 - 63)

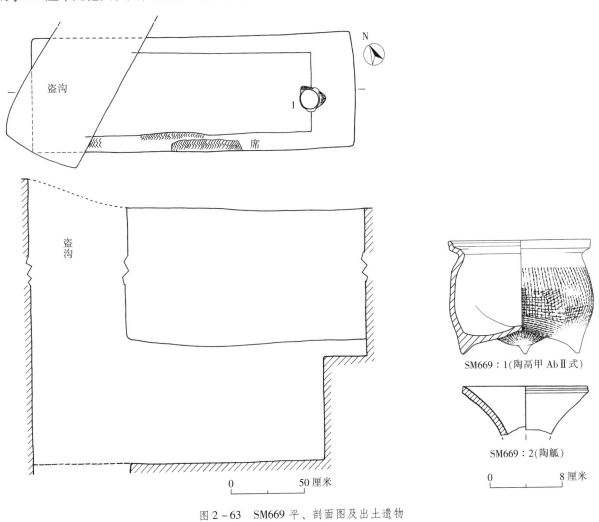

SM669 : 1(陶鬲甲 AbⅡ式)

SM669 : 2(陶瓢)

图 2 - 63　SM669 平、剖面图及出土遗物

[1]　男性股骨头矢状径一般大于 45.5 毫米, 该数值远超过男性变异区间临界值 (Stewart 1979: 120), 但考虑到一定的群体差异, 这个数值区间在这里仅做参考。

长方形竖穴土坑墓,墓壁较直,口底同大。墓口距地表45、东西长220、宽75～76厘米,墓深约247厘米。填土为褐色花夯土,质地略硬。在被扰乱的填土中出有陶瓿残片和绳纹陶片、人骨残块。

墓底四周有一周生土二层台,宽10～30、高约68厘米,其中南北两侧宽10～11、东侧宽30厘米,西侧二层台为盗沟所破坏。

葬具被盗扰不清。在墓南壁中段二层台上残留有席纹痕迹,其可能是覆盖在葬具上的。由二层台判断应有木棺。

墓主骨架因盗扰无存。

东侧二层台上放置陶鬲1件。

陶瓿 1件。

SM669:2,泥质灰陶。仅剩口部残片。大喇叭口。口径14、残高5.4厘米。(图2-63)

陶鬲 1件。

SM669:1,甲Ab型Ⅱ式。夹砂褐陶。修复。扁方体。折沿上翘,方唇内敛并带浅凹槽、短颈、斜直腹,裆与实足较高,乳头状足尖。器表及裆部饰细绳纹,颈部经修整,足根部绳纹被抹掉。裆腹部有烟炱。口径15.8、高12厘米。(图2-63)

墓葬年代: 殷墟三期。

SM683

位于ST3511的西北部。压于现代堆积下,打破后冈一期文化层、黄沙质生土。此墓南部被盗扰,盗坑深度超过墓底深度。方向为192度。(图2-64A、B;彩版七一,1)

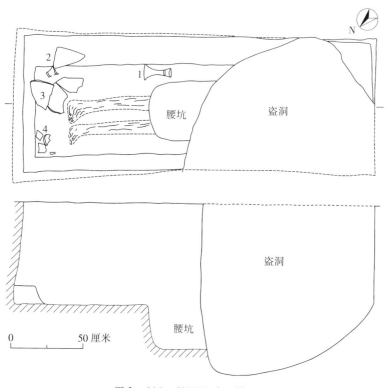

图2-64A SM683平、剖面图

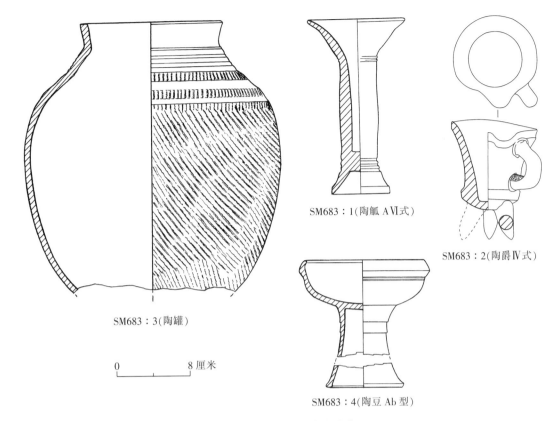

SM683：1（陶觚 A Ⅵ式）

SM683：2（陶爵 Ⅳ式）

SM683：3（陶罐）

0　　　　　　8 厘米

SM683：4（陶豆 Ab 型）

图 2－64B　SM683 出土遗物

长方形竖穴土坑墓，口小底大。墓口长 240、宽 90 厘米，墓底长 247、东西最宽 102 厘米，墓深 67 厘米。填土为黄褐色花夯土，质地较硬。（图 2－64A）

墓底有二层台，东侧较宽，北、西侧略窄，东侧宽 22 厘米左右，北、西侧宽度 10 厘米左右，高 12 厘米。

腰坑被盗坑破坏，现长 36、宽 38、深 29 厘米左右。

葬具为一棺。个别地方可见棺的朽痕，具体尺寸不详，个别地方可见红漆。

墓主骨架朽坏无存，隐约可见北有腿骨，推测头朝南。

在墓北部棺上放置陶器 4 件，均已破碎。

陶觚　1 件。

SM683：1，A 型Ⅵ式。泥质灰陶。修复。体较高。喇叭口，瘦腹呈直筒形，圈足稍矮。腹部有凹弦纹三周。口径 10.6、圈足径 6.4、高 18.5 厘米。（图 2－64B）

陶爵　1 件。

SM683：2，Ⅳ式。泥质灰陶。完整。短流，无尾，半环形鋬，束腰下移，短腹，下腹部形成凸棱，三足外撇。口径 9.2、高 12.6 厘米。（图 2－64B）

陶豆　1 件。

SM683：4，Ab 型。泥质灰陶。残。敛口，尖唇，浅盘，高圈足。圈足上部饰凹弦纹二周。口径 14.3、圈足径 8.6、残高 13.5 厘米。（图 2－64B）

陶罐　1 件。

SM683:3，泥质红陶。残。直口，方唇，斜肩，鼓腹，底部残失。颈肩部饰凹弦纹五周及弦断粗绳纹，腹部饰斜向中粗绳纹。口径约15厘米。(图2-64B)

墓葬年代：殷墟三期。

SM695

位于ST1810北部偏西处。开口于①层下，打破了生土，墓北上部被晚期坑打破至100厘米左右。方向为16度。(图2-65A~D；彩版七二、七三；彩版七四，1~3)

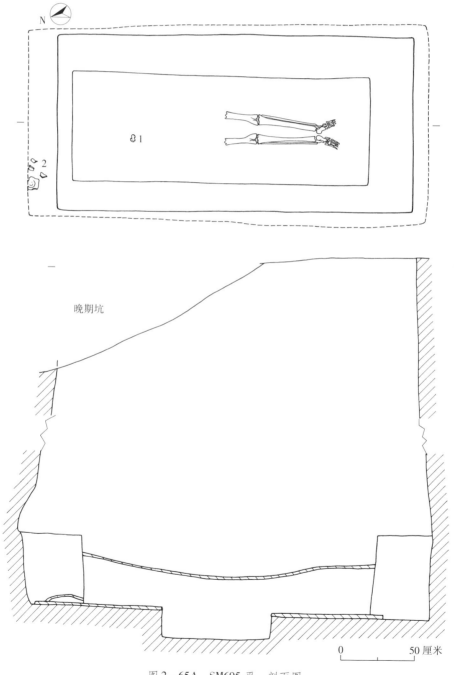

图2-65A　SM695平、剖面图

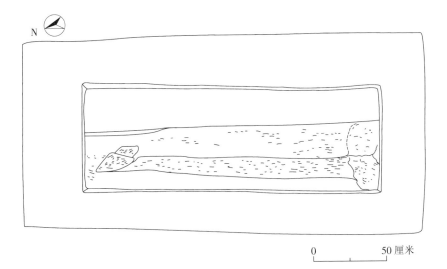

0   50 厘米

图 2 - 65B SM695 棺盖板平面图

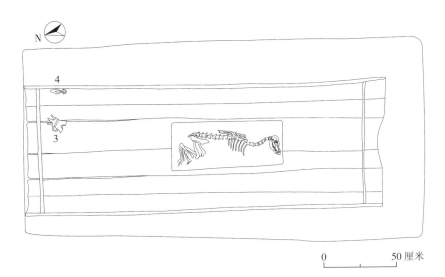

0   50 厘米

图 2 - 65C SM695 棺底及腰坑平面图

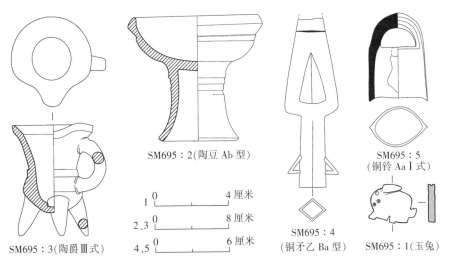

SM695：2(陶豆 Ab 型)

SM695：3(陶爵Ⅲ式)

SM695：4
(铜矛乙 Ba 型)

SM695：5
(铜铃 AaⅠ式)

SM695：1(玉兔)

1   0   4 厘米

2,3   0   8 厘米

4,5   0   6 厘米

图 2 - 65D SM695 出土遗物

长方形竖穴土坑墓，四壁向外扩，口小底大。墓口距地表40厘米，墓口长242、宽116厘米，墓底长272、宽123～130厘米，墓深316厘米。填土为黄色花夯土，土质硬。距墓口280厘米深处墓中部填土内有一堆狗骨及1件铜铃。

熟土二层台宽24～40、高56厘米。

墓底中部有长方形腰坑，长75、宽30、深20厘米。内殉葬狗一条，头南，葬式为侧身屈肢，前两腿缚于背脊部。（图2-65A、C）

葬具为一木棺。长方形，长202、宽73、高45厘米，壁板厚度为2～3厘米。棺盖板由3～4块南北向的宽20厘米左右的板组成，因塌陷而中部向下呈弧形，东西侧板两出头（图2-65B）。棺底板由6块宽10～20、厚2厘米左右板组成。（图2-65C）

墓主因被盗而仅剩腿骨，从摆放的姿势看葬式为俯身直肢，头朝北，用布幔覆盖，但朽甚而图案不清。

共出土器物5件：填土内出土铜铃1件，墓主胸部出玉兔1件，北二层台出残陶豆1件，棺底东北部出陶爵和铜矛各1件。

陶爵 1件。

SM695：3，Ⅲ式。泥质灰陶。修复。体略瘦，有流无尾，半环形鋬，束腰下移，下腹较短，三足高而外撇。腹部饰凹弦纹二周。口径8.9、高11.9厘米。（图2-65D）

陶豆 1件。

SM695：2，Ab型。泥质灰陶。略残。口径14.6、通高13.4厘米。（图2-65D）

铜矛 1件。

SM695：4，乙Ba型。微残。体小而轻薄。叶呈柳叶形，锋尖残，叶中部有圆角三角形纹，稍下凹；骹截面呈菱形，两侧有三角形纽。通长13.5、叶残长7.8、叶最宽4.5、叶厚0.1、銎腔径1.4×1.8厘米。重0.073千克。（图2-65D；彩版七四，1）

铜铃 1件。

SM695：5，Aa型Ⅰ式。残。体大，铃腔瘦长，铃腔截面呈椭圆形，一侧有残扉棱，无顶盖，上有半环形粗梁，口缘较平直，铃舌呈圆头状，残。素面。通高6.7、口缘径2.6×3.9、腔壁厚0.3厘米。（图2-65D；彩版七四，2）

玉兔 1件。

SM695：1，完整。青色，有白斑，尾部受沁。扁平片状，头部浑圆，微凸眼，双耳后展，前足前突，后足蹲踞，短尾上翘，头部有一个对钻圆穿。双面抛光。长2.4、宽1.8、厚0.4厘米。（图2-65D；彩版七四，3）

墓葬年代：殷墟三期。

人骨鉴定：

骨质保存极差。

男性。30～40岁。

肢骨粗壮，腐朽严重。

左右第一跖骨上有明显跪踞面痕迹。

SM696

位于探方 ST1810 北部中段。开口于①层下，打破生土。墓北上部被晚期坑打破至 100 厘米深。方向为 14 度。（图 2 −66A、B；彩版七四，4、5；彩版七五，1）

长方形竖穴土坑墓，四壁向外扩，呈口小底大状。墓口距地表 40 厘米，墓口长 217、宽 100

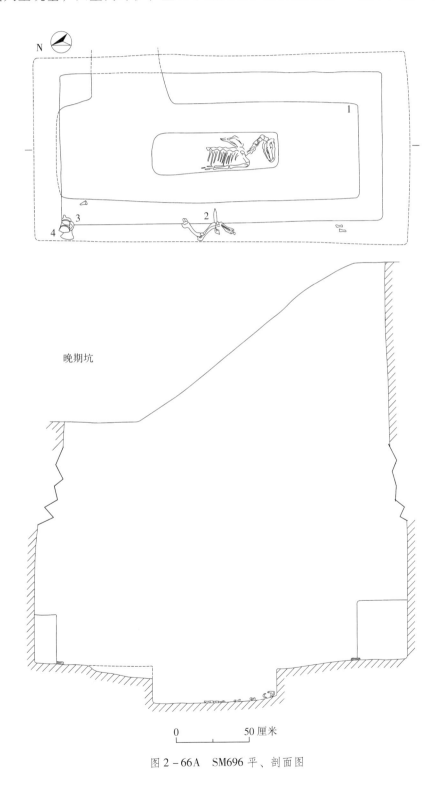

图 2 −66A　SM696 平、剖面图

厘米，墓底长255、宽121～127厘米，墓深405厘米。填土为黄灰色花夯土，土质较硬。（图2－66A）

熟土二层台宽18～35、高40厘米。

墓底中部有近椭圆形腰坑，长85、宽25、深有27厘米。内出狗骨1具，头南，吻部朝西，保存较差，下半部被扰没。

葬具为一木棺。长方形，长200、宽65、高约40厘米，从棺底留下的木板痕迹看结构为东西两侧板向两端出头。

因被扰而未见墓主骨骼。

共出土器物5件：铜戈2件，各出自西二层台中段和棺东南角；陶爵、陶觚残片出于西二层台北端；兽骨出于西二层台，压在铜戈之上。

陶觚　1件。

SM696：4，仅剩口部残片。喇叭状。口径约14厘米。（图2－66B）

陶爵　1件。

SM696：3，Ⅲ式。修复。口沿外侧有浅凹槽一周。口径8.6、高14.3厘米。（图2－66B）

铜戈　2件。乙BbⅡ式。器形小，体轻薄。

SM696：1，内后端残失。残长16.3、援长12.2、援最宽2.6、内宽1.6、援厚0.1厘米。重0.025千克。（图2－66B；彩版七四，4）

SM696：2，曲内后端内勾，简化鸟首形，无歧冠。通长16.3、援长11.8、援最宽2.2、内宽1.6、援厚0.1、内厚0.1厘米。重0.024千克。（图2－66B；彩版七四，5）

墓葬年代：殷墟三期。

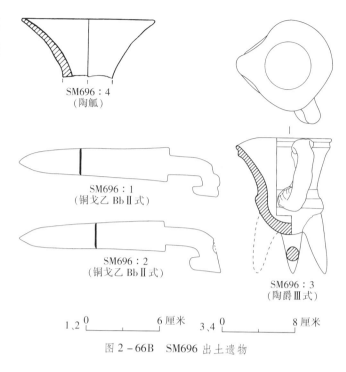

SM696：4
（陶觚）

SM696：1
（铜戈乙BbⅡ式）

SM696：2
（铜戈乙BbⅡ式）

SM696：3
（陶爵Ⅲ式）

1,2 0 ＿＿＿ 6厘米　　3,4 0 ＿＿＿ 8厘米

图2－66B　SM696出土遗物

SM703

位于ST2410西壁下中部。开口于①层下，直接打破生土。方向为5度。（图2－67；彩版七一，2、3）

长方形竖穴土坑墓，墓壁外扩，口小底大。墓口长217、宽70厘米，墓底长245、宽90～96厘米，现存深190～200厘米。填黄褐色花土，夹杂部分浅灰土，土质较硬，经过夯打，但夯层、夯窝不明显。

墓底四周有熟土二层台，宽14～25、高5～10厘米。

墓底中部有一圆角长方形腰坑，长65、宽14～20、深12厘米，坑壁内斜。

从清理看，此墓为一棺。棺板已腐朽看不清，从残存痕迹看，棺长约205、北头宽68、南头宽约58，残高5～10厘米。棺板上鬃有红漆。

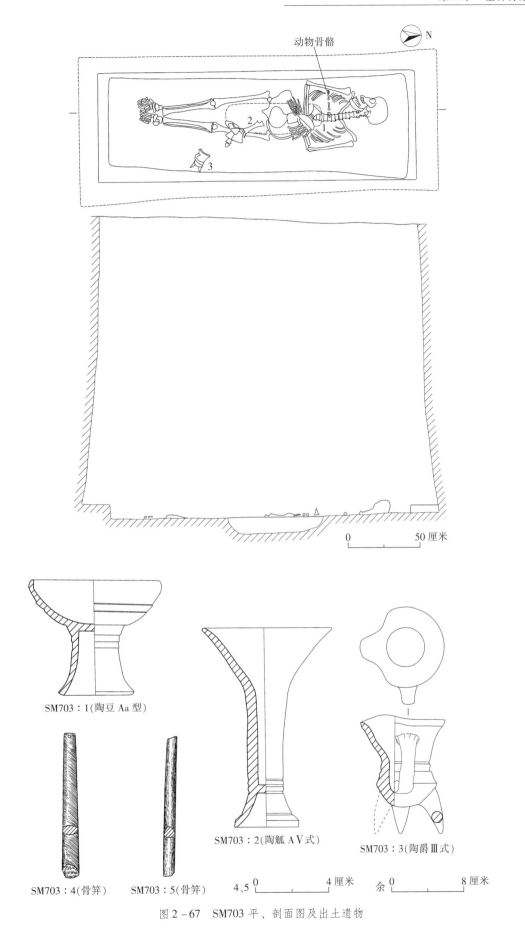

动物骨骼

N

SM703：1（陶豆 Aa 型）

SM703：4（骨笄）　SM703：5（骨笄）

SM703：2（陶觚 AⅤ式）

SM703：3（陶爵Ⅲ式）

0　　　　　　50 厘米

4、5　0　　　　4 厘米　　余　0　　　　8 厘米

图 2－67　SM703 平、剖面图及出土遗物

墓主为仰身直肢葬，头北面西，头骨保存完好，下颌骨张开，上臂稍外张，下臂放在腹部上，双手交叉，右手在上，左髋骨在腰坑内，双腿平伸，双脚交叉，左脚在上。左胸部有漆痕。

随葬陶豆1件，位于墓主上腹部；陶瓿1件，放置在左股骨远端上方；陶爵1件，放置在左胫骨外侧二层台附近。在右胸上放置一小动物前肢（可能是棺盖之上陷落下的）。

陶瓿 1件。

SM703：2，A型V式。泥质灰陶。修复。体高大，喇叭口，瘦腹呈直筒形，高圈足。腹部有凹弦纹三周。口径14.2、圈足径7、高21厘米。（图2－67）

陶爵 1件。

SM703：3，Ⅲ式。泥质灰陶。修复。体略瘦，有流无尾，半环形鋬，束腰下移，下腹较短，三足高而外撇。腹部饰凹弦纹二周。口径8.6、高12.6厘米。（图2－67）

陶豆 1件。

SM703：1，Aa型。泥质灰陶。完整。敛口，尖唇，唇不外凸，浅盘，高圈足，束腰。盘壁、圈足上部分别饰凹弦纹二、三周。口径14.5、圈足径8.2、高12.2厘米。（图2－67）

骨笄 2件。

SM703：4，残。笄首呈扁方形，有一圆形钻孔，笄杆残，断面呈扁圆形，有打磨痕迹。残长7.6、宽0.8厘米。（图2－67；彩版七一，3）

SM703：5，残。笄首、笄尖残失，笄杆细条形，断面呈扁圆形。打磨光滑。残长7.4、宽0.6厘米。（图2－67；彩版七一，3）

墓葬年代： 殷墟三期。

人骨鉴定：

女性。40±岁。

盆骨、头骨性征明显。肢骨粗壮度极大，1级，呈男性化，之骨密度大。牙齿磨耗4级。

左右第一跖骨上有明显跪踞面痕迹。髌骨上骨赘明显。

SM705

位于ST2408西南部。被现代坑打破，直接打破生土。方向为11度。（图2－68；彩版七五，2）

长方形竖穴土坑墓，墓壁略外扩，口小底大。墓口长214厘、宽75～80厘米，墓底长220、宽84厘米，墓深120厘米。填土红褐色花夯土，土质较硬，夯层厚20～23厘米，夯窝直径3～5、深约3厘米。

墓底四周有生土二层台，宽6～15、高23厘米。

墓底中部有一圆角长方形腰坑，斜壁，平底，长14、宽12、深10厘米。内有货贝1枚。

葬具为一棺。从残存迹象判断，棺长200、宽50、残高23厘米，两侧棺板厚约5厘米。棺板上髹有红漆，骨架头部、胸部上有少许朱砂。

墓主俯身直肢，头北面下，两臂弯曲放于腹部。骨架、头部基本较好，肋骨散乱，脊椎骨弯曲。骨骼范围180厘米。

随葬品有3件：陶爵1件，位于墓主右背中部；陶瓿1件，位于右手上下肢交界处；陶豆1件，位于盆骨下端，双股骨之间。三件陶器都叠压在骨架上，表明陶器原来应摆放在棺盖板上部。

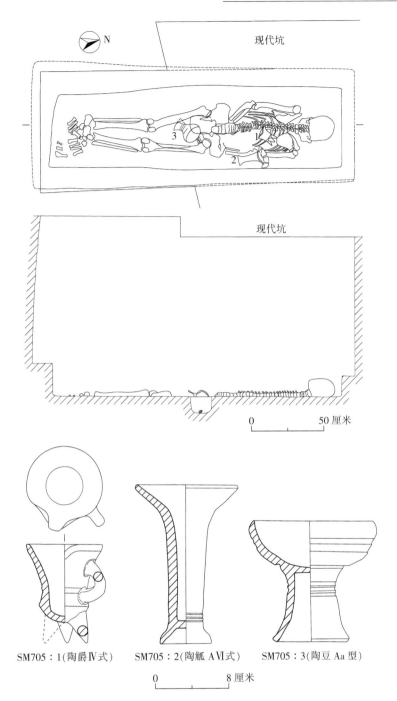

现代坑

现代坑

0　　　　　　　50厘米

SM705：1（陶爵Ⅳ式）　　SM705：2（陶瓠 AⅥ式）　　SM705：3（陶豆 Aa 型）

0　　　　　　　8厘米

图 2 - 68　SM705 平、剖面图及出土遗物

陶瓠　1件。

SM705：2，A 型Ⅵ式。泥质灰陶。修复。体较高，喇叭口，瘦腹呈直筒形，圈足稍矮。腹部有凹弦纹三周。口径11.2、圈足径5.5、高16.8厘米。（图 2 -68）

陶爵　1件。

SM705：1，Ⅳ式。泥质褐陶。修复。短流，无尾，半环形鋬，束腰下移，下腹部形成凸棱，三足外撇。腹部饰凹弦纹二周。口径8.4、高10.4厘米。（图 2 -68）

陶豆　1件。

SM705：3，Aa 型。泥质灰陶。修复。敛口，尖唇，唇不外凸，浅盘，高圈足，束腰。盘壁、圈足上部分别饰凹弦纹二、三周。口径 14.1、圈足径 8.4、高 12.8 厘米。（图 2 - 68）

贝　1 枚。A 型货贝。

墓葬年代： 殷墟三期。

人骨鉴定：

男性。中年。

肢骨粗壮，骨密度 2 级。

第一跖骨上跪踞面明显。胫骨下端前侧跪踞窝明显。

SM715

位于 ST2308 东南角，墓室一部分向东延伸至 ST2408 内，向南延伸至 ST2208 内。开口于①层扰下，打破生土，保存状况完好。方向为 15 度。（图 2 - 69；彩版七六，1）

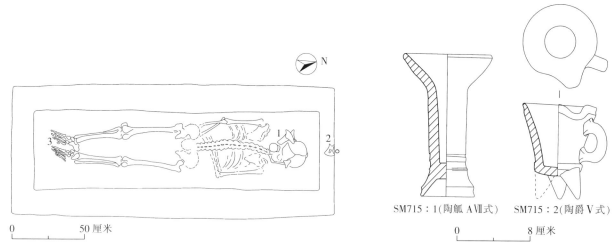

SM715：1（陶觚 AⅦ式）　　　SM715：2（陶爵 V 式）

图 2 - 69　SM715 平面图及出土遗物

长方形竖穴土坑墓，壁较规整，底部较平。墓口距地表深 15 厘米，墓口长 222、宽 84 厘米，墓深 145 厘米。填黄花夯土。

熟土二层台宽 10 ~ 20、高 10 厘米。

葬具为木棺。棺长 195、宽 52、残高 10 厘米。髹红漆。

墓主俯身直肢，头北面下，两手交叉于左腹部。

在墓主人头部有陶觚 1 件，北二层台内有陶爵 1 件，在脚部和手内各有货贝 1 枚。

陶觚　1 件。

SM715：1，A 型Ⅶ式。泥质灰陶。修复。体较矮，喇叭口，瘦腹呈直筒形，圈足外撇下折。腹部有凹弦纹二周。口径 9.7、圈足径 5.5、高 15.2 厘米。（图 2 - 69）

陶爵　1 件。

SM715：2，Ⅴ式。泥质灰陶。修复。通体瘦长，口径大于腹径，短流，无尾，半环形鋬，直腹内收，平底，三足微外撇。口沿外侧有浅凹槽一周。口径 8、高 10.1 厘米。（图 2 - 69）

贝　2 枚。A 型货贝。

墓葬年代：殷墟三期。

人骨鉴定：

头骨碎裂，肢骨残损严重，椎骨腐朽严重。

男性。25～30 岁。身高约 160 厘米。

盆骨、肢骨性征明显。肢骨粗壮，骨密度 1 级。牙齿磨耗偏重，2～3 级。

左右第一跖骨上有明显跪踞面痕迹。髌骨未见骨赘。未见口腔疾病。

SM716

位于 ST2712 南端中部，部分叠压在 ST2711 北隔梁下。开口于②层下，南端为一条东西向房基打破，直接打破生土。方向为 20 度。（图 2－70A、B；彩版七五，3；彩版七六，2）

长方形竖穴土坑墓，墓壁竖直，口大底小，北端稍宽，墓底呈坡状，北高南低，两端之间高差约 7 厘米。墓口距地表 35 厘米，墓口长 192、宽 68～70 厘米，墓底长 177、宽 65 厘米，墓深 157～164 厘米。填土为深灰褐色五花夯土，内含有少量红烧土粒，填土经过夯打，夯窝不甚明显，夯打不甚精细。填土内有动物骨骼碎骨数块，但种属不明。

熟土二层台北端略高于南端，宽 10～16、高 47～54 厘米。

墓底有一腰坑，平面形状略近椭圆形，长 50、宽 23、深约 10 厘米。内放置殉狗 1 条，头向南，四肢蜷曲，有捆扎的痕迹。狗龄幼小。（图 2－70A）

葬具仅有一棺。长 168、宽 40～43、残高 54 厘米，头端（北侧）略宽，脚端（南侧）较窄。棺上髹有红漆，个别地方髹有黄漆。棺底未见铺垫物。

墓主仰身直肢，头北面上，双手交叠于腹部，左手在上。骨架保存状况较差，右侧大腿骨、骨盆、肋骨及大部分椎骨已朽坏，头骨破裂。

在棺外放置着陶瓿、陶爵、陶豆各 1 件，部分被压在二层台下，陶瓿、爵位于墓主脚端，陶豆位于西北角的二层台上。

陶瓿　1 件。

SM716：1，A 型Ⅲ式。泥质灰陶。修

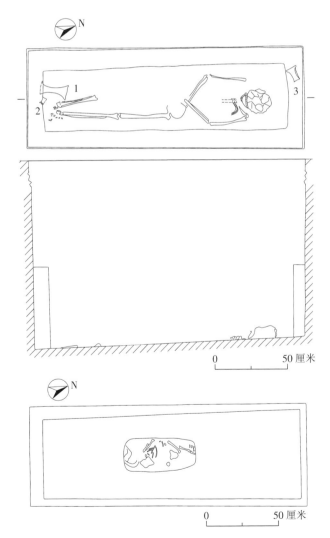

图 2－70A　SM716 平、剖面图及腰坑殉狗平面图

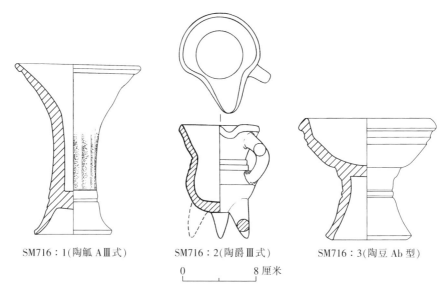

SM716:1(陶觚 AⅢ式)　　　SM716:2(陶爵Ⅲ式)　　　SM716:3(陶豆 Ab 型)

0 ————————— 8 厘米

图 2 - 70B　SM716 出土遗物

复。体高大，喇叭口，直筒形腹，高圈足。腹部有凹弦纹二周。口径 13.8、圈足径 8.4、高 18 厘米。（图 2 - 70B）

陶爵　1 件。

SM716:2，Ⅲ式。泥质灰陶。完整。体略瘦，长流，无尾，半环形鋬，束腰，腹部略鼓，三足外撇。腹部饰凹弦纹三周。口径 8.8、高 12 厘米。（图 2 - 70B；彩版七五，3）

陶豆　1 件。

SM716:3，Ab 型。泥质灰陶。修复。敛口，尖唇，斜沿，盘较深，高圈足，束腰。盘壁、圈足上各饰凹弦纹二周。口径 15、圈足径 9.4、高 12.8 厘米。（图 2 - 70B）

墓葬年代：殷墟三期。

人骨鉴定：

骨质极差，头骨腐朽严重，肢骨残损。

女性？中年。

头骨呈女性化。骨密度 2～3 级。

SM726

位于 ST1910 西侧，SM719 东南。开口于①层下，直接打破生土。被盗。方向为 13 度。（图 2 - 71A、B；彩版七七，1、2）

长方形竖穴土坑墓，墓壁内凹，口小底大。墓口距地表 35 厘米，墓口长 253、宽 100～110 厘米，墓底长 290、宽 140 厘米，墓深 320 厘米。填土为黄褐色花土，经夯打。填土内未发现遗物。（图 2 - 71A）

墓底有一周熟土二层台，宽 9～33、高 70 厘米。

腰坑被盗沟打乱未见。

葬具为一椁一棺。椁长 260、宽 107、高 42 厘米，已腐朽，且被扰乱，只有少量黄漆可见。

棺亦严重腐朽且被扰乱，只剩南侧小部分，宽 57、残高 7 厘米。

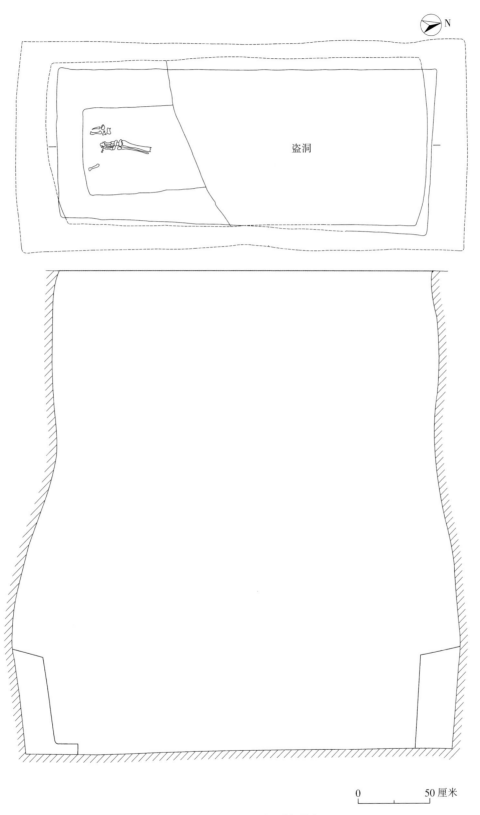

盗洞

0   50厘米

图 2－71A   SM726 平、剖面图

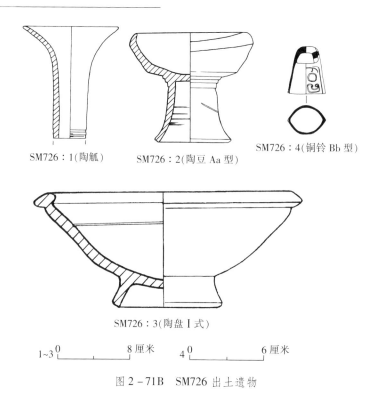

SM726：1(陶瓶)   SM726：2(陶豆 Aa 型)   SM726：4(铜铃 Bb 型)

SM726：3(陶盘 I 式)

1~3 0   8 厘米   4 0   6 厘米

图 2－71B   SM726 出土遗物

棺内只剩少量下肢骨。

盗沟中出土残陶瓶1件，西南角二层台上出土陶豆1件，陶盘1件，填土中出土铜铃1件。

陶瓶 1件。

SM726：1，泥质灰陶。仅剩口、腹部残片。喇叭口，瘦腹，直筒形。残高12厘米。（图2－71B）

陶豆 1件。

SM726：2，Aa 型。泥质灰陶。修复。豆盘不规整。敛口，尖唇，唇不外凸，浅豆，高圈足，束腰。盘壁、圈足上部各饰凹弦纹二周。口径13.4、圈足径8.2、高11.6厘米。（图2－71B）

陶盘 1件。

SM726：3，I 式。泥质灰陶。修复。体大，敞口，折沿，沿面内侧微凹，斜腹内收，高圈足略外撇。盘内壁饰凹弦纹一周，外壁近底处饰模糊细绳纹。口径29.4、圈足径12、高12.2厘米。（图2－71B）

铜铃 1件。

SM726：4，Bb 型。残。体小，铃腔扁短，铃腔截面呈椭圆形，平顶，上有方形梁，口缘较平直，铃舌缺失。铃身两面饰梯形凸弦纹，内填阳线饕餮纹。通高4、口缘径2×2.5、厚0.2厘米。（图2－71B；彩版七七，2）

墓葬年代： 殷墟三期。

人骨鉴定：

头骨较好，肢骨多残损，右下肢被扰沟打破，椎骨腐朽严重。

女性。40～45岁。身高约150厘米。

盆骨、头骨性征明显。肢骨粗壮度 3 级，骨密度 3 级，牙齿磨耗 4～5 级。

左右第一跖骨上有明显跪踞面痕迹。胸椎有明显骨赘。

SM727

位于 ST2610 南部正中，紧邻南壁，部分伸入 ST2609 北隔梁下。开口于①层下，打破一南北向的沟即 G11。方向为 115 度。（图 2 - 72；彩版七六，3）

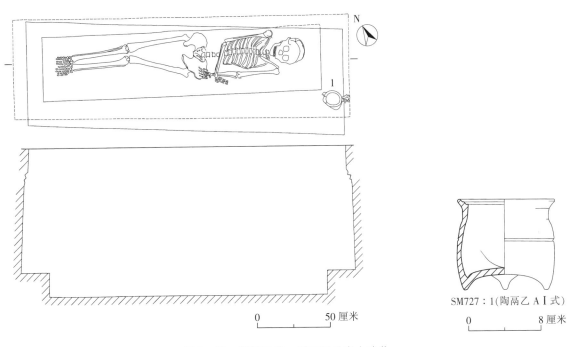

SM727：1（陶鬲乙 A I 式）

0　　　　　8 厘米

图 2 - 72　SM727 平、剖面图及出土遗物

长方形竖穴土坑墓，墓壁较直，西部被盗打破。墓口距地表约 55 厘米，墓口长 215、南北宽 67～70 厘米，墓底东西长 228、南北宽 66～68 厘米，墓深 166 厘米。填土为黄褐色五花夯土，夯层清晰，紧密。

墓底有生土二层台，宽 12～20 厘米。东二层台上有兽骨与陶鬲放在一起。

葬具为木棺。长 175、宽 43 厘米。

墓主仰身直肢，头东足西，左手放于身体左侧，右手放于胸前，双腿直放，双脚并拢，骨架保存较好。墓主牙齿保存好。骨骼范围长度 163 厘米。

随葬陶鬲位于东边二层台靠南处。墓主口内和腰部各有货贝 1 枚。

陶鬲　1 件。

SM727：1，乙 A 型 I 式。泥质灰陶。修复。小型鬲，近方体。侈口，小方唇，窄折沿，直颈，下腹略鼓，连裆，较高，有足尖。沿面有凹弦纹二周，腹部饰凹弦纹一周。口径 10.8、高 9.6 厘米。（图 2 - 72）

贝　2 枚。A 型货贝。

墓葬年代：殷墟三期。

人骨鉴定：

人骨保存状况极差。仅部分头骨残片、31 颗牙齿及左侧第一跖骨采集，以供观察。

墓主第三臼齿的发育程度为 R2/3（1/2 齿根发育形成）。第二臼齿萌出，齿尖略有磨耗。据以上信息推测，墓主的年龄 14～18 岁。性别未知。

墓主额骨眶板多孔型骨肥大呈活动状态。双侧上颌窦内均可见网织状的新骨形成。上颌前部牙齿及双侧下颌犬齿唇侧面均可见线型釉质发育不全。上颌右侧第三臼齿先天缺失。上颌左侧第一臼齿及下颌右侧第二臼齿咬合面均可见轻微的釉质剥脱现象。左侧第一跖骨远端关节面背缘可见轻微的骨赘生成。

SM729

位于 ST2611 北部。开口于①层下，墓葬中部有一圆形盗洞，直接打破生土。方向为 18 度。（图 2-73；彩版七七，3、4）

长方形竖穴土坑墓，墓壁外扩，口小底大，北侧（头端）略宽。墓口距地表 40 厘米，墓口长 235、宽 85～90 厘米，墓底长 272、宽 100 厘米，墓深约 230 厘米。填土可分为上下两层：墓口下 120 厘米以上填土为黄褐色花夯土，较为紧密，其中出有少量陶片和兽骨等遗物；120 厘米以下为灰土，中间夹杂有大量炭屑和红烧土颗粒，出土遗物较多，有陶片、兽骨和铜渣等。

熟土二层台经过夯打，结构紧密，坚硬。二层台北侧宽 15～18、南侧宽 27～31、东侧宽 6～13、西侧宽约 8 厘米，高约 20 厘米。

墓底中部有一长方形腰坑，长约 50、宽约 25、深约 20 厘米。由于被盗扰，腰坑内情况不明。

葬具仅有一棺。由于被盗扰，棺的具体形制已难以判断，仅通过二层台的大小判断，棺南北长 225、宽约 83 厘米。棺上髹有红漆。棺上原覆盖有布幔，但由于盗扰已难以辨别具体形制。

墓主的骨架保存状况较差，已朽成粉末状，仅能判断墓主的头向北，葬式为直肢葬。而其性别、年龄以及具体葬式不明。

墓主头部放置着 1 件弧形玉片，在西二层台内随葬有 1 件陶觚，东二层台内放置着 1 件陶爵。

陶觚 1 件。

SM729：2，A 型Ⅶ式。泥质灰陶。修复。体较矮，喇叭口，腹呈直筒形，矮圈足外撇下折。腹部有凹弦纹二周。口径 9.8、圈足径 5.4、高 13.8 厘米。（图 2-73）

陶爵 1 件。

SM729：3，Ⅴ式。泥质灰陶。完整。短流，无尾，半环形鋬，直腹内收，三足较矮且外撇。素面。口径 7.8、高 10.3 厘米。（图 2-73）

弧形玉片 1 件。

SM729：1，修复。青灰色。一边弧形，一边平直，或为玉器加工留下的边角料。直边上留有切割痕迹。长 5.7、宽 0.6、厚 0.5 厘米。（图 2-73；彩版七七，4）

墓葬年代：殷墟三期。

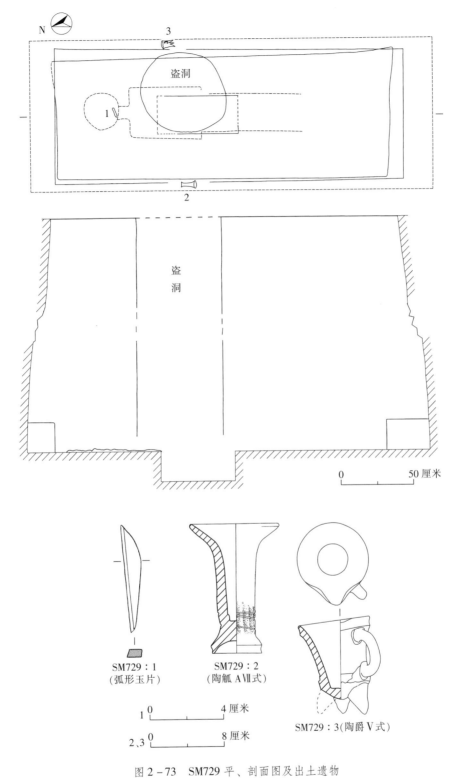

SM729 : 1
(弧形玉片)

SM729 : 2
(陶觚 A Ⅶ式)

SM729 : 3(陶爵 Ⅴ式)

图 2 – 73　SM729 平、剖面图及出土遗物

SM734

位于 ST2609 北部中间，北侧大部位于北隔梁下。开口于①层下，其西南部为 H424 打破，北部为 SM727 打破，打破 G9 和 G11。方向为 30 度。(图 2 – 74；彩版七八，1)

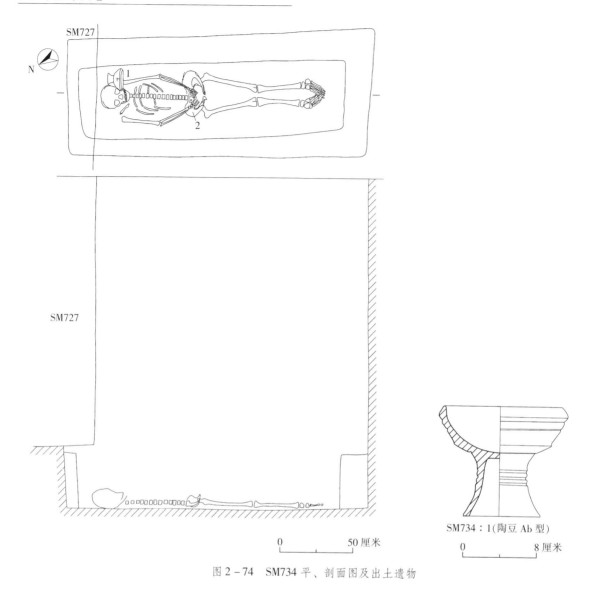

图 2－74　SM734 平、剖面图及出土遗物

长方形竖穴土坑墓，墓壁竖直，口底同大。墓口距地表 30 厘米，墓口长 208、宽 80 厘米，墓深约 220 厘米。填土为黄褐色夹少量红褐色颗粒的五花夯土，结构致密，包含有少量陶片，烧土点和炭屑等，夯层厚约 4.5 厘米，夯窝成组排列，直径 6～9.5、深 0.5 厘米。

墓底有一周熟土二层台，东侧宽 17～20、西侧宽 11～17、南侧宽 17～19、北侧宽 8 厘米，高 35 厘米。

葬具仅有一棺。长方形，长 181、宽 50、残高 35 厘米。棺上髹有红漆。

墓主仰身直肢，头北面上，双手置于小腹部。骨架保存状况一般。

在墓主头侧棺盖上放置有陶豆 1 件，右手中有贝 1 枚。

陶豆　1 件。

SM734：1，Ab 型。泥质灰陶。修复。敛口，方唇，浅盘，圈足略矮，束腰。盘壁、圈足上部各饰凹弦纹三周。口径 14、圈足径 8.2、高 11.6 厘米。（图 2－74）

贝　1 枚。A 型货贝。

墓葬年代：殷墟三期。

人骨鉴定：

可供观察的人骨保存状况较差。仅头骨残片及29颗牙齿、盆骨残片和肢骨骨段，左右第一跖骨保存。

墓主眉间突度不显著，较平直，眶上缘薄锐；耻骨下支下缘凹入，耻骨联合面下端至耻骨下支内侧缘呈骨脊状，耻骨支移行部呈方形。据以上形态特征判断，该个体为女性。耻骨联合面形态 I～II 级（Todd 分级系统）、1～2 级（Suchey – Brooks 分级系统），第二期（邵象清分级系统），下颌第三臼齿刚萌出，磨耗不显；骨骺愈合，愈合痕迹可见。据以上推断该个体年龄18～25岁。仅据四肢长骨保存状况目前无法进行身高估算。

墓主额骨眶板与顶骨矢状缝区多孔型骨肥大病变呈愈合状态。轻度牙结石。上下颌双侧犬齿可见线型釉质发育不全。上颌双侧门齿釉质轻微剥脱。上颌双侧第三臼齿先天缺失。双侧足部第一跖骨远端关节面背侧面边缘骨赘明显，右侧较左侧显著，关节面正常形态改变。

SM736

位于 ST2709 南部偏西。开口于①层（扰土）下，打破 H486、H588、F76。中部及南部分别有一个长条形的盗沟，墓葬南部为一晚期盗坑打破，墓葬南端大部被破坏。方向为22度或202度。（图2－75A、B；彩版七八，2、3；彩版七九）

长方形竖穴土坑墓，由于墓壁塌陷，墓室西壁向外呈弧形凸出，向下外扩，接近底部时内收约成直线，不甚规整，底部较口部略大。南壁大部被盗沟打破，余下部分及东北两壁较斜直。墓口距地表约70厘米，墓口长275、宽135～175厘米（原始墓宽约135厘米），墓底长约330、宽162～170厘米，墓深约390厘米。填土上下不一致：上层填土较杂，黄褐色砂土中间夹杂红褐色硬块及大量炭屑，含大量陶片、骨头、石头及蚌等，可辨器形有绳纹灰陶鬲、绳纹夹砂红褐罐、盆、筐等；下层为黄褐色花土，较纯净，十分致密，夯窝直径5～8厘米。距墓口128厘米的墓室中部填土中有狗头1个，头北嘴东，未见有身体骨骼。（图2－75A）

二层台西部较宽，约80厘米，其余三面宽约35厘米，二层台高约110厘米。为黄褐色带沙质土，经过细致夯打，单柱，夯窝直径约8厘米，夯层厚约10厘米。东二层台殉有完整黄牛左前腿骨、绵羊左前腿骨各1条，肩胛骨位于北侧，蹄部朝南。

墓室中部偏西有一长方形（两头外凸）腰坑，长约70、宽30、深20厘米，南头上部被扰乱，开口较北头稍低。内殉狗1条，头北面东侧卧，四肢蜷曲于腹下，颈下系1件铜铃，铜铃东南有1枚贝。

葬具为一棺一椁，皆木质。椁已腐朽不见，仅留朽痕，呈长方形，长约255、宽约97、高110厘米。从残迹看，椁板较厚，结构不清，椁灰呈灰白色。曾在东二层台上发现有髹漆，但保存较差，不能判断是否为布幔类装饰。

棺南部已被两盗沟扰乱不见，仅余北半部分，距椁约15厘米，宽约62厘米。棺外髹有白漆，可能还有红漆衬底。在北头的棺板之上有黄色的丝织品朽痕，经纬约在18×22根/厘米^2。部分棺立板处有绿色织物残迹，线较细，经纬已不清。棺内已被扰乱，为褐色淤土。另外，在棺的东北角及西侧二层台中分别有砂石一块，大体呈长方形，不太规整，不知作何用。

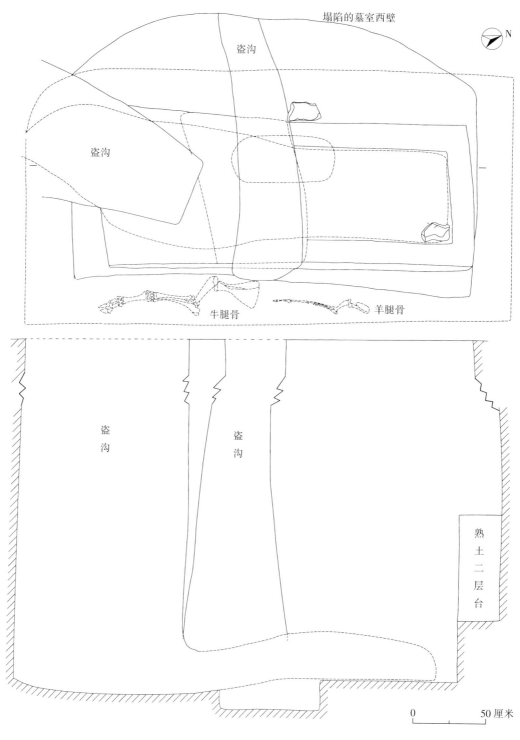

图 2-75A　SM736 平、剖面图

　　该墓因被盗沟打破，人骨多扰乱，散置于墓室及盗沟内。中部盗沟横贯墓室中部，比较狭窄，至二层台时变短，缩进椁内。褐色花土，松软，壁上有较多黄褐色粗砂粒，含少量陶片、骨头、石头等物。距墓口 210 厘米紧贴东壁出有头骨一个，周围有大量朱砂伴出，枕脊非常发达，面部扁平，牙齿仅 12 个，磨损严重，门齿已缺失，应为墓主之骨。在约 260 厘米深处，陆续出有股骨、腿骨、肩胛骨、盆骨等，并有大量朱砂。

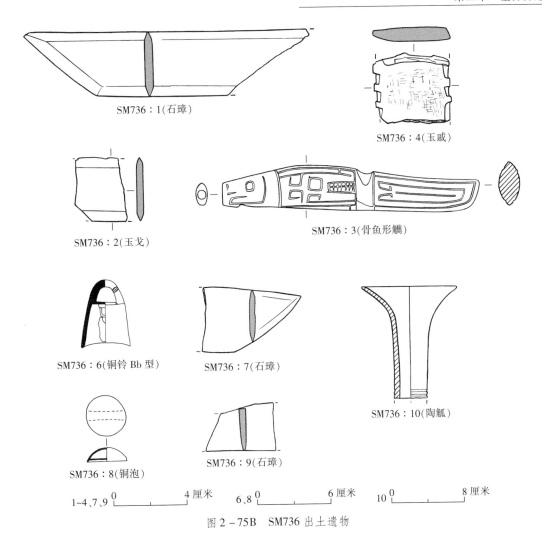

SM736:1(石璋)

SM736:4(玉戚)

SM736:2(玉戈)

SM736:3(骨鱼形觿)

SM736:6(铜铃 Bb 型)

SM736:7(石璋)

SM736:10(陶瓠)

SM736:8(铜泡)

SM736:9(石璋)

1~4、7、9 0　　　　　4 厘米　　6、8 0　　　　　6 厘米　　10 0　　　　　8 厘米

图 2-75B SM736 出土遗物

随葬品散乱，残缺不全。

陶瓠 1 件。

SM736:10，残存上半部，残高 11.8、口径 10.4 厘米。（图 2-75B）

铜铃 1 件。

SM736:6，Bb 型。残。体较小，铃腔截面呈椭圆形，平顶，上有半圆形粗梁，口缘内凹，圆头状铃舌，略短于铃体。素面。通高 5.5、口缘径 2.2×3、厚 0.4 厘米。（图 2-75B；彩版七九，1）

铜泡 1 件。

SM736:8，完整。圆形，正面呈球状突起，素面，背面有一横梁。直径 3 厘米。重 0.012 千克。（图 2-75B；彩版七九，2）

玉戚 1 件。

SM736:4，残。深绿色，有冰裂纹和白斑。残存柄部一段，两侧各有三个扉棱。双面抛光。残长 3.4、宽 4.2、厚 0.8 厘米。（图 2-75B；彩版七九，3）

石璋 3 件。

SM736:1，残。灰白色，扁平长条形，两缘较薄。柄端残，尖端呈不对称的斜三角形。残长 15.3、宽 3.4、厚 0.4 厘米。（图 2-75B；彩版七九，4）

SM736:7，残。白色。残存前锋部，斜三角状。残长5.3厘米。（图2-75B）

SM736:9，残。白色砂岩，残片中部略厚，两缘稍薄。打磨光滑。残长3.4、残宽2.5、厚0.4厘米。（图2-75B）

玉戈 1件。

SM736:2，残。白色，残存援部一段，扁平状，无中脊，有边刃。双面打磨。残长2.5、宽3.3、厚0.4厘米。（图2-75B）

骨鱼形觿 1件。

SM736:3，修复。扁长体，弧背，直腹，平直吻，长尾。由嘴至鳃底钻一圆形穿孔，阴线刻出眼、鳃、鳍。通长14、宽2.4、厚1.3厘米。（图2-75B；彩版七九，5）

蚌饰 1件。

SM736:5，残朽严重。多数为半椭圆形，一面平，一面微鼓，中间有圆形穿孔。

贝 1枚。A型货贝。

墓葬年代： 殷墟三期。

人骨鉴定：

该墓因被盗沟打破，人骨多扰乱，散置于墓室及盗沟内。

人骨保存情况较差。颅骨虽稍有残破，但骨质保存较好；下颌骨未见保存。9颗牙齿保存，可供观察。双侧肩胛骨保存。右侧髋骨保存完好。第二腰椎及荐椎保存完好。少量肋骨残段保存。上肢骨中仅双侧肱骨保存，但断裂；以及右侧尺骨近端。下肢骨大部保存但残断。手部和足部骨骼未见保存。

墓主颅骨骨壁较厚，肌线和肌脊明显。眉弓稍显，眶上缘圆钝。颧骨较粗壮。乳突上嵴稍显，乳突较大。下颌窝较深。枕外隆凸发达。上项线明显。四肢长骨肌肉附着痕迹明显，突起、结节及粗隆明显。髂骨翼较厚，坐骨大切迹较深，耳前沟不显。墓主耻骨下支的下缘外凸，耻骨联合面下端向下至耻骨下支内侧缘之间骨面平坦，耻骨支移行部呈三角形。据以上形态特征判断，墓主为男性个体。骨骺完全愈合；耻骨联合面形态Ⅶ级（Todd分级系统）、4级（Suchey-Brooks分级系统）、第八期（邵象清分级系统）；耳状面形态3~4级（Lovejoy分级系统）；第三臼齿萌出，第一、第二臼齿磨耗程度约为3级（吴汝康分级系统），但因牙齿表面被牙结石覆盖，牙齿磨耗程度推断受到一定程度影响，前部牙齿磨耗稍重。据以上推断，该个体年龄35~45岁。四肢长骨多断裂，仅据四肢长骨保存状况目前无法进行身高估算。

墓主顶骨多孔型骨肥大呈愈合状态。双侧上颌犬齿唇侧面可见线型釉质发育不全，右侧侧门齿可见凹陷型釉质发育不全。上颌左侧第一臼齿重度牙结石。多颗牙齿咬合面可见轻微的釉质剥脱现象。双侧颞骨颞下颌关节窝表面粗糙，新骨形成，下颌窝周围可见疏松的小孔。双侧枕骨髁边缘轻度骨质增生。双侧肩胛骨关节盂边缘骨质增生，右侧肩胛骨肩峰正常形态改变，上、前侧缘假关节形成，表面呈疏松小孔状。双侧肱骨头关节面上可见针尖样骨质疏松的小孔。双侧肱骨小头边缘轻度骨质增生。右侧尺骨鹰嘴关节面中央新骨形成。右侧髋臼窝关节面粗糙不平，边缘骨质增生。双侧股骨远端内、外侧髁边缘及与髌骨相接的关节面边缘骨质增生，关节面与周围骨的界限被边缘骨刺勾勒得特别明显。右侧胫骨远端内、外侧髁关节面边缘骨赘生成。右侧腓骨近端关节面边缘骨刺生成。右侧胫骨远端关节面边缘骨赘生成。双侧腓骨远端关节面边缘骨赘生成。第二腰椎椎体边缘骨刺生成。

SM738

位于 ST2609 北侧中部。开口于②A 层下，东北角打破了 H486（殷墟二期偏晚）。方向 212 度。（图 2 - 76）

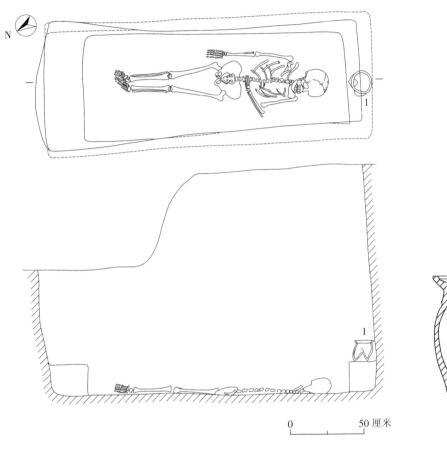

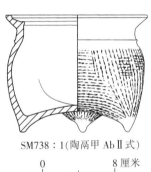

SM738：1(陶鬲甲 AbⅡ式)

图 2 - 76　SM738 平、剖面图及出土遗物

长方形竖穴土坑墓，墓壁外扩，口小底大，北侧（脚端）较宽。墓口距地表 30 厘米，墓口长 220、宽 66～85 厘米，墓底长 222、宽 84～88 厘米，墓深约 154 厘米。填土为黄褐色夹褐色颗粒的五花黏性夯土，包含物极少，夯层厚 4 厘米，夯窝直径 6、深 0.3 厘米。

墓底有一周熟土二层台，东侧宽 9、西侧宽 8～11、南侧宽 18、北侧宽约 26 厘米，高 20 厘米。

此墓仅有木棺。棺呈长方形，南北长 178、宽 60～70、残高 20 厘米，北侧（脚端）较宽。

墓主骨架保存较好，仰身直肢，头南面西，右手伸直，置于体侧，左手置于腹部。

在南侧二层台上放置着陶鬲 1 件，墓主左手中有 1 枚货贝。

陶鬲 1 件。

SM738：1，甲 Ab 型Ⅱ式。夹砂灰陶。修复。体较大，扁方体。宽折沿，小方唇，颈较高，鼓腹，实足根内收，裆较高，有足尖。颈部饰凸棱一周，腹及袋足饰竖向、交叉绳纹，裆部饰斜向绳纹，足根部绳纹被抹掉。口径 15.5、高 12.5 厘米。（图 2 - 76）

贝 1 枚。A 型货贝。

墓葬年代：殷墟三期。

人骨鉴定：

性别不明。10±岁。

SM741

位于 ST2813 西南部。开口于①层下，上口为晚期房基打破，直接打破生土。方向为 21 度。（图 2–77A、B；彩版八〇、八一）

长方形竖穴土坑墓，墓壁略外扩，口小底大，北侧（头端）较窄，南侧（脚端）较宽。墓口距地表 15~40 厘米，墓口长 198、宽 70~76 厘米，墓底长 202、宽 74~77 厘米，墓深约 166 厘米。填土为黄色花夯土，上下一致未分层，土质较紧密，内含有少许碎陶片。在距墓口 90 厘米处殉狗 1 条，已大部腐朽，仅能见其痕迹，头南面西，前肢置于背后，后肢伸于体后。在前肢附近放置着两个蚌片，其用途不明。（图 2–77A）

熟土二层台东侧宽 7~14、西侧宽 9~13、南侧宽 9~11、北侧宽 10 厘米，高约 2 厘米，二层台经过夯打，夯窝明显。

墓底有一圆角长方形腰坑，长 58、宽 23、深 20 厘米。在腰坑内发现少许狗骨，当有殉狗，但由于朽烂过甚，已对其葬式、头向难以辨明。

图 2–77A　SM741 平、剖面图

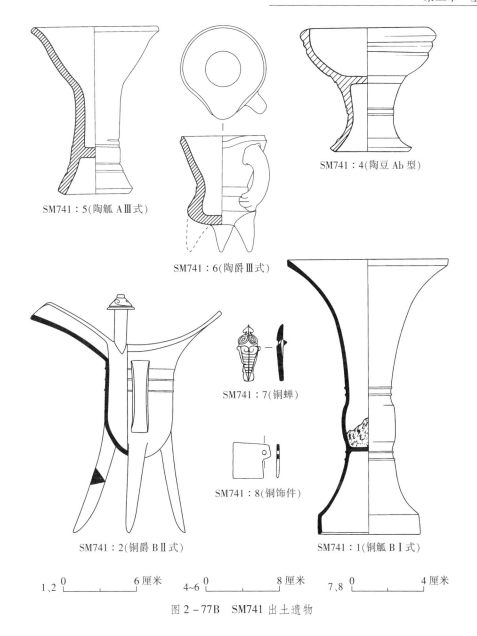

SM741：5(陶觚 AⅢ式)

SM741：6(陶爵Ⅲ式)

SM741：4(陶豆 Ab 型)

SM741：7(铜蝉)

SM741：8(铜饰件)

SM741：2(铜爵 BⅡ式)

SM741：1(铜觚 BⅠ式)

1、2 0 ———— 6厘米   4~6 0 ———— 8厘米   7、8 0 ———— 4厘米

图 2 – 77B SM741 出土遗物

葬具仅有一棺，呈长方形，南北长 182、宽 54~59、残高 25 厘米。其中头端较宽，脚端较窄。同时导致两侧二层台的北端较窄。棺上鬃有红漆。

墓主头向北，仰身直肢。骨架保存状况较差，大部已朽成粉末状，仅小腿骨保存较好。墓主骨骼范围长度 165 厘米，而性别、年龄等不明。

在北侧棺上放置着 3 件随葬品，自东向西分别为：铜爵、陶豆、铜觚。值得注意的是，在填土中发现的陶豆碎片，与棺板上的陶豆属同一个体，其可能为下葬时故意打碎，然后埋入墓中的。在棺内墓主的脚下放置着陶觚、陶爵各 1 件，在墓主的口部有贝 1 枚，在左侧手臂外侧出有 1 件铜饰片和 1 件小铜蝉。

陶觚 1 件。

SM741：5，A 型Ⅲ式。修复。腹部有凹弦纹一周，足部有凹弦纹二周。口径 14、圈足径 8.1、高 17.7 厘米。(图 2 – 77B；彩版八一，1)

陶爵 1件。

SM741:6，Ⅲ式。修复。腹部饰凹弦纹二周。口径9.4、高12.4厘米。（图2-77B；彩版八一，2）

陶豆 1件。

SM741:4，Ab型。修复。盘壁、圈足上各饰凹弦纹二周。口径15.1、圈足径9、高13.2厘米。（图2-77B）

铜瓠 1件。

SM741:1，B型Ⅰ式。完整。腹上、下部各饰凸弦纹二周，腹内底部残存有范土。通高21.8、口径13、底径8.4、口沿厚0.4厘米。重1.028千克。（图2-77B；彩版八一，5）

铜爵 1件。

SM741:2，B型Ⅱ式。完整。柱帽尖凸起，上饰涡纹，上腹部饰三周凸弦纹。腹部内壁有焊接修补痕迹。通高18.6、柱高3.5、足高8.1、流至尾长15.3、流长6.8、流宽3.4、腹壁厚0.2厘米。重0.552千克。（图2-77B；彩版八一，6）

铜蝉 1件。

SM741:7，残。体呈三角形，头小、嘴大，圆形大眼，三角形腹部饰折线纹以表示体节，背面内凹，有一穿。通长3.3、宽1.2厘米。（图2-77B；彩版八一，3）

铜饰件 1件。

SM741:8，残。长方形薄片，一边外突，上有一圆形小穿孔。长2、宽2.1、厚0.2厘米。（图2-77B；彩版八一，4）

贝 1枚（SM741:3）。A型货贝。

墓葬年代：殷墟三期。

SM746

墓葬位于ST1808中部偏东北。墓开口在探方①层下，打破生土，被SM745（殷墟文化四期晚段）打破墓东边。方向为17度。（图2-78A、B；彩版八二）

长方形竖穴土坑墓，墓四壁向外扩，口小底大，墓底呈圆角长方形，南宽北窄。墓口距地表40厘米，墓口长241、宽95厘米，墓底长300、宽136~158厘米，墓深210~213厘米。填土为黄花夯土，土质硬，比较纯净。（图2-78A）

墓底四周有熟土二层台，宽32~60、高35厘米。

墓底中部有一长方形腰坑，长87、宽33~35、深18厘米。内殉狗一条，头南，吻部朝东北，侧身直肢，两前腿被缚于背（脊骨）处。

葬具为一棺，长206、宽60、壁板厚为2~3厘米，上髹有白漆。

墓主为俯身直肢，头北，两手抚于腹部，头骨被扰而只剩几块碎骨，其他骨骼保存较好，腰部骨骼塌陷于腰坑内。

东二层台有1件陶豆和一条羊腿骨，西二层台有陶瓠、陶爵各1件及铅器2件、几块碎骨，墓主左右手骨部各有1件铅戈（残）。

陶瓠 1件。

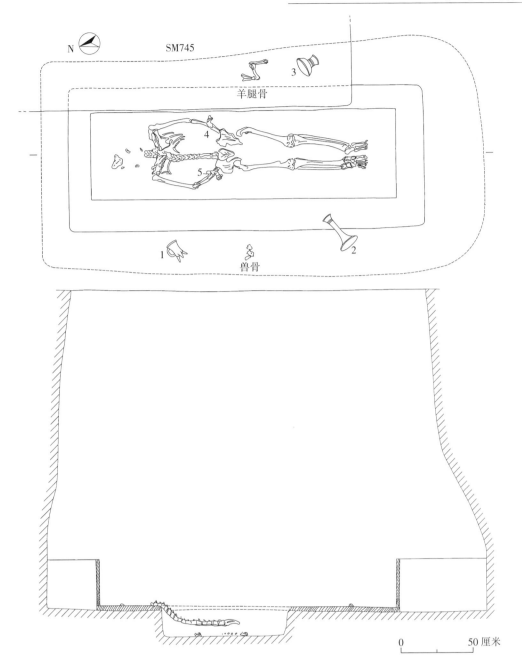

图 2 - 78A　SM746 平、剖面图

SM746:2，A 型 V 式。泥质灰陶。修复。体高大，喇叭口，瘦腹呈直筒形，高圈足。腹部有凹弦纹三周。口径 14.4、圈足径 8.2、高 22.5 厘米。（图 2 - 78B；彩版八二，2）

陶爵　1 件。

SM746:1，Ⅲ式。泥质灰陶。修复。短流，无尾，半环形鋬，束腰，下腹部形成凸棱，圜底，三足较高且外撇。腹部饰凹弦纹二周。口径 8.4、高 12.8 厘米。（图 2 - 78B）

陶豆　1 件。

SM746:3，Aa 型。泥质灰陶。修复。敛口，尖圆唇，唇不外凸，浅盘，高圈足，束腰。盘壁、圈足上部各饰凹弦纹二周。口径 14.2、圈足径 9.2、高 11.6 厘米。（图 2 - 78B；彩版八二，3）

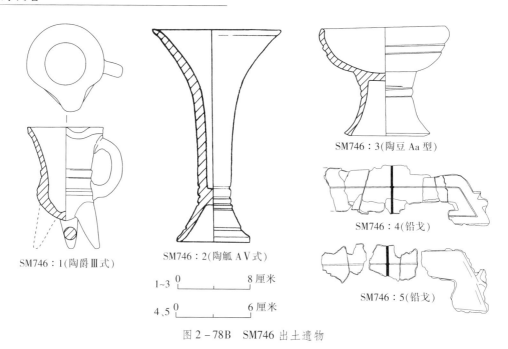

SM746：1(陶爵Ⅲ式)   SM746：2(陶觚 AⅤ式)

SM746：3(陶豆 Aa 型)

SM746：4(铅戈)

SM746：5(铅戈)

1~3 0 _____ 8厘米

4、5 0 _____ 6厘米

图 2－78B　SM746 出土遗物

铅戈　2 件。

SM746：4，残。形似乙类 Bb 型Ⅰ式铜戈。质轻薄，内后端内勾，简化鸟首形，有歧冠，长条形援，援中部有细线状中脊。残长 13.3、援残长 6.3、援宽 4.2、内宽 2.1 厘米。(图 2－78B；彩版八二，4)

SM746：5，残。形似乙类 Bb 型铜戈。质轻薄，内后端内勾，简化鸟首形，有歧冠，余残碎。(图 2－78B)

墓葬年代： 殷墟三期。

人骨鉴定：

女性。30~40 岁。

盆骨性征明显。骨密度 1 级。

左右第一跖骨上跪踞面明显。

SM756

位于 ST3206 的中部偏西处。开口于④层下，打破生土。该墓方向为 6 度。(图 2－79；彩版八三)

长方形竖穴土坑墓，口略小于底，四壁稍斜。开口距地表 115 厘米，墓口长 235、宽 106~113 厘米，墓底长 247、宽 120 厘米，墓深 208 厘米。距墓口 112 厘米处，东西两侧阶梯状内收 0~12 厘米，这段高 50 厘米，其下为熟土二层台。填土为黄褐夯土。

熟土二层台宽 19~30、高 46 厘米。

墓底没有腰坑。

葬具为一棺。从二层台的形状看，棺上部长 206、宽 60 厘米，下部长 190、宽 49 厘米，高不少于 46 厘米。在距熟土二层台深 27~33 厘米处见有棺盖板痕迹，由三块木板组成，每块长 190、宽 15~17 厘米不等。棺盖板上髹漆，红白相间，北部多见。

墓主人仰身直肢，头北面上，口部微张，两手交叉置于腹部，两腿并拢。周围撒朱砂，保存较差。

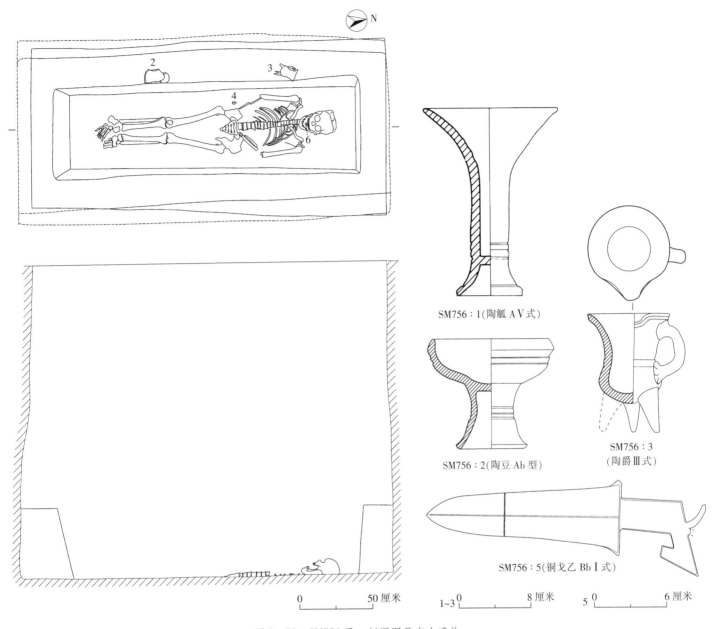

SM756∶1(陶觚 A V式)

SM756∶2(陶豆 Ab 型)

SM756∶3
(陶爵Ⅲ式)

SM756∶5(铜戈乙 Bb I 式)

0　　　　50 厘米

1~3　0　　　　8 厘米

5　0　　　　6 厘米

图 2 - 79　SM756 平、剖面图及出土遗物

随葬品共有 5 件：棺盖板偏北上置有 1 件陶觚和猪左前腿骨，另有陶豆碎片若干块；中间插有 1
件铜戈，尖部向下。西侧的二层台南北两侧分别有 1 件残陶豆和 1 件陶爵。墓主口内（SM756∶6）和
右手掌下（SM756∶4）各有 1 枚贝。

陶觚　1 件。

SM756∶1，A 型Ⅴ式。泥质灰陶。修复。体高大，喇叭口，腹近直筒形，高圈足。腹部有凹弦纹
三周。口径 14.8、圈足径 7.2、高 19.8 厘米。（图 2 - 79）

陶爵　1 件。

SM756∶3，Ⅲ式。泥质灰陶。修复。体略瘦，有流无尾，半环形錾，束腰下移，腹部较短，三足
高而外撇。口沿外侧有浅凹槽一周，腹部饰凹弦纹二周。口径 9.1、高 12.6 厘米。（图 2 - 79）

陶豆　1 件。

SM756:2，Ab 型。泥质灰陶。修复。敛口，方唇，盘较浅，圈足较矮，束腰。盘壁、圈足上部分别饰凹弦纹二、三周。口径 13.5、圈足径 7.4、高 11.7 厘米。（图 2 - 79）

铜戈 1 件。

SM756:5，乙 Bb 型 I 式。修复。体轻薄。曲内后端内勾，简化鸟首形，有歧冠；上、下出短阑；条形援，中部有细线状中脊，援末呈三角形。通长 22.8、援长 15.5、援最宽 4.7、阑宽 6、内宽 6.3、援厚 0.2、内厚 0.1 厘米。重 0.086 千克。（图 2 - 79；彩版八三，3）

贝 2 枚。A 型货贝。

墓葬年代：殷墟三期。

人骨鉴定：

可供观察的人骨保存状况较差，仅部分颅骨残片、下颌骨及 22 颗牙齿、右侧肩胛骨保存。

墓主前额后倾，眶上缘钝厚，肩胛骨关节盂最大长 36.3 毫米，略微超出女性个体的变异区间[1]（Stewart 1979：98）。仅根据这些形态特征推测，墓主可能为男性。由于骨骼保存状况的限制，个体年龄只能借助牙齿磨耗程度来推测：第一、二白齿磨耗 2～3 级（吴汝康分级系统）；第三白齿萌出，齿尖顶和边缘部分略有磨耗；骨骺愈合，愈合痕迹模糊不清。因此墓主应为年轻成年个体，年龄 18～35 岁。仅据四肢长骨保存状况目前无法进行身高估算。

该个体多颗牙齿呈现线型釉质发育不全。轻度牙结石。少数下颌牙齿咬合面可见轻微的釉质剥脱。右侧肩胛骨关节盂网织状新骨形成，肩峰前侧面呈现海绵样骨质疏松现象，可能与肩部骨关节炎病变有关。

SM760

位于 ST2213 西北部，一部分暴露在 ST2113 东隔梁内。开口于②层下，直接打破生土。方向为 215 度。（图 2 - 80；彩版八四，1、2）

长方形竖穴土坑墓。墓口长 205、宽约 80 厘米，墓底长 201、宽 63～73 厘米，墓深 167 厘米。在墓壁中部留一周墓圹缩小生土台，台宽 2～12、台面距墓口 60 厘米，台面距墓底 107 厘米。填土为红褐花夯土，土质较硬，夯层厚约 10 厘米，夯窝无排列，直径 6～8 厘米，夯具为四根集束夯。

墓底四周有熟土二层台，宽 2～13、高 27 厘米。

葬具为一棺。从残存迹象判断，棺长 190、宽 45～66、残高 27 厘米。棺盖因朽下陷至墓主骨架之上，棺底呈黑白色，厚 0.1～0.2 厘米，棺的结构为长方框，暗榫卯。

墓主仰身直肢，头南面东，上肢弯曲置于腹部。骨架保存一般，骨骼范围长度 155 厘米。

棺盖之上南端及中东部出陶爵、陶瓿、陶豆各 1 件，墓主口含残玉 2 块。

陶瓿 1 件。

SM760:2，A 型Ⅶ式。泥质灰陶。修复。体较矮，喇叭口，腹呈直筒形，矮圈足，素面。口径 9.3、圈足径 5、高 13.5 厘米。（图 2 - 80）

陶爵 1 件。

---

〔1〕 根据 Stewart（1979：98）对黑人和白人对比组的研究显示，女性肩胛骨关节盂最大长一般小于 36 毫米，但考虑到一定的群体差异，这个数值区间在这里仅做参考。

SM760：1
（陶爵Ⅵ式）

SM760：2
（陶觚 AⅦ式）

SM760：3（陶豆 Ab 型）

SM760：4-1
（玉块）

1~3 0   8厘米   4-1 0   4厘米

图 2 - 80 SM760 平、剖面图及出土遗物

　　SM760：1，Ⅵ式。泥质灰陶。完整。通体较矮瘦，短流，无尾，半环形鋬，束腰，底部形成凸棱，三足外撇。口径 7.4、高 9.2 厘米。（图 2 - 80）

　　陶豆 1 件。

　　SM760：3，Ab 型。泥质灰陶。完整。体较小，敛口，方唇，盘较深，圈足略矮。盘壁、圈足上分别饰凹弦纹二、三周。口径 13.3、圈足径 9.2、高 11.6 厘米。（图 2 - 80）

　　玉块 2 件。

　　SM760：4 - 1，残。青色，有黄斑，玉质温润。三角形，断面未经打磨。双面抛光。残长 2.3、宽

1.5、厚 0.4 厘米。（图 2-80；彩版八四，2）

SM760:4-2，残。灰色，有杂斑。似为玉器加工留下的边角料，一边有双面切割玉料时留下的断痕。残长 1.3、宽 0.9、厚 0.5 厘米。

墓葬年代： 殷墟三期。

SM767

位于 ST2810 西南角。开口于①层下，打破南侧的墓葬 SM832（殷墟三期）和房址 F80，直接打破生土。方向为 25 度或 205 度。（图 2-81；彩版八四，3）

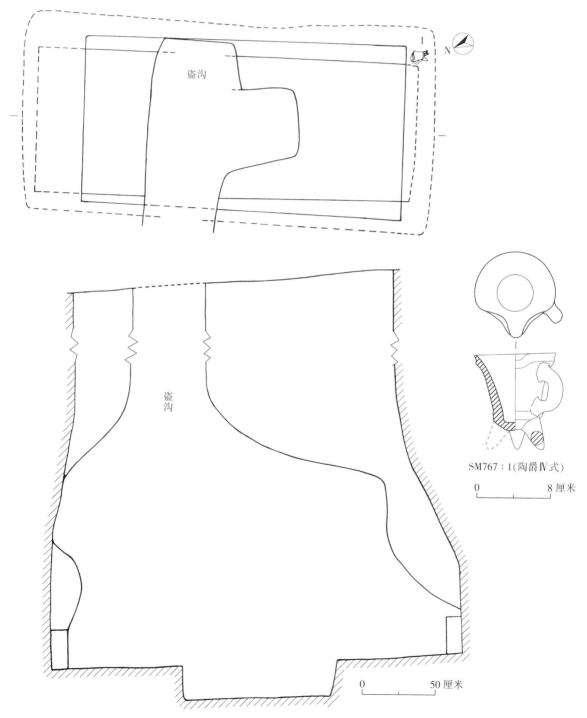

SM767:1(陶爵Ⅳ式)

图 2-81　SM767 平、剖面图及出土遗物

长方形竖穴土坑墓，北侧略宽，在深 200 厘米处墓壁向外掏，呈口小底大。墓口距地表 35 厘米，墓口长 218、宽 110～115 厘米，墓底长 280、宽 131～136 厘米，墓深 365～370 厘米。填土为黄花夯土，质地坚硬。填土被盗沟扰乱。盗沟在墓深 200 厘米处向南扩张，并破坏了墓壁，一直扰乱了整个墓室。在扰乱的填土中出有碎骨，种属不明。

墓底四周有熟土二层台，但局部被扰，宽 10～19（东侧 16、西侧 19、北侧 10、南侧 12 厘米）、高 25～28 厘米。

墓底中部有一圆角长方形腰坑，已被扰乱，残长 43、宽 46～50、残深 23 厘米。内空无物。

葬具已无法判断。

墓主骨架无存。

在墓内东南角，距墓口 320 厘米的填土中出有陶爵 1 件。

陶爵　1 件。

SM767：1，Ⅳ式。泥质灰陶。完整。短流，无尾，半环形鋬，束腰下移，下腹部不明显，三足外撇。腹下部饰凹弦纹一周。口径 8.8、高 10.2 厘米。（图 2-81；彩版八四，3）

墓葬年代：殷墟三期。

SM778

位于 ST2209 南部。上部压有现代堆积，发掘前被清除。墓葬打破 F73（殷墟三期）、H581（殷墟二期）、黄沙质生土。墓葬被盗，盗沟在南端，但形状基本未被破坏。方向为 5 度或 185 度。（图 2-82；彩版八五）

长方形竖穴土坑墓，墓葬口、底大小相近。墓口长 213 厘米，墓口最宽 85 厘米，墓底长 203、宽近 85 厘米，现存墓深 287 厘米。填土为灰褐色花夯土，土质较硬。墓内扰土出土大量陶片，另有很多红烧土泥块，中有草痕，边有木柱印痕，可能原为墙体块。

近底有生土二层台，墓壁于二层台面高度外掏，此处与墓近底处均见有工具痕迹。二层台北侧最宽 25、南侧最宽 16、东侧最宽 29、西侧最宽 32 厘米。

墓底有腰坑，长 50、宽 24、深约 10 厘米。

葬具有一棺。棺盖板灰呈黑灰色，极薄，不及 1 毫米。东侧、中部的盖板痕迹清晰，西部被扰，无盖板板痕。由此可知墓葬被盗时棺未完全朽坏。棺侧板板灰呈深灰色。厚 5 厘米左右。由此推算棺长 190、宽 66 厘米左右。北二层台夯土中有苇席痕迹。棺底铺彩绘织物，断续可见黑线主纹，边填白、红彩。

墓主骨架保存较好，但因被盗扰，多乱置于墓室南部。

陶瓿大块在棺板上，小块在北二层台填土中；陶爵在东二层台填土中；陶豆分置于西二层台填土中，其北有鱼骨；贝见于被扰填土中。

陶瓿　2 件。

SM778：1，AⅧ式。修复。口径 9.8、圈足径 5.2、高 12.5 厘米。（图 2-82）

SM778：3，泥质灰陶。仅剩口部残片。喇叭状。口径 14.4 厘米。（图 2-82）

陶爵　1 件。

SM778：2，Ⅲ式。修复。腹部饰凹弦纹二周。口径 9.2、高 13.4 厘米。（图 2-82）

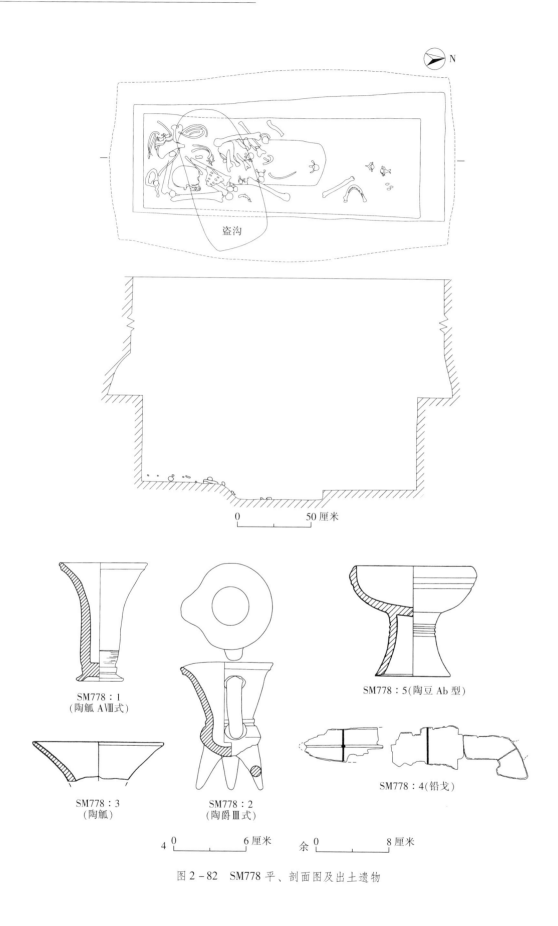

图 2-82 SM778 平、剖面图及出土遗物

陶豆　1件。

SM778：5，Ab 型。修复。盘壁、圈足上部分别饰凹弦纹二、三周。口径 12.8、圈足径 8.2、高 12 厘米。（图 2 – 82）

铅戈　1件。另有 2 件铅戈残损严重。

SM778：4，残。形似乙 Bb 型铜戈。质轻薄，内后端内勾，简化鸟首形，余残碎。（图 2 – 82）

贝　3枚。A 型货贝。

墓葬年代： 殷墟三期。

人骨鉴定：

骨架保存较好，可供观察的人骨保存情况如下：颅骨及下颌骨保存较完整，19 颗牙齿保存，骨盆、脊椎等部分骨骼较完整；上下肢骨及带骨保存较差。手足骨骼保存较差。

墓主头骨粗壮，眉弓、眉间发育中等，前额后倾，眶上缘圆钝；耻骨支移行部呈三角形，耻骨下支起始部较宽，耻骨下支内侧缘外凸。据以上形态特征推测，该个体为男性。耻骨联合面形态 VI 级（Todd 分级系统）和 4 级（Suchey – Brooks 分级系统），第七期（邵象清分级系统），耳状面形态 3 级（Lovejoy 分级系统），白齿磨耗 2 ~ 3 级（吴汝康分级系统）；骨骺愈合，愈合痕迹模糊不清。据以上推断该个体年龄 30 ~ 35 岁。右侧肱骨最大长 33.2 厘米。估算身高 166 ~ 175 厘米。

墓主顶骨矢状缝区多孔型骨肥大呈愈合状态。上、下颌犬齿可见线型釉质发育不全。左侧上颌侧门齿齿槽唇侧面可见由根尖脓疡造成的瘘道，该牙齿生前脱落。中度牙结石。上、下颌多个牙齿咬合面釉质轻微剥脱。右侧上颌第三白齿先天缺失。左侧锁骨胸骨端结节较右侧极为显著。左侧肱骨头可见呈针尖样骨质疏松小孔，网织样新骨形成。右侧肱骨大小转子间沟网织样新骨形成。左侧腓骨近端关节面骨赘形成。右侧股骨骨干内侧骨表面呈骨膜炎性病理表现，板层状骨生成。

SM779

位于 ST2209 西南部。墓上压有现代堆积，发掘前已被清除。开口于扰土层（扰土厚 15 厘米）下，被盗坑、晚期坑 H576 打破，打破 H581（殷墟二期）、生土。被盗。方向为 5 度或 185 度。（图 2 – 83）

长方形竖穴土坑墓。长 220、宽约 114、深 240 厘米左右。填土为黄褐色花夯土。

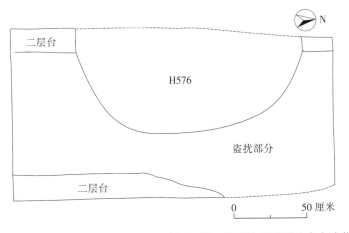
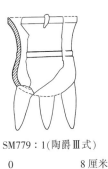

图 2 – 83　SM779 平面图及出土遗物

近底有熟土二层台。因被盗坑、晚期坑破坏，二层台不完整，存有东、西两侧者，台宽16、高30厘米左右。

葬具为一棺。以东西两侧二层台间距推算，棺宽不超过80厘米。

墓主人骨无存。

被扰乱的填土中出土残陶爵1件。

陶爵   1件。

SM779：1，出土盗坑之中。Ⅲ式。泥质灰陶。残存口、腹部残片。口沿上有一小泥丁，束腰，锥形实足一个。腹部饰凹弦纹二周。腹片残高8厘米。（图2-83）

墓葬年代：殷墟三期。

SM783

位于ST1909北侧西部，少部分进入ST1910内。开口于①层下，打破生土。方向为10度。（图2-84A~D；彩版八六，1、2；彩版八七）

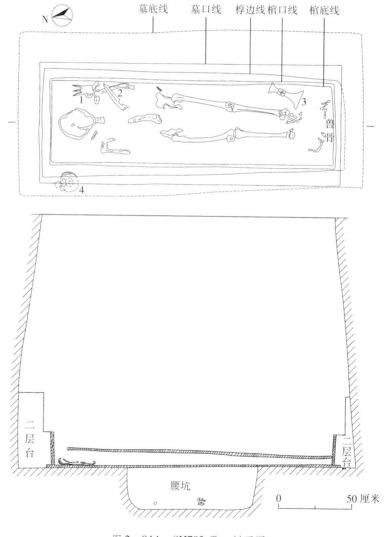

图2-84A SM783平、剖面图

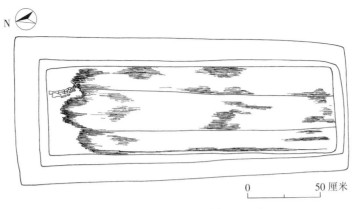

图 2 - 84B　SM783 棺盖板平面图

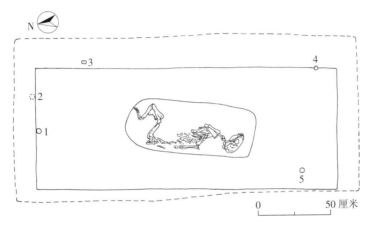

图 2 - 84C　SM783 腰坑及桩孔图

长方形竖穴土坑墓，四壁向外扩，口小底大。墓口距地表 20 厘米，墓口长 205、宽 80 厘米，墓底长 235、宽 100 ~ 110 厘米，墓深 168 厘米。（图 2 - 84A）

墓底有一周熟土二层台，宽 12 ~ 30、高 50 厘米。

墓底中部有近圆形腰坑，长 87、宽 35、深 28 厘米。内葬一狗，侧身屈肢，头朝南，吻部朝东偏南，保存较差。（图 2 - 84C）

墓底共分布 5 个木桩孔洞，墓南端 2 个，北端 3 个，直径 2 ~ 3、深 3 ~ 15 厘米的圆形、椭圆形状等，孔洞内皆发现有木灰痕迹。填土为灰黄花土，夯打过，土质硬。（图 2 - 84C）

葬具为一椁一棺。椁与棺室紧贴在一起，棺椁之间缝隙狭小。椁室长方形，长 201、宽 60 ~ 72、高 50 厘米。

棺为长方形，长 195、宽 60、高 26 厘米以上。侧板厚 2 ~ 3 厘米。棺盖板由 3 ~ 4 块宽 15 厘米左右的板组成，因腐朽而向下塌陷，北高南低，呈斜状。棺上髹有白漆。（图 2 - 84B）

墓主为仰身直肢葬，头北面上。骨骼保存差，多处腐朽无存，头骨扁平。

随葬品共 4 件，棺盖板上摆放于铜瓯、铜戈、铜爵各 1 件及一组兽腿骨。另西二层台内北部有陶豆 1 件。

陶豆　1 件。

SM783：4，Aa 型。盘壁、圈足上部分别饰凹弦纹二、三周。口径 14.5、圈足径 9.2、高 12.8 厘米。（图 2 - 84D）

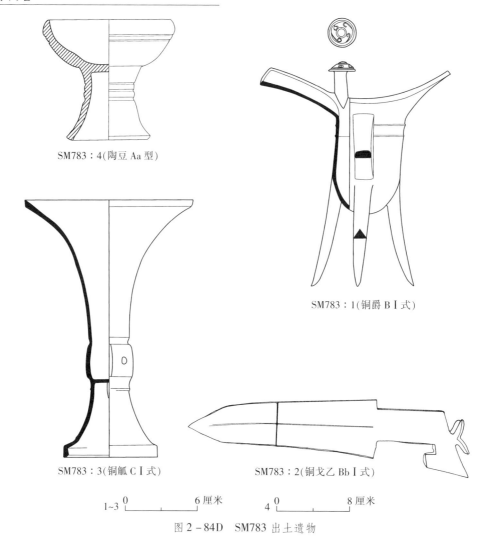

SM783：4(陶豆 Aa 型)

SM783：1(铜爵 B I 式)

SM783：3(铜觚 C I 式)

SM783：2(铜戈乙 Bb I 式)

1~3   0   6 厘米   4   0   8 厘米

图 2－84D   SM783 出土遗物

铜觚   1 件。

SM783：3，C 型 I 式。完整。柄部上、下部各饰凸弦纹一周。通高 20.5、口径 13.5、底径 7.5、口沿厚 0.3 厘米。重 0.769 千克。(图 2－84D；彩版八七，1)

铜爵   1 件。

SM783：1，B 型 I 式。完整。柱帽尖较矮，上饰涡纹，上腹部饰三周凸弦纹。通高 17.7、柱高 2.8、足高 8.3、流至尾长 15.3、流长 6.7、流宽 3.5、腹壁厚 0.2 厘米。重 0.555 千克。(图 2－84D；彩版八七，2)

铜戈   1 件。

SM783：2，乙 Bb 型 I 式。完整。通长 23.1、援长 15.4、援最宽 4.4、内宽 5.2、援厚 0.1、内厚 0.1 厘米。重 0.064 千克。(图 2－84D；彩版八七，3)

墓葬年代：殷墟三期。

人骨鉴定：

男性? 成年。

肢骨粗壮，骨密度大。

左右第一跖骨上跪踞面明显。

SM784

位于 ST1909 北侧偏中部。开口于①层下，打破了生土。被盗。方向为 32 度。（图 2 - 85A、B；彩版八八，1、2）

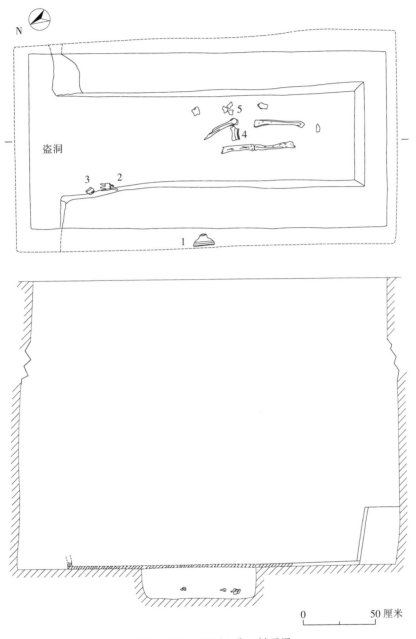

图 2 - 85A SM784 平、剖面图

长方形竖穴土坑墓，四壁向外扩，口小底大。墓口距地表 20 厘米，墓口长 242、宽 116 厘米，墓底长 259、宽 140 厘米，墓深 307 厘米。填土为黄花土，夯打过，土质较硬。在距墓口 150 厘米处填土中部出几块散乱狗骨。（图 2 - 85A）

墓底有一周熟土二层台，宽 22～44、高 38 厘米。在西二层台中部出土 1 件陶豆（残）。

墓底中部有一圆角长方形腰坑，长 76、宽 31、深 20 厘米。内出一狗架，头向偏西，腹部朝西北，

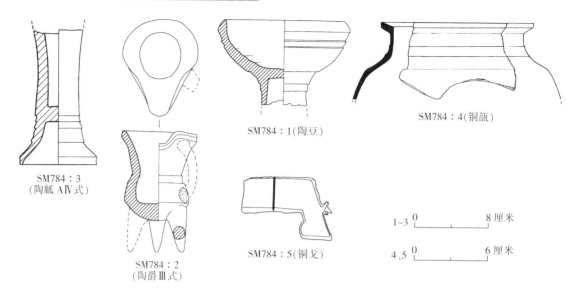

图 2-85B SM784 出土遗物

葬式为侧身屈肢。

葬具为一棺，木质长方形，长 198、宽 60、残高 38 厘米。结构为"口"形，糅有白漆、红漆。在棺下整个墓底铺了一层板，但很模糊，只能看出大体轮廓，有几块板不详。

因被盗掘，墓主仅剩几块腿骨，且保存差，腐朽严重，头骨被扰到盗坑内。

从盗坑内剩下的残块来看，随葬品有陶瓿、陶爵、陶豆、铜戈、铜瓿等。

陶瓿 1 件。

SM784:3，A 型 IV 式。口部缺失。腹部有凹弦纹四周。圈足径 8.1、残高 14.3 厘米。（图 2-85B）

陶爵 1 件。

SM784:2，III 式。修复。腹部饰凹弦纹二周。口径 8.2、高 12.8 厘米。（图 2-85B）

陶豆 1 件。

SM784:1，泥质灰陶。残。口微敛，斜沿，圆唇，盘较浅，圈足缺失。盘壁、圈足上部各饰凹弦纹二周。口径 14.4、残高 9 厘米。（图 2-85B）

铜瓿 1 件。

SM784:4，残为十余片，有口、腹、圈足，可辨直口、方唇、平沿，圈足底部下折。（图 2-85B；彩版八八，2）

铜戈 1 件。

SM784:5，残。质轻薄，残存内部，曲内呈简化鸟首形，有小歧冠。残长 7.2、宽 4.8、厚 0.2 厘米。（图 2-85B）

墓葬年代：殷墟三期。

SM786

位于 ST2008 的西南部。开口于 H411 灰坑下，被 H468 打破，打破 H491、H537 及生土。方向为 240 度。（图 2-86；彩版八六，3）

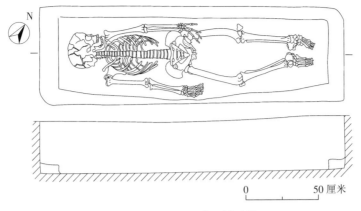

图 2-86　SM786 平、剖面图

长方形竖穴土坑墓，墓壁较直，墓底较平。墓口距地表深 100 厘米，墓口长 208、宽 64 厘米，墓深 36 厘米。墓内填土为褐色花土，土质较硬。

墓底有不规则熟土二层台，宽 41～53、高 4～6 厘米。

无腰坑。

墓室内有一棺，但已朽成很少部分的木灰痕迹，其尺寸已不清。

墓主为仰身直肢葬，头向西南，面向西北。骨架保存状况良好。

无随葬品。

墓葬年代： 该墓被殷墟三期的灰坑叠压或打破，而其自身又打破殷墟三期的 H491。综合判断，该墓年代为殷墟三期。

人骨鉴定：

女性。40～45 岁。

盆骨、肢骨性征明显。肢骨纤弱，骨密度小，牙齿磨耗 4 级。

椎骨上有轻度增生。

SM793

位于 ST2209 西南部。大部被晚期坑 H576 打破，现墓口非原始墓口，打破黄沙质生土。方向为 10 度。（图 2-87；彩版八九，1～5）

长方形竖穴土坑墓，墓口略大于底。墓口长 197、宽 70 厘米左右，现墓深 115 厘米左右。填土为灰褐色花夯土，夹杂烧土块、木炭粒，质地硬。

因为晚期坑破坏，墓东、西、南二层台大部无存，北二层台宽 10 厘米，东二层台宽 12 厘米，高 30 厘米左右。

近墓底椁、棺的东北角二层台边分别可见椁、棺侧板痕迹，据此推测葬具应有一棺一椁。但破坏严重，尺寸不详。

墓主仅存头骨。粘有朱砂。

北二层台上有残铜器；棺内有铜爵足、铜觚、铜戈，觚底粘有棺板灰，推测它们原置于棺盖板上。

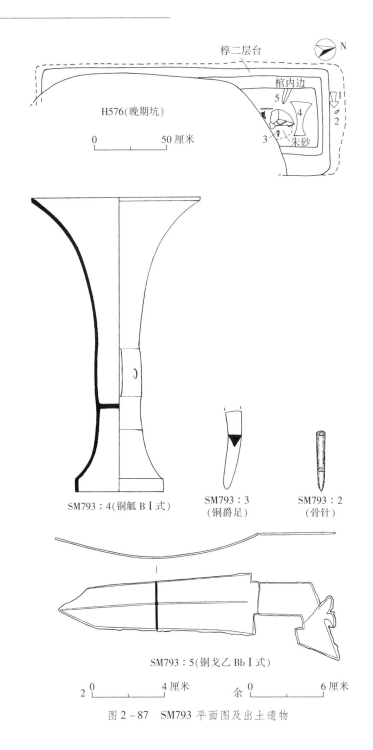

图 2-87 SM793 平面图及出土遗物

铜瓤 1件。

SM793:4，B型I式。完整。通体素面。通高23.2、口径13.8、底径7.3、口沿厚0.2厘米。重0.665千克。（图2-87；彩版八九，2）

铜爵足 1件。

SM793:3，残。残存三棱状爵足一只，断面呈三角形。残高6、厚1.1厘米。（图2-87；彩版八九，4）

铜戈 1件。

SM793:5，乙Bb型I式。残。体轻薄，残为三段。曲内残，简化鸟首形；援扭曲变形，中部有细线状中脊，援末呈圭首形。残长 23.5、援残长 16、援最宽 4.8、援厚 0.2、内厚 0.1 厘米。重 0.071 千克。（图 2－87；彩版八九，3）

骨针　1 件。

SM793：2，残。细长条形，残存外针尖，经切削、打磨，表面光滑。残长 3.1 厘米。（图 2－87；彩版八九，5）

墓葬年代：殷墟三期。

SM795

位于 ST2814 西南部。开口于①层下，其直接打破 H562（殷墟三期）。方向为 190 度。（图 2－88A、B；彩版八八，3；彩版八九，6）

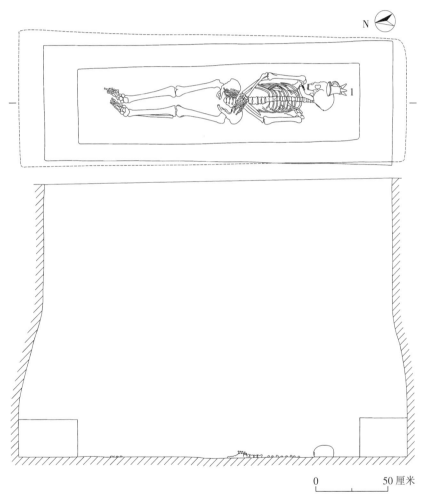

图 2－88A　SM795 平、剖面图

长方形竖穴土坑墓，墓壁略外扩，口小底大，向东侧和北侧外扩较多，头端（南侧）较宽。墓口距地表 30～50 厘米，墓口长 238、宽 73～82 厘米，墓底长 265、宽 82～90 厘米，墓深约 180 厘米。填土为灰色花夯土，填土颗粒较大，经过夯打，内含大量炭屑和少量陶片，土质稍硬。在距墓口深 100 厘米处发现殉狗一条，保存较差，仅能判断头向北，具体葬式不明。（图 2－88A）

墓底有一周熟土二层台，略经夯打，东侧宽 17～24、西侧宽 14～15、南侧宽 33、北侧宽 40 厘米，台高约 25 厘米。

葬具仅有一棺。长方形，南北长 192、宽 50、残高 25 厘米。在棺上髹有黑漆，黑漆上用红色线条勾勒出一定的图案，但已难以辨认。

墓主的骨架保存状况较好，仰身直肢，头南面东，双手交于腹部。

墓内南侧棺板上发现有陶爵 1 件。在西南角二层台内发现 1 件陶觚，在入葬时已然破碎。墓主左右手各握有贝 1 枚。

陶觚 1 件。

SM795：3，A 型 Ⅵ 式。泥质灰陶。修复。体较高，喇叭口，瘦腹呈直筒形，圈足较矮，腹部有凹弦纹二周。口径 10.8、圈足径 6.4、高 17.8 厘米。（图 2-88B）

陶爵 1 件。

SM795：1，Ⅳ 式。泥质灰陶。修复。短流，无尾，半环形鋬，束腰下移，下腹部形成凸棱，三足外撇。口径 8.8、高 11.3 厘米。（图 2-88B；彩版八九，6）

贝 2 枚。A 型货贝。

墓葬年代： 殷墟三期。

人骨鉴定：

女性。中年。

头骨、肢骨性征明显。骨密度 3 级。

残下颌牙齿皆生前脱落，齿孔闭合。

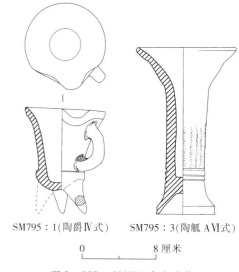

SM795：1（陶爵Ⅳ式）　　SM795：3（陶觚 AⅥ式）

0　　　　　　　8 厘米

图 2-88B　SM795 出土遗物

SM803

位于 ST2710 东南部。开口于①层下，直接打破生土。墓葬南部为一东西向盗洞打破，在临近墓底处扰乱了整个墓室。方向为 22 度或 202 度。（图 2-89）

长方形竖穴土坑墓，北侧较宽，墓壁略内收，口大底小。墓口距地表 48 厘米，墓口长 236、宽 75~85 厘米，墓底长 215、宽 58~62 厘米，墓深约 264 厘米。北侧较宽。填土为褐色花夯土，质地坚硬，夯层厚约 18 厘米。

墓底未见有二层台。

墓底中部有一腰坑，但为盗沟破坏，大小不明，残深 22 厘米。内空无物。

葬具被扰动，不明。

墓主的骨架已被扰乱，仅在盗坑中发现有下颌骨。

在墓东北角残存有 1 件陶觚，倾斜放置。另在被扰乱的填土中出有陶爵残片。

陶觚 1 件。

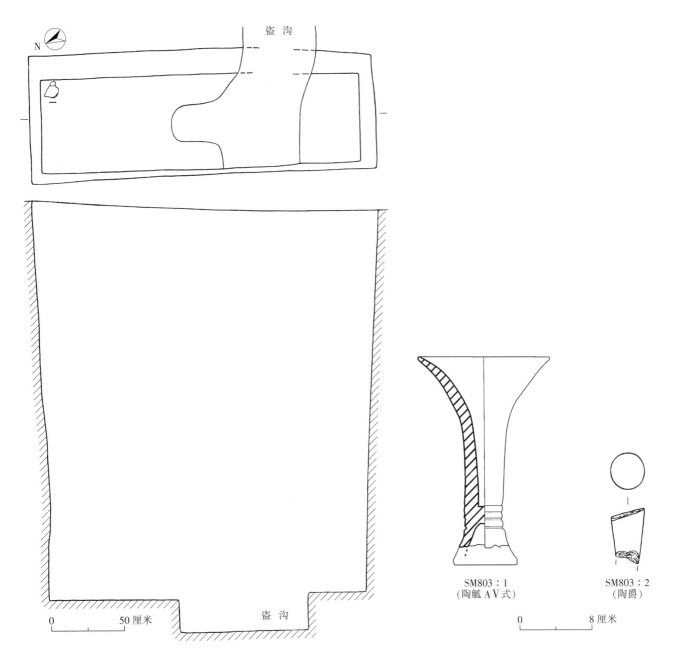

图 2 - 89　SM803 平、剖面图及出土遗物

SM803:1，A 型 V 式。泥质灰陶。修复。体高大，喇叭口，瘦腹呈直筒形，圈足缺失，腹下部有凹弦纹三周。口径 14.7、残高 20.1 厘米。（图 2 - 89）

陶爵　1 件。

SM803:2，泥质灰陶。残存足部残片。无法修复。（图 2 - 89）

墓葬年代：殷墟三期。

人骨鉴定：

女性？40 ± 岁。

下颌性征倾向于女性。牙齿磨耗 4 级。

SM808

位于 ST2313 中北部。开口于①层下，被 SM768（殷墟四期早段）打破墓内填土上部，打破生土。方向为 22 度。（图 2－90A、B；彩版九○，1、2）

长方形竖穴土坑墓，墓壁略外扩，口小底大。墓口长 234、宽 75 厘米，墓底长 258、宽 87 厘米，

图 2－90A　SM808 平、剖面图及填土殉狗平面图

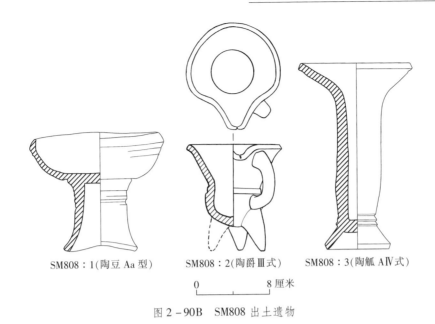

SM808：1(陶豆 Aa 型)　　SM808：2(陶爵Ⅲ式)　　SM808：3(陶觚 AⅣ式)

0　　　　8 厘米

图 2－90B　SM808 出土遗物

墓深 183 厘米。填土为黄褐色花夯土，土质坚硬，夯层厚 18～22 厘米，夯窝清晰，直径 4～6、深 4 厘米，为单棍夯。距墓口 152 厘米处在墓中部出土一具狗骨架，狗头朝南，嘴西，狗腿骨不全，从骨质判断为幼年狗。(图 2－90A)

墓底四周有一周熟土二层台，宽 14～34、高 15 厘米。

墓底中部东西圆角长方形腰坑，直壁，长 55、宽 21、深 19 厘米。内无物。

葬具为一棺。从残存迹象判断，棺长 207、宽 55、残高 13 厘米，两侧棺板厚约 3 厘米，两侧棺板上髹有红漆，在棺底残存有白漆痕迹。

墓主骨架已朽，只能看出墓主头向北。墓主年龄、性别未作鉴定，骨骸范围长度 145 厘米。

墓底中东部出土陶豆 1 件，在墓底东南角出土陶觚、陶爵各 1 件，陶觚位于陶爵的东面。

陶觚　1 件。

SM808：3，A 型Ⅳ式。泥质灰陶。修复。体瘦高，直腹，高圈足。腹下部有凹弦纹三周。口径 12、圈足径 7、高 19.8 厘米。(图 2－90B)

陶爵　1 件。

SM808：2，Ⅲ式。泥质灰陶。修复。短流，无尾，半环形鋬，束腰，腹部较短，圜底，三足外撇。腹部饰凹弦纹二周。口径 10.4、高 11.4 厘米。(图 2－90B)

陶豆　1 件。

SM808：1，Aa 型。泥质灰陶。修复。豆盘不规整。敛口，尖唇，唇不外凸，盘较深，高圈足。圈足上部饰凹弦纹二周。口径 14.6、圈足径 8、高 12.5 厘米。(图 2－90B)

墓葬年代：殷墟三期。

SM810

位于 ST3207 的南部、ST3206 北部。开口于⑤层下。方向为 15 度。(图 2－91A～C；彩版九〇，3～5；彩版九一)

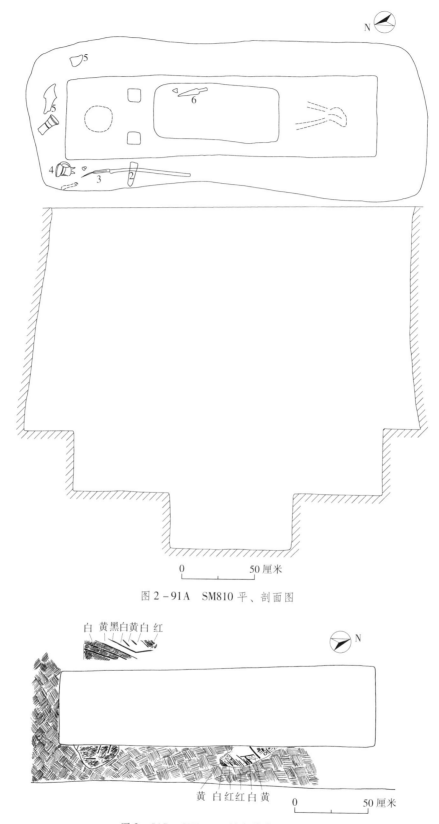

图 2 - 91A SM810 平、剖面图

图 2 - 91B SM810 二层台苇席与布幔

　　平面形状为梯形，口略小于底，底部近似长方形。墓口距地表约 130 厘米，墓口长 243、宽 85 ~ 97 厘米，墓底长 282、宽 90 ~ 105 厘米，墓深 191 厘米。墓内填土为黄褐花土，经过夯打。填土内见

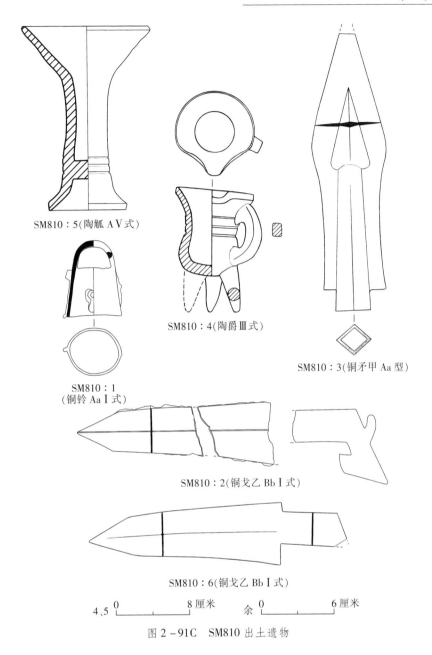

SM810：5(陶觚 A V 式)

SM810：4(陶爵 Ⅲ式)

SM810：3(铜矛甲 Aa 型)

SM810：1
(铜铃 Aa I 式)

SM810：2(铜戈乙 Bb I 式)

SM810：6(铜戈乙 Bb I 式)

4、5 0   8厘米   余 0   6厘米

图 2 - 91C SM810 出土遗物

一狗铃，狗骨架不见，可能已腐朽。（图 2 - 91A）

墓底有生土二层台，宽 18 ~ 34、高 40 ~ 45 厘米。

墓底有腰坑，圆角方形，长 86、宽 37、深 37 厘米。

腰坑北端的墓底有两个小方坑，长宽各约 8 厘米。性质不明。

葬具为一棺。从二层台来看，棺长 212、宽 52 ~ 55 厘米。棺外东、南侧发现有席纹。腰坑两端外的墓底有少量红漆，可能为棺底漆片。

棺外东、西部二层台上有布幔，以白色织物为底，上绘彩绘。布幔残存 3 块。织物经纬线各为 14 支（每平方厘米），可能为丝织品。布幔以黄彩为底，另饰红彩和黑彩。（图 2 - 91B）

墓主人骨骼保存较差，除头骨、下肢和少量残留外，其他部分基本不存。葬式可能为仰身直肢，头向北，面向上。

该墓出土随葬品共6件。除铜铃在填土中外，其余发现于二层台上和腰坑内。棺外北部和东部二层台上放置一些陶瓿残片，似有意打碎放置。西部二层台上发现陶爵、铜矛、铜戈各1件，其中铜戈压于铜矛柄部。腰坑内侧有一件铜戈和另一件铜戈的尖部。

陶瓿 1件。

SM810∶5，A型V式。修复。腹部有凹弦纹三周。口径14、圈足径8.4、高19.5厘米。（图2-91C）

陶爵 1件。

SM810∶4，Ⅲ式。修复。腹部饰凹弦纹三周。口径9、高13.2厘米。（图2-91C）

铜戈 2件。乙Bb型Ⅰ式。均残。

SM810∶2，残长22.8、援残长15.4、援最宽4.7、内宽5.8、援厚0.1、内厚0.1厘米。重0.069千克。（图2-91C）

SM810∶6，体轻薄。残长21、援残长15.5、援最宽4.8、援厚0.1、内厚0.1厘米。重0.056千克。（图2-91C；彩版九〇，3）

铜矛 1件。

SM810∶3，甲Aa型。残。叶扭曲。残长22.2、叶长20.6、叶最宽6、叶厚0.1~0.2、銎腔径1.9×2.1厘米。重0.208千克。（图2-91C；彩版九〇，5）

铜铃 1件。

SM810∶1，Aa型Ⅰ式。残。体大。铃舌残。素面。通高6.1、口缘径3.4×3.8、腔壁厚0.2厘米。（图2-91C；彩版九〇，4）

墓葬年代：殷墟三期。

SM816

位于ST2708西南角，南部压于ST2608的东隔梁下。开口于③层下，北为SM623，东隔约10厘米与M619相邻，打破生土。方向为290度。（图2-92A~C；彩版九二，1）

被盗。盗沟内填褐色偏黄淤土，松软，含少量瓷片、砖等，时代应在明清至现代。距墓口80厘米处，盗沟开始向墓室内扩展，至墓底时整个墓室已全被扰乱。

长方形竖穴土坑墓，东北角有一南北向长方形盗沟，南部深入墓室约15厘米。墓壁不太规整，先内收而墓底外扩。墓口距地表约70厘米，墓口长237、宽83厘米，墓室深约180厘米（图2-92A）。填土为褐色花土，夯打较差，含少量陶片、骨头、蚌壳及炭屑等。陶片多灰陶，可辨器型有鬲、罐、簋等。且墓室东部比西部低约20厘米，东二层台也仅留约10厘米左右。在距墓口80厘米的中部偏北壁处，有殉狗一条，骨架较完整，头向东，面北，侧卧，头下压一前腿，其一前腿、一后腿尚在其下土中，似被捆绑（图2-92B）。

熟土二层台南部较窄（可能被盗沟扰动之故），西部较宽，约25厘米。

在墓室正中有一腰坑，长约60、宽约30、深约24厘米。由于被盗沟扰乱，腰坑内已空无一物，且东头比西头低约20厘米。

二层台以下全部被扰乱，但据其形制看，葬具应为一棺（木质）。棺室呈长方形，东头偏向南壁。棺痕基本不见，仅在西壁处有些许白漆痕迹，可知棺外至少髹有白漆。

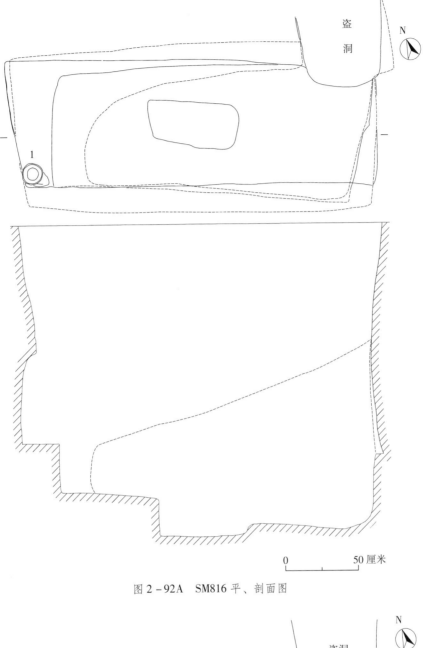

图 2 - 92A　SM816 平、剖面图

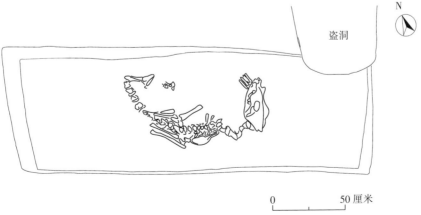

图 2 - 92B　SM816 填土殉狗平面图

墓主不见。从填土殉狗头向判断，墓主头向可能朝西。

二层台西南角放置陶鬲1件。

陶鬲　1件。

SM816:1，甲 Ab 型 Ⅱ 式。残。通体饰中粗绳纹，颈部经修整，足根部绳纹被抹掉。口径15.7、高14.5厘米。（图2-92C）

墓葬年代： 殷墟三期。

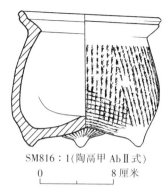

SM816:1（陶鬲甲 AbⅡ式）

0 　　　　 8厘米

图 2-92C　SM816 出土遗物

SM821

位于 ST3003 北部。开口于探方⑤层下，被 H586 打破，打破 H619。墓葬东部上层大多被 H586 破坏，墓底遭盗扰。方向为295度。（图2-93；彩版九二，2）

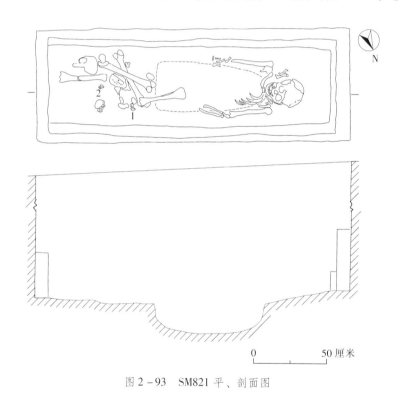

0 　　　　 50厘米

图 2-93　SM821 平、剖面图

长方形竖穴土坑墓，墓壁较直。墓口长215、宽74厘米，墓深155厘米。填土为灰花土，夯土不致密。

墓底有一周熟土二层台，宽2~10、高30~41厘米。南二层台上发现小段漆绘，以白漆为底，髹朱红漆，局部有黄漆，以黑线勾勒图案，但现存图案不清。

墓底中部有一长方形腰坑，长76、宽34、深20厘米。腰坑内仅发现几块狗骨头。

葬具为一棺。长193、宽48~51、残高30~41厘米。

墓主仰身直肢，头西面上，胸骨、肋骨大部扰乱，双臂垂于身体两侧，腿骨零乱，盆骨弃置于墓圹南部，与腿骨夹杂在一起。墓主口中含有4枚 A 型货贝。

在棺内东侧腿骨北部，各放置2枚 A 型货贝，上附有朱砂。

墓葬年代： 打破 SM821 的 H586 及被其打破的 H619 年代均为殷墟三期，因而该墓年代定为殷墟三期较为合适。

人骨鉴定：

女性。35~40 岁。

盆骨、头骨、肢骨性征明显。牙齿磨耗 3~4 级。

椎骨上未见增生。

SM822

位于 ST2211 西南端，少许在 ST2210 北隔梁处。开口于 ST2211②层下，直接打破生土。被盗。方向为 110 度。（图 2-94A、B；彩版九三，1）

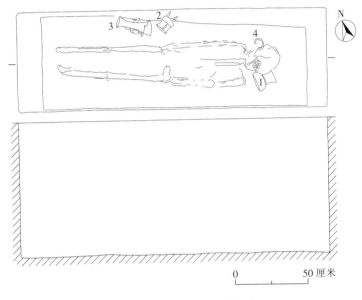

图 2-94A　SM822 平、剖面图

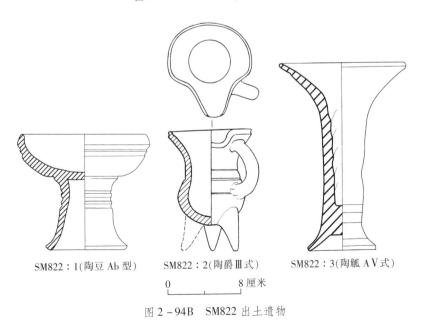

SM822：1(陶豆 Ab 型)　　SM822：2(陶爵Ⅲ式)　　SM822：3(陶觚 AⅤ式)

图 2-94B　SM822 出土遗物

长方形竖穴土坑墓，墓壁较直，墓口与墓底大小一致。墓口距地表 40~45 厘米，长 210、宽 66 厘米，墓深 90 厘米。填土为红褐花夯土，质地较硬，夯层厚约 10 厘米，夯窝直径 6~8 厘米，夯迹无排列，为单束夯。（图 2－94A）

葬具为一棺，已朽成木灰。由于该墓被盗，仅存棺侧板中北部分，呈黑白色。从残存迹象判断，其长 180、宽 51~61 厘米。在棺盖板面鬃有红黑两色漆。

墓主为仰身直肢葬，头东面南。骨骼现已朽为骨粉状，骨骼范围长度 150 厘米，唯牙齿保存较好，性别年龄不详。

在棺盖东南部，出土 1 件陶豆，另在棺盖北侧出陶爵、陶瓿各 1 件。墓主头北侧出骨器 1 件（残）。

陶瓿 1 件。

SM822：3，A 型 V 式。泥质灰陶。修复。体高大，喇叭口，瘦腹呈直筒形，高圈足。素面。口径 14、圈足径 7.1、高 19.8 厘米。（图 2－94B）

陶爵 1 件。

SM822：2，Ⅲ式。泥质灰陶。修复。长流，无尾，半环形鋬，束腰，腹部略鼓，圜底，三足外撇。腹部饰凹弦纹二周。口径 9.2、高 13.3 厘米。（图 2－94B）

陶豆 1 件。

SM822：1，Ab 型。泥质灰陶。修复。敛口，尖圆唇，沿稍外斜，浅盘，高圈足。盘壁、圈足上部分别饰凹弦纹二、三周。口径 14.4、圈足径 8.8、高 12.3 厘米。（图 2－94B）

骨器 1 件。

SM822：4，残损严重，与土黏结在一起，不辨器形。

墓葬年代： 殷墟三期。

SM832

位于 ST2810 和 ST2809 之间，其中北大半部分位于 ST2810 西南角，南端伸入 ST2809 的北隔梁下。开口于①层下，北侧为 SM767（殷墟三期）打破，打破房址 F80。方向为 28 度。（图 2－95；彩版九二，3）

长方形竖穴土坑墓，墓壁在临近底部处外掏，呈口小底大。墓口距地表 20 厘米，墓口长 205、宽 73~76 厘米，墓底长 219、宽 87~88 厘米，墓深 138~140 厘米。填土为褐色花夯土，质地坚硬。在距墓口 93 厘米处有一具殉狗骨架，已腐朽成粉状，仅存有数块狗骨，已难以辨别其葬式。在南侧出有狗下颌骨，据此判断狗头向南。

墓底中部有一长方形腰坑，南北长 60、宽 36、深 10 厘米，腰坑壁较直。腰坑内未发现遗物。

在墓主身上未发现板灰痕迹，周围也未发现二层台痕迹，仅在墓主身下发现了残留的板灰的痕迹。板灰痕迹长 170、宽 56 厘米。其应为在墓主身下的一块木板，直接放置在墓底，墓主就直接放置在木板上。

墓主仰身直肢，头北面上，两手置于体侧。骨架保存状况一般，骨盆以及部分下肢骨塌入腰坑中。

在墓主头右侧随葬陶瓿、陶爵各 1 件。

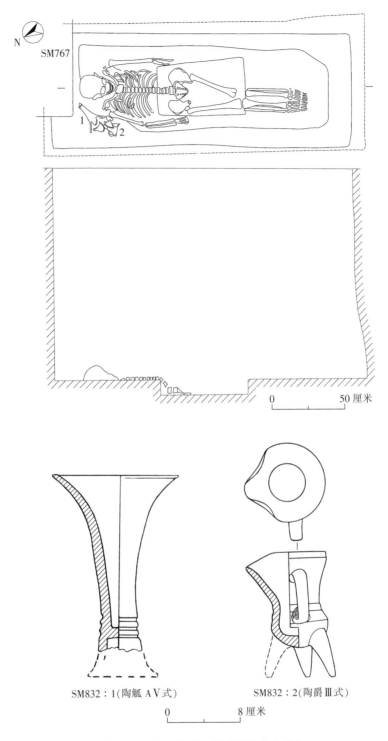

图 2 - 95 SM832 平、剖面图及出土遗物

陶觚 1 件。

SM832：1，A 型 V 式。泥质灰陶。残。喇叭口，瘦腹呈直筒形，足部缺失，腹部有凹弦纹三周。口径 14.8、残高 18.7 厘米。（图 2 - 95）

陶爵 1 件。

SM832：2，Ⅲ 式。泥质灰陶。修复。体略瘦，有流无尾，半环形鋬，束腰下移，下腹较短，圜底，

三足高而外撇。口沿外侧有浅凹槽一周。口径 8.4、高 13.2 厘米。（图 2 - 95）

墓葬年代： 殷墟三期。

人骨鉴定：

女性。30 ~ 35 岁。

肢骨性征明显。牙齿磨耗 3 级。

SM836

位于 ST2212 西南部。开口于⑥层下，打破⑦、⑧层及生土。方向为 298 度。（图 2 - 96；彩版九三，2、3）

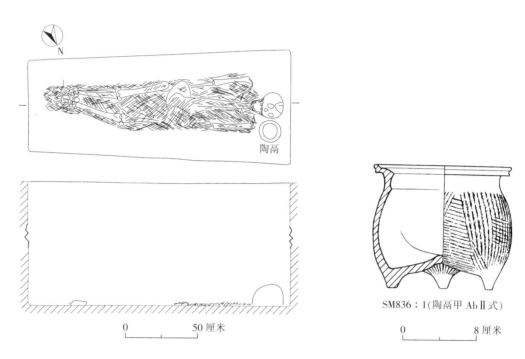

图 2 - 96 SM836 平、剖面图及出土遗物

长方形竖穴土坑墓，墓壁较直，墓底与墓口长宽一致。墓口距地表 150 厘米，墓口长 180、北宽 75、南宽 60 厘米，墓深 170 ~ 180 厘米。填土红褐色花夯土，含水锈斑点，质地坚硬，夯层厚约 8 厘米，夯窝直径 5 ~ 6 厘米，夯迹无排列，夯具为集束夯。

葬具为方格纹苇席，紧裹尸骨。从残存迹象判断，其长约 150 厘米。

墓主仰身直肢，头西面北，左前臂弯曲置于腹部，右手放于股骨。骨骼范围长度 145 厘米，骨架保存现状一般。

墓主头部左侧陶鬲 1 件。

陶鬲 1 件。

SM836:1，甲 Ab 型Ⅱ式。残。器表饰中粗绳纹，颈部经修整，足根部绳纹被抹掉。口径 15、高 13.2 厘米。（图 2 - 96；彩版九三，2）

墓葬年代： 殷墟三期。

人骨鉴定:

女性? 60 ± 岁。

性征不明显。肢骨密度 3 级。牙齿磨耗 5 级。

第一跖骨上跪踞面明显。

SM841

位于 ST2912 西南部。开口于①层下,打破②层以及 F91。方向为 25 度。(图 2 – 97A ~ D;彩版九四)

长方形竖穴土坑墓,墓壁外扩较甚,口小底大。墓口距地表 30 厘米,墓口长 215、宽 85 厘米,墓底长 271、宽 125 厘米,墓深约 306 厘米(图 2 – 97A)。填土为褐色颗粒状黏性五花夯土,质地较为坚硬。在距墓口 250 厘米处出土有殉狗一条。殉狗保存较好,头向南,前肢被缚于背部,后肢屈于体后,狗的颈部有一件铜铃(图 2 – 97B)。

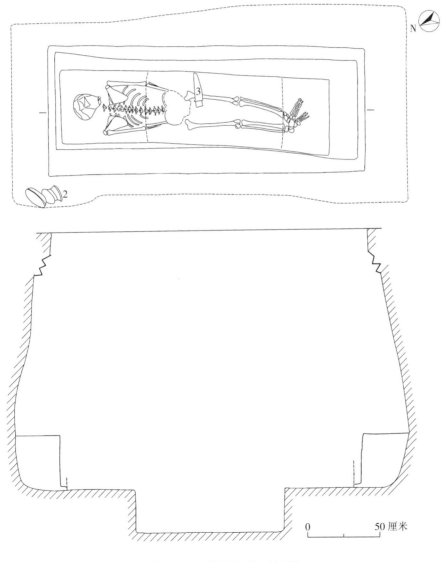

0   50 厘米

图 2 – 97A SM841 平、剖面图

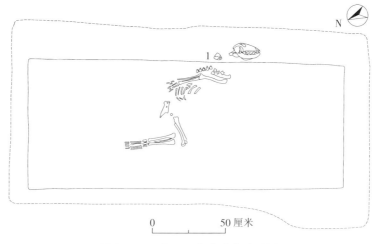

图 2 – 97B SM841 填土殉狗平面图

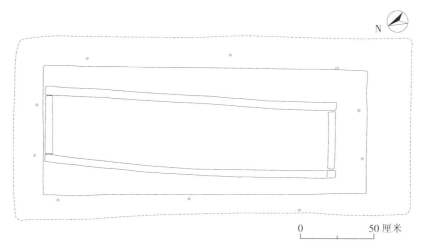

图 2 – 97C SM841 墓底桩孔位置图

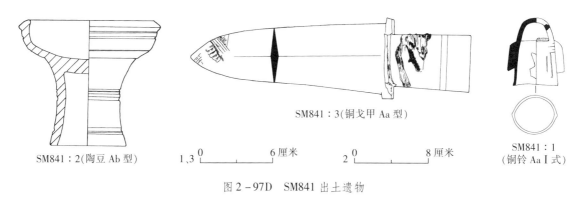

SM841：2(陶豆 Ab 型)

SM841：3(铜戈甲 Aa 型)

1,3 0   6 厘米   2 0   8 厘米

SM841：1
(铜铃 Aa I 式)

图 2 – 97D SM841 出土遗物

墓底有一周熟土二层台，宽 35、高约 36 厘米左右。二层台的东部大部分塌陷。

在墓底中部偏南处有一腰坑，长 100、宽 48、深 29 厘米。内空无物。

在墓底棺痕外侧发现 10 个木桩孔洞，南北两端各有 2 个，东西两侧各有 3 个，对称分布于墓底。这些孔洞均呈圆形，直径 1.5～2 厘米，深 6～10 厘米。(图 2 – 97C)

根据残留的木灰判断，葬具为一棺一椁。椁长约 206、宽 60～66、高 36 厘米。因受二层台挤压，椁的中部向中间挤压，呈亚腰形。

在墓底发现有棺的痕迹，棺呈长方框形，前后短挡板插入左右侧板中。棺长199、宽52厘米，棺板厚约5厘米。棺放置略偏向东北。

墓主俯身直肢，头北面下，双手压于小腹下。骨架保存状况一般。

在二层台的西北角发现陶豆1件。在棺盖上放置有铜戈1件。

陶豆 1件。

SM841：2，Ab型。修复。盘壁、圈足上分别饰凹弦纹二、四周。口径15.6、圈足径8.4、高13.5厘米。（图2－97D）

铜戈 1件。

SM841：3，甲Aa型。完整。通长23、援长16.2、援最宽5.5、内宽4.5、阑宽6.5、援厚0.7、内厚0.5厘米。重0.285千克。（图2－97D；彩版九四，3）

铜铃 1件。

SM841：1，Aa型Ⅰ式。残。通高5.4、口缘径2.7×3.3、腔壁厚0.2厘米。（图2－97D；彩版九四，4）

墓葬年代：殷墟三期。

人骨鉴定：

人骨保存情况相对较好。部分头骨残片及17颗牙齿，双侧肱骨、左侧桡骨骨段，部分上肢带骨，椎骨及肋骨残段，下肢骨骨段，右侧骨盆残片，足部骨骼保存较好，可供观察。

墓主前额后倾明显，眶上缘圆钝，眉弓发育较强，鼻根点凹陷较深，颅骨表面肌线及肌脊发育较强，枕外隆凸发达；坐骨大切迹较深。据以上形态特征判断，该个体为男性。由于骨骼保存状况的限制，个体年龄只能借助牙齿磨耗程度来推测：第一、二白齿磨耗4级（吴汝康分级系统）；第三白齿萌出，齿尖大部分磨去，齿质点暴露，因此墓主应为中年个体，年龄35～45岁。仅据四肢长骨保存状况目前无法进行身高估算。

墓主额骨眶板多孔型骨肥大呈活动状态。双侧上颌窦内骨表面呈炎性病理改变，网织状新骨形成。上颌前部牙齿可见线型釉质发育不全，多数牙齿可见轻微釉质剥脱现象。轻度牙结石。右侧肱骨头呈针尖样骨质疏松；右侧肩胛骨关节盂可见轻微的骨质增生病变。右侧髋臼窝上内侧壁骨表面粗糙不平。左侧股骨远端关节面（与髌骨相接的骨关节表面）骨质增生。多个颈椎椎体骨质疏松、椎体边缘骨赘生成；多个胸椎椎体可见许莫氏结节（Schmorl's nodes）及轻微的骨赘生成。足部双侧第一跖骨远端关节面骨赘明显。

SM842

位于ST2912西侧中部。开口于①层下，打破F91和②层。方向为104度。（图2－98A、B；彩版九五）

长方形竖穴土坑墓，墓壁外扩较甚，口小底大。墓口距地表30厘米，墓口长232、宽85厘米，墓底长242、宽100厘米，墓深约244厘米。填土为褐色颗粒状黏性五花夯土，质地较为坚硬。距墓口160厘米处出土有殉狗一条。殉狗保存较差，腐朽严重，头向西，前肢被缚于背部，后肢屈于体后。（图2－98A）

墓底有一周熟土二层台，宽22、高约50厘米左右。

在墓底中部偏南处，有长64、宽37、深14厘米的腰坑。内有殉狗一条，腐朽过甚，仅能判断其头向东，具体葬式不明。

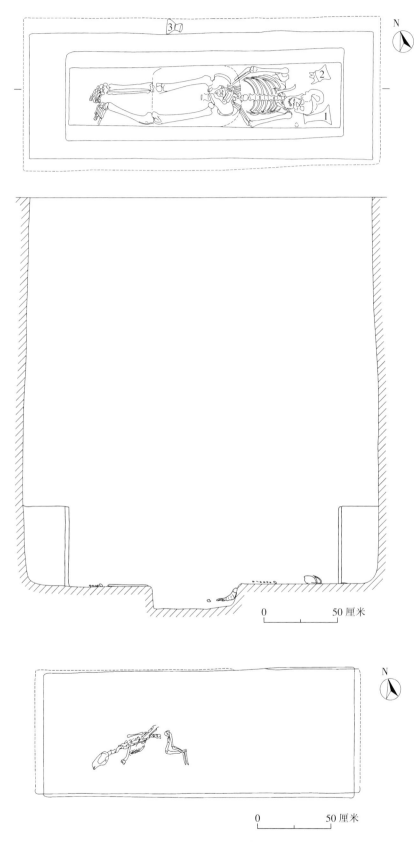

图 2 – 98A   SM842 平、剖面图及填土殉狗平面图

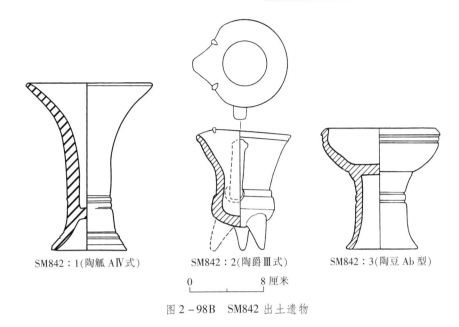

SM842:1(陶觚 AⅣ式)　　　SM842:2(陶爵Ⅲ式)　　　SM842:3(陶豆 Ab 型)

0　　　　　8 厘米

图 2－98B　SM842 出土遗物

根据残留的木灰判断，葬具为一棺一椁。椁呈长方框形，长约189、宽57、高50厘米。

棺呈长方框形，长184、宽43、残高40厘米。

墓主葬式为头东面上，仰身直肢，双手交于小腹部。骨架保存较差。

在棺内墓主头两侧各有陶觚、爵1件，其中陶觚位于头左侧，陶爵位于头右侧。在北侧二层台中部放置着陶豆1件。

陶觚　1件。

SM842:1，A 型Ⅳ式。泥质灰陶。修复。体高大，喇叭口，腹较瘦，近直腹，高圈足。腹部有凹弦纹二周，足部有凹弦纹二周。口径13.5、圈足径8、高17.6厘米。（图 2－98B；彩版九五，3）

陶爵　1件。

SM842:2，Ⅲ式。泥质灰陶。完整。短流，无尾，半环形鋬，束腰，下腹部形成凸棱，圜底，三足外撇。腹部饰凹弦纹二周，流口相交处有两个对称的小泥丁。口径9.3、高13厘米。（图 2－98B）

陶豆　1件。

SM842:3，Ab 型。泥质灰陶。修复。敛口，方唇，斜沿，盘较浅，细高圈足。盘壁、圈足上各饰凹弦纹二周。口径13.2、圈足径7.8、高12.8厘米。（图 2－98B）

墓葬年代： 殷墟三期。

人骨鉴定：

女性。40±岁。

头骨、盆骨、肢骨性征明显，耻骨联合面清晰。牙齿磨耗4级。

第一跖骨上跪踞面明显。

SM847

位于 ST2909 东南部。开口于①层下，直接打破生土。墓葬中部有一圆形盗洞直接破坏到墓底，将大部分墓室破坏。墓葬方向为14度或194度。（图 2－99A～G；彩版九六～九八）

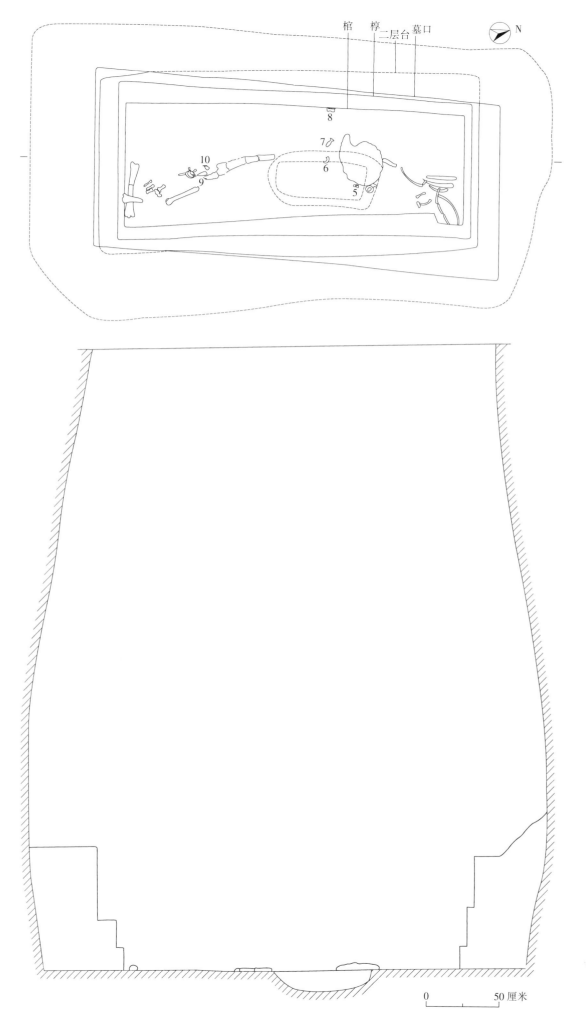

棺　椁　二层台　墓口　N

图 2-99A　SM847 平、剖面图

0　　　　50 厘米

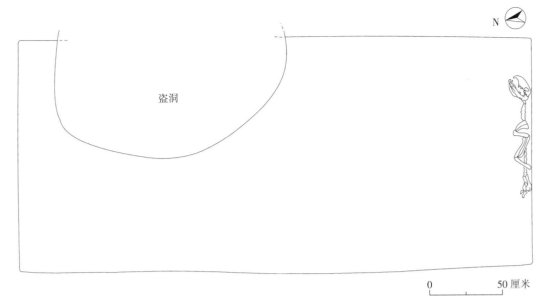

图 2 - 99B　SM847 填土殉狗平面图

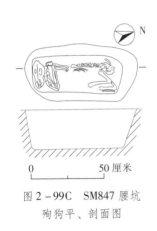

图 2 - 99C　SM847 腰坑
殉狗平、剖面图

　　长方形竖穴土坑墓，口小底大，墓壁斜内掏，略有坍塌。墓口距地表 25 厘米，墓口长 275、宽 116 ~ 118 厘米。近底部坑壁较为规整，墓底大致呈长方形，略有变形。墓底长 330、宽 160 ~ 164 厘米。在近二层台处扩展地最大，边缘不甚规整，呈圆角长方形，南北长 354、宽 187 厘米。墓深 409 ~ 412 厘米（图 2 - 99A）。填土为黄花夯土，质地坚硬。在距墓口 230 厘米处的南侧，紧贴墓室南壁出有殉狗一条，已朽成粉末状，仅能判断其头向东，侧身屈肢，前肢缚于背后，后肢已朽不见（图 2 - 99B）。

　　墓底四周有熟土二层台，高 74 ~ 81 厘米，由于二层台附近坑壁外掏严重，且不甚规整，因此二层台的宽度不一。

　　墓底中部有圆角长方形腰坑，斜壁，长 76.5、宽 37、深 26 ~ 26.5 厘米。内放置着殉狗一条，头向南，侧身屈肢，前肢缚于背后，后肢屈于腹下，狗颈部系有一件铜铃。（图 2 - 99C）

　　葬具为一棺一椁。根据二层台的大小判断，椁长约 258、宽约 120 厘米。二层台原高约 82 厘米，上部已经被盗扰，残高 33 ~ 41 厘米。两侧的立板为直径 14 厘米的圆木垒砌而成，具体数目已难以判断。由二层台上残留的痕迹分析，椁呈"Ⅱ"形，南北两侧出头约为 15 厘米。在墓底发现有直径约 10 厘米左右的圆木铺就的椁底板痕迹，共有 8 块，西侧的一块最长 277 厘米，东侧的一块最短，约 260 厘米。整个椁底板南北长约 270、宽约 115 厘米。结合二层台的大小，椁底板的南北两端伸入二层台下；椁底板的放置略偏向东北，由墓口观察，与墓口的方向大体一致，表明当时铺就椁底板是通过墓口走向校准的。椁底板的板灰呈黄色，当为柏木，上髹有白漆。在椁底板上铺有一层麻布，上髹有多重白漆和红漆。（图 2 - 99D）

　　棺呈长方形，南侧较宽，宽 73 ~ 82、残高 16 厘米。从残存的痕迹判断，棺板为南北长 229、宽约 16 ~ 30 厘米的 3 根纵向木板铺成。棺板上髹有多层红漆、黑漆、黄漆和白漆。其具体髹漆的层数已经

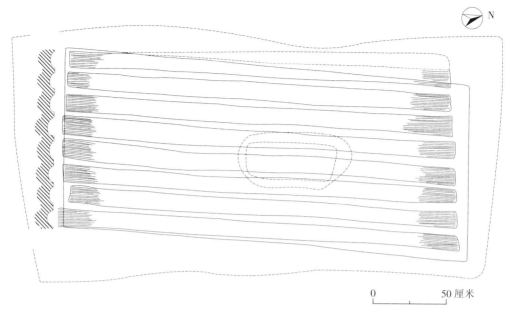

0　　　　　　　50 厘米

图 2 - 99D　SM847 椁底板平面图

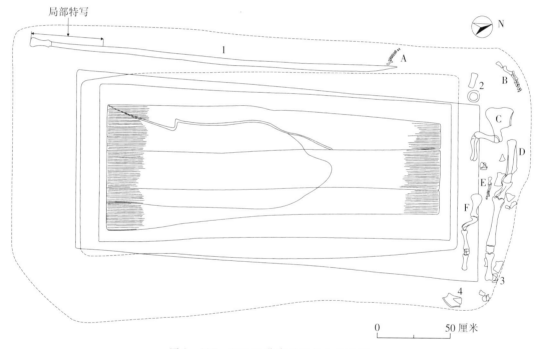

0　　　　　　　50 厘米

图 2 - 99E　SM847 墓底及二层台平面图

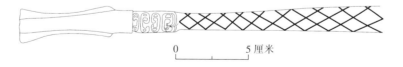

0　　　　　　　5 厘米

图 2 - 99F　SM847 二层台铜矛局部特写

难以判断。（图 2 - 99E）

墓主的骨架已被扰乱，仅在墓室内发现有零星的尸骨。

在西侧二层台上放置着一件带柲铜矛。矛头朝南，头部已经被折断不见，残存的矛头长 15

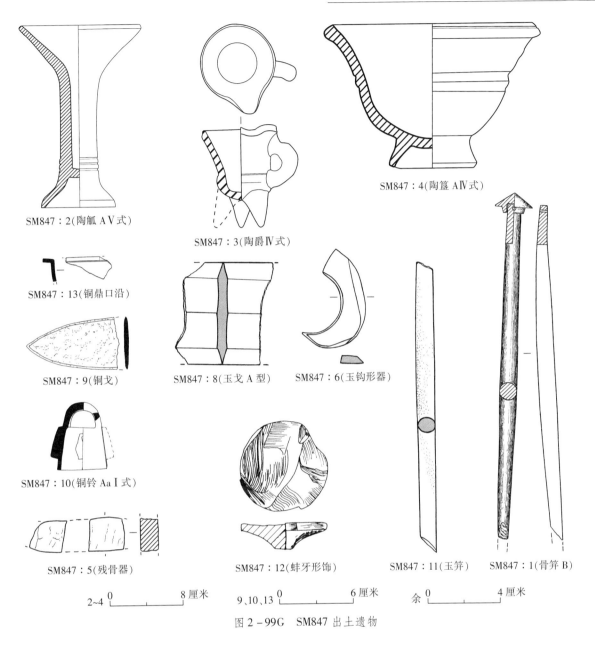

SM847：2(陶觚 A V 式)

SM847：3(陶爵 IV 式)

SM847：4(陶簋 A IV 式)

SM847：13(铜鼎口沿)

SM847：9(铜戈)

SM847：8(玉戈 A 型)

SM847：6(玉钩形器)

SM847：10(铜铃 Aa I 式)

SM847：5(残骨器)

SM847：12(蚌牙形饰)

SM847：11(玉笄)

SM847：1(骨笄 B)

2~4 0 8厘米

9、10、13 0 6厘米

余 0 4厘米

图 2 - 99G SM847 出土遗物

厘米。柲长 260 厘米，呈椭圆形，长径约 4、短径 3 厘米。根据柲上的纹样，可将柲分为三段：在头尾两端各长约 75 厘米的柲上有纹样以红漆为底，以黑漆勾勒出边长约 3 厘米的菱形图案，但在近矛头位置长约 5 厘米的部分图案是卷云纹，中间长约 110 厘米的柲上只髹有红漆，未见有纹样。（图 2 - 99E、F）

在西二层台北侧放置着 1 件猪左前肢骨（A），在二层台西北角为猪左前肢骨（B）。在北侧二层台上还放置着猪左前腿骨（C）、牛左前腿骨（D）、猪左前腿骨（E）、羊左前腿骨（F）。其中 D、E、F 呈南北并列放置，当属于有意放置的。在北侧二层台上还发现有陶觚、爵和簋的残片。在二层台内也发现有陶器残片，表明这些是下葬时有意打破埋入其中的。（图 2 - 99E）

墓室内已经被完全扰乱，残存有残骨器、玉钩形器、玉柄形器、残玉戈、铜戈头和铜器口沿，均已偏离原有位置。

在棺盖上部，扰乱的填土中出有 1 件石饰。

陶瓿 1件。

SM847：2，A型V式。修复。腹部有凹弦纹三周。口径13.3、圈足径8、高19.3厘米。（图2－99G）

陶爵 1件。

SM847：3，IV式。修复。口径8.1、高10.9厘米。（图2－99G；彩版九八，1）

陶簋 1件。

SM847：4，A型IV式。修复。唇面、腹部饰凹弦纹二周，腹下部饰模糊细绳纹。口径23.8、圈足径9.6、高15.2厘米。（图2－99G；彩版九八，2）

铜鼎口沿 1件。

SM847：13，口沿残片一块。锈蚀严重，残高1.7厘米。（图2－99G）

铜戈 1件。

SM847：9，残存锋尖，长7.7厘米。（图2－99G）

铜铃 1件。

SM847：10，Aa型I式。残。素面。锈蚀严重。通高5.5、口缘径2.8×3.5、腔壁厚0.2厘米。（图2－99G；彩版九八，3）

玉戈 1件。

SM847：8，A型。残。墨绿色，有杂斑。双面抛光。残长4.5、援宽5.4、援中脊厚0.6厘米。（图2－99G）

玉钩形器 1件。

SM847：6，完整。灰白色，有杂斑。弧形弯钩，扁平，一端较平，一端弯曲呈尖钩状。钩部一面有切割痕迹。长4.8、最宽1.3、厚0.4厘米。（图2－99G；彩版九八，4）

玉柄形器 1件。

SM847：7，完整。青色，有白色条斑。扁平长条形。长方形柄首，其下两侧略凹腰；柄体前端平齐，两侧斜收，截面呈长方形。抛光精细。长6.5、宽1.2~1.4、厚0.5厘米。（彩版九八，5）

玉笄 1件。

SM847：11，残。青色，有白斑。整体呈长条圆柱状，一端残，一端锯磨成斜面。残长15.5、径0.8~0.9厘米。（图2－99G；彩版九八，7）

骨笄 1件。

SM847：1，B型。残。活帽骨笄，帽鼓面呈笠形，平面有一圆孔，用于插笄杆，孔外缘有领凸起；笄杆长条形，顶端扁平，有一钻孔，中间较圆，笄尖残。帽径2.1、高1、杆残长17.6、最宽1.1厘米。（图2－99G；彩版九八，8）

残骨器 1件。

SM847：5，残。残存两块长方形骨片，似经烧灼。腐朽严重。残长1.7~1.8、宽1.5、厚0.7~0.8厘米。（图2－99G）

蚌牙形器 1件。

SM847：12，残。圆形，由厚蚌壳锯磨而成，周边加工出三枚均匀间隔的同向尖牙，状如涡轮叶片，一面较平，一面中部突起。径4.6、厚1.3厘米。（图2-99G；彩版九八，6）

墓葬年代：殷墟三期。

人骨鉴定：

男性？35～40岁。

肢骨性征倾向于男性，骨质好，粗壮，密度大。牙齿磨耗3～4级。

SM848

位于ST2212北部，少许压在北隔梁下。开口于⑥层下，打破⑦及⑧层。方向为65度。（图2-100；彩版九九，1）

圆角长方形竖穴土坑墓，墓壁粗糙较直，墓口与墓底大小一致。墓口距地表约200、长62～89、宽35～45厘米，墓深100厘米。填土为灰花土，质地疏松。

未发现葬具。

墓主仰身屈肢，头东面西，头位于偏离椎骨正前端左侧，右前臂屈于腹部，左上肢弯曲置于左侧，下肢折曲并拢。

墓葬年代：SM848开口于殷墟三期⑥层下，打破殷墟三期的⑦层，因而其年代定为三期较为合适。

人骨鉴定：

人骨保存状况极差，仅左侧上颌残段、右侧颧骨、下颌骨残段以及8颗恒齿保存并采集，以供观察。

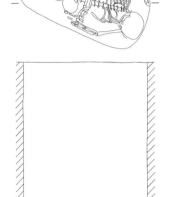

图2-100 SM848平、剖面图

墓主第二臼齿的发育程度为Rc（齿根发育完全），第二臼齿萌出，齿尖磨耗痕迹不明显。下颌第三臼齿萌出，未及齿列。据以上信息推测，墓主的年龄11～14岁。性别未知。

墓主上颌骨及颚骨的硬腭部位正常形态被侵蚀，取而代之的是大面积疏松的骨小梁样新骨堆积。

SM859

位于ST2811南部。开口于H606下，打破H651。墓葬方向为13度。（图2-101；彩版九九，2）

长方形竖穴土坑墓，北侧（头端）较宽，墓底平整，墓壁整齐，西壁略弧内斜，壁上有明显的宽6～8厘米的工具痕迹。墓口距地表120厘米，墓口长168、宽44～50厘米，墓深约120厘米。填土为黄褐色花土，土质一般，未见夯窝，填土内出有少量的殷墟陶片。

无二层台。

在极个别地方发现有席纹，残痕不清晰。墓主为用苇席裹葬的。

墓主骨架保存较差，俯身直肢，头北面西，双手压于腹部，两脚并拢。

未发现有随葬品。

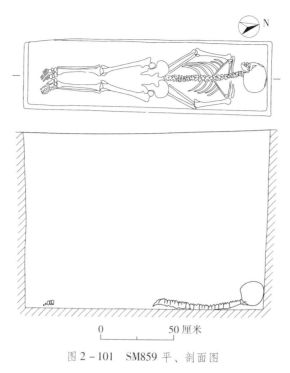

图 2 - 101 SM859 平、剖面图

墓葬年代：该墓开口于殷墟三期的 H606 下，打破殷墟二期晚段的 H651，因而其年代定在殷墟三期。

人骨鉴定：

人骨保存情况较差，仅头骨采集，以供观察。头骨保存完整，25 颗牙齿保存。

墓主第三臼齿的发育程度为 R3/4（3/4 齿根发育形成）。第二臼齿萌出，齿尖及边缘部位略有磨耗。据以上信息推测，墓主的年龄 15～18 岁。性别未知。

墓主额骨眶板及顶骨上多孔型骨肥大呈愈合状态。上颌前部牙齿及右侧下颌犬齿唇侧面均可见线型釉质发育不全。轻度牙结石。个别门齿咬合面可见轻微的釉质剥脱现象。

SM881

位于 ST2007 的北部。开口于 H510 下，被 H225 叠压，打破第⑪层及生土。方向为 180 度。（图 2 - 102；彩版九九，3）

长方形竖穴土坑墓，口小底大，墓壁较规整，底较平。墓口距地表深约 210 厘米，墓口长 226、宽 64～74 厘米，墓底长 230、宽 73～81 厘米，墓深 70～80 厘米。填土为灰褐色花土，土质较硬。

墓主身下铺有木板，已朽成木灰。从木灰痕迹上可辨别出有 6 块木板。

墓主为仰身直肢葬，头南面西，左手至肘部弯曲置于右腹部。骨架保存良好，骨骼范围长度 165 厘米。

无随葬品。

墓葬年代：叠压和打破该墓的 H510 及 H225 均为殷墟三期，被其打破的第⑪层文化层亦为殷墟三期，因而把该墓年代定为殷墟三期。

人骨鉴定：

女性？35～40 岁。

肢骨中等粗壮，下颌支粗壮。牙齿磨耗 4 级弱。

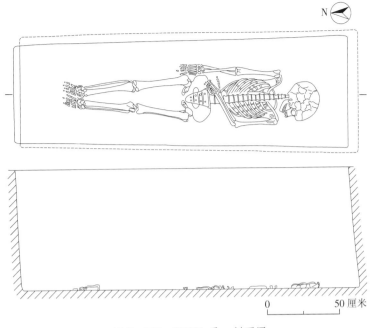

图 2 - 102　SM881 平、剖面图

SM897

位于 ST2010 东部隔梁下，东跨 ST2110。墓口被盗扰，可能非原始大小。方向为 10 度。（图 2 - 103；彩版一〇〇，1、2）

长方形竖穴土坑墓，口底同大，长 275、宽 130 厘米左右，墓深 280 厘米。填土为黄色花夯土。

二层台北端和东、西侧的北部无存，南端较宽。南端宽 32、东西端宽约 16、高 50 厘米。

墓底中部有一腰坑，长 90、宽 32 厘米。内殉狗一条，头朝南，骨骼保存差，已朽。

葬具为木棺。扰乱严重，残长 136、宽 78 厘米。

墓主情况不明。

盗坑出铜器残片以及陶觚、陶爵、陶豆各 1 件，均碎。

陶觚　1 件。

SM897：2，泥质灰陶。残。仅剩腹、足部残片一，直筒形，圈足较矮，略外撇下折。圈足径 5.9、残高 7.5 厘米。（图 2 - 103）

陶爵　1 件。

SM897：3，Ⅳ式。泥质灰陶。修复。短流，无尾，半环形鋬，束腰下移，短腹，三足外撇。口径 8.6、高 11.2 厘米。（图 2 - 103）

陶豆　1 件。

SM897：4，Aa 型。泥质灰陶。修复。敛口，尖唇，唇不外凸，盘较深，高圈足较粗。盘壁、圈足上部分别饰凹弦纹二、三周。口径 14.8、圈足径 8.8、高 13.5 厘米。（图 2 - 103；彩版一〇〇，2）

残铜器　1 件。

SM897：1，残存方形扁平铜片一块，用途不明。残长 3.4 厘米。（图 2 - 103）

墓葬年代：殷墟三期。

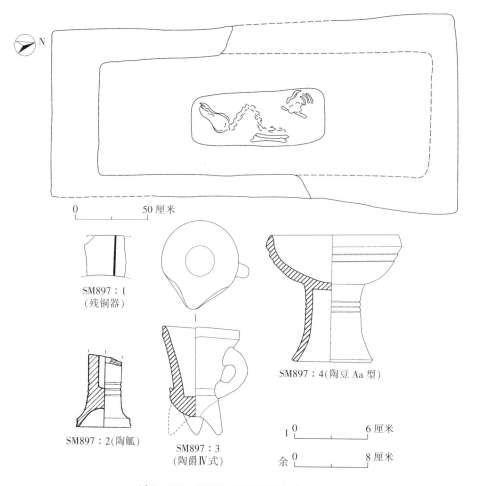

0   50 厘米

SM897：1
（残铜器）

SM897：2（陶瓿）

SM897：3
（陶爵Ⅳ式）

SM897：4(陶豆 Aa 型)

1   0   6 厘米

余   0   8 厘米

图 2 - 103   SM897 平面图及出土遗物

SM898

位于 ST2212 西部。开口于⑦层下，打破⑧层及生土。方向为 22 度。（图 2 - 104；彩版一〇〇，3、4）

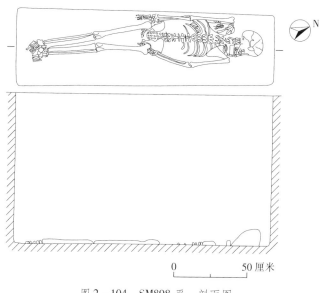

0   50 厘米

图 2 - 104   SM898 平、剖面图

长方形竖穴土坑墓，墓壁较直，墓口与墓底大小一致。墓口距地表约 200 厘米，墓口长 175、宽 48 ~ 51 厘米，墓深 100 厘米。填土为黄灰花土，质地很软。

无葬具。

墓主头骨被压成碎块，其他部分保存一般。骨骼范围长度 150 厘米，骨架保存一般，葬式为头北面东，俯身直肢，右前臂弯曲压在骨盆下，左臂直肢置于左侧。

无随葬品。

墓葬年代：叠压该墓的⑦层及被该墓打破的⑧层均为殷墟三期，因而该墓年代定为殷墟三期。

SM903

位于 ST2110 南部正中。墓口可见现代坑，墓口之上有长方形盗坑 1 个，打破生土。方向为 12 度或 192 度。（图 2 – 105；彩版一〇一，1）

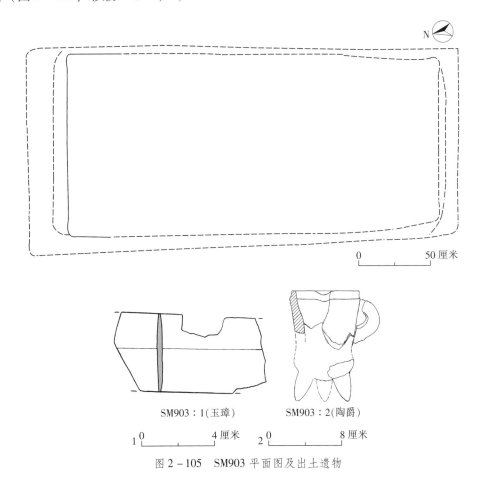

图 2 – 105　SM903 平面图及出土遗物

长方形竖穴土坑墓，被严重盗扰，口小底大。墓口长 255、宽 120 厘米，墓底长 296、宽 120 ~ 138 厘米，墓深 450 厘米。填土为黄色花夯土。

有熟土二层台，被盗扰，现存北端最宽，宽 18、高 49 厘米。

葬具至少有一棺，长 268、宽 124、高 49 厘米。

墓主被盗扰。

盗坑出陶爵、玉璋各 1 件，应是随葬品。

陶爵 1 件。

SM903：2，泥质灰陶。残片。仅剩口、腹、足部残片，无法修复。(图 2 - 105B)

玉璋 1 件。

SM903：1，残存中间一段。牙白色。扁平长条形，两面各有一道细线痕。残长 8、宽 4、厚 0.3 厘米。(图 2 - 105B；彩版一〇一，1)

墓葬年代：殷墟三期。

SM913

位于 ST2601 南部，西距 SM914 约 125 厘米。开口于①层扰土层下，直接打破生土。被盗。盗沟位于墓室中部偏南部。方向为 10 度。(图 2 - 106A、B；彩版一〇一，2)

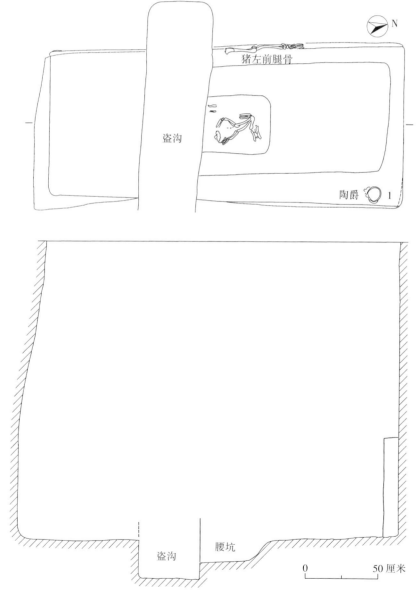

图 2 - 106A SM913 平、剖面图

陶爵 1 件。

长方形竖穴土坑墓。墓口距地表深 70 ~ 100 厘米，墓口长 240、宽 95 ~ 105 厘米，墓底长 245 ~ 250、宽 100 ~ 110 厘米，墓深 195 ~ 200 厘米。填土为黄褐色花夯土，土质较硬，夯层夯窝不明显。（图 2 - 106A）

熟土二层台（被扰保留墓室的半部），宽 10 ~ 23、高 65 厘米。西二层台中部放置完整的猪左前腿骨。

墓底中部有一长方形腰坑，南部一半被盗坑打破，腰坑残长 45、宽 40、深 13 厘米。内殉一狗，被盗坑打破一半，保留部分狗骨。

葬具为一棺。棺室南半部被扰，残长 129、宽 75 厘米。

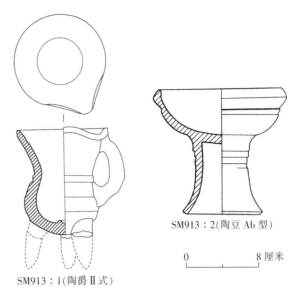

SM913：1（陶爵 II 式）

SM913：2（陶豆 Ab 型）

0   8 厘米

图 2 - 106B　SM913 出土遗物

人骨被扰乱散落于扰土与盗沟之中。

陶爵 1 件置于东北角二层台上，盗沟内出土陶豆 1 件。

陶爵 1 件。

SM913：1，II 式。泥质灰陶。残。口径大于腹径，短流无尾，半环形鋬，束腰，圆鼓腹，三足残。口沿外侧有浅凹槽一周，腰部饰凹弦纹二周。口径 10、残高 11.8 厘米。（图 2 - 106B；彩版一○一，2）

陶豆 1 件。

SM913：2，Ab 型。泥质灰陶。修复。口微敛，斜沿，圆唇，浅盘，细高圈足。盘壁饰凹弦纹二周，圈足上饰凹弦纹三周。口径 14.8、圈足径 8.7、高 13.4 厘米。（图 2 - 106B）

墓葬年代： 殷墟三期。

SM914

位于 ST2601 南部，东距 SM913 约 125 厘米，西距 SM915 仅 100 厘米。开口于①层扰土层下，直接打破生土。方向为 14 度。（图 2 - 107A、B；彩版一○一，3 ~ 5）

长方形竖穴土坑墓，口小底大。墓口距地表深 50 ~ 80 厘米，墓口长 235、宽 102 ~ 105 厘米，墓底长 250、宽 105 ~ 108 厘米，墓深 200 厘米左右。填土为黄褐色花夯土，土质较硬，夯层夯窝不明显。

熟土二层台，宽 25 ~ 28、保留高度 21 ~ 22 厘米。（图 2 - 107A）

墓底中部有一长方形圆角腰坑，壁稍斜，长 65、宽 25、深 10 厘米左右。

葬具为一棺。棺室内二层台上发现有板灰，底部发现有红色漆痕。棺室南北长 195、宽 50 ~ 55、残留高度 21 ~ 22 厘米。

骨骼保存状况较差，人骨架已腐朽成粉末状。从残迹来看，墓主仰身直肢，头北面上。性别年龄不详，骨骼范围长 165 厘米左右。

棺室内头部西北有铜戈 1 件，棺室中部偏东有陶爵 1 件，二层台东北角陶豆 1 件，二层台西北角陶觚 1 件。

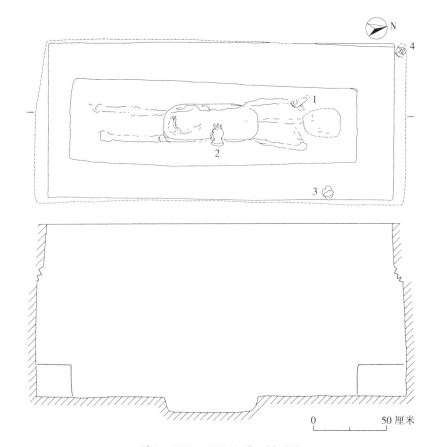

图 2－107A　SM914 平、剖面图

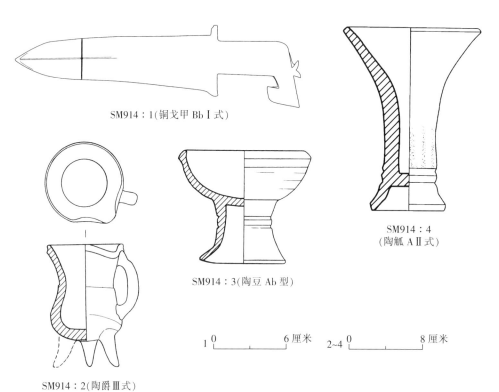

SM914：1(铜戈甲 Bb I 式)

SM914：2(陶爵Ⅲ式)

SM914：3(陶豆 Ab 型)

SM914：4
(陶觚 AⅡ式)

图 2－107B　SM914 出土遗物

陶瓶 1件。

SM914:4，A型Ⅱ式。泥质灰陶。修复。体高大，喇叭口，腹部较瘦，近直腹，高圈足外撇下折。腹部有凹弦纹二周。口径14.8、圈足径8.1、高19.2厘米。（图2-107B）

陶爵 1件。

SM914:2，Ⅲ式。泥质灰陶。修复。短流无尾，半环形鋬，束腰，圆鼓腹，底近平，三足较高而外撇。口沿外侧有浅凹槽一周，腹部饰凹弦纹一周。口径8.8、高13.2厘米。（图2-107B；彩版一〇一，4）

陶豆 1件。

SM914:3，Ab型。泥质灰陶。修复。敛口，方唇略外凸，盘较浅，圈足略矮，较粗。盘壁、圈足上部分别饰凹弦纹二、三周。口径14.6、圈足径9.4、高12.1厘米。（图2-107B）

铜戈 1件。

SM914:1，甲Bb型Ⅰ式。完整。体轻薄。曲内后端内勾，简化鸟首形，有歧冠；上、下出阑；条形援，中部有细线状中脊，援末呈三角形。通长23.8、援长16.4、援最宽4.4、阑宽5.6、内宽5.2、援厚0.1、内厚0.1厘米。重0.086千克。（图2-107B；彩版一〇一，5）

墓葬年代： 殷墟三期。

SM922

位于ST3012的西南部，开口于①层下，打破生土。有一圆形盗洞打破墓室的东侧中部。方向为16度。（图2-108）

长方形竖穴土坑墓，北侧较宽，西壁略向西扩，口小底大。墓口距地表约50厘米，墓口长215、宽78~84厘米，墓深约110厘米。填土为红褐色花夯土，土质较硬，夯窝稀疏，分布无规律，夯层不明显。

墓底四周有熟土二层台，二层台北端宽9、南端宽19、东侧宽12~20、西侧宽12~14厘米，高约30厘米。东侧二层台中部为盗洞破坏。

棺被扰，发现有少量板灰。根据二层台的范围，棺长186、宽56、高30厘米。

墓主大部骨骼被扰无。头骨较完整，位于棺室东北角，保存少量肋骨和骨盆未被扰动。头骨西侧有一段肱骨残段。在棺室南端偏西保存数根趾骨未被扰动。根据残迹判断，墓主俯身直肢，头向北。

在盗洞填土中出榧螺1枚。在东北部二层上放置陶瓶1件，棺室的东北部放置陶爵1件，原应在棺盖上放置。

陶瓶 1件。

SM922:2，A型V式。修复。腹部有凹弦纹三周。口径14.6、圈足径8.7、高20.4厘米。（图2-108）

陶爵 1件。

SM922:3，Ⅲ式。修复。腹部饰凹弦纹三周。口径9.6、高13.6厘米。（图2-108）

榧螺 1枚。

SM922:1，残。背中部磨出一圆孔。长2.2厘米。（图2-108）

墓葬年代： 殷墟三期。

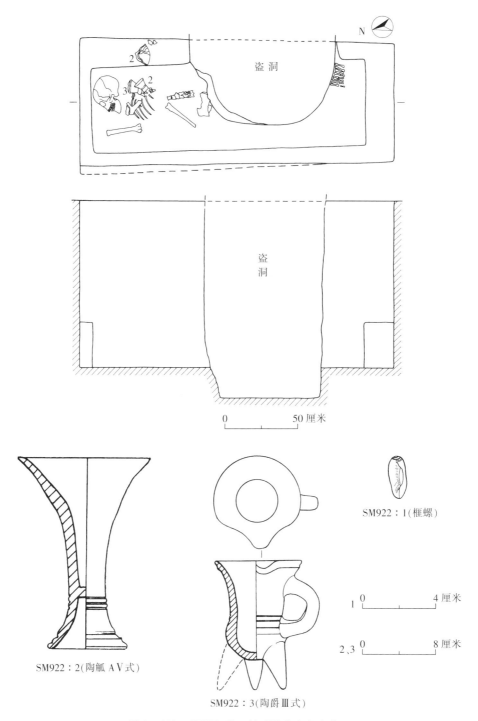

SM922：1(棺螺)

SM922：2(陶觚ＡⅤ式)

SM922：3(陶爵Ⅲ式)

1 0   4 厘米

2,3 0   8 厘米

图 2－108　SM922 平、剖面图及出土遗物

人骨鉴定：

人骨保存情况较差，大部骨骼被扰：头骨残破，左侧锁骨、肩胛骨、少量肋骨、两段肱骨及尺骨残段保存，部分胸椎、腰椎和骨盆和数根趾骨未被扰动。除上述骨骼残部外，仅保存 21 颗牙齿可供观察。

墓主前额后倾明显，眉弓发育强，颅骨表面肌线及肌脊显著，眶上缘钝厚，枕外隆突发达；坐骨大切迹窄而深，耻骨联合面下端至耻骨下支内侧缘呈平坦的骨面，骶骨曲度明显，骶骨底部第一骶椎上关节面较大，骶骨岬明显。据以上性别特征综合判断，该个体为男性。骨骺完全愈合；耳状面形态4 级（Lovejoy 分级系统），第三白齿萌出，齿尖部分磨平，第一、二白齿磨耗程度 3~4 级（吴汝康分级系统）。据以上信息推断该个体年龄 35~39 岁。仅据四肢长骨保存状况目前无法进行身高估算。

墓主额骨眶板多孔型骨肥大呈活动状态。右侧上颌第二白齿齿槽颊侧面可见根尖脓疡病变的瘘孔。多颗上颌白齿可见轻微的釉质剥脱现象。中度牙结石。双侧上、下颌门齿可见线型釉质发育不全，右侧上颌犬齿呈凹陷型釉质发育不全。左侧锁骨肩峰端呈边缘硬化型骨质疏松，并伴有骨质增生等病理表现；左侧肩胛骨关节盂边缘及左侧肱骨头的边缘骨赘形成；肱骨滑车关节面可见边缘硬化型骨质疏松病变；左侧尺骨鹰嘴关节面上可见轻微的骨质增生现象。左侧髋白窝边缘轻微骨质增生。胸椎椎体边缘骨赘生成，多个椎体上、下关节面可见许莫氏结节（Schmorl's nodes）；腰椎椎弓上下关节突骨赘生成。

SM926

位于 ST3010 的北中部。开口于①层下，打破 F104（殷墟一期晚段）。方向为 17 度。（图 2-109A~D；彩版一〇二~一〇四）

长方形竖穴土坑墓，坑壁略外扩，口小底大。墓口距地表约 50 厘米，墓口长 235、宽 100~102 厘米，墓底长 300、宽 145~154 厘米，墓深约 280 厘米。填土为黄褐色花夯土，土质坚硬，夯层厚薄不均，厚 10~25 厘米，夯窝稀疏，分布无规律，夯窝剖面呈半球形，直径 6~8 厘米。（图 2-109A）

墓底四周有熟土二层台，二层台北端宽 15、南端宽 47、东侧宽 22、西侧宽 25~31 厘米，高约 37厘米。在西北角二层台上残留有一片布幔。布幔为白地，黑色线条，中间部分填以红彩，图案已不甚清楚（图 2-109B）。

在墓底中部有一圆角长方形腰坑，斜壁，口大底小，长 86、宽 40、深 20 厘米。腰坑内殉有一狗，已朽成黄褐色骨粉，只能判断其头南背东。（图 2-109C）

葬具为一椁一棺。椁保存不好。根据二层台的范围，椁长 238、宽 98~100、高 37 厘米。在椁上覆盖有布幔。

根据痕迹判断，棺长 205、宽 60~66、高 30 厘米。棺盖上髹黑白漆。在棺椁之间有一定的空隙，北端宽 33 厘米，南端紧贴椁室南边，东侧宽 19~22 厘米，西侧宽 14~18 厘米。在墓底残留有棺椁底板痕迹。中部为棺底板，由三块纵向木板构成，上髹白色和赭红色漆。在棺底板外周为椁底板，上髹有黑漆。（图 2-109C）

墓主为仰身直肢葬，头北面东，双脚并拢，趾尖向前。骨架保存状况极差，大部骨架无存，双臂和上身朽无，只显其大致形状。墓主性别不详，年龄 40~45 岁，骨骼范围长度 160 厘米。

在棺盖上放置着大量的随葬品，除东侧一部分外，大多随着棺盖的腐朽而塌入棺内。在墓主的头西侧放置着铜爵、陶瓶各 1 件，在墓主头东侧有陶爵 1 件，墓主胸部压着 1 件铜瓿，在股骨西侧有 1件铜簋，在墓主脚前有铜鼎和铜瓿各 1 件。这些均为从棺盖上塌入棺内的。东侧棺盖未坍塌，中部放置铜戈 1 件，东北角上放置羊腿 1 条。在西侧棺椁之间中部放置骨笄 1 件。在东北角棺椁之间放置陶豆 1 件。墓主口中有贝 1 枚。铅戈位于东南二层台上。（图 2-109A、B）

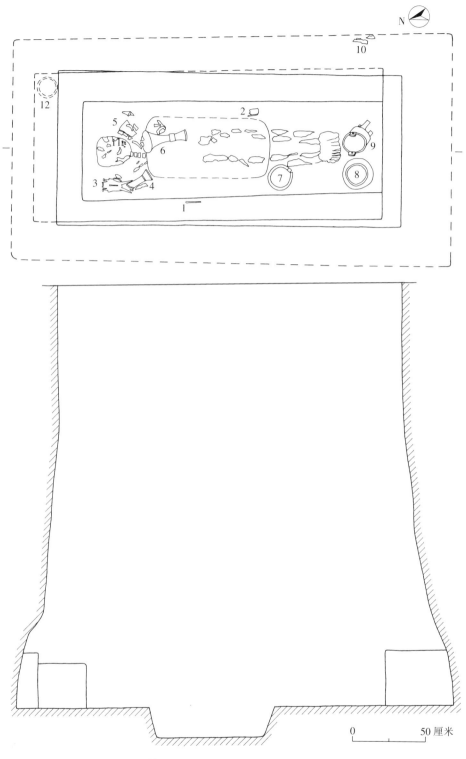

图 2 - 109A   SM926 平、剖面图

陶瓿 1 件。

SM926:4，A 型 V 式。腹部有凹弦纹三周。口径 14、圈足径 8.2、高 20.8 厘米。（图 2 - 109D）

陶爵 1 件。

SM926:5，Ⅲ式。腹部饰凹弦纹二周。口径 8.8、高 13.4 厘米。（图 2 - 109D；彩版一〇三，1）

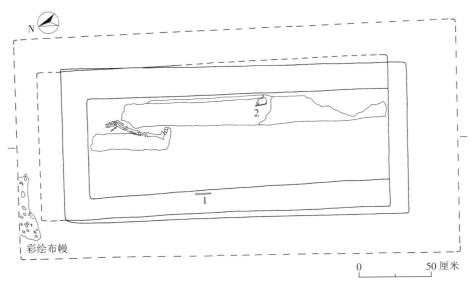

图 2 – 109B　SM926 棺盖板平面图

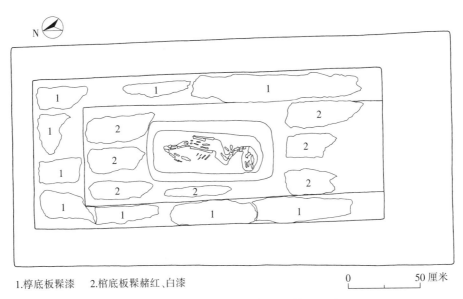

1.椁底板髹漆　2.棺底板髹赭红、白漆

图 2 – 109C　SM926 椁底板及腰坑平面图

陶豆　1 件。

SM926:12，Aa 型。盘壁、圈足上部各饰凹弦纹二周。口径 14、圈足径 9.2、高 12.3 厘米。（图 2 – 109D）

铜鼎　1 件。

SM926:9，B 型Ⅰ式。微残。足内范土尚存。腹部一周凸弦纹。锈蚀较重。通高 19.9、口径 15.8、腹径 15.1、耳高 3.1、耳根宽 4.1、耳厚 0.7、足高 6.8、柱足径 2.7、腹壁厚 0.3 厘米。重 1.444 千克。（图 2 – 109D；彩版一〇四，1）

铜簋　1 件。

SM926:7，B 型。完整。口、颈及圈足内壁有铸焊修补痕迹。通高 11、圈足高 2.9、口径 17.3、腹径 15.6、圈足径 11.6、腹壁厚 0.2 厘米。重 0.997 千克。（图 2 – 109D；彩版一〇四，2）

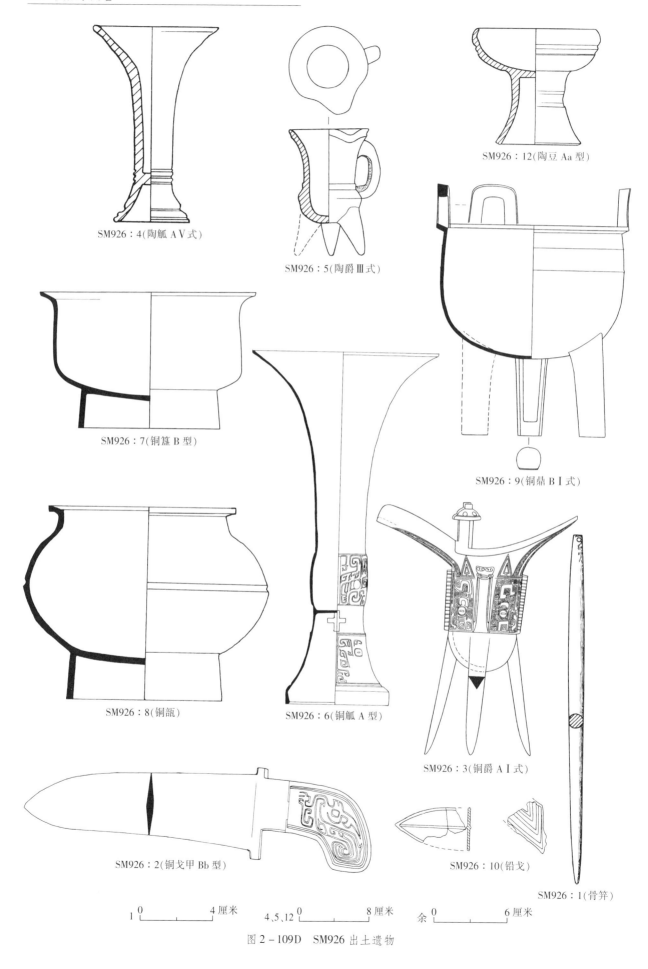

SM926：4(陶觚 AV式)

SM926：5(陶爵Ⅲ式)

SM926：12(陶豆 Aa 型)

SM926：7(铜簋 B 型)

SM926：9(铜鼎 BⅠ式)

SM926：8(铜瓿)

SM926：6(铜觚 A 型)

SM926：3(铜爵 AⅠ式)

SM926：2(铜戈甲 Bb 型)

SM926：10(铅戈)

SM926：1(骨笄)

1 0 _____ 4厘米   4、5、12 0 _____ 8厘米   余 0 _____ 6厘米

图 2－109D SM926 出土遗物

铜瓿　1 件。

SM926：8，微残。底内部有纺织品印痕。锈蚀较重。通高 15.5、圈足高 3.8、口径 15.4～15.9、腹径 19.8、圈足径 12.8、腹壁厚 0.3 厘米。重 1.861 千克。（图 2 - 109D；彩版一〇三，2）

铜觚　1 件。

SM926：6，A 型。完整。圈足内壁有铭文"天"字。通高 28、口径 15、底径 8.4、口沿厚 0.2 厘米。重 0.875 千克。（图 2 - 109D；彩版一〇四，4）

铜爵　1 件。

SM926：3，A 型 I 式。完整。通高 19.8、柱高 3.5、足高 9.4、流至尾长 16.4、流长 7.1、流宽 3.7、腹壁厚 0.2 厘米。重 0.641 千克。（图 2 - 109D；彩版一〇四，3）

铜戈　1 件。

SM926：2，甲 Bb 型。完整。通长 28.6、援长 18.7、援最宽 6、阑宽 7.4、内宽 4、援厚 0.5、内厚 0.5 厘米。重 0.339 千克。（图 2 - 109D；彩版一〇三，3）

铅戈　1 件。

SM926：10，残。援末呈舌尖状，中部有线状中脊，余残碎。（图 2 - 109D）

骨笄　1 件。

SM926：1，完整，无笄帽，顶端钻孔。通长 18.5 厘米。（图 2 - 109D）

贝　1 枚（SM926：11）。A 型货贝。

墓葬年代： 殷墟三期。

SM929

位于 ST3009 的东南部，SM928 东侧。开口于①层下，为西侧的 SM928（殷墟四期晚段）打破，直接打破生土。方向为 12 度。（图 2 - 110A～D；彩版一〇五～一〇七）

长方形竖穴土坑墓，北端较宽，坑壁略外扩，口小底大。墓口距地表约 30 厘米，墓口长 220、宽 75～78 厘米，墓底长 262、宽 85～91 厘米，墓深约 275 厘米。填土为黄褐色花夯土，土质较硬，夯层夯窝不明显（图 2 - 110A）。在墓室南部偏西，距墓口 180～187 厘米的填土中有一条殉狗，骨架保存较差，殉狗头向南，上仰，背部向西，前腿似缚于脊背（图 2 - 110B）。

在墓室北端，有一宽 11 厘米的生土台。在棺周围有一周熟土二层台，二层台北端宽 13、南端宽 37、东侧宽 22～26、西侧宽 15～19 厘米，高 27 厘米。

墓底有一长条形腰坑，两端不甚规则，长 115、宽约 25、深 15 厘米，坑底由两端向中间呈弧形。腰坑内殉葬 2 只幼狗骨架，保存极差，均朽成粉状，略显形状。北侧殉狗头向南，位于腰坑东侧；南侧狗架头向北，身体均蜷曲为团状。（图 2 - 110C）

葬具为一棺。在墓主骨架上发现棺盖板痕迹。根据二层台的范围推断，棺长 197、宽 45～50 厘米。

墓主为俯身直肢葬，头北面东，双臂对称内屈，手压于腹下，双脚并拢，脚尖向前。骨架保存极差，头骨和肋骨朽为粉状，略显其形，其余均为骨渣状。墓主为男性，年龄不详，骨骼范围长度 165 厘米。

图 2 - 110A SM929 平、剖面图

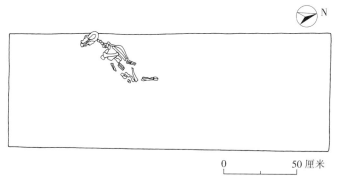

图 2 - 110B SM929 填土殉狗平面图

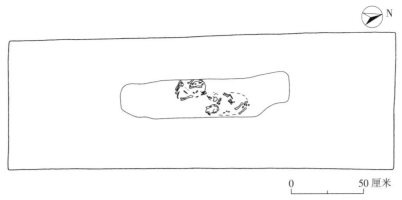

图 2 – 110C SM929 腰坑殉狗平面图

在棺盖上原放置着随葬品，后随棺盖腐朽塌入棺中。在墓主头前有铜瓿 1 件，在墓主头西侧有铜爵 1 件和铜渣 1 块，在墓主左臂西侧有陶爵 1 件，在东二层台北部上有陶豆 1 件，在墓主左臂弯内侧有玉戈 1 件，在骨盆西侧有铜戈 1 件，在股骨之间有 3 件铜镞，在右腿东侧有铜戈 1 件，在小腿东侧有铜戈 1 件。在两小腿骨上放置另 1 件铜戈，在脚尖前有陶瓿 1 件。

陶瓿 1 件。

SM929：12，A 型Ⅳ式。完整。腹部有凹弦纹三周。口径 14、圈足径 8.5、高 20.3 厘米。（图 2 – 110D）

陶爵 1 件。

SM929：4，Ⅲ式。修复。腹部饰凹弦纹二周，口沿上部有两个对称的小泥丁。口径 10、高 12.8 厘米。（图 2 – 110D）

陶豆 1 件。

SM929：5，Ab 型。修复。盘壁、圈足上部分别饰凹弦纹二、三周。口径 14.2、圈足径 8.4、高 12.8 厘米。（图 2 – 110D；彩版一〇五，2）

铜瓿 1 件。

SM929：1，A 型。完整。通高 31.5、口径 15.6、底径 8.7、口沿厚 0.3 厘米。重 1.125 千克。（图 2 – 110D；彩版一〇六，1）

铜爵 1 件。

SM929：2，B 型Ⅰ式。完整。通高 18.7、柱高 3.1、足高 8.4、流至尾长 14.8、流长 6.5、流宽 3.8、腹壁厚 0.2 厘米。重 0.555 千克。（图 2 – 110D；彩版一〇六，2）

铜戈 4 件。

SM929：9，甲 Bb 型。完整。内前端留有秘痕。通长 23.8、援长 16.2、援最宽 5、阑宽 6.5、内宽 3、援厚 0.8、内厚 0.5 厘米。重 0.267 千克。（图 2 – 110D；彩版一〇七，1）

SM929：11，乙 Ba 型Ⅰ式。残。通长 28.1、援长 18.8、援最宽 4.9、内宽 3.6、援中脊厚 0.2、内厚 0.2 厘米。重 0.181 千克。（图 2 – 110D；彩版一〇七，2）

SM929：7，乙 Bb 型Ⅰ式。内残，援扭曲变形。残长 18、援残长 16.5、援最宽 4.5、援厚 0.2 厘米。残重 0.092 千克。（图 2 – 110D；彩版一〇七，3）

SM929：10，乙 Bb 型Ⅰ式。残长 22.8、援残长 16.6、援最宽 4.5、内宽 2.1、援厚 0.2、内厚 0.1 厘米。重 0.089 千克。（图 2 – 110D）

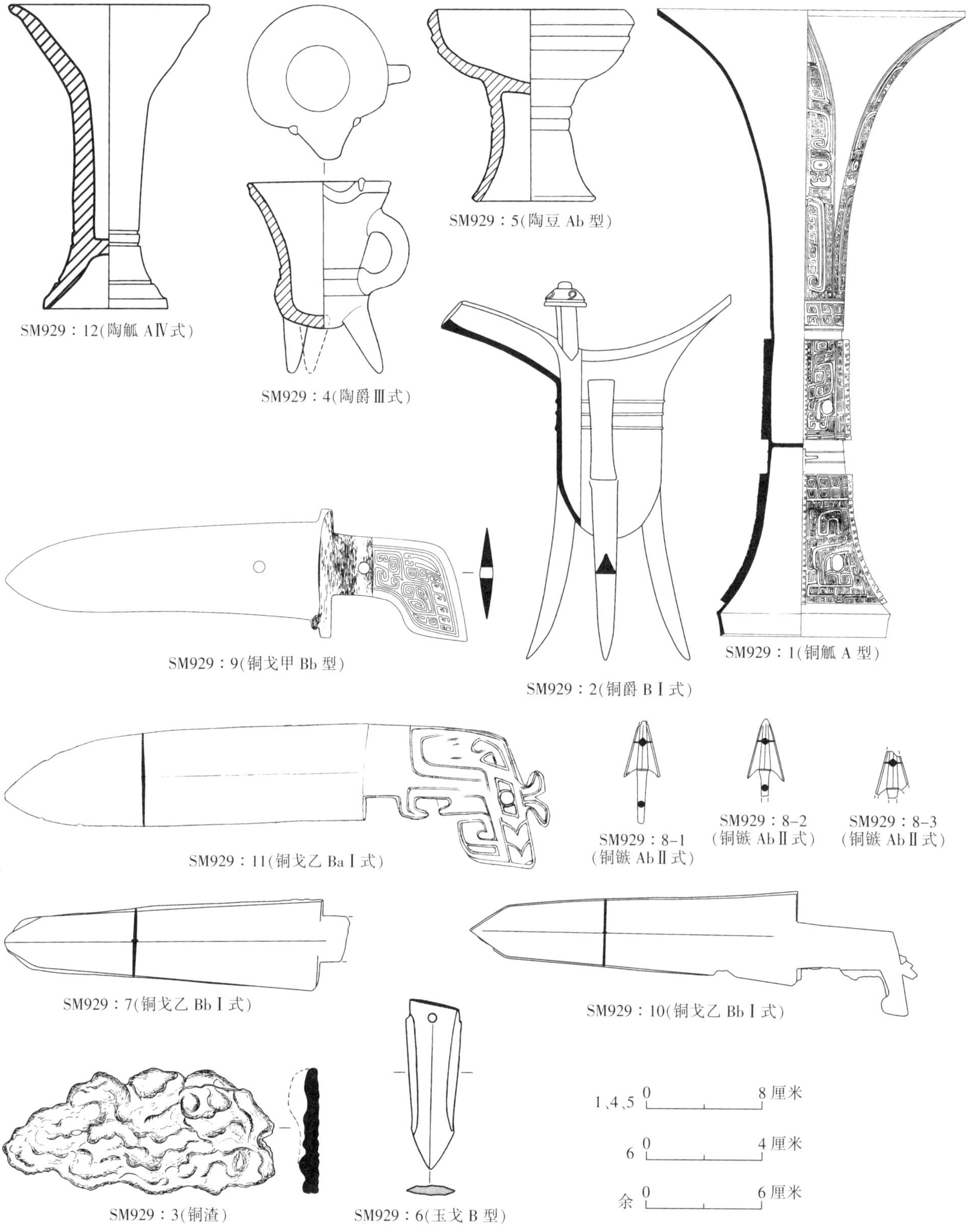
SM929∶12(陶觚 AⅣ式)
SM929∶4(陶爵Ⅲ式)
SM929∶5(陶豆 Ab 型)
SM929∶9(铜戈甲 Bb 型)
SM929∶2(铜爵 BⅠ式)
SM929∶1(铜觚 A 型)
SM929∶11(铜戈乙 BaⅠ式)
SM929∶8-1 (铜镞 AbⅡ式)
SM929∶8-2 (铜镞 AbⅡ式)
SM929∶8-3 (铜镞 AbⅡ式)
SM929∶7(铜戈乙 BbⅠ式)
SM929∶10(铜戈乙 BbⅠ式)
SM929∶3(铜渣)
SM929∶6(玉戈 B 型)
1、4、5 0 8 厘米
6 0 4 厘米
余 0 6 厘米

图 2-110D SM929 出土遗物

铜镞 3 件。Ab 型Ⅱ式。形体较小。

SM929∶8-1，微残。通长 4.9、铤长 2.6、翼宽 1.9 厘米。（图 2-110D；彩版一〇五，4）

SM929∶8-2，残。残长 3.8、铤残长 1.2、翼宽 1.9 厘米。（图 2-110D；彩版一〇五，4）

SM929：8 - 3，残。残长 2.3、铤残长 0.3 厘米。（图 2 - 110D；彩版一〇五，4）

铜渣 1 件。

SM929：3，残。厚重，不规则形，两面凹凸不平。残长 14.2、残宽 6.3 厘米。（图 2 - 110D；彩版一〇五，3）

玉戈 1 件。

SM929：6，B 型。完整。牙白色，表面有灰斑。斜方内，圭首形条形援，无中脊，边刃较薄。内中部有一对钻孔。双面抛光。通长 5.5、内长 0.5、内宽 1.6、援宽 1.8、援厚 0.2 厘米。（图 2 - 110D；彩版一〇六，3）

墓葬年代：殷墟三期。

SM933

位于 ST3008 的东北角。开口于①层下，直接打破生土。方向为 10 度。（图 2 - 111）

长方形竖穴土坑墓，坑壁竖直，口底同大。墓口距地表约 40 厘米，墓口长 170、宽 86 ~ 88 厘米，墓深约 260 厘米。填土为黄褐色花夯土，土质较硬，夯层夯窝不明显。

无葬具。在墓主身上盖有布幔。布幔保存不好，彩绘图案模糊不清，彩绘由内向外为黑—黄—白—黄—红—黄—白—黄。

墓主为侧身屈肢葬，头北面东，左臂弯曲，手置于骨盆东侧，椎骨向西弯曲，左臂压于身下，双膝微东屈，趾尖向前偏东。骨架保存状况极差，头骨朽为骨粉，呈扁平状，肋骨和椎骨已朽成骨渣，仅显其形。

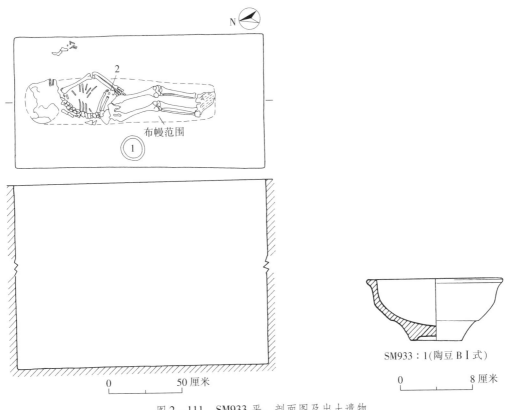

SM933：1(陶豆 B I 式)

图 2 - 111 SM933 平、剖面图及出土遗物

在墓室中部偏西，墓主西侧有圈足缺失的陶豆 1 件。左手中有贝 1 枚。在墓主东侧一小段狗腿骨。

陶豆 1 件。

SM933：1，B 型 I 式。圈足缺失。口径 14.6、残高 6.5 厘米。（图 2 - 111）

贝 1 枚。A 型货贝。

墓葬年代： 殷墟三期。

人骨鉴定：

人骨保存状况较差，仅采集 27 颗恒齿，以供观察。右侧上颌第二前臼齿发育程度为 R3/4（3/4 齿根发育形成），左侧上颌第二臼齿发育程度为 R1/2（1/2 齿根发育形成）。左侧下颌第二臼齿发育程度为 R2/3（2/3 齿根发育形成），第二前臼齿为 R3/4（3/4 齿根发育形成），第一前臼齿为 Rc（齿根发育完全）；右侧第二臼齿为 R1/2（1/2 齿根发育形成），第三臼齿为 Cr1/2（1/2 齿冠发育形成）。第一臼齿齿尖稍有磨耗。第二臼齿齿尖磨耗不明显，未及齿列。据以上信息推测，墓主的年龄 10～13 岁。性别未知。

墓主上颌前部牙齿唇侧面均可见线型釉质发育不全。

SM939

位于 ST3108 的中南部。开口于①层下，底部被掏洞墓 SM942 打破。方向为 107 度。（图 2 - 112）

长方形竖穴土坑墓，坑壁竖直，口底同大。墓口距地表约 30 厘米，墓口长 220、宽 70 厘米，墓深约 130 厘米。填土为红褐色花夯土，土质较硬，夯层不明显，下部被 SM942 破坏。

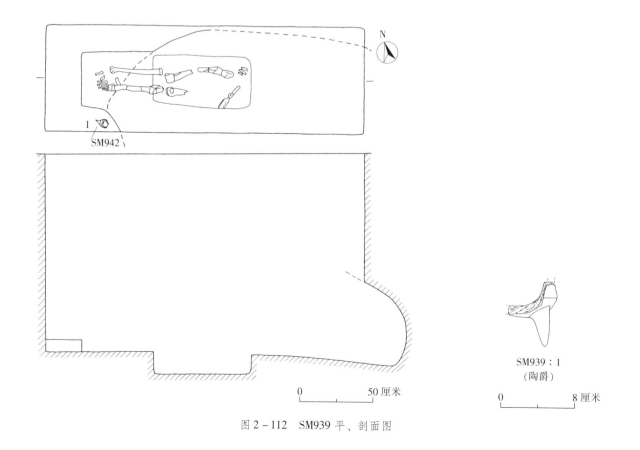

图 2 - 112　SM939 平、剖面图

墓底西侧保存少部分熟土二层台，宽约25、高8厘米。

墓底中部有一长方形腰坑，东西长68、宽30~34、深约15厘米。内空无物。

葬具为一棺，已被扰动，其宽约37厘米。

墓主的骨架仅保存有部分腿骨和趾骨，已朽成骨渣，其余均被扰无。墓主头向东。葬式、年龄、性别等不详。

南侧二层台西部残存有陶爵残足1个。

陶爵 1件。

SM939:1，泥质灰陶。残。残存腹、足部残片，锥足较高且外撇。无法修复，残高6.8厘米。（图2-112）

墓葬年代： 殷墟三期。

SM941

位于ST3006东南角，小部分在ST3106和ST3005内。开口于H502（殷墟四期早段）下，打破生土层。方向为13度。（图2-113A~C；彩版一〇八，1~5；彩版一〇九）

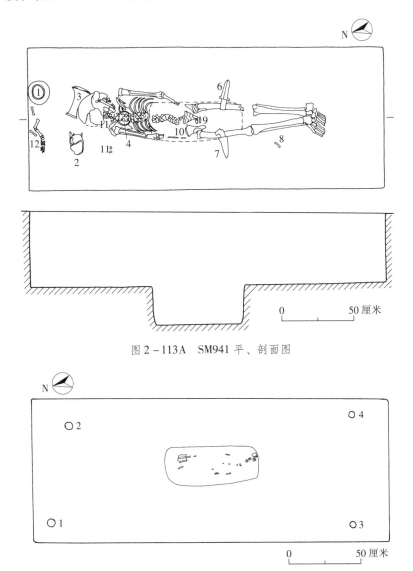

图2-113A SM941平、剖面图

图2-113B SM941腰坑及桩孔图

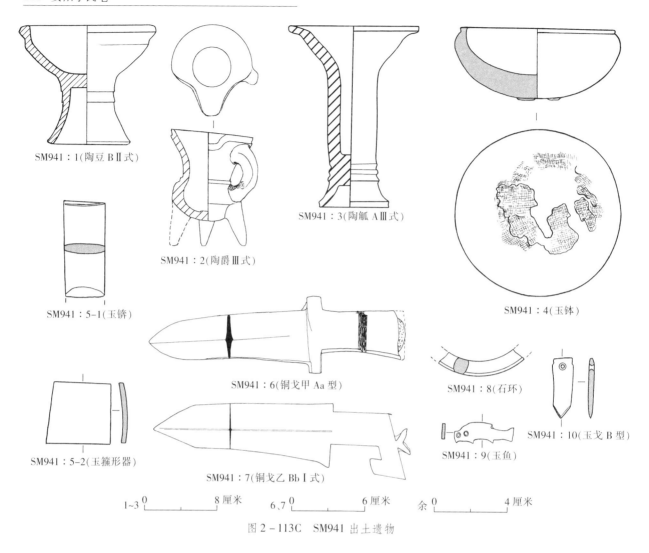

SM941：1(陶豆 BⅡ式)

SM941：2(陶爵Ⅲ式)

SM941：3(陶觚 AⅢ式)

SM941：5-1(玉锛)

SM941：4(玉钵)

SM941：6(铜戈甲 Aa 型)

SM941：8(石环)

SM941：5-2(玉箍形器)

SM941：7(铜戈乙 BbⅠ式)

SM941：9(玉鱼)

SM941：10(玉戈 B 型)

1~3　0　　　　　8厘米　　　　6,7　0　　　　　6厘米　　　　余　0　　　　　4厘米

图 2-113C　SM941 出土遗物

长方形竖穴土坑墓，墓底和墓口等大。墓口距地表约175厘米，墓口长243、宽94厘米，墓深约45厘米。填土为黄色花夯土，土质较硬，有夯层。(图 2-113A)

墓底周围的二层台已不清楚。

墓底中部有一圆角长方形腰坑，坑壁斜内倾，底部较平，长64、宽25、深约25厘米。坑内殉狗已朽成粉末。

在墓底四角发现有 4 个小桩孔。(图 2-113B)

编号	位置	形状	大小（厘米）	深度（厘米）
1	西北角	圆形	5	4.6
2	东北角	圆形	5	9
3	西南角	圆形	4.5	4
4	东南角	圆形	5	4.5

葬具为一棺一椁，已朽成灰，具体形制和尺寸已经不明。椁的尺寸和墓室的大小一致。

墓主为俯身直肢葬，头北面下。骨架保存一般，双手和骨盆均塌陷入腰坑中。

在墓室北壁中部的椁上放置着陶豆1件。在墓主头部的西北侧放置着1件陶爵，北侧放置1件陶瓿，两者原应置于椁上。在墓主胸骨下压着1件玉钵。墓主口中含有玉器残片。在墓主股骨两侧各有铜戈1件，两者原在棺上放置。在墓主左胫骨西侧放置着1件石环。在腰坑中出有玉鱼和玉戈各1件，两者原可能缀于腰间。在墓主右肩部西侧放置有贝2枚（SM941:11）。在北侧棺椁之间有兽骨，应为随葬的动物骨头。

陶瓿 1件。

SM941:3，A型Ⅲ式。泥质灰陶。修复。体高大，喇叭口，直筒形腹，高圈足外撇下折。腹部有凹弦纹三周。口径14、圈足径7.5、高19.2厘米。（图2－113C）

陶爵 1件。

SM941:2，Ⅲ式。泥质灰陶。修复。体略瘦，有流无尾，拱形錾，束腰下移，圆鼓腹，三足外撇。口沿外侧有浅凹槽一周，腹部饰凹弦纹二周。口径9、高12.5厘米。（图2－113C；彩版一〇八，2）

陶豆 1件。

SM941:1，B型Ⅱ式。泥质灰陶。修复。口微敛，平沿，方唇，盘腹略鼓，细高圈足。圈足上饰凹弦纹三周。口径15、圈足径9.2、高12.6厘米。（图2－113C；彩版一〇八，3）

铜戈 2件。

SM941:6，甲Aa型。完整。整体厚重，直内，后端有一刺，上下两端均出阑，短条形援，中部有线状中脊隆起，援末呈三角形，下刃微弧。通长21、援长13.2、援最宽4.2、阑宽6.2、内宽3.3、援厚0.4、内厚0.3厘米。重0.240千克。（图2－113C；彩版一〇八，4）

SM941:7，乙Bb型Ⅰ式。完整。体轻薄。曲内后端内勾，简化鸟首形，有小歧冠；短条形援，中部有细线状中脊，援末呈圭首形。通长21、援长14.6、援最宽4.5、内宽5.1、援厚0.1、内厚0.1厘米。重0.063千克。（图2－113C；彩版一〇八，5）

玉钵 1件。

SM941:4，微残。牙白色，受沁。敛口，圆唇，浅腹，圜底，口沿下有一周浅凹槽，底部印有纺织品痕迹和红色漆皮。口径8.4、通高3.6厘米。（图2－113C）

玉锛 1件。

SM941:5－1，含于墓主口中，微残。青绿色，柄部受沁。长方形，柄端平直，器身中部略鼓，双面直刃。柄端一面有一道细线痕。通体抛光。长5、宽2.1、厚0.6厘米。（图2－113C；彩版一〇九，2）

玉箍形器 1件。

SM941:5－2，含于墓主口中，残。青绿色，有白斑。圆弧形，中间略凹，内外壁均抛光，断面未经打磨。残长3.1、宽3.1、厚0.3厘米。（图2－113C；彩版一〇九，3）

玉戈 1件。

SM941:10，B型。完整。青灰色，部分受沁。短直内，三角条形援，微显中脊。援、内交界处有一对钻孔。双面抛光。通长3.1、内长0.3、内宽0.9、援宽1.1、援中脊厚0.3厘米。（图2－113C；彩版一〇九，4）

玉鱼 1件。

SM941:9,完整。青色。扁平片状,略弧弯,头部较平,有两个双面桯钻小圆穿。长3.2、宽1.1、厚0.2厘米。(图2-113C;彩版一〇九,5)

石环 1件。

SM941:8,残。青黑色。圆环形残段,环外缘凹起,内面平直。打磨较光滑。残长4.6、宽0.7、厚0.6厘米。(图2-113C;彩版一〇九,6)

贝 2枚。A型货贝。

墓葬年代:殷墟三期。

人骨鉴定:

人骨保存状况极差。颅骨大部腐朽,仅双侧上颌骨残块及下颌骨体保存。23颗牙齿。性别未知。右侧下颌第三臼齿萌出,齿尖稍有磨耗;左侧下颌第三臼齿发育级别为R3/4(3/4齿根发育形成),第一、第二臼齿的磨耗程度为2~3级(吴汝康分级系统)。据此推测墓主应为年轻成年个体,年龄16~20岁。

墓主上颌前部牙齿级下颌犬齿唇侧面均可见线型釉质发育不全。左侧上颌门齿咬合面可见轻微的釉质剥脱现象。

SM944

位于ST3008北部。开口于晚期坑下,打破SM952。方向为110度。(图2-114)

长方形竖穴土坑墓,东侧较宽,西侧窄。墓口距地表约118厘米,墓口长214、宽72~93厘米,墓底长180、宽44厘米,墓深61~93厘米。填土为黄色花夯土,土质较硬,有明显的夯层。

墓底四周有生土二层台,宽10~25、高20厘米。

仅发现部分苇席痕迹覆盖在骨架上。

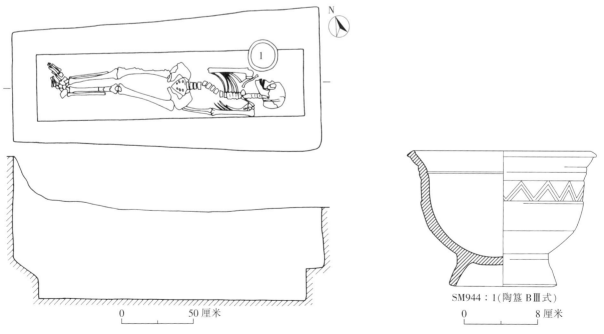

SM944:1(陶簋 BⅢ式)

图2-114 SM944平、剖面图及出土遗物

墓主骨架保存较好。葬式为仰身直肢，头东面北，左手伸直置于骨盆下，两脚并拢，脚尖侧向北。在北侧二层台上放置陶簋 1 件。

陶簋　1 件。

SM944：1，B 型Ⅲ式。修复。内壁口沿下饰凹弦纹一周，器表颈部饰凹弦纹二周，腹上部饰凹弦纹一周并夹三角划纹。口径 20.6、圈足径 11.6、高 14.3 厘米。（图 2 - 114）

墓葬年代：殷墟三期。

人骨鉴定：

人骨保存情况较好。头骨、29 颗牙齿及骨盆相对保存完整，双侧肱骨骨干、部分椎骨、下肢骨、足部骨保存可供观察。

墓主前额较陡直，眶上缘薄锐，眉弓发育较弱，鼻根点凹陷较浅，颧弓纤细，颅骨表面肌线及肌脊较弱，枕外隆凸欠发达；耻骨支移行部呈方形，耻骨联合面下端至耻骨下支内侧缘呈一薄锐骨脊；耻骨下支的下缘向内凹入。据以上形态特征判断，该个体为女性。耻骨联合面形态 Ⅶ 级（Todd 分级系统）和 4 级（Suchey - Brooks 分级系统），第八期（邵象清分级系统），耳状面形态 5 级（Lovejoy 分级系统），白齿磨耗程度 3 ~ 4 级（吴汝康分级系统）；骨骺完全愈合。据以上推断该个体年龄 35 ~ 40 岁。仅据四肢长骨保存状况目前无法进行身高估算。

墓主左侧下颌第二、第三白齿龋齿及根尖脓疡。中度牙结石。多数上颌牙齿咬合面可见轻微的釉质剥脱现象。双侧上颌第三白齿先天缺失。右侧颞下颌关节窝呈关节炎性病理改变。右侧下颌髁突形态改变，关节面上可见珊瑚样疏松小孔。右侧肱骨头可见针尖样骨质疏松现象。双侧股骨头凹边缘及双侧髋臼边缘骨赘形成。双侧股骨远端关节面前面边缘骨赘形成。左侧髌骨关节面粗糙不平，新骨形成，同时可见珊瑚样疏松小孔。第三至第五腰椎椎弓及上下关节面融合，新骨形成，关节正常形态改变，但椎体残破，无法观察。足部双侧第一跖骨远端关节面背缘骨赘明显。

SM955

位于 ST2406 中部偏西。开口于①层下，直接打破生土。方向为 15 度。（图 2 - 115）

长方形竖穴土坑墓，坑壁竖直。墓口距地表 40 ~ 50 厘米，墓口长 200、宽 66 厘米，墓深约 100 厘米。填土为黄褐色花夯土，土质坚硬，有一定黏性。

墓底四周有熟土二层台，宽 5 ~ 12、高 12 ~ 23 厘米。

葬具为一棺，长 185、宽约 46 厘米。

墓主为仰身直肢葬，头北面东。骨架保存状况较差，头骨和上肢骨大部已朽成粉状，下肢骨保存基本完好。

东二层台北端放置着陶爵 1 件，1 件陶瓿打碎放置在墓主头部附近。

陶瓿　1 件。

SM955：2，A 型Ⅵ式。泥质灰陶。修复。体较高，喇叭口，瘦腹呈直筒形，圈足稍矮。素面。口径 12、圈足径 6.2、高 18.1 厘米。（图 2 - 115）

陶爵　1 件。

SM955：1，Ⅳ式。泥质灰陶。修复。短流，无尾，半环形鋬，束腰下移，下腹部形成凸棱，三足

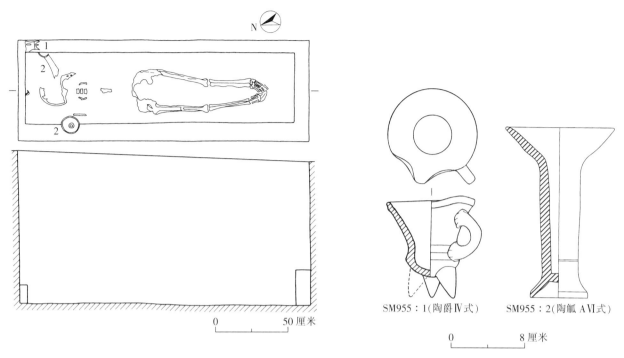

图 2-115 SM955 平、剖面图及出土遗物

外撇。素面。口径 9.7、高 11 厘米。(图 2-115)

墓葬年代：殷墟三期。

人骨鉴定：

男性。30~35 岁。

肢骨粗壮，性征明显。牙齿磨耗 3 级。

SM956

位于 ST2406 北侧。开口其于①层下，南侧为 H695 (东周时期) 打破，直接打破生土。方向为 10 度。(图 2-116；彩版一〇八，6)

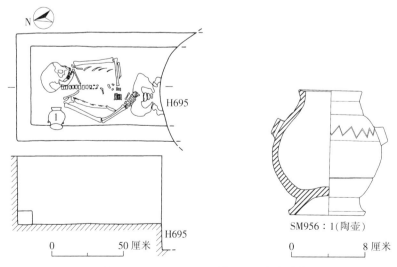

图 2-116 SM956 平、剖面图及出土遗物

长方形竖穴土坑墓，墓壁竖直。墓口距地表50、残长110~125、宽70厘米，墓深约45厘米。填土为黄色花夯土，土质坚硬，含沙性。

墓底四周有熟土二层台，宽10~12、高10厘米。

葬具为一棺，残长95~100、宽50厘米，两侧棺板厚度不明，残存有腐朽后的痕迹。

墓主为仰身直肢葬，头北面东，双手放置在腰间。骨架保存状况一般。

西二层台北边有1件陶壶。

陶壶　1件。

SM956:1，泥质灰陶。微残。体较瘦长，直口，直颈，圆鼓腹，圈足较高且外撇。肩部饰对称小鼻纽二个，并饰三角划纹一周。口径6.9、底径8.4、高13.1厘米。（图2-116；彩版一〇八，6）

墓葬年代： 殷墟三期。

人骨鉴定：

女性？25~30岁。

头骨性征不明显。牙齿磨耗小，M3已萌出。

SM959

位于ST2407南部。开口于①层下，被H696打破，打破了南侧的SM958。方向为287度。（图2-117A、B）

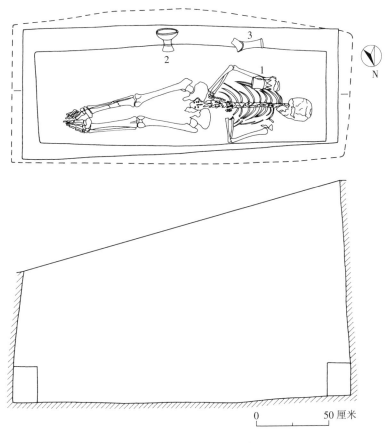

图2-117A　SM959平、剖面图

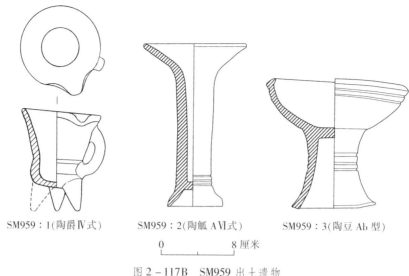

SM959:1(陶爵Ⅳ式)　　　SM959:2(陶觚 AⅥ式)　　　SM959:3(陶豆 Ab 型)

0　　　8 厘米

图 2 - 117B　SM959 出土遗物

长方形竖穴土坑墓，东侧较宽，坑壁外斜，口小底大。墓口距地表40～50厘米，墓口长215、宽75～85厘米，墓底长230、宽82～102厘米，墓深约140厘米。填土为黄色花夯土，土质坚硬，有一定灰土夹杂其中。（图2－117A）

墓底四周有熟土二层台，宽12～23、高23厘米。

葬具为一棺，长197、宽约67厘米。

墓主为俯身直肢葬，头西面下，双手压于腰间。骨架保存状况较好，骨骼范围长度155厘米。

在墓主左臂上压有1件陶爵，在南二层台上放置着陶觚、陶豆各1件。

陶觚　1件。

SM959:2，A型Ⅵ式。泥质灰陶。修复。体较高，喇叭口，瘦腹呈直筒形，圈足稍矮。腹部有凹弦纹三周。口径11.3、圈足径6.1、高17.3厘米。（图2－117B）

陶爵　1件。

SM959:1，Ⅳ式。泥质灰陶。修复。短流，无尾，半环形鋬，束腰下移，下腹部形成凸棱，三足外撇。腹部饰凹弦纹二周。口径8.9、高11厘米。（图2－117B）

陶豆　1件。

SM959:3，Ab型。泥质灰陶。修复。豆盘不规整。敛口，平沿外斜，盘较浅，高圈足，束腰。盘壁、圈足上部分别饰凹弦纹二、三周。口径15.5、圈足径9、高13.8厘米。（图2－117B）

墓葬年代：殷墟三期。

人骨鉴定：

女性？40～45岁。

头骨性征不明显。牙齿磨耗4级。

SM965

位于ST2908东北角，有小部分在ST2909内。开口于①层下，直接打破生土。方向为20度。（图2－118A～C）

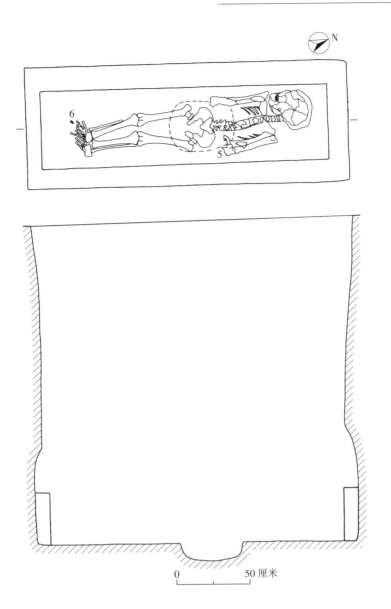

图 2 – 118A　SM965 平、剖面图

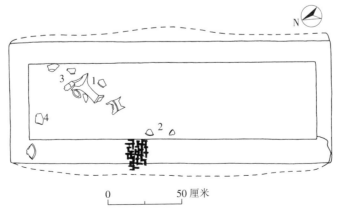

图 2 – 118B　SM965 棺上器物分布图

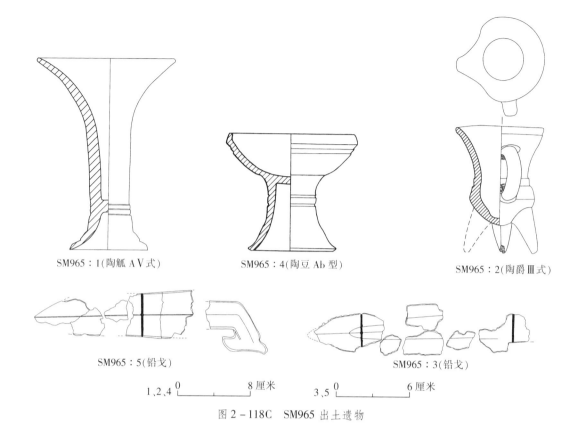

SM965：1(陶觚 A Ⅴ 式)　　　　SM965：4(陶豆 Ab 型)　　　　SM965：2(陶爵Ⅲ式)

SM965：5(铅戈)　　　　　　　　　　　　SM965：3(铅戈)

1、2、4　0　　　　8厘米　　　　3、5　0　　　　6厘米

图 2 - 118C　SM965 出土遗物

长方形竖穴土坑墓，墓口小底略大，墓壁斜直内倾，仅底部略向外扩。墓口距地表约 50 厘米，墓口长 220、宽 80 厘米，墓底长 220、宽 95 厘米，墓深约 215 厘米。填土为黄色花夯土，土质较硬。（图 2 - 118A）

墓底四周有熟土二层台，宽 10 ~ 23、高 35 厘米。

墓底中部有一椭圆形腰坑，长 43、宽 32、深 12 厘米，坑壁斜内倾，底部呈锅底状。坑内未发现殉葬物。

葬具为一棺，已朽成灰烬，具体形制不明，长约 196、宽 51 厘米。棺上盖有一层席子。棺上器物放置在棺盖和席子之间。

墓主为俯身直肢葬，头北面西。骨架保存较差，上身大部已朽成粉末。墓主为 40 岁左右男性。

在棺上北侧放置着陶觚、陶爵、陶豆和残铅戈各 1 件，陶器被打碎散置于棺上和二层台上。在棺内墓主腰部有 1 件残铅戈。在墓主脚尖下有贝 1 枚（SM965：6）。（图 2 - 118B）

陶觚　1 件。

SM965：1，A 型Ⅴ式。修复。腹部有凹弦纹二周。口径 15.3、圈足径 8.6、高 20.2 厘米。（图 2 - 118C）

陶爵　1 件。

SM965：2，Ⅲ式。修复。腹部饰凹弦纹二周。口径 9、高 13.4 厘米。（图 2 - 118C）

陶豆　1 件。

SM965：4，Ab 型。修复。盘壁、圈足上部各饰凹弦纹二周。口径 14.4、圈足径 9.6、高 12.5 厘米。（图 2 - 118C）

铅戈 2 件。

SM965：5，残。形似乙 Bb 型 Ⅱ 式铜戈。质轻薄，内后端内勾，简化鸟首形，无歧冠，援残碎。内残宽 3.8 厘米。（图 2 – 118C）

SM965：3，残碎成多块，无法黏合。（图 2 – 118C）

贝 1 枚。A 型货贝。

墓葬年代： 殷墟三期。

NM137

位于 ST1824 中部偏西。开口于③层下，打破④层、H96、H210、H221 和 F1 室外活动面。方向 9 度。（图 2 – 119A ~ J；彩版一一〇 ~ 一一六）

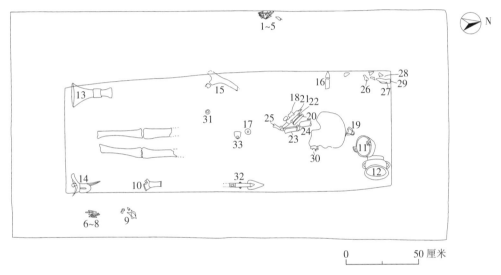

图 2 – 119A　NM137 墓葬平面及随葬器物分布图

长方形竖穴土坑墓，口小底大。墓口距地表 100 厘米，墓口长 280、宽 125 厘米，墓底长 300、宽 150 厘米，墓深 440 厘米。填土为经过夯实的红褐色花土，土质十分硬密，夯层厚 10 ~ 20 厘米，各层夯打的程度略有不同，夯窝十分清晰，圆形，圜底，直径约 5、深 2 ~ 3 厘米，大小一致，分布密集。（图 2 – 119A、B）

墓底四周有熟土二层台，宽 20 ~ 34、高 96 厘米。

墓底中部有一长方形腰坑，长 74、宽 35、深 27 厘米。内殉带铜铃的狗一条。（图 2 – 119C）

葬具为一棺一椁。椁长约 245、宽约 96、高约 100 厘米，椁板厚约 4 厘米。椁板外表髹有黄漆。在东二层台上，发现一排椁盖板的残头，可以看出椁盖板共由 16 块横向铺盖的扁平木板组成，每块木板宽 6 ~ 15 厘米不等，板块间有 1 ~ 7 厘米的间隙（图 2 – 119D）。横向椁盖板的两端不与椁侧挡板相齐，从东二层台情况看，应是超出侧挡板约 14 厘米，超出的部分正好搭在二层台面上，但也没有紧抵墓壁，而是离墓壁有约 7 厘米的距离，每块横盖板的东端都处在一条南北向的直线上，十分平齐，说明每块椁盖板的长度是一致的。从东二层台外壁清楚显示椁东侧挡板高 96 厘米，8 块木板由侧面上下拼接而成，每块木板高 10 ~ 14 厘米，厚度一致，拼接紧密（图 2 – 119B）。两侧

图 2-119B　NM137 剖面图

与两端的挡板呈"工"字形相接，即两侧挡板的两头超过了两端挡板，而两端挡板却不出头。由此可知椁室的构筑过程是：先立两边侧板与两端挡板，四板呈"工"字形构成一个整体，在其与墓壁间夯土形成现在的二层台，再在上面横向铺盖长短一致而宽窄不同的盖板。椁盖板上盖有一件苇席——在墓东北角及南端发现有席纹。（图 2-119D）

图 2 – 119C　NM137 腰坑殉狗平面图

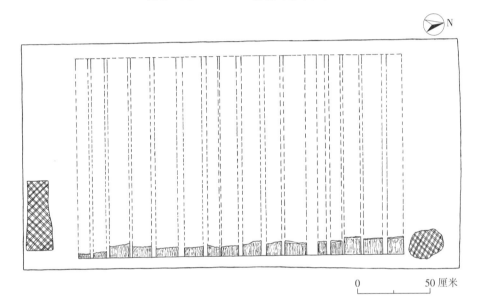

图 2 – 119D　NM137 椁盖板平面图

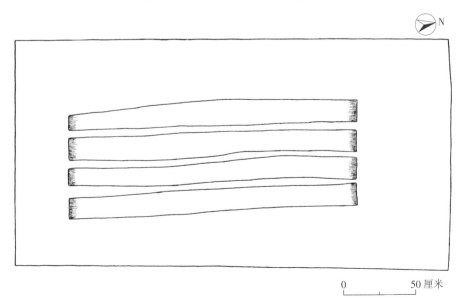

图 2 – 119E　NM137 棺底板平面图

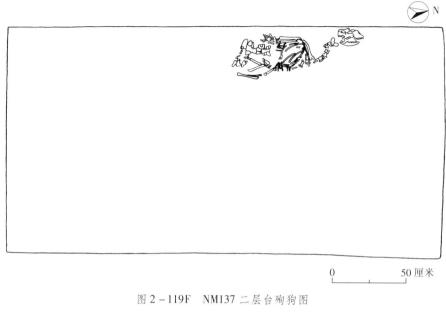

图 2－119F　NM137 二层台殉狗图

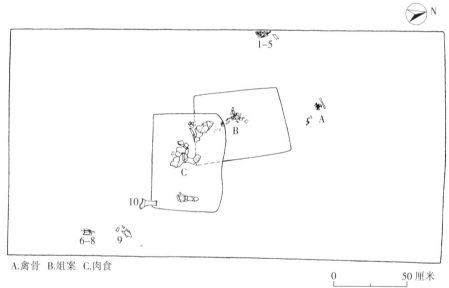

A.禽骨　B.俎案　C.肉食

图 2－119G　NM137 椁盖板之上器物图

　　清理工作中只发现了棺底板和两侧挡板。从其板灰痕迹观察，棺长约 197、宽约 78、高约 70 厘米，棺板的厚度 3~4 厘米。棺底板由四块纵向的长板组成，每块长约 197、宽 10~18、厚约 3 厘米。棺板外表髹有白漆和红漆，红漆在外，漆皮厚 0.3~0.8 厘米。（图 2－119B、E）

　　在墓底发现 4 个木桩孔洞，皆位于椁室外侧，南北各 2 个。现分别介绍如下：

编号	位置	形状	大小（厘米）	深度（厘米）
1	西北部	椭圆形	3×4	约 10
2	东北部	椭圆形	3×5	约 10
3	西南部	椭圆形	2×3	约 10
4	东南部，紧贴椁室东侧挡板	椭圆形	3×4	约 10

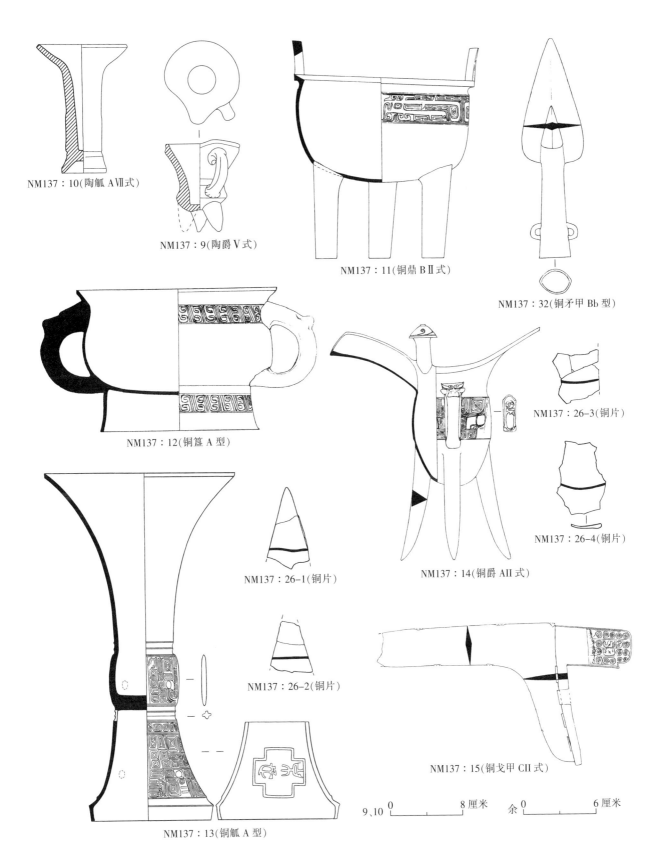

NM137：10(陶觚 AⅦ式)

NM137：9(陶爵 Ⅴ式)

NM137：11(铜鼎 BⅡ式)

NM137：32(铜矛甲 Bb 型)

NM137：12(铜簋 A 型)

NM137：26-3(铜片)

NM137：26-4(铜片)

NM137：26-1(铜片)

NM137：14(铜爵 AⅡ式)

NM137：26-2(铜片)

NM137：13(铜觚 A 型)

NM137：15(铜戈甲 CⅡ式)

9、10 0 ────── 8厘米   余 0 ────── 6厘米

图 2－119H NM137 出土遗物

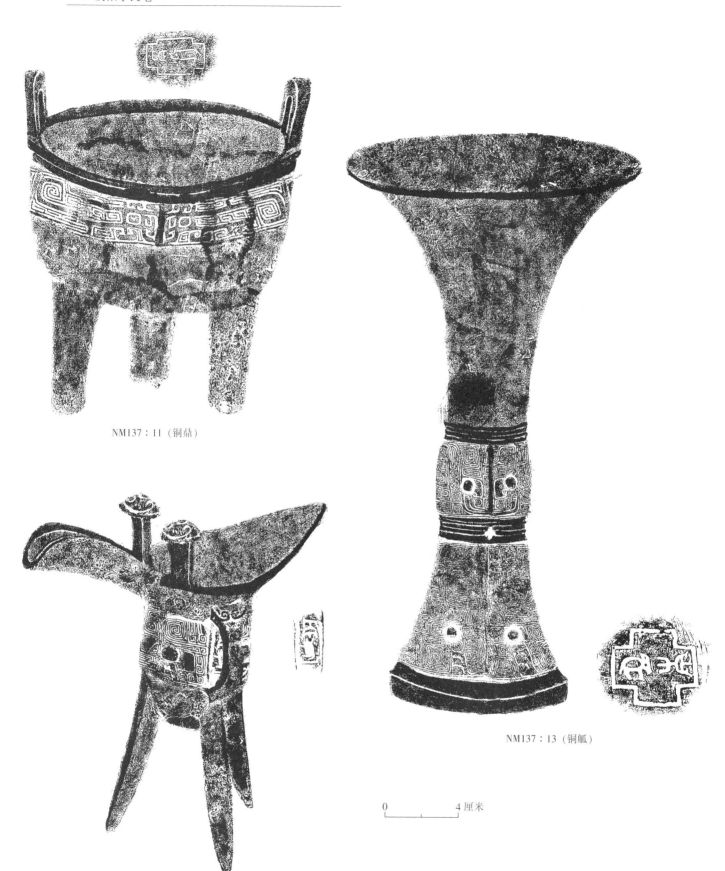

NM137：11（铜鼎）

NM137：13（铜觚）

NM137：14（铜爵）

0 ____ 4 厘米

图 2－119I NM137 铜鼎、爵、觚拓片

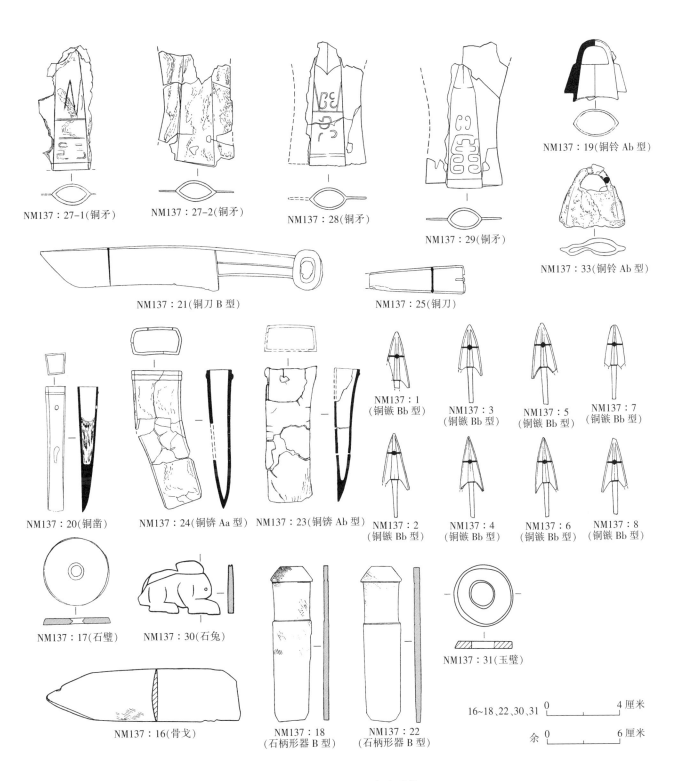

NM137：27-1（铜矛）

NM137：27-2（铜矛）

NM137：28（铜矛）

NM137：29（铜矛）

NM137：19（铜铃 Ab 型）

NM137：33（铜铃 Ab 型）

NM137：21（铜刀 B 型）

NM137：25（铜刀）

NM137：20（铜凿）

NM137：24（铜锛 Aa 型）

NM137：23（铜锛 Ab 型）

NM137：1（铜镞 Bb 型）

NM137：3（铜镞 Bb 型）

NM137：5（铜镞 Bb 型）

NM137：7（铜镞 Bb 型）

NM137：2（铜镞 Bb 型）

NM137：4（铜镞 Bb 型）

NM137：6（铜镞 Bb 型）

NM137：8（铜镞 Bb 型）

NM137：17（石璧）

NM137：30（石兔）

NM137：31（玉璧）

NM137：16（骨戈）

NM137：18（石柄形器 B 型）

NM137：22（石柄形器 B 型）

16~18、22、30、31 ⊢0━━━━4 厘米

余 ⊢0━━━━6 厘米

图 2-119J NM137 出土遗物

墓主仰身直肢，头北面东。骨骼保存不好。

在墓西壁下的二层台上发现殉狗一条，其头向北方，与墓主一致，背靠墓西壁，足朝东，侧身屈肢。狗骨架旁边的墓壁上有红漆，此狗可能被置于一个漆木匣内（图2-119F）。腰坑内也殉狗一条，其头向南方，与墓主相反，背朝东，足朝西，侧身屈肢，其腹下发现一铜铃（图2-119C）。在椁室北部的椁顶板上发现一个禽类动物，由于骨骼保存不好，种属不明。

在椁盖板中部、南部和北部，分别发现三处随葬的动物肢骨。其中位于南部和中部的肢骨下有长方形案板的痕迹。可能是俎案，南部长65、宽50厘米；中部俎案长60~65、宽45厘米。（图2-119G）

随葬品共33件器物，种类有陶、铜、石、玉、骨。除铜镞在二层台上，陶爵、觚在填土内，其他器物基本都在棺内。铜觚、爵在墓主人足端，铜鼎、簋在头前。（图2-119A）

陶觚 1件。

NM137：10，A型Ⅶ式。素面。口径9.9、圈足径4.8、高13.6厘米。（图2-119H；彩版一一二，3）

陶爵 1件。

NM137：9，Ⅴ式，素面。口径8.2、高9.8厘米。（图2-119H；彩版一一二，4）

铜鼎 1件。

NM137：11，B型Ⅱ式，微残。口下内壁有铭文"▨"。通高16.6、口径14、腹径13.7、耳高2.7、耳根宽3.5、耳厚0.8、足高6.3、柱足径2.4、腹壁厚0.2厘米。重0.826千克。（图2-119H、I；彩版一一四，1、2）

铜簋 1件。

NM137：12，A型，微残。底部内壁有铭文，锈蚀较重，不明。通高11.3、圈足高3.4、口径16.1、腹径14、圈足径12.7、腹壁厚0.2厘米。重1.012千克。（图2-119H；彩版一一四，3、4）

铜觚 1件。

NM137：13，A型，完整。圈足内壁有铭文"卤"。通高27.6、口径15.6、底径9.6、口沿厚0.3厘米。重1.116千克。（图2-119H、I；彩版一一三，1、2）

铜爵 1件。

NM137：14，A型Ⅱ式，微残。鋬下有铭文"▨"。通高18.8、柱高3.9、足高8.4、流至尾长17、流长7.6、流宽3.3、腹壁厚0.3厘米。重0.67千克。（图2-119H、I；彩版一一三，3、4）

铜戈 1件。

NM137：15，甲C型Ⅱ式，残长20.8、援长15.2、援宽3.2、阑宽11.2、内宽3、援厚0.4、内厚0.4厘米。重0.196千克。（图2-119H；彩版一一五，1）

铜矛 共6件。

NM137：32，甲Bb型，完整。体小。通长17.5、叶长10、叶最宽5.3、叶厚0.4、銎腔径1.8×2.3厘米。重0.114千克。（图2-119H；彩版一一五，3）

NM137：27-1、27-2、28、29，残存骹部，截面呈椭圆形，不辨形制。（图2-119J）

铜铃 2件。均为Ab型。铃腔扁短，铃腔截面扁圆形，两侧有扉棱，无顶盖，上有半环形梁，口缘内凹，未见铃舌。素面。

NM137：19，残。通高4.9、口缘径2×3.2、腔壁厚0.1厘米。（图2-119J；彩版一一五，4）

NM137：33，残。锈蚀严重，被压扁。通高4.8、腔壁厚0.3厘米。（图2-119J；彩版一一五，5）

铜刀 2件。

NM137：21，B型。残。柄上有三条阳线。残长22.8、刀身宽3~3.5、柄长8.4、柄宽2.3、背厚0.3、柄厚0.3厘米。残重0.018千克。（图2-119J；彩版一一五，2）

NM137：25，残。刀身扁平，略呈长条梯形，两边出刃。柄残失。残长8、宽1.3~2.2厘米。（图2-119J；彩版一一五，6）

铜凿 1件。

NM137：20，完整。通长9.8、刃宽1.2、銎宽1.2×1.4厘米。残重0.058千克。（图2-119J；彩版一一五，7）

铜锛 2件。

NM137：24，Aa型，残。残长10.7、刃宽3.1、銎宽1.8×3.5厘米。重0.099千克。（图2-119J）

NM137：23，Ab型，残。残长10.8、刃宽3.5、銎宽1.5×3.4厘米。重0.095千克。（图2-119J；彩版一一五，8）

铜片 1件。

NM137：26，残存铜器碎片若干，质轻薄，不辨器形。（图2-119H）

铜镞 8件。均Bb型。形体大，镞体呈柳叶形，前锋尖锐，中脊截面呈菱形，长翼。

NM137：1，一翼残失，残圆铤。残长4.5厘米。（图2-119J；彩版一一六，1）

NM137：2，残。残长6.6、铤长2.9、翼残宽2.2厘米。（图2-119J；彩版一一六，1）

NM137：3，残。残长6.2、铤长2.7、翼宽2厘米。（图2-119J；彩版一一六，1）

NM137：4，通长6.3、铤长2.7、翼宽2厘米。（图2-119J；彩版一一六，1）

NM137：5，残。残长6.3、铤长2.9、翼残宽2.1厘米。（图2-119J；彩版一一六，1）

NM137：6，通长6.2、铤长2.7、翼宽2厘米。（图2-119J；彩版一一六，1）

NM137：7，残长5.9、铤长2.7、翼残宽1.8厘米。（图2-119J；彩版一一六，1）

NM137：8，通长5.9、铤长2.5、翼残宽2厘米。（图2-119J；彩版一一六，1）

玉璧 1件。

NM137：31，完整。乳白色，有灰斑。扁平圆环形，孔偏向一侧，单面管钻。两面抛光，孔缘、周缘不规整。直径3.2、孔径1.4、厚0.4厘米。（图2-119J；彩版一一六，2）

石璧 1件。

NM137：17，完整。青白色。扁平圆环形，中间对钻孔。直径3.4、孔径0.5、厚0.4厘米。（图2-119J；彩版一一六，3）

石兔 1件。

NM137：30，微残。青白色。体扁平，呈蹲卧状，嘴部有一单面钻孔，两面用细线刻画耳、脖、尾。通长4.3、高2.6、厚0.3厘米。（图2-119J；彩版一一六，4）

石柄形器 2件。B型。扁平宽长条形，较薄。梯形柄首，柄部两侧略内收，两面各饰阴线二道。

NM137：18，修复。黄褐色。柄末端两边斜收。器表一面粘有朱砂。残长8.2、最宽2.1、厚0.2厘米。（图2－119J；彩版一一六，5）

NM137：22，修复。黄褐色。柄末端两边斜收。器表一面粘有朱砂。残长8.2、最宽2.1、厚0.2厘米。（图2－119J；彩版一一六，6）

骨戈 1件。

NM137：16，残存三角条形援部，中部稍隆起。打磨光滑。残长10.6、宽2.7、厚0.4厘米。（图2－119J；彩版一一六，7）

墓葬年代：殷墟三期。

NM139

位于NT1920北中部。开口于F8下，打破生土，大部分被H87打破。方向为183度。（图2－120A、B；彩版一一七，1）

长方形竖穴土坑墓，壁直，底平。墓口距地表深约120厘米，墓口长205、宽78厘米，墓葬南端深245、北端残深145厘米。填土红褐色花土，土质坚硬，为夯实而成，夯窝清晰，直径约5厘米。（图2－120A）

四周有熟土二层台，宽3～16、高20厘米。

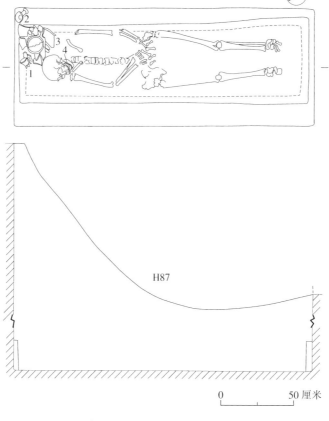

图2－120A NM139平、剖面图

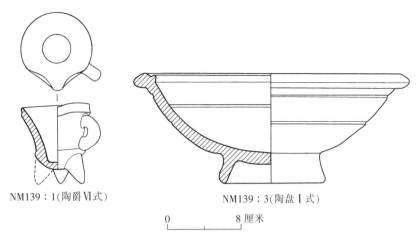

NM139∶1(陶爵Ⅵ式)　　　　NM139∶3(陶盘Ⅰ式)

0　　　　　　8 厘米

图 2 - 120B　NM139 出土遗物

葬具为一棺，只留有腐朽的板灰痕，长 196、宽 52～57、残高 20 厘米，棺板厚 4～5 厘米。

墓主仰身直肢，头向南，面略偏东，两手放于盆骨处。手指、脚趾骨均残，肢骨、脊椎骨及盆骨均成粉末状。骨骼范围长度 157 厘米。

墓主头骨西南侧随葬陶瓠、陶爵及陶盘各 1 件，口内有 2 枚贝（NM139∶4）。

陶瓠　1 件。

NM139∶2，仅剩一片。

陶爵　1 件。

NM139∶1，Ⅵ式。泥质灰陶。完整。通体较矮瘦，流微露，无尾，半环形鋬，直腹内收，三足外撇。口径 7.5、高 8.6 厘米。（图 2 - 120B）

陶盘　1 件。

NM139∶3，Ⅰ式。泥质灰陶。修复。体大。敛口，折沿，沿面内侧有凹槽一周，圆腹内收，高圈足略矮且外撇。盘内、外壁各饰凹弦纹二周。口径 30.2、圈足径 11.6、高 11.6 厘米。（图 2 - 120B）

贝　2 枚。B 型。

墓葬年代：殷墟三期。

人骨鉴定：

骨质相对较好，头骨下颌骨较完整，肢骨相对较好，椎骨、肋骨腐朽严重。

男性。30±岁。身高约 157 厘米。

盆骨、头骨性征明显。肢骨极粗壮，骨密度极大，牙齿磨耗 3 级。

卵圆形颅，中长颅、高颅、狭颅、狭额、高面、中高眶、中狭鼻、鼻颧角大、中颌型等。

下颌右侧 P2 上颌左右 M2 严重齿根脓疡，但牙齿未脱落，形成溶蚀性瘘道。上颌左 M2 咬合面龋齿。部分牙齿有轻度牙结石现象。脚骨和髌骨腐朽严重。指骨上有类风湿关节症兆。

NM141

位于 NT1926 的西北角，并有部分进入北隔梁，西侧在西隔梁下。开口于③层下，打破④层。方向为 359 度。（图 2 - 121；彩版一一七，2）

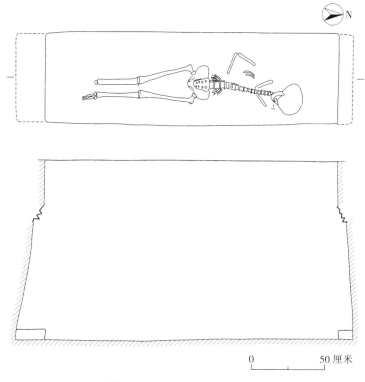

图 2 - 121　NM141 平、剖面图

长方形竖穴土坑墓，墓壁东西壁较直，南北壁向外斜，墓底向南北两端扩展，墓底平。墓口距地表约 80 厘米，墓口长 200、宽 60 厘米，墓底长 230、宽 60 厘米，墓深约 207 厘米。填土为褐色花夯土，土质一般。

墓底东西两侧没有二层台，南北两端外掏部分主要是为了构筑二层台，宽 20、高约 7 厘米。

从残存迹象判断，葬具为一棺。由于腐朽过甚，已很难清理出板灰痕迹，难以分辨棺的具体长度。根据二层台推断，棺长约 170、宽度不大于 50、残高 7 厘米。

墓主为仰身直肢葬，头北面东，上肢弯曲。

在墓主口中含贝 2 枚，均为 A 型货贝（NM141:1）。

墓葬时代：殷墟三期。

人骨鉴定：

骨质极差，头骨上体骨皆呈粉状。

女性。40～50 岁。身高约 140 厘米。

盆骨及肢骨性征明显。牙齿磨耗较重，普遍 5 级，骨密度较大。

第 3～5 腰椎有明显增生现象。

NM144

位于 NT1927 的东隔梁下。开口于④层下，打破⑤层。南部被长条形盗沟打破，墓室内被盗扰破坏严重。方向为 5 度或 185 度。（图 2 - 122A～C；彩版一一八，1～5）

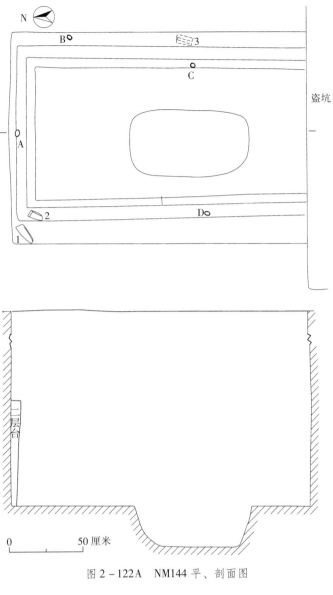

图 2 – 122A　NM144 平、剖面图

图 2 – 122B　NM144 墓底桩孔图

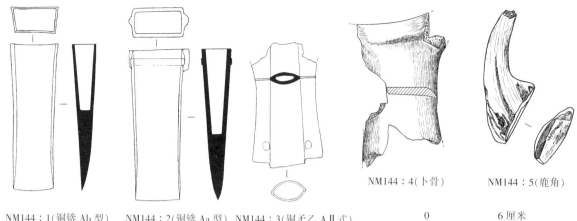

NM144：4(卜骨)　　　　　　NM144：5(鹿角)

NM144：1(铜锛 Ab 型)　NM144：2(铜锛 Aa 型)　NM144：3(铜矛乙 AⅡ式)　　0 ⊢——┴——┤ 6 厘米

图 2－122C　NM144 出土遗物

长方形竖穴土坑墓，墓壁较直，墓底略大于墓口。墓口距地表 100 厘米，墓口残长 205、宽 140 厘米，墓深约 260 厘米。墓室填土为褐色花夯土，土质坚硬。（图 2－122A）

墓底四周有熟土二层台，宽 10～15、残高 70 厘米。

墓底有一长方形腰坑，长 80、宽 45、深 30 厘米。

从残存迹象判断，葬具为一棺一椁。由于被盗扰严重，仅在二层台边发现有椁侧板痕迹，在墓底西部有少量棺侧板痕迹。椁室长 196、宽 111～116 厘米。木棺长 184、宽 82～89、残高 70 厘米。

墓底部四周有 4 个木桩孔洞，呈不规则椭圆形，直径 3～4、深 15～20 厘米。（图 2－122B）

墓主因被盗，未发现骨骼。

在墓室西北角二层台上的扰土中出有铜锛 2 件。东侧中部的二层台内出有 1 件铜矛。

铜矛　1 件。

NM144：3，乙 A 型Ⅱ式。残。体轻薄。叶残，仅存腰部，叶底两侧有穿孔；骹截面呈扁圆形。残长 10、叶残长 9.5、叶厚 0.1、骹腔径 1.3×2.4 厘米。重 0.091 千克。（图 2－122C；彩版一一八，1）

铜锛　2 件。

NM144：1，Ab 型。完整。体呈扁平长条形，銎口近长方形，单面直刃。通长 11.5、刃宽 3.2、銎宽 1.5×3.2 厘米。重 0.147 千克。（图 2－122C；彩版一一八，2）

NM144：2，Aa 型。残。体呈扁平长条形，长方形銎口，下带一箍，双面直刃。两侧有铸缝。通长 11.9、刃宽 3.6、銎宽 1.8×4 厘米。重 0.242 千克。（图 2－122C；彩版一一八，3）

卜骨　1 件。

NM144：4，残。为一块大型动物的肩胛骨，背面两侧有切削痕迹，背面有凿坑和烧灼痕迹。残长 10、宽 6.9 厘米。（图 2－122C；彩版一一八，4）

鹿角　1 件。

NM144：5，尖部残。有锯截痕迹。表面光滑。残长 10.1 厘米。（图 2－122C；彩版一一八，5）

墓葬年代： 据地层关系判断，该墓时代为殷墟三期。

NM147

位于 NT2027 的南部中间。开口于③层下，打破④层。方向为 358 度。（图 2 – 123；彩版一一七，3）

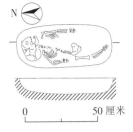

图 2 – 123 NM147 平、剖面图

圆角长方形竖穴土坑墓，墓壁不清楚。墓口距地表约 80 厘米，墓口长约 65、宽约 28 厘米，墓深约 10 厘米。填土为褐色花夯土，土质一般。

未见葬具痕迹。

墓主仰身直肢，头北面东，双手置于体侧。

未见随葬品。

墓葬年代：T2027③层属殷墟三期之时，其下的⑤层为殷墟二期偏晚阶段，因而该年代定在殷墟三期。

人骨鉴定：

骨质保存较差，多腐朽呈残片，头骨、肢骨多为残片。

性别不明。2～3 岁。乳齿全部萌出且未磨耗。

NM168

位于 NT2026 的北壁下，距西壁约 250 厘米。开口于③层下，打破生土，西侧被 NM115 的墓道打破。墓葬方向为 6 度。（图 2 – 124A、B；彩版一一八，6）

长方形竖穴土坑墓，墓壁较直，墓底较平。墓口距地表约 80 厘米，墓口长 250、残宽 100 厘米，墓深约 202 厘米。填土为褐色花夯土，土质坚硬。（图 2 – 124A）

墓底有熟土二层台，宽 10～12、高约 62 厘米。

墓底腰坑呈圆角长方形，长约 55、宽约 22、深约 15 厘米，坑壁较直。坑内有几根小动物骨骼，但难以辨认种属。

葬具为一棺一椁。因腐朽过甚，不甚清楚，看不出形状。在墓底发现两侧椁侧板痕迹，每块长约 230、宽 10～20 厘米。从板灰分析，椁长 230、宽约 95、高 62 厘米。

在墓主骨架上发现有棺盖板痕迹，上髹有红底黑漆。在两边发现有残高 10 厘米的棺侧板痕迹。从残迹分析，棺长约 203、宽约 65、残高 10 厘米。

在墓底发现 6 个木桩孔洞，南北端各有 1 个，东侧分布 4 个，西侧部分为 NM115 的墓道破坏。孔洞平面呈圆形或长方形，直径 2～4、深 15～20 厘米。

编号	位置	形状	直径（厘米）	深度（厘米）
1	北端中部	长方形	2×3	15
2	东侧东北角	圆形	2×3	15
3	东侧北部偏南	长方形	2×3	20
4	西侧南部偏南	圆角长方形	2.5×4	20
5	南端中部	长方形	2×4	18
6	东侧东南角	圆形	2.5×2.5	20

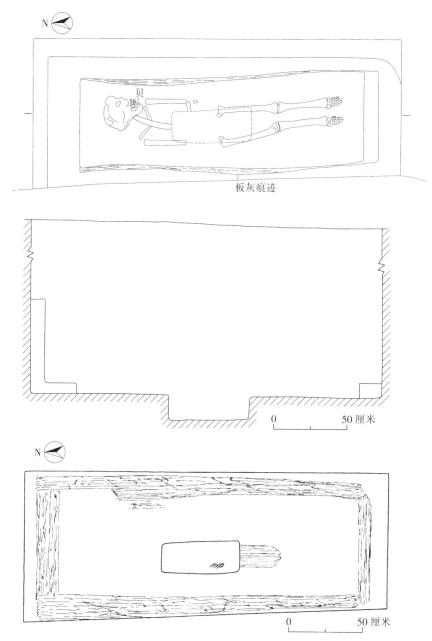

图 2–124A   NM168 平、剖面图及椁室结构图

墓主仰身直肢，头北面东。骨架已腐朽呈粉状。骨骼范围长度 155 厘米。

在棺上中部放置着陶瓹 1 件、南侧放置陶爵 1 件。墓主口中含有 3 枚贝，身两侧各有 1 贝，已腐朽，原可能在手中。

陶瓹   1 件。

NM168：1，泥质灰陶。残。仅剩口、腹、足部残片若干，直筒形腹，腹下部略鼓，矮圈足略外撇，下折。口径 10.8、圈足径 5.4、残高 18.4 厘米。（图 2–124B）

陶爵   1 件。

NM168：2，V 式。泥质褐陶。修复。短流，无尾，半环形鋬，直腹内收，底部形成凸棱，三足较矮且外撇。口径 9.2、高 10.8 厘米。（图 2–124B）

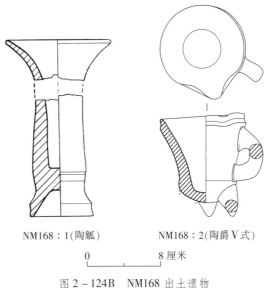

NM168：1(陶觚)　　　NM168：2(陶爵 V 式)

0　　　　8 厘米

图 2 - 124B　NM168 出土遗物

贝　5 枚。均为 A 型货贝。

墓葬年代： 殷墟三期。

人骨鉴定：

骨质极差，头骨及体骨皆呈粉状，双腿并拢。

性别不明。35 ~ 40 岁。

牙齿磨耗 3 ~ 4 级。

下颌牙齿磨耗略重于上颌牙齿，下颌右侧 M3 咬合面龋齿。

SM385

位于 ST1613 中西部。开口于 H24 之下，直接打破生土。方向为 110 度。(图 2 - 125；彩版一一九，1)

长方形竖穴土坑墓。墓口距离地表约 115 厘米，墓口长 136、东宽 45、西宽 40 厘米，墓深约 15 厘米。填土为红褐花土，质较硬，含黄土块。

无二层台。

无腰坑。

无葬具。

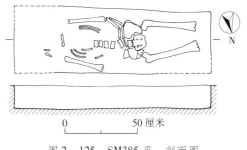

0　　　50 厘米

图 2 - 125　SM385 平、剖面图

未见墓主头骨、膑骨以下骨骸。仰身直肢，头向东，面向不明。右手肘以下无，右手自然伸置中骨盆处，两腿伸直。另外，在肩部位置有手指骨。

无随葬品。

墓葬年代： H24 为殷墟三期，因而 SM385 不晚于此时。

人骨鉴定：

人骨保存情况较好。双侧锁骨，双侧肩胛骨大部保存。脊柱骨骼大部分保存一般，椎体与椎弓多断裂。除耻骨外，双侧髋骨大部保存。胸骨及肋骨残段保存。上肢骨保存较好。股骨保存，但断裂。

除双侧第五掌骨外，其余掌骨保存。

墓主髂骨翼较薄，坐骨大切迹宽而浅。耳状面较小，耳前沟明显。长骨上肌肉附着痕迹较弱。据以上形态特征推测，墓主可能为女性个体。骨骺完全愈合；耳状面形态 2 级（Lovejoy 分级系统）。据以上信息推测，墓主应为年轻成年个体，年龄 20～30 岁。四肢长骨多断裂，仅据四肢长骨保存状况目前无法进行身高估算。

墓主双侧肩胛骨关节盂表面粗糙不平。双侧肱骨小头关节面上可见边缘圆钝的凹陷。双侧股骨头关节表面也可见相似的边缘圆钝的凹陷，同时可见针尖样骨质疏松的小孔。双侧髋臼窝边缘骨质增生。双侧股骨远端外侧髁及与髌骨相接的关节面区域多处凹陷，关节表面粗糙。颈椎上、下关节突关节面骨质增生。多个胸椎椎体上下表面可见许莫氏结节（Schmorl's nodes），椎体边缘骨刺生成，骨质疏松。腰椎上、下关节突关节面上可见珊瑚样边缘硬化型骨质疏松的小孔，边缘骨刺生成。

SM386

位于 ST1613 的西南部。开口于 H24 之下，被 H24 打破，打破生土。方向为 280 度。（图 2 - 126；彩版一一九，2）

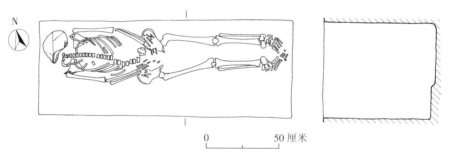

图 2 - 126 SM386 平、剖面图

长方形竖穴土坑墓，墓壁较直。墓口距地表深 75～78 厘米，墓口长 173、东宽 65、西宽 62 厘米，深 73～76 厘米。填土为红褐花土，质较周围生土松。

无二层台。

无腰坑。

无葬具。

墓主骨架保存完好，仰身直肢，头西面南。头部及躯干置于墓圹北部，头骨微抬，未见下颌骨，两肩平直，左右手伸直置于盆骨处，手指骨陷于盆骨中，两腿伸直平行，脚趾骨完整，右脚趾叠压左脚趾，均内敛。

无随葬品。

墓葬年代： H24 年代为殷墟三期，因而该墓不晚于三期。

人骨鉴定：

人骨保存情况相对较好。头骨骨质保存较差，未采集。上、下肢带骨如双侧锁骨、肩胛骨、髋骨及髋骨保存较好。胸骨残片及肋骨残段保存。除枢椎外，脊柱保存完整。上、下肢骨较好，但断裂。手部骨骼零星保存。足骨保存较好。

墓主脊椎椎体均较小；四肢长骨较纤细，表面肌肉附着痕迹较弱。髂骨翼较薄，坐骨大切迹宽而浅。耳状面较小，耳前沟稍显。据以上形态特征推测，墓主可能为女性个体。骨骺完全愈合；耳状面形态 1 ~ 2 级（Lovejoy 分级系统）。据以上信息推测，墓主应为年轻成年个体，年龄 20 ~ 25 岁。四肢长骨虽保存但多断裂，左侧胫骨最大长 33.0 厘米，身高估算 153 ~ 163 厘米。

墓主双侧肩胛骨关节盂表面粗糙不平。双侧肱骨头关节面边缘骨赘生成。双侧肱骨滑车边缘骨赘生成。右侧第五掌骨中段显示骨折愈合的痕迹。双侧髋臼窝关节面粗糙不平，边缘新骨形成。双侧股骨远端外侧髁关节面以及与髌骨相接的关节表面上有粗糙的新骨形成，边缘轻微的骨赘生成；双侧髌骨关节面上也有相似的病理表现。双侧距骨远端关节面背缘骨赘生成。下段胸椎椎体（T9 ~ T12）边缘骨刺生成。腰椎（L4、L5）边缘骨刺生成，第五腰椎椎体滑脱（双侧）。

SM667

位于 ST2910 西北部。开口于 H582 底部，直接打破生土。方向为 110 度。（图 2 - 127；彩版一一九，3）

长方形竖穴土坑墓，墓壁向南侧斜掏。口小底大。墓口距地表 170 厘米，墓口长 175、宽 45 厘米，墓底东西长约 175、南北宽 55 厘米，墓深约 100 厘米。填土为黄褐色块状水锈土，较纯净，无明显夯打痕迹。

墓底北侧有熟土二层台，宽 15、高 20 厘米。墓底其他位置未见有二层台，表明墓主为紧贴着墓室南部安放的。

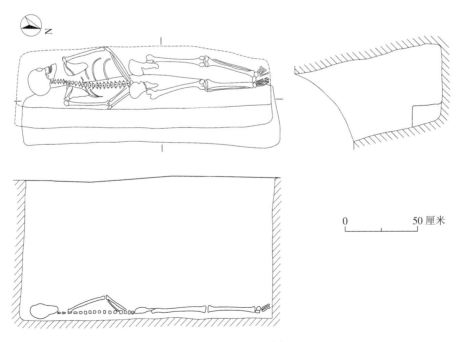

图 2 - 127　SM667 平、剖面图

骨架周围无板灰痕迹，但有草席痕迹。因此此墓可能仅以草席裹尸。

墓主骨架保存状况一般。葬式为俯身直肢，头东面南，双手置于腹部。

墓葬年代： H582 属殷墟三期，因此 SM667 年代不晚于殷墟三期之时。

人骨鉴定：

可供观察的人骨保存状况相对较好。头骨残破，19 颗牙齿、上肢带骨、下肢骨、骨盆及脊椎骨相对保存完整；肋骨残片；右侧第五掌骨保存，其他手部骨骼缺如；足部骨骼保存相对完整。

墓主眉弓发达，眶上缘圆钝，前额后倾，乳突较发达；枕骨上项线较粗；坐骨大切迹较窄，耻骨下支内侧缘外凸，下支起始部较宽，耻骨支移行部呈三角形。据以上形态特征推断，该个体为男性。耻骨联合面形态 VII 级（Todd 分级系统）和 4 级（Suchey - Brooks 分级系统），第八期（邵象清分级系统），耳状面形态 5 级（Lovejoy 分级系统），第一、第二白齿磨耗 3~4 级（吴汝康分级系统）；骨骺完全愈合。据以上信息推断该个体年龄 35~40 岁。右侧股骨最大长 41.8 厘米，左侧腓骨最大长 33.8 厘米，身高估算 158~165 厘米。

墓主右侧颞骨内壁乙状沟表面可见由硬膜下血肿导致的骨吸收、重塑现象。下颌双侧犬齿线型釉质发育不全。中度牙结石。上颌多颗牙齿咬合面釉质轻微剥脱。胸椎椎体前侧面可见海绵样新骨形成，椎体骨质疏松。右侧股骨头关节面前近中面可见针尖样疏松小孔。双侧足部第一距骨远端关节面背侧面边缘骨赘明显，右侧较左侧显著，关节面正常形态改变。

SM792

位于 ST2710 西侧中部，西侧小半部进入 T2610 的东隔梁。开口于 ② 层下，被 H437 和 H445 打破，直接打破生土。方向为 114 度或 294 度。被盗，盗坑位于东北角，破坏了整个墓葬。（图 2 - 128）

长方形竖穴土坑墓，墓壁中部由于坍塌和盗沟破坏而凹凸不平，至底部较为平整，墓壁西侧外扩，东侧墓壁斜收，口底略呈交错，口小底大，西侧略宽。墓口距地表 10~52 厘米，墓口长 236、宽 100 厘米，墓底长 254、宽 117~137 厘米，墓深 210~326 厘米。填土为黄褐色花夯土，质地坚硬，夯层厚 12~15 厘米。（图 2 - 128）

墓内未见有二层台。

墓底中部有一梯形腰坑，西侧较宽，东西长 85、宽 33~44、深约 20 厘米，坑壁略斜。腰坑内空无物。

盗沟到底部逐渐扩大，将整个墓室完全扰乱。葬具已无法判断。

墓主骨架无存，仅在墓底西南角发现墓主的头骨，为扰乱至此。

盗扰填土中有残铜片 1 件。

残铜片 1 件。

SM792：1，残碎严重，不辨器形，残高 2.5 厘米。（图 2 - 128）

墓葬年代： SM792 被殷墟三期的 H445 打破，因而其年代不晚于殷墟三期。

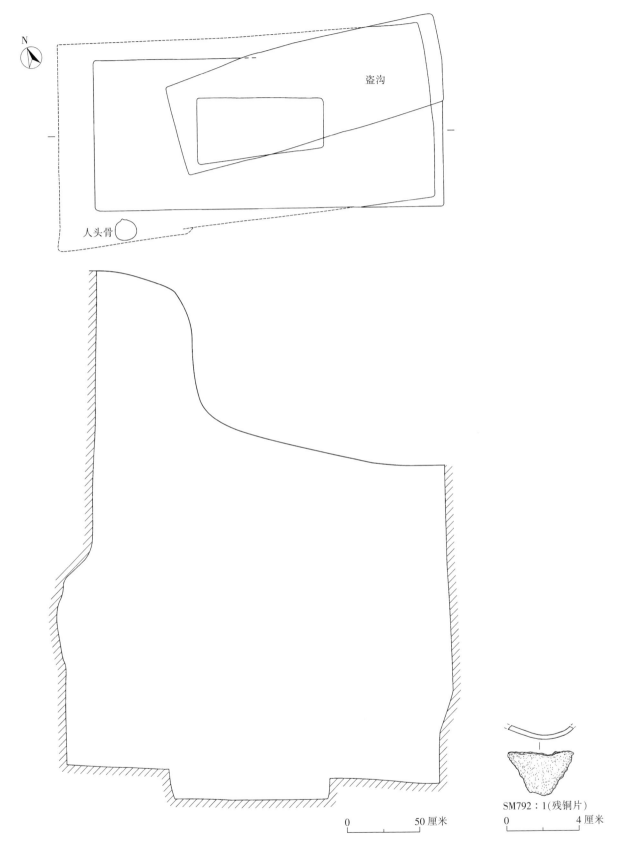

盗沟

人头骨

SM792：1（残铜片）

0   50 厘米

0   4 厘米

图 2 - 128 SM792 平、剖面图及出土遗物

SM846

位于 ST2311 西北部, 西跨 ST2211 东北部。开口于表土层下, 被现代坑、SM661、SM833 打破, 直接打破生土。方向为 102 度。(图 2 - 129; 彩版一二〇, 1)

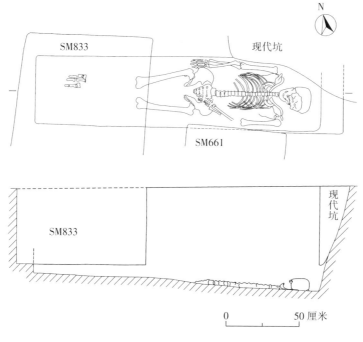

图 2 - 129 SM846 平、剖面图

长方形竖穴土坑墓, 墓壁斜内收, 口大底小, 墓底较平。墓口长 210、宽 47 厘米, 墓深 63 厘米。填土为五花夯土, 结构致密, 包含少量陶片和木炭粒。

据墓底木灰判断, 葬具为一棺, 长 205、宽 47 厘米。

墓主仰身直肢, 头东面上, 头骨破碎, 右手平直, 左手放置在盆骨上, 股骨下被 SM833 打破, 只保存有部分趾骨。

无随葬品。

墓葬年代: SM846 被属殷墟四期早段的 SM833 和三期之时的 SM661 打破, 因此 SM846 年代不晚于殷墟三期。

人骨鉴定:

女性。25 ~ 30 岁。

盆骨性征明显, 耻骨联合面清晰。牙齿磨耗 2 级。

SM907

位于 ST2007 探方的西南角, 还有少部分在 ST1907 探方内。开口于 H254 下, 直接打破生土。方向为 90 度。(图 2 - 130; 彩版一二〇, 2)

长方形竖穴土坑墓, 墓壁较整齐, 墓底较平, 墓底与墓口的大小基本一致。墓口距地表深

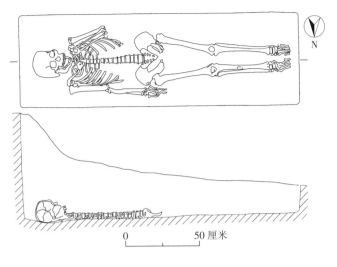

图 2 - 130 SM907 平、剖面图

360 厘米，墓口长 190、宽 61 厘米，墓残深 17.5 ~ 70 厘米。墓内填土为黄褐色花土，土质一般，未见夯窝。

无葬具。

墓主为仰身直肢葬，头东面上，左手至肘部弯折放于胸部锁骨之上，右手放在右股骨的右侧。

无随葬品。

墓葬年代：叠压其上的 H254 为殷墟三期，因而 SM907 年代不晚于殷墟三期。

人骨鉴定：

该个体仅头骨及 32 颗牙齿保存完整，部分椎骨保存，可供观察。

墓主头骨前额较陡直，眉弓和眉间突度不明显，眶上缘相对薄锐，乳突和枕外隆凸不发达，下颌角区外翻不明显。仅根据头骨的形态特征推测，该个体可能为女性。白齿磨耗 3 ~ 4 级（吴汝康分级系统），颅骨基底缝愈合，其他骨缝波纹深度变浅，呈愈合趋向，人字缝人字点段和中间段骨缝痕迹渐消失；脊椎椎体骨骺环愈合，愈合痕迹模糊不清。据以上指标推测墓主应为中年（35 ~ 45 岁）。仅据四肢长骨保存状况目前无法进行身高估算。

墓主额骨眶板多孔型骨肥大呈活动状态。上下颌犬齿可见轻度线型釉质发育不全。左侧下颌侧门齿齿槽唇侧面可见由根尖脓疡造成的瘘道。多颗白齿可见咬合面龋齿。轻度牙结石。多颗上颌及少数下颌牙齿咬合面轻微釉质剥脱。椎骨未见增生。

SM952

位于 ST3008 北部略偏东。被 SM944 打破，直接打破生土。方向为 10 度。（图 2 - 131；彩版一一九，4）

长方形竖穴土坑墓，墓壁较直，略外扩，口小底大，墓底较平整。墓口距地表 80 ~ 110 厘米，墓口长 197、宽 86 厘米，墓底长 203、宽 99 ~ 106 厘米，墓深约 128 厘米。填土为黄色花夯土，土质较

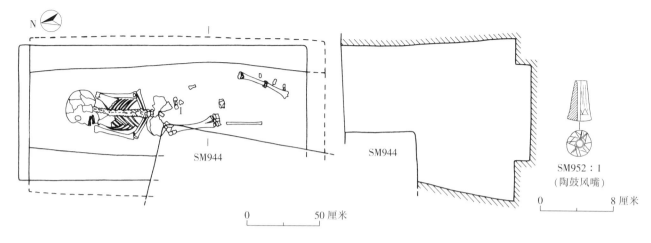

图2-131　SM952平、剖面图及出土遗物

硬，有明显夯层。

墓底南北两侧有生土二层台，宽16~28、高8~10厘米。东西两端无二层台。

未见有棺木痕迹。仅有部分草席痕迹。

墓主为俯身直肢葬，头东面北，双手弯曲交叉于腹部。骨架保存一般，为35~40岁的男性。

在骨盆下有陶鼓风嘴1件。

陶鼓风嘴　1件。

SM952:1，泥质灰陶。完整。整体呈上粗下细的圆柱形，中间有一孔，贯穿上下。面微鼓，上刻划一星纹，嘴下饰一周断续三角划纹。通高4.1、嘴径2.7、管径1.3厘米。（图2-131；彩版一一九，4）

墓葬年代：打破该墓的SM944殷墟三期，因而判断该墓不晚于殷墟三期。

SM958

位于ST2406北侧。开口于①层下，东北角为殷墟三期的SM959打破，打破生土。方向为13度。（图2-132）

长方形竖穴土坑墓，坑壁规整竖直。墓口长200、宽65~70厘米，墓深约110厘米。填土为黄色花夯土，土质坚硬，含沙性。

墓底四周有熟土二层台，宽5~10、高25厘米。

无腰坑。

葬具为一棺，长180、宽50~55厘米。二层台周边残存有部分棺腐朽后的痕迹。

墓主仰身直肢，头北面东。骨架保存状况较差，头骨破碎，上肢已朽成粉状。墓主骨骼范围长度155厘米。

未见有随葬品。

墓葬年代：该墓被殷墟三期的SM959打破，其时代当不晚于殷墟三期。

人骨鉴定：

女性？14~16岁。

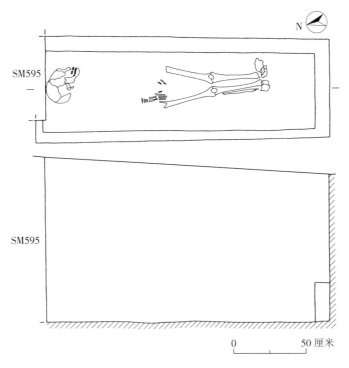

图 2 – 132　SM958 平、剖面图

肢骨纤细，肢骨缝皆未愈合。恒齿已萌出。

残存 21 枚牙齿。三枚牙齿患有严重齿冠咬合面龋齿，龋洞大且深，直达齿根。

NM172

位于 NT1926 的东隔梁下。开口③层下，打破④层。方向为 358 度。（图 2 – 133；彩版一二〇，3）

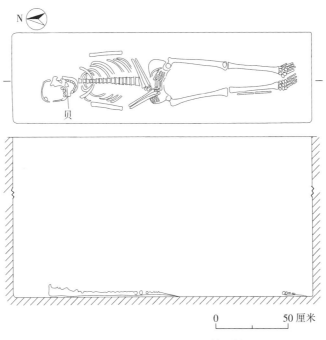

图 2 – 133　NM172 平、剖面图

长方形竖穴土坑墓，墓壁较直，墓底平整。墓口距地表约90厘米，墓口长205、宽60厘米，墓深约160厘米。填土为褐色花土，土质较纯，质地较硬。

未见葬具痕迹。

墓主仰身直肢，头北面西，双手抱于腹部。骨骼严重腐朽。

墓主口中含1枚A型贝。

墓葬年代： T1926③层为殷墟三期，因而该墓年代不晚于殷墟三期。

人骨鉴定：

骨质较差，头骨仅余残片，肢骨残损严重，趾（指）骨较好，椎骨、肋骨、盆骨腐朽严重。

男性。35~40岁。身高约169厘米。

头骨性征明显。牙齿磨耗3级强。

第五节　殷墟四期早段墓葬

SM4

位于ST1429的东南部。开口②层下，打破生土层，该墓东部的上半部被一近现代扰坑打破。方向为5度。（图2-134A、B；彩版一二一，1、2）

长方形竖穴土坑墓。长235、宽86、深90厘米。填土为褐色花夯土，结构比较紧密。（图2-134A）

没有二层台。

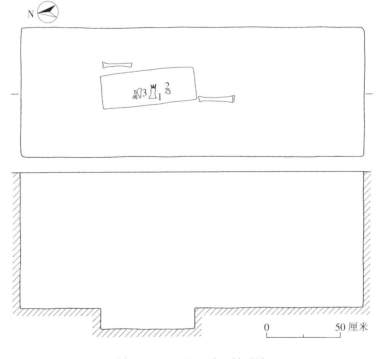

图2-134A　SM4平、剖面图

墓底中部偏北有一腰坑，长63、宽22、深14厘米。

在墓底有少量红色和白色彩绘痕迹，可能与葬具有关。

墓主的骨架严重腐朽，只有几根肢骨，无法判断墓主的年龄、性别与葬式。

共有3件随葬品，陶爵、陶瓿及石蝉各1件，均位于腰坑内。

陶瓿　1件。

SM4：3，泥质灰陶。残。仅剩口、腹部残片，喇叭口，直筒形腹，腹下部及足缺失。残高8.5厘米。（图2-134B）

陶爵　1件。

SM4：1，V式。泥质灰陶。修复。短流，无尾，半环形鋬，直腹内收，底部形成凸棱，三足较矮且外撇。口径8.1、高9.6厘米。（图2-134B）

石蝉　1件。

SM4：2，微残。青白色。体呈三棱形，头前端平直，中部有一浅凹槽区分头、腹，双翅合拢，翅上饰模糊阴线。通长3、宽1.5、厚0.6厘米。（图2-134B；彩版一二一，2）

墓葬年代： 殷墟四期早段。

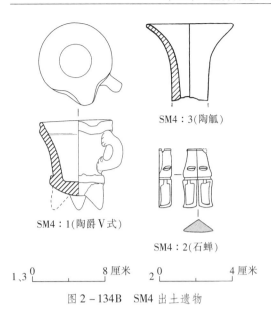

SM4：3（陶瓿）

SM4：1（陶爵V式）

SM4：2（石蝉）

图2-134B　SM4 出土遗物

SM15

位于ST1230西南角。开口于②层下，打破生土。方向4度。被盗，墓南部有盗洞一个，从墓口直至墓底，均已扰乱。（图2-135A~D；彩版一二一，3；彩版一二二、一二三、一二五；彩版一二四，1）

长方形竖穴土圹墓，口小底大。墓口距地表深70厘米，墓口长290、宽120~130厘米，墓底长300、宽150厘米，墓深460厘米。填土为黄褐色花土，上部较硬。

墓底四周有熟土二层台，宽20~50、高60厘米。

墓底有一腰坑，长93、宽40、深20厘米。内殉葬一狗，侧卧，头向南，背向东。（图2-135A、C）

葬具为一棺一椁。木椁盖板大部分被盗毁，只有南端还存有四块木板痕迹，宽10~13厘米。墓室底部显现出清晰的木椁边框。从残存迹象判断，椁长257、宽118厘米，厚10厘米。木椁之上盖有布幔，中部被盗毁，两侧二层台上仍残存有纺织物痕迹。（图2-135B、C）

木棺底部由6块长条形木板组成，长234、宽98厘米。（图2-135A）

墓主人骨被扰乱，头骨及部分肢部位于墓室南部，足部骨骼似未扰乱，位于木棺北部。

在棺椁之间及棺内尚残留部分随葬品，有陶瓿、陶爵、铜矛、铜戈、玉石器等物。

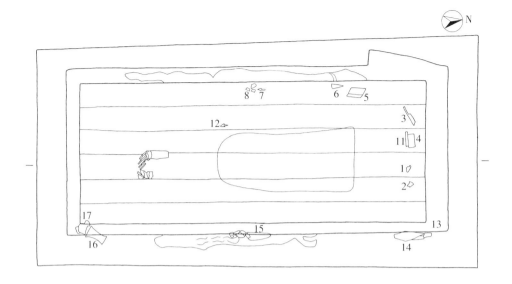

图 2 - 135A   SM15 平、剖面图

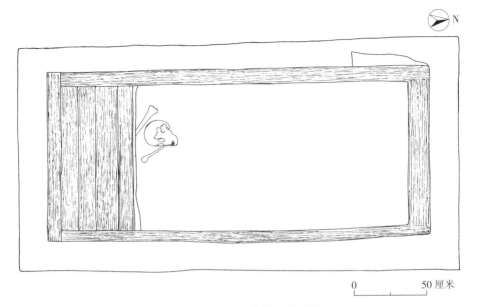

0　　　　　50 厘米

图 2 – 135B　SM15 椁室平面图

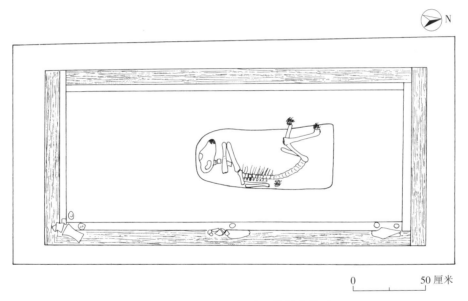

0　　　　　50 厘米

图 2 – 135C　SM15 腰坑及棺椁结构图

陶瓿　1 件。

SM15：16，A 型Ⅷ式。修复。腹部有凹弦纹三周。口径 9.5、圈足径 5.7、高 13.1 厘米。（图 2 –
135D）

陶爵　1 件。

SM15：17，Ⅵ式。修复。口径 7.4、高 9.5 厘米。（图 2 – 135D）

铜矛　2 件。质轻薄，残损严重，可辨叶呈亚腰形，叶底两侧有穿孔，骹截面呈扁圆形。

SM15：13、14，质轻薄，残损严重，可辨叶呈亚腰形，叶底两侧有穿孔，骹截面呈扁圆形。
（图 2 – 135D）

铜戈　1 件。

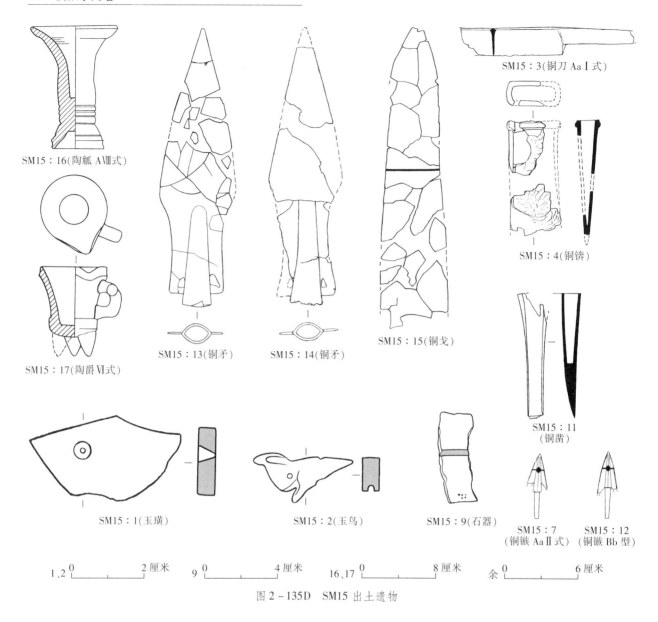

SM15：16(陶瓤 AⅧ式)

SM15：17(陶爵Ⅵ式)

SM15：13(铜矛)

SM15：14(铜矛)

SM15：15(铜戈)

SM15：3(铜刀 AaⅠ式)

SM15：4(铜锛)

SM15：11
(铜凿)

SM15：1(玉璜)

SM15：2(玉鸟)

SM15：9(石器)

SM15：7
(铜镞 AaⅡ式)

SM15：12
(铜镞 Bb 型)

1,2 ⊢0————2厘米   9 ⊢0————4厘米   16,17 ⊢0————8厘米   余 ⊢0————6厘米

图 2 - 135D SM15 出土遗物

SM15：15，残存援部碎片，质轻薄，不辨形制。（图 2 - 135D）

铜刀 1 件。

SM15：3，Aa 型Ⅰ式。残。残长 13.9、柄残长 5.4、刀身宽 2.2、柄宽 1.3、背厚 0.3、柄厚 0.3 厘米。重 0.04 千克。（图 2 - 135D；彩版一二五，1）

铜锛 1 件。

SM15：4，残缺不全，銎宽 1.6 厘米。（图 2 - 135D）

残铜片 4 件。

SM15：5、6、8、10，残损严重，不辨形制。

铜凿 1 件。

SM15：11，残。细长条形，顶部残，依断面判断銎口呈梯形，单面直刃。残长 9.8、刃宽 1.7 厘米。残重 0.045 千克。（图 2 - 135D；彩版一二五，2）

铜镞 2 件。

SM15：7，Aa 型 II 式。残。残长 5.1、铤长 2、翼残宽 1.6 厘米。（图 2 - 135D；彩版一二五，3）

SM15：12，Bb 型。残。通长 5.3、铤长 2.5、翼残宽 1.6 厘米。（图 2 - 135D；彩版一二五，3）

玉璜　1 件。

SM15：1，残。淡绿色，有褐斑，玉质温润。扁体，弧形，一端有一单面桯钻圆穿，断面未打磨。通体抛光。残长 4、宽 2.3、厚 0.5 厘米。（图 2 - 135D；彩版一二五，4）

玉鸟　1 件。

SM15：2，微残。青白色，局部受沁。圆雕。昂首，短喙，双足前屈，略显双翅，长尾。足下有两个单面钻孔，一个钻透。长 2.7、宽 1、厚 0.5 厘米。（图 2 - 135D；彩版一二五，5）

石器　1 件。

SM15：9，残。灰白色。残器扁平。打磨光滑。残长 4.5、宽 1.5、厚 0.2 厘米。（图 2 - 135D；彩版一二五，6）

墓葬时代：殷墟四期早段。

人骨鉴定：

人骨被盗墓者扰乱，葬式不明，仅余部分头骨片、右股骨及盆骨片等。

男性。40～50 岁。

头骨性征比较明显。骨密度 2 级。残存牙齿磨耗 4～5 级。

右侧上颌窦腐蚀变形，异常肿大，中空，可能与梅毒等性病相关。

SM16

位于 ST1828 的东部偏南。开口于②层（黄土层下），南部被现代扰坑破坏，打破深褐色生土。方向为 12 度。（图 2 - 136A～D；彩版一二四，2；彩版一二六、一二七）

长方形竖穴土坑墓，墓口北高南低，墓壁制作规整光滑，直壁，略有凸凹，局部可看出工具加工痕迹，但不能确定是否涂抹有一层稀泥，墓底大小和口略相同。北部墓口距地表约 45 厘米，口长约 270、北宽约 135、南宽 125 厘米，深 385 厘米（图 2 - 136A）。填土为黄花夯土，结构致密。墓室的中部，距口深 295 厘米处发现一狗架，骨架保存较好，狗头朝南，面向上，屈膝，狗的颈部有一铜铃（图 2 - 136B）。

墓底四周有熟土二层台，宽 24～30、高约 50 厘米。

墓底中部略偏南有一腰坑，口呈圆角长方形，长约 72、宽约 25、深约 23 厘米。坑内殉一狗，狗头向南，骨架保存较差。（图 2 - 136C）

该墓一棺一椁，均已朽，棺椁相距约 15 厘米。椁室长约 225、宽约 95、高约 50 厘米。椁板髹白漆。

棺室长约 208、宽约 55、残高 4 厘米。棺板主要为红漆，也发现黑、白、黄漆等。棺板的厚度不甚清楚。

随葬品有青铜器、陶器、玉石器等。椁室西北角发现一套铜瓿、爵，质较差。瓿外侧裹有黑色的东西。二者压在棺上，可判断原来是放在棺椁之间的。棺室内中北部发现一套陶瓿、爵，质差，已碎。墓室南部发现的铜戈、矛，均较薄，东端的铜戈（SM16：9）当是放在棺椁间的，其余的铜戈、矛是放在椁盖板上的——因为它们下边压有黑色椁板灰。北二层台西北角发现 1 件铜

图 2 - 136A SM16 平、剖面图

铃，可能原是在椁盖板上的。小件玉石器大部分是放在棺内墓主人附近。在二层台下墓主人头部发现一动物腿骨（可能是羊腿），腿骨上部贴一层黑色板灰，推测该兽骨原来是放在棺椁之间的。（图 2 - 136A）

墓主骨架已朽为粉末状，但仍可判断其头向北。

陶觚 1 件。

SM16：1，A 型Ⅷ式。褐陶。修复。腹部有凹弦纹二周。口径 8.5、圈足径 4.8、高 12.8 厘米。（图 2 - 136D）

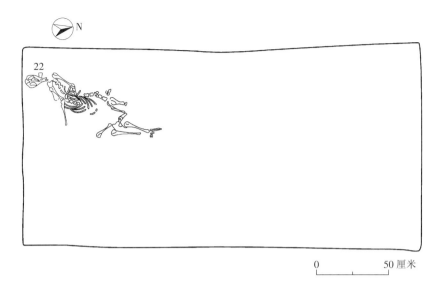

图 2 – 136B　SM16 填土殉狗平面图

陶爵　1 件。

SM16:2，Ⅵ式。修复。口径 6.2、高 9.6 厘米。（图 2 – 136D；彩版一二六，1）

铜觚　1 件。

SM16:10，B 型Ⅱ式。微残。通高 20.3、口径 13.1、底径 7.2 ~ 8、口沿厚 0.2 厘米。重 0.578 千克。（图 2 – 136D；彩版一二六，2）

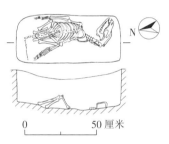

图 2 – 136C　SM16 腰坑平、剖面图

铜爵　1 件。

SM16:4，B 型Ⅱ式。完整。鋬下有铭文"夻"。通高 16.7、柱高 2.8、足高 6.9、流至尾长 13.5、流长 6.3、流宽 2.9、腹壁厚 0.3 厘米。重 0.401 千克。（图 2 – 136D；彩版一二六，3、4）

铜戈　6 件。SM16:14、15 均为乙 Bb 型Ⅱ式，体轻薄。其余 SM16:7、9、16、17 等 4 件，残损严重，不辨形制。

SM16:14，援残长 18.6、援最宽 4.7、援厚 0.1 厘米。残重 0.064 千克。（图 2 – 136D）

SM16:15，残长 23、援长 17.2、援最宽 4.4、援厚 0.1、内厚 0.1 厘米。重 0.071 千克。（图 2 – 136D；彩版一二七，1）

铜矛　2 件。乙 A 型Ⅱ式。均残。

SM16:6，残长 18.6、叶最宽 5.3、叶厚 0.1、銎腔径 1 × 2.1 厘米。重 0.062 千克。（图 2 – 136D；彩版一二七，2）

SM16:8，残长 18.6、叶最宽 5.5、叶厚 0.1、銎腔径 1 × 2 厘米。重 0.062 千克。（图 2 – 136D；彩版一二七，3）

铜铃　2 件。Ab 型。均残。

SM16:3，通高 4.6、口缘径 1.9 × 2.7、腔壁厚 0.1 厘米。（图 2 – 136D；彩版一二七，4）

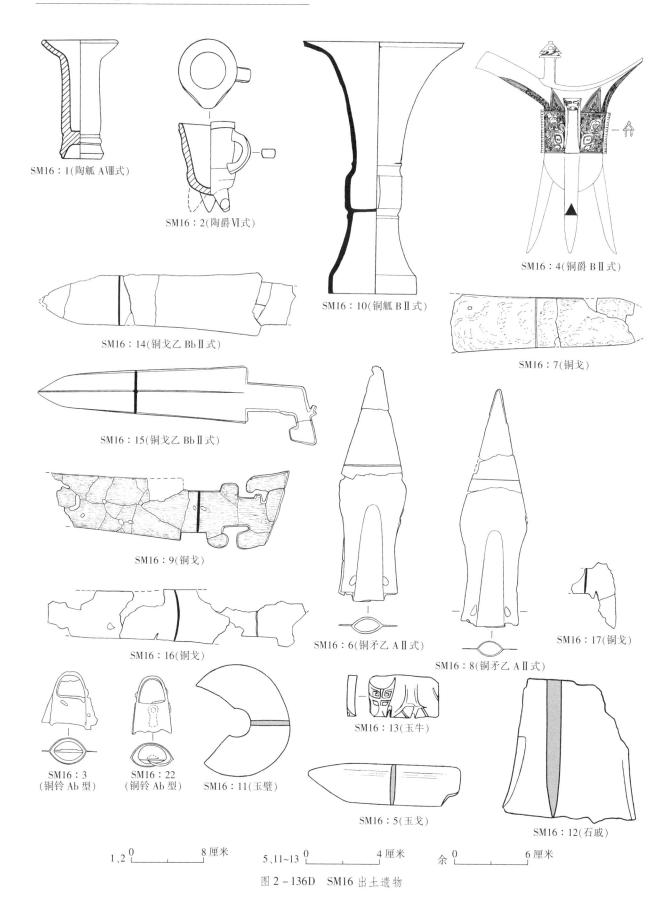

SM16:1(陶瓿 AⅧ式)

SM16:2(陶爵Ⅵ式)

SM16:10(铜瓿 BⅡ式)

SM16:4(铜爵 BⅡ式)

SM16:14(铜戈乙 BbⅡ式)

SM16:7(铜戈)

SM16:15(铜戈乙 BbⅡ式)

SM16:9(铜戈)

SM16:6(铜矛乙 AⅡ式)

SM16:17(铜戈)

SM16:16(铜戈)

SM16:8(铜矛乙 AⅡ式)

SM16:3
(铜铃 Ab 型)

SM16:22
(铜铃 Ab 型)

SM16:11(玉璧)

SM16:13(玉牛)

SM16:5(玉戈)

SM16:12(石戚)

1、2 0 ____ 8厘米   5、11~13 0 ____ 4厘米   余 0 ____ 6厘米

图 2-136D　SM16 出土遗物

SM16：22，两侧扉棱残失，圆头状铃舌，极短。通高4.6、口缘径1.7×2.8、腔壁厚0.1厘米。（图2-136D；彩版一二七，5）

玉戈 1件。

SM16：5，完整。青白色，有白斑。扁平条形，短直内，三角形援末，无中脊，边刃圆钝。抛光不精细。通长8.2、内长0.6、内宽1.4、援宽2.1、援厚0.3厘米。（图2-136D；彩版一二七，6）

玉璧 1件。

SM16：11，残。乳白色，表面有褐斑。残器不规整，孔较小，单面管钻。两面抛光。直径6、残孔径1.5、厚0.2厘米。（图2-136D；彩版一二七，7）

玉牛 1件。

SM16：13，完整。灰白色，整体受沁。体微弧，似箍形器改制而成。俯卧状，牛首低垂，四肢踡曲，无尾。减地凸线刻画鼻、眼、角、蹄，嘴部有一个斜向双面钻孔。背面无纹饰。长3.8、宽2.3、厚0.4厘米。（图2-136D；彩版一二七，8）

石戚 1件。

SM16：12，残。石质疏松，风化严重。体呈梯形，柄部残，一侧有扉棱痕迹，双面直刃，较宽，刃部分残缺。残长7.2、宽4.3~7.2、厚0.8厘米。（图2-136D；彩版一二七，9）

石器 4件。SM16：18、19、20、21，残呈粉末状。

墓葬年代：殷墟四期早段。

SM30

位于ST1320的东南部。开口于②层下，打破F10和H46，还直接打破深褐色生土和纯黄色生土。方向103度（马头朝向）。（图2-137A~C；彩版一二八~一三五）

车马坑是较为特殊的遗存，从发掘技术而言是相当困难的，极易在毫不知情的状况下损坏已腐蚀成泥的木质构件。因而本书详细介绍了SM30车马坑的清理、加固等工作流程。

发掘车马坑，由于马车的车轮、舆竖直放在坑内，经三千年地下埋藏，均已腐朽成泥，只剩带有木质纹理的痕迹。所以首先在车马坑四周挖工作槽，东、南、西三面工作槽各宽100厘米，北面工作槽宽200厘米。四面工作槽挖到深约170厘米处时，该深度超过车轮底部约10厘米，便可以清理车马坑了。这样，埋葬车马的夯土坑完全暴露。

7月11日开始剔车马坑。工作从两轮着手（经钻探知道车箱在西，两轮位于车箱南北两侧），故先从夯土坑西半部南北两侧寻找两轮。首先寻找的是轮外的车轴头部分，轴头若套有铜车軎，则易寻找。12日上午发现了车轴两端的铜车軎。接着寻找车轮和辐条，虽有数根辐条已隐约出现，但天气或阴或雨，非常昏暗，不易再接着寻找车轮和辐条，故转向寻找东部车衡。19日发现了车衡两末端，略呈圆形，直径约10厘米。未发现衡末铜三角饰。接着从上而下清理东部夯土，目的是寻找位于衡内侧辕两旁的马轭。20日，衡已完全暴露，为一根较直且粗的圆木，已朽。发现了马轭铜首帽饰，铜首帽饰低于衡且位于衡的外侧，当是有所移位。21~23日又接着剔两轮和辐条。24、25两日，剔剥车舆部分，首先发现了车舆底板下的铜锺（辕末饰），进而清理出了车舆底板的断面，厚约4厘米。车舆内部

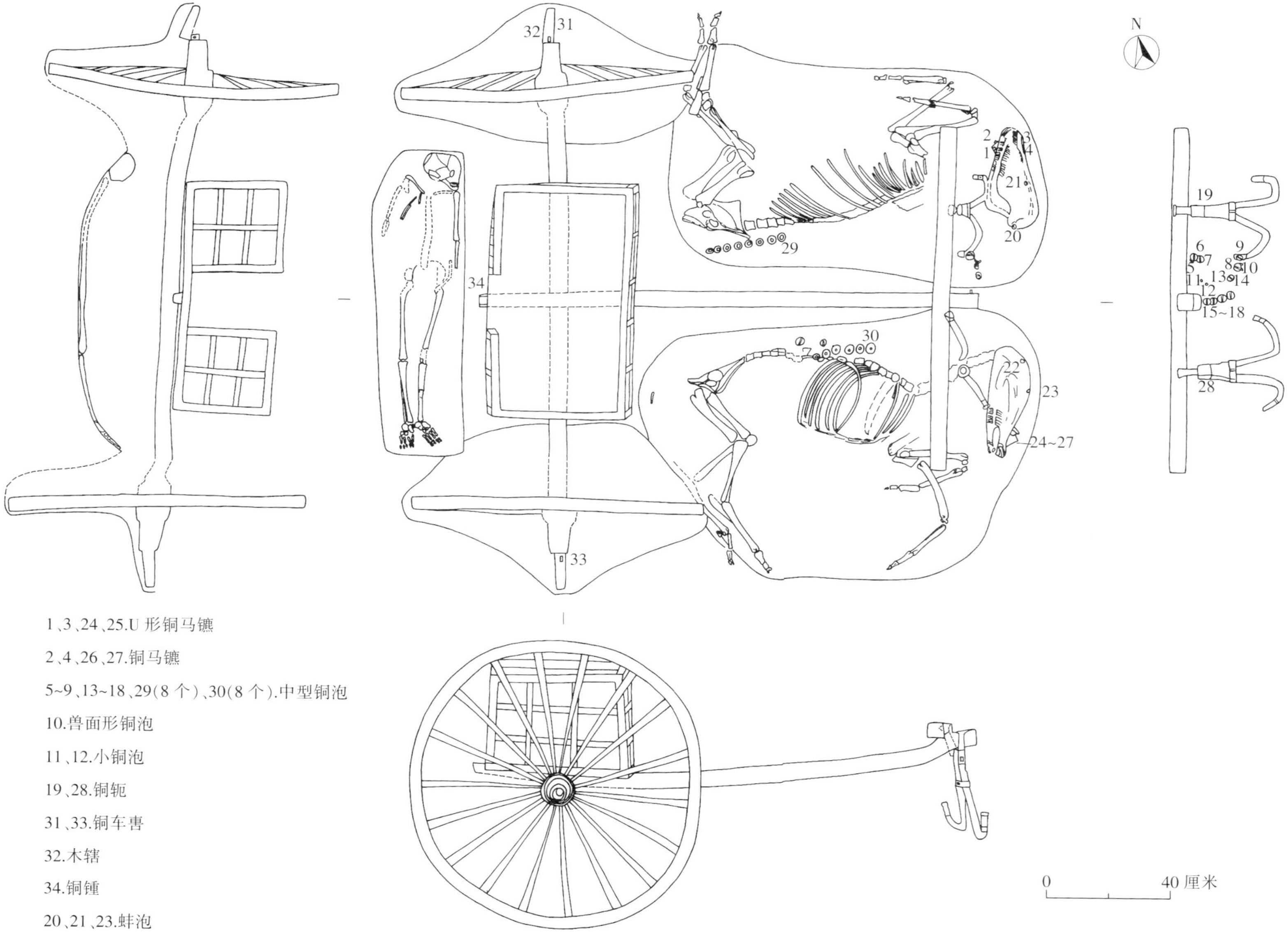

1、3、24、25.U 形铜马镳
2、4、26、27.铜马镳
5~9、13~18、29(8 个)、30(8 个).中型铜泡
10.兽面形铜泡
11、12.小铜泡
19、28.铜轭
31、33.铜车軎
32.木辖
34.铜锺
20、21、23.蚌泡
22.毛蚶

图 2-137A　SM30 车马坑平、剖透视图

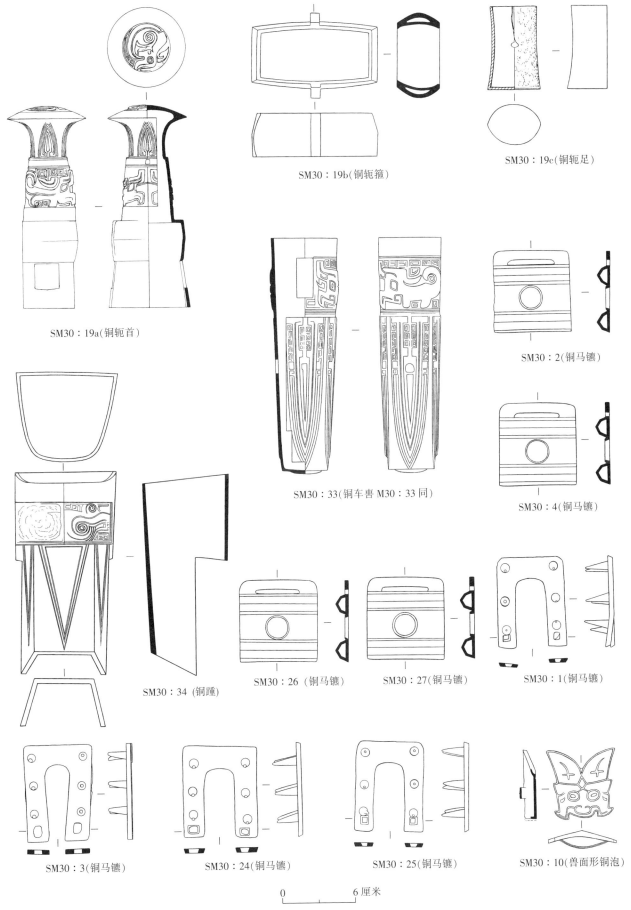

SM30：19b(铜轭箍)

SM30：19c(铜轭足)

SM30：19a(铜轭首)

SM30：2(铜马镳)

SM30：4(铜马镳)

SM30：33(铜车軎 M30：33 同)

SM30：34 (铜踵)

SM30：26 (铜马镳)

SM30：27(铜马镳)

SM30：1(铜马镳)

SM30：3(铜马镳)

SM30：24(铜马镳)

SM30：25(铜马镳)

SM30：10(兽面形铜泡)

0　　　　　6厘米

图 2－137B　SM30 车马坑出土遗物

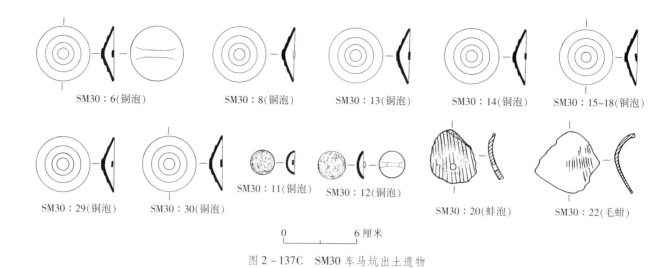

SM30:6(铜泡)　　　SM30:8(铜泡)　　　SM30:13(铜泡)　　　SM30:14(铜泡)　　　SM30:15~18(铜泡)

SM30:29(铜泡)　　　SM30:30(铜泡)　　　SM30:11(铜泡)　　SM30:12(铜泡)　　　SM30:20(蚌泡)　　　SM30:22(毛蚶)

0　　　　　　6厘米

图2-137C　SM30车马坑出土遗物

表面髹红漆，出土时较鲜艳。板中部向下凹陷，估计是其下辕、轴腐朽后塌陷所致。26日剔剥车舆前部车辕部分，车辕也为一根圆木。27~30日清理车辕两侧的两匹马和车舆后面的人骨。马骨和人骨腐朽较严重，故清理得较慢。人骨位于车舆后一坑内，车马坑内的人骨挖坑埋入的现象较少见，一般是在舆后或马旁生土之上直接葬人。

7月31日对该车马坑进行了照相和录像。

8月5~8日对该车马坑从正视、侧视、前视和后视等不同方位进行了绘图。

9~14日对该车马坑内的车体、马骨、人骨等进行了加固。加固原料为三甲树脂和丙酮，方法是先用丙酮稀释三甲树脂，其比例为5%、10%、15%。为了便于三甲树脂进入车子各部件内部，使得加固更牢，加固前先对车子扎细孔，再用针管把稀释好的三甲树脂打入孔内。该车共加固了6次，前两次三甲树脂和丙酮的比例为5%，中间三次的比例为10%，后一次比例为15%。加固的次数视具体情况而定，若车子较干燥，可多加固几次，这样车子就更牢固些。若较湿，可减其次数，但至少按三甲树脂比例5%、10%、15%各加固一次。两次加固之间要间隔一段时间，使得丙酮挥发，便于下一次加固。

15~29日，购买木材、石膏、泡沫、槽钢、角铁等材料，对该车进行了整体和搬迁。

车马坑坑口距地表约60厘米，东西长约340厘米，东宽305厘米，西宽295厘米，坑底较口略小，且不甚平，深处距地表约260厘米。坑内填黄褐色花夯土，分层，每层厚15厘米左右。填土较纯净，含有少量烧土颗粒和炭末，出土有少量陶片和兽骨等遗物，陶片可看出的器形有鬲、盆、簋、灰陶罐、红陶罐等。

在坑内底部挖有轮槽、马槽和人坑。

轮槽：位于两轮的下部。口大底小，两轮槽东壁弧形，与轮牙的弧度略同，西壁较直，圜底。轴两端槽壁呈台阶状，台阶上部较弧，下部较斜直。轮槽的长度稍大于轮子的直径，北槽长约155、宽约72、深约75厘米；南轮槽长约154、宽约90、深约75厘米。

马槽：位于辕两侧两匹马的下部。北槽口略呈圆角长方形，东西长约194厘米，南北宽约105厘米，壁为斜坡状，底东高西低，最深处深约30厘米。南槽口略呈圆角梯形，北边长约200厘米，南边长约 80 厘米，南北宽约 132 厘米，壁呈斜坡状，底深约 30 厘米。

人坑：位于车舆后部。口略呈长方形，北端较窄、宽约 30 厘米，中部宽约 46 厘米，南宽约 40 厘米，长约 160 厘米，底不平，呈凹弧状，南北两端高，中间低，中部深约 26 厘米。

车马坑内埋 1 车、2 马、1 人。

车保存完好，车辕向东，车厢在西，车厢两侧为南北两轮，车厢底中部有轴和辕，轴在辕下，呈十字相交。辕向东近衡处向上弯起，在衡下与衡呈水平十字相交。

两马侧卧于车厢前的辕两侧马坑内，马骨腐朽较严重，尤其它们的头部和肋骨腐朽最厉害。两马头东臀西，头部位于衡外，颈部压在衡下，脊背相对，腹部朝外。北马后腿稍曲，蹄部伸出马槽，前腿完全弯曲在槽内。南马后腿稍曲，部分伸出槽外，前右腿稍曲，左腿完全弯曲在槽内，且压在右腿之下。

人埋在车厢后人坑内，头北脚南，仰身直肢，骨骼腐朽较严重，肋骨已不存，但牙齿保存较好。骨骼粗壮，当为男性，牙齿磨损不严重，当为青壮年。在其肱骨上发现有朱砂，未发现棺椁。朱砂当是把人埋入后撒在人身上的。此人可能是驭手，与车一起陪葬墓主人。

车子为木质结构，出土时已全部腐朽。发掘时依据其腐朽的痕迹，清理出了该车的形状。此车由轮、轴、辕、衡、舆五大部分组成。

轮：位于舆南北两侧轮槽内。出土时上下稍扁。两轮间的轨距约为 230 厘米，各有 18 根辐条，辐条长 56～60 厘米（不包括进牙和毂的深度，未解剖，进牙和毂的深度不详），近毂处较粗，近牙处较细，其横断面为圆形，直径 2～4 厘米。轮牙高和宽均约为 6 厘米。毂中空，横断面呈璧形，外端较细，近轮处（即进辐条部位）略粗，且呈台阶状，台阶宽约 4、高 1 厘米左右。轮外毂长约 20 厘米，内毂由于被保护土覆盖不详，推测内外对称，结构相同，但长度略短于外毂。

北轮稍向车厢倾斜。稍有变形，上下略扁。横径约为 148 厘米，竖径约为 145 厘米。

南轮基本没变形。横竖径均约为 148 厘米。轮外毂西侧有较明显木质腐朽痕迹。

轴：位于车厢底部辕的下面，与辕呈水平十字相交，横穿两毂而出。轴横断面作圆形，中部较粗，直径约 9 厘米，出毂后逐渐变细，两端直径不足 4 厘米。通长约 305 厘米。轴的两末端各套一铜軎，铜軎上面近毂处有一长方形孔，孔长约 3、宽约 1.5 厘米，内插木辖，辖上套铜辖帽。轴南端铜軎上未见铜辖。轴北端出毂处下沉，与毂不吻合，可能已折断。轴下有约 18 厘米厚的垫土。

辕：置于厢下轴上，为一根圆木。粗细略和衡相当，直径约 8 厘米。辕前端近衡处（在衡的内侧）向上弯起，在衡下与衡呈水平十字相交，且出衡约 14 厘米。辕后端发现套有铜踵。辕直线长约 255 厘米。辕下有 16～25 厘米厚的垫土。

衡：位于车辕的前端，马颈之上，为一根圆角方木。长 180 厘米，横断面边长约为 8 厘米。未发现衡饰和衡末饰。马轭应该位于衡的内侧，且轭顶端要高于衡，可轭现位于衡的外侧，且低于衡，当是有所错位。

舆：位于两轮之间，辕轴之上。总体北高南低。车厢平面略呈长方形，南北长约 116 厘米，东西宽约 60 厘米（内侧），厢高约 50 厘米（不包括荐板厚度）。厢后阑中部开门，较窄，宽约

30厘米。车厢四角立杆和厢边横杆较粗,构成车厢的大轮廓,均为圆木杆,直径约4厘米。内侧的木杆较细,直径2~3厘米,横竖相交,组成矩形。竖杆均直接插入车厢荐板边缘。前阑组成等面积的矩形15个,上下宽约14厘米,左右长约21厘米。左右阑各组成9个等面积的矩形,上下宽约14厘米,左右长约20厘米。后门两侧的后阑各组成6个等面积的矩形,上下宽约14厘米,左右长约19厘米。由于车厢内壁留有保护土,故不能确定内壁有无竖板。厢内底部荐板厚约4厘米,表面发现一层红漆,刚清理出时较鲜艳。荐板中部下凹陷,估计与其下辕轴腐朽后塌陷所致。

随葬的车马饰有铜軎、木辖、铜踵、铜軛饰、铜马镳、铜钉齿状器、铜泡、蚌泡等。铜軎套在车轴两端,其上插木辖,木辖上端又套有铜兽头饰。铜锺套在车辕的尾端。马軛为木质,已锈,軛表面包有铜軛饰,軛饰分为軛帽、軛箍、軛末端饰三部分。铜马镳为于马面两侧,呈"U"形,铜钉齿状器压在马镳之下,与马面直接接触,其当与马镳配套使用,来驾驭马的方向。铜泡分圆泡和兽面形泡,圆泡又有大小之分。大泡主要位于两马的臀部之上,小泡、兽面泡和部分大泡位于车衡之外侧。泡的内侧均有纽,可穿皮条。蚌泡位于马的额头之上,可能起装饰作用。

铜軛　2件。形制一样。首、箍、足为铜质,包裹中部木质(木质部分已完成腐蚀)。(彩版一三四,1、2)

铜軛首　SM30:19a,完整。上部呈菌状,下部为长方形,顶端圆形,面微鼓,上饰盘龙纹,顶下束腰,腰饰三角纹一周,两侧有对称的小圆孔,其下有口、尾相对的双夔纹,云雷纹作底,下部为长方形座,两侧有对称的长方形孔。顶径6.2、口长6、宽3.7、小孔径0.5、长方形孔长2.1、宽1.9厘米、通高15.9厘米。重0.430千克。(图2-137B;彩版一三四,1)

铜軛箍　SM30:19b,残。长方形环,中腰外鼓,腰两侧各有一耳,用以穿系。锈蚀较重。口长10.2、宽5、高3.3厘米。重0.128千克。(图2-137B;彩版一三四,1)

铜軛足　SM30:19c,完整。顶大口小,中腰收束,两侧有对称圆孔,顶封闭,截面呈杏核形。口径3.4×2.5、小孔径0.3~0.5、通高6.5厘米。2件,形制、大小相似,一件微残,重0.072~0.075千克。(图2-137B;彩版一三四,1)

铜踵　1件。

SM30:34,完整。为一断面呈马蹄形的套管,下部为一凹槽,其平面及两侧各饰一个双凸线三角纹,弧面两侧各饰一夔纹。通长16、套管长6.9、宽8.1、高7.1、凹槽长7.1、宽7、高3.9厘米。重0.349千克。(图2-137B;彩版一三四,3)

铜车軎　2件。形制相同。

SM30:33,完整。长筒形,口端较顶端粗,顶端封闭,面向外微鼓,上饰同心圆凸纹;中部有对称的小圆孔,下部有长方形辖孔,辖孔两侧各饰一凸夔纹;上部饰一周云雷纹和四组凸起的蕉叶纹。通长19、口端径4.6、顶端径3.6、辖孔长3.4、宽1.2、小孔径0.6~0.8厘米。重0.469千克。(图2-137B;彩版一三四,4、5)

铜马镳　4件。形制相似,保存完整。方形,中有一圆孔,两侧为三角形管状穿,一管外侧有长方形环。(彩版一三五,1~4)

SM30:2，长6.5、宽6.4、孔径1.8、管高1.1厘米；重0.074千克。（图2-137B；彩版一三五，1）

SM30:26，长6.5、宽6.3、孔径1.8、管高1.1厘米；重0.081千克。（图2-137B；彩版一三五，2）

"U"形铜马镳 4件。形制相似，保存完整。或称铜齿状器。整体呈"U"形，中间为"U"形孔，其中一面"U"形孔两侧各有三枚圆锥状钉齿，顶端两侧各有一圆形穿孔。

SM30:3 通长7.6、宽5.5、U形孔长6、宽1.4、钉齿高1.4-1.5厘米；重0.083千克。（图2-137B）

SM30:24 通长7.2、宽6、U形孔长5.4、宽2.6、钉齿高1.7-2厘米；重0.086千克。（图2-137B）

兽面形铜泡 1枚。

SM30:10，完整。兽面形，圆角方形眼，眼上有"一"字形眉和斜竖双角，眼两侧有耳，张口，嘴角上卷，背面有一横梁，上饰一道凸弦纹。通长5.5、宽5.4厘米。重0.035千克。（图2-137B；彩版一三五，5）

中型铜泡 27枚。保存完整。圆形，正面呈圜状突起，上有三周弦纹，背面有一横梁，部分锈蚀较重。直径4.4~4.5厘米。SM30:5~7，3枚；SM30:8~9，2枚；SM30:13~14，2枚；SM30:15~18，4枚；SM30:29，8枚；SM30:30，8枚。重0.021~0.026千克。（图2-137C；彩版一三五，6、7）

小型铜泡 2枚。

SM30:11，完整。形如纽扣，圆形，正面呈圜状突起，素面，背面有一横梁。直径1.9厘米。重0.004千克。（图2-137C）

SM30:12，残。形如纽扣，圆形，正面呈圜状突起，素面，背面横梁残。锈蚀严重。直径2.1厘米。重0.004千克。（图2-137C；彩版一三五，8）

蚌泡 3个。

SM30:20，残。单扇，残朽严重，背部有放射状沟纹，上有一圆形穿孔。残宽2.8厘米。（图2-137C）

毛蚶 1枚。

SM30:22，残。单扇，背部有放射状沟纹，表面粘有黑色物质。残宽3.2厘米。（彩版一三五，9）

车马坑时代：从填土中出土的陶片判断，该车马坑的时代当属于殷墟四期偏早段。

车马坑性质：该车马坑其周围只有一座较大的殷代墓葬（SM22），故推测其应为SM22的陪葬坑。

SM41

位于ST1424东南角，其南部进入ST1423的北隔梁。开口于②层下，并被东侧的SM42打破，中部被一长方形盗坑打破，直接打破生土。方向为11度。（图2-138A~G；彩版一三六；彩版一三七，1~5）

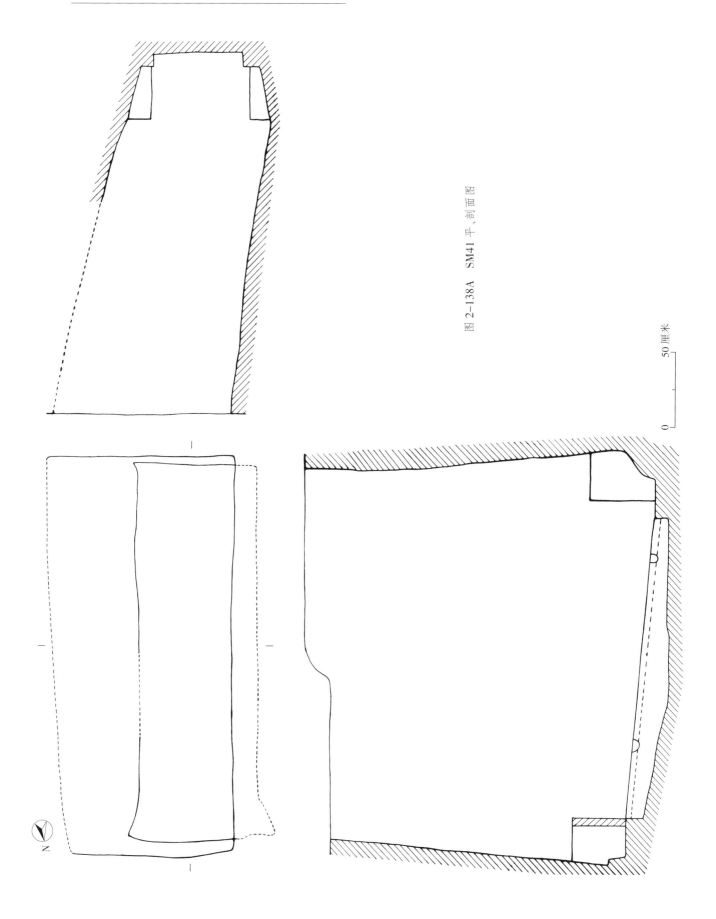

图 2-138A SM41 平、剖面图

0 ─── 50 厘米

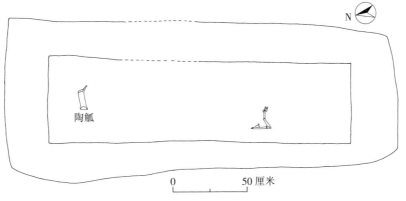

图 2-138B SM41 填土殉狗平面图

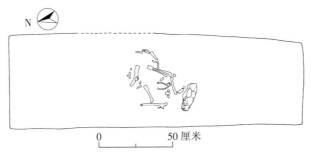

图 2-138C SM41 腰坑殉狗平面图

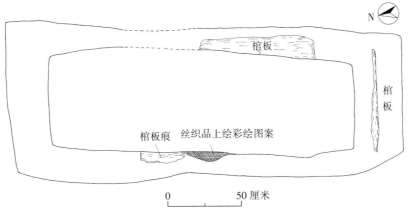

图 2-138D SM41 棺盖板平面图

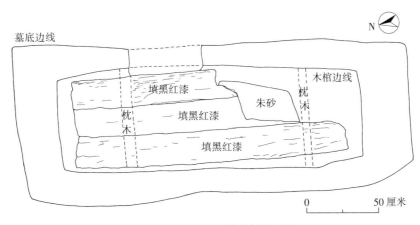

图 2-138E SM41 棺底板平面图

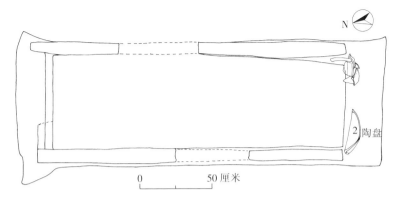

图 2－138F　SM41 棺底板结构图

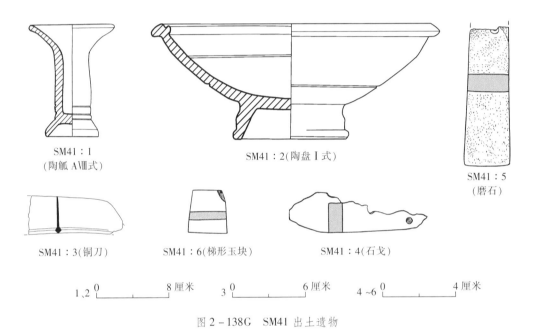

SM41：1
（陶觚 AⅧ式）

SM41：2（陶盘 I 式）

SM41：5
（磨石）

SM41：3（铜刀）

SM41：6（梯形玉块）

SM41：4（石戈）

图 2－138G　SM41 出土遗物

长方形竖穴土坑墓，墓壁至中部向外扩，至墓底逐渐内收。墓口距地表约 40 厘米，墓口长 265、残宽 110～130 厘米，墓底长 245、宽 83～100 厘米，墓深 200～238 厘米。填土为褐色花夯土，质地较硬。距墓口 180 厘米的南侧填土中出有兽腿骨一段。（图 2－138A、B）

墓底有一周熟土二层台，宽 11～45、高 37～45 厘米。东侧二层台内出有兽腿骨一段。

墓底腰坑较大，呈长方形，长 200、宽 63、深 20 厘米，坑壁较直，中部较深，至两端渐渐变浅。腰坑内殉狗 1 条，头南面西，前肢缚于背部，后肢屈于腹下。（图 2－138C）

葬具为木棺。棺上有布幔覆盖，由于盗扰仅在西二层台中部少量保留。具体图案难以辨认。棺为四出头式。两侧板较前后挡板略长。从残迹判断，棺长 208、宽 56～67 厘米。（图 2－138D～F）

棺上有棺盖痕迹。在南侧发现有残长 68、残宽 3～6 厘米的横木。在二层台的东西两侧各有纵向板灰痕迹。东侧的板灰残长 78、残宽 8～15 厘米。西侧板灰较小，残长 30、残宽 6 厘米（图 2－138D）。墓底棺的痕迹较明显，棺底板由 3 块紧密相连的纵向木板构成。棺板上髹红漆和黑漆。棺板自西向东分别编号为板 1、板 2、板 3。板 1 残长 187、残宽 20 厘米。板 2 残长 110、残宽 20 厘米。板 3 残长 110、残宽 20 厘米。板 1 和板 2 南侧折断处有朱砂痕迹（图 2－138E）。在棺底板北侧残存的棺挡板厚

约 5 厘米。从墓底清理处的迹象判断棺底板的长度要长于两侧棺挡板。（图 2 - 138F）

在棺的南北两侧各有 1 根枕木垫在墓底。南侧枕木长 65、宽 5、厚 5 厘米。北侧枕木长 69、宽 7.5、厚 4 厘米。（图 2 - 138E）

由于盗扰严重，墓主骨架已经不见。从腰坑殉狗头向判断，墓主头向可能朝北。

距墓口 180 厘米的北部填土中出残陶瓿 1 件，棺外南侧出陶盘 1 件。其他器物多出于盗扰的填土中。

陶瓿 1 件。

SM41：1，A 型Ⅷ式。修复。腹部有凹弦纹三周。口径 9.4、圈足径 5.9、高 12 厘米。（图 2 - 138G）

陶盘 1 件。

SM41：2，Ⅰ式。修复。盘内、外壁各饰凹弦纹一周。口径 30.6、圈足径 12.4、高 12.1 厘米。（图 2 - 138G；彩版一三七，1）

铜刀 1 件。

SM41：3，残。残存刀身前端，长条形，较薄，截面呈“T”字形。残长 7.8、宽 2.5 ~ 3 厘米。（图 2 - 138G；彩版一三七，2）

梯形玉块 1 件。

SM41：6，完整。深绿色，有杂斑。近梯形，边角均经打磨。单面抛光。长 2.1、宽 1.7 ~ 2.1、厚 0.4 厘米。（图 2 - 138G；彩版一三七，3）

石戈 1 件。

SM41：4，残。灰白色。残存数片，中部略厚，两缘稍薄。无法拼对。可辨直内，内中间有一钻孔，对钻不照应。残长 7.1、最宽 2.2 厘米。（图 2 - 138G；彩版一三七，4）

磨石 1 件。

SM41：5，残。黄褐色砂岩。体窄而薄，扁平长梯形，上端残失，有钻孔痕迹。残长 7.1、宽 2 ~ 2.4、厚 0.8 厘米。（图 2 - 138G；彩版一三七，5）

墓葬年代： 据出土陶器判断，为殷墟四期早段。

SM49

位于 ST1124 东南部。开口于①层，打破生土。方向为 9 度。（图 2 - 139A ~ C；彩版一三七，6；彩版一三八）

长方形竖穴土坑墓，口底同大。墓口距地表深 32 厘米，长 234、宽 60 厘米，墓深 198 厘米。填土为黄褐色夯土，硬度较大。（图 2 - 139A）

熟土二层台宽 20 ~ 24、高 25 厘米。

墓底正中有腰坑，长 58、宽 23、深 13 厘米。内有一条殉狗，头向北，侧身，面向不清。（图 2 - 139B）

棺木已朽，仅存残迹。长 186、宽 60、残高 25 厘米。棺底无铺垫物。

墓主骨骼腐朽严重，头向北，骨骼范围长度约 160 厘米。面向及性别无法断定。

随葬有陶爵、陶瓿及陶豆，均位于头部附近的二层台上。东南部二层台及棺室内各有一条殉狗，骨骼已腐朽，头向西。推测原本放在棺与二层台上。（图 2 - 139B）

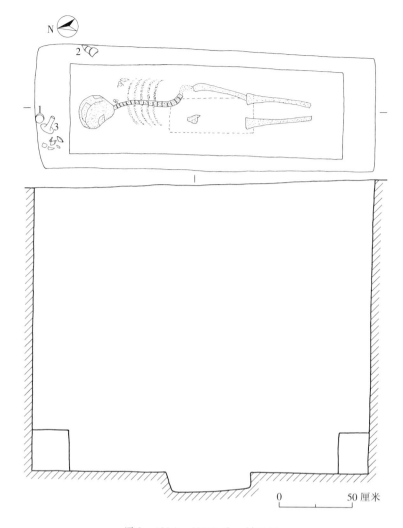

图 2 – 139A SM49 平、剖面图

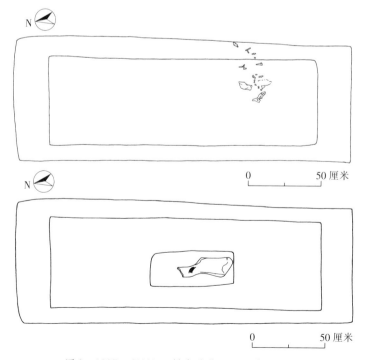

图 2 – 139B SM49 二层台殉狗图及腰坑平面图

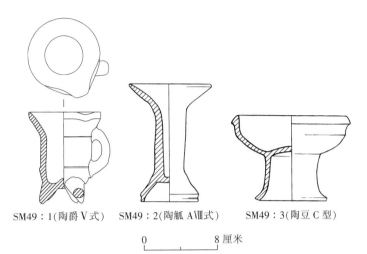

SM49：1(陶爵 V 式)　SM49：2(陶觚 A Ⅷ式)　SM49：3(陶豆 C 型)

0 — 8 厘米

图 2 - 139C　SM49 出土遗物

陶觚　1 件。

SM49：2，A 型Ⅷ式。泥质灰陶。修复。体较矮，喇叭口，瘦腹呈直筒形，矮圈足，素面。口径 8.9、圈足径 6.4、高 12.6 厘米。(图 2 - 139C)

陶爵　1 件。

SM49：1，V 式。泥质灰陶。修复。短流，无尾，半环形鋬，直腹内收，底部形成凸棱，三足较矮且外撇。口径 7.9、高 9.6 厘米。(图 2 - 139C)

陶豆　1 件。

SM49：3，C 型。泥质灰陶。修复。器形小，微敛口，斜沿，浅盘，矮圈足。素面。口径 12.7、圈足径 7.4、高 9.2 厘米。(图 2 - 139C；彩版一三七，6)

墓葬年代：殷墟四期早段。

SM50

位于探方 ST1224 西南部。开口①层下，打破 H20。方向为 6 度。(图 2 - 140A ~ E；彩版一三九、一四〇)

长方形竖穴土坑墓，口小底大。墓口距地表深 25 厘米，墓口长 227、宽 90 厘米，墓底长 245、宽 107 ~ 112 厘米，墓深 265 厘米。墓室内填土为棕褐色夯土（杂有黄斑），夯层厚 9 ~ 15 厘米，夯窝直径 7 ~ 9、深 3 ~ 5 厘米。(图 2 - 140A)

从墓口向下 150 厘米起，西壁向内凹进 15 ~ 20 厘米，凹面不平整。可能是棺椁腐烂后，墓壁之土脱落造成的。墓室西壁 40 ~ 100 厘米范围内，发现脚窝 2 个，相隔 60 厘米，呈方形。东壁从墓口往下 30 ~ 90 厘米段，亦有脚窝 2 个。

熟土二层台宽 20 ~ 30 厘米。

墓底腰坑长 68、宽 21、深 20 厘米。内殉一狗，头南面东。内有贝 1 枚。(图 2 - 140B)

葬具为一椁一棺。木椁长 200、宽 60、高 65 厘米。椁盖上髹黑漆。椁盖由 4 块木板组成，每块板残长 170 ~ 180、宽 5 ~ 20 厘米，每块木板之间距离为 2 ~ 6 厘米（图 2 - 140D）。在椁盖板之上，殉狗一条，头南，脚北偏东，狗头距南墓壁 60 厘米，颈部佩铜饰 1 件。椁盖板北部放置兽骨（图 2 - 140C）。

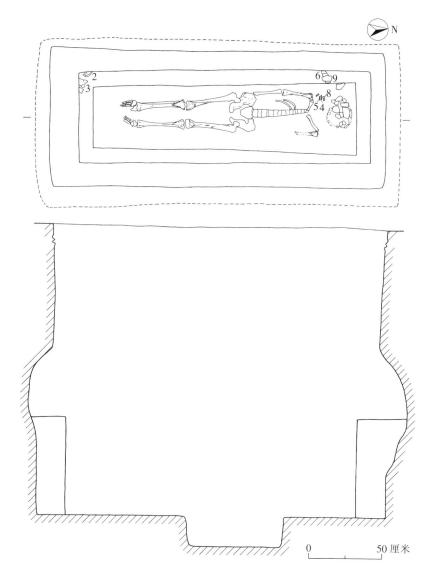

图 2 – 140A SM50 平、剖面图

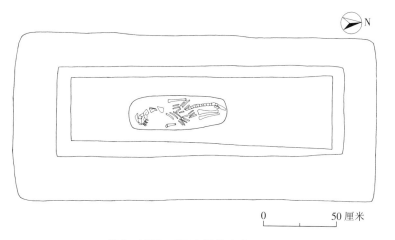

图 2 – 140B SM50 腰坑殉狗平面图

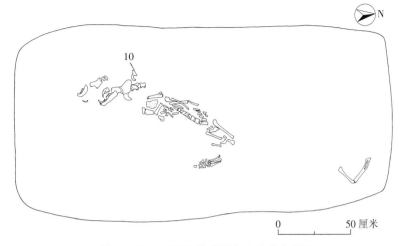

图 2 - 140C　SM50 椁盖板上殉狗及兽骨图

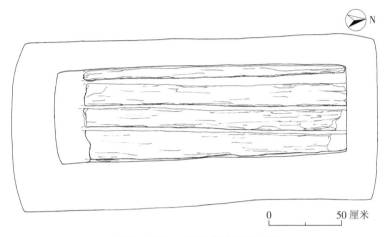

图 2 - 140D　SM50 椁盖板平面图

木棺长 180、宽 41~48 厘米。

墓主仰身直肢，头北面西。骨架严重腐朽，骨骼已成粉末状。

填土内出陶盘 1 件；二层台内有铜戈 1 件、陶瓶 1 件、陶爵 1 件、文蛤 1 件。墓主头骨两侧出土玉片、玉鱼、玉鱼形耳勺各 1 件。

陶瓶　1 件。

SM50:2，A 型Ⅷ式。修复。腹部有凹弦纹二周。口径 9.7、圈足径 5.2、高 13 厘米。（图 2 - 140E；彩版一四〇，1）

陶爵　1 件。

SM50:3，Ⅴ式。修复。腹下部饰凹弦纹一周。口径 8.1、高 10 厘米。（图 2 - 140E）

陶盘　1 件。

SM50:1，Ⅰ式。修复。器形很大。盘内壁饰凹弦纹一周，外壁近底处饰模糊绳纹。口径 30.3、圈足径 12.5、高 12.4 厘米。（图 2 - 140E；彩版一四〇，2）

铜戈　1 件。

SM50:6，Bb 型。残损严重。素面。通长 25.2 厘米。（图 2 - 140E）

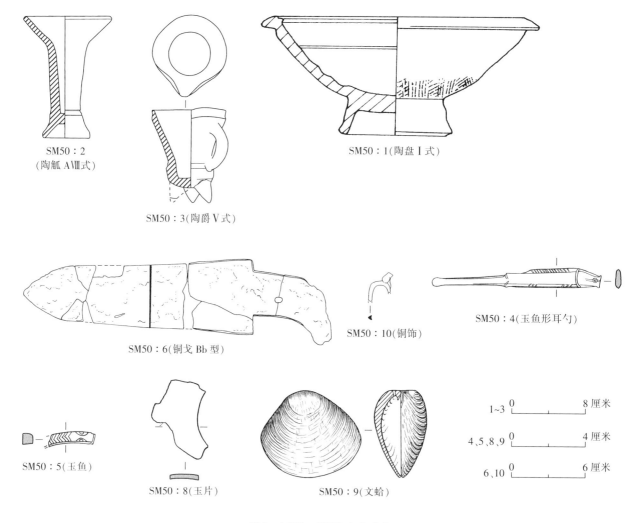

SM50：2
(陶觚 AVⅢ式)

SM50：3(陶爵 V式)

SM50：1(陶盘 I 式)

SM50：6(铜戈 Bb 型)

SM50：10(铜饰)

SM50：4(玉鱼形耳勺)

SM50：5(玉鱼)

SM50：8(玉片)

SM50：9(文蛤)

1~3	0	8 厘米
4、5、8、9	0	4 厘米
6、10	0	6 厘米

图 2-140E　SM50 出土遗物

铜饰　1 件。

SM50：10，残为半环形，连接一突起，用途不明。残长 4、宽 0.6 厘米。（图 2-140E）

玉鱼形耳勺　1 件。

SM50：4，修复。白色，受沁。长条形，口微张，头部有一个双面楻钻小圆穿，阴线刻出鳃鳍，尾部细长，末端呈耳勺形。长 9.1、宽 1.1、厚 0.3 厘米。（图 2-140E；彩版一四〇，3）

玉鱼　1 件。

SM50：5，残。白色，受沁。残存头、腹，弯弧形。张嘴，减地凸眼，嘴下端残，有钻孔痕迹，阴线刻出背鳍。残长 2.4、宽 0.5、厚 0.6 厘米。（图 2-140E；彩版一四〇，4）

玉片　1 件。

SM50：8，残。灰白色，残损严重。一侧为弧形。器表粗糙，粘有朱砂。残长 4.2、宽 1.9、厚 0.3 厘米。（图 2-140E；彩版一四〇，5）

文蛤　1 枚。

SM50：9，完整。双扇小文蛤，根部磨出一小孔。一扇蛤背光滑，上有褐色锯齿纹；一扇背部残朽，粘有少许朱砂。宽 4.7 厘米。（图 2-140E；彩版一四〇，6）

贝　1枚。A型货贝。

墓葬年代：殷墟四期早段。

人骨鉴定：

骨质极差，仅余头骨残片，其余皆粉状。

性别不明。中年。

SM60

位于ST1241西南角。开口于②层下，直接打破生土。东部为SM61打破至距墓口110厘米处，墓室未被扰动。方向为8度。（图2-141A～C；彩版一四一，1）

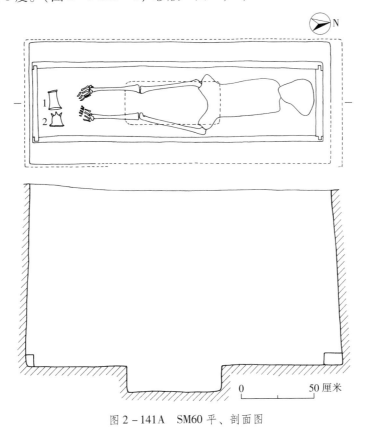

图2-141A　SM60平、剖面图

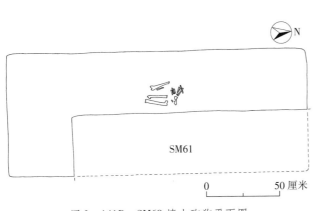

图2-141B　SM60填土殉狗平面图

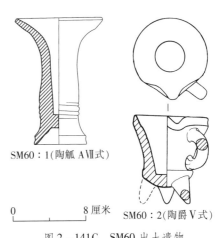

SM60：1（陶觚A Ⅶ式）

SM60：2（陶爵Ⅴ式）

图2-141C　SM60出土遗物

长方形竖穴土坑墓，墓壁略外扩，口小底大。墓口距地表40~50厘米，墓口长205、宽80厘米，墓底长216、宽84厘米，墓深约120厘米（图2-141A）。填土为红褐色花夯土，土质坚硬。夯层厚8~9厘米，夯窝直径6~8厘米。夯具为单束夯，夯迹无规则。距墓口55厘米的墓中部填土中殉一狗。狗的头部为SM61所破坏，仅存有腿骨和椎骨（图2-141B）。

墓底四周有熟土二层台，宽5~15、高8厘米。二层台为红褐色小花夯土，质地坚硬。

墓底中部有一圆角长方形腰坑，长65、宽26、深17厘米，坑壁较直。内空无物。

葬具为一棺，已朽成木灰。棺的平面形状为齐头长方形。棺的结构为榫卯结构，前后挡板中部有榫头，插入左右侧板的卯眼中。棺板上髹有黄漆。根据残迹判断，棺长198、宽48、残高8厘米。两侧棺板和前后挡板厚3~5厘米。

墓主骨架已朽成骨粉，头部扁平，下肢轮廓明显。葬式仰身直肢，头北面西，下肢直肢，双脚并拢。

墓主脚下后端出陶觚、陶爵各1件。

陶觚 1件。

SM60:1，A型Ⅶ式。修复。口径9.6、圈足径5.7、高13.5厘米。（图2-141C）

陶爵 1件。

SM60:2，Ⅴ式。修复。口径8.2、高9.4厘米。（图2-141C）

墓葬年代： 殷墟四期早段。

人骨鉴定：

可供观察的人骨保存状况较差，上半部骨骼基本腐朽殆尽，仅保存部分头骨残片，部分下颌骨及22颗牙齿可供观察。

墓主头骨粗壮，眉弓发达，眶上缘圆钝，乳突与枕外隆凸均较发达，下颌角区稍外翻，仅据以上颅骨形态特征推测，该个体可能为男性。由于骨骼保存状况的限制，个体年龄只能借助牙齿磨耗程度来推测：前部牙齿磨耗极为显著，齿髓腔暴露（5级）；白齿咬合面釉质及部分齿冠基本磨平，齿质点连片（Ⅳ~Ⅴ级）（吴汝康分级系统）；骨骺愈合，愈合痕迹模糊不清。因此推测该个体的年龄为中年（年龄大约在35岁以上）。仅据四肢长骨保存状况目前无法进行身高估算。

墓主额骨眶板多孔型骨肥大呈愈合状态。双侧上颌窦内呈炎性病理改变，应与上颌双侧第一白齿生前脱落有关。左侧下颌第二、第三白齿，双侧门齿生前脱落。上下颌前部牙齿磨耗极严重，因此无法观察是否出现釉质发育不全现象。上颌骨齿槽唇侧或颊侧面可见多处根尖脓疡病变。多颗牙齿咬合面釉质轻微剥脱。左侧上颌第一白齿远中面、第二白齿近中面可见齿间沟，可能与剔牙或缓解疼痛等行为有关（Ungar *et al.*，2001）。

SM61

位于ST1241西南角。开口于②层下，西侧打破SM60。方向为6度。（图2-142；彩版一四一，2）

长方形竖穴土坑墓，墓壁略外扩，口小底大。墓口长190、宽110厘米，墓底长211、宽82~88厘米，墓深约265厘米。填土为红褐色花夯土，土质坚硬，夯层厚8~12厘米，夯窝直径6~8厘米，夯具为单束夯，夯迹无规则。

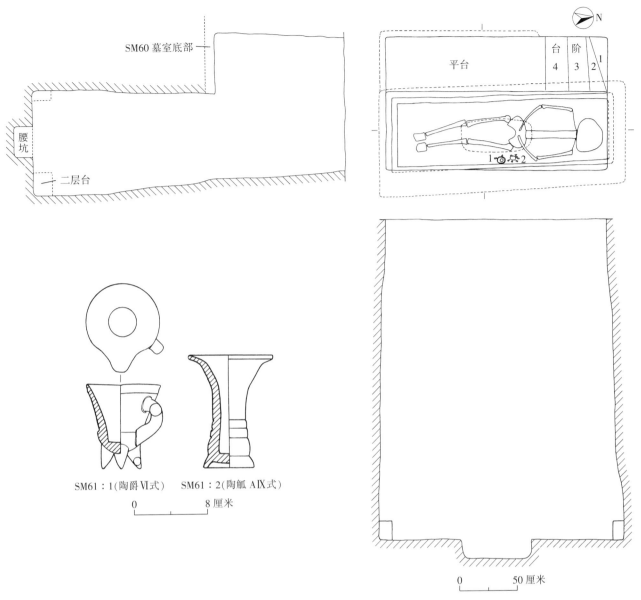

图 2 - 142 SM61 平、剖面图及出土遗物

墓底四周有熟土二层台，宽 7 ~ 20、高 16 厘米。

墓底中部有一圆角长方形腰坑，长 60、宽 26、深 16 厘米，坑壁斜。内空无物。

SM61 打破 SM60。筑墓者在挖掘的过程中可能发现挖到了 SM60，甚至当时挖到 SM60 的木棺或人骨，遂停止原坑的挖掘，缩小墓室面积，在西侧留台阶 4 个，并东扩墓圹，放弃西侧部分，以保留 SM60 的底部。

SM61 所留平台距墓口深 110、宽 45 厘米。北侧留台阶 4 个，东西宽 45、南北长 58 厘米。其中第一级台阶距墓口深 55 厘米，台阶宽 0 ~ 20、高 15 厘米；第二级台阶宽 0 ~ 14、高 10 厘米；第三级台阶宽 17 ~ 20、高 20 厘米；第四级台阶宽 16 ~ 23、高 10 厘米。东扩墓圹南北长 190、宽 70 厘米。

SM61 葬具为一棺，已朽成木灰。根据残迹判断，棺长 190、宽 60 厘米，两侧棺板和前后挡板厚 3 ~ 5 厘米。棺盖板上髹有红漆。棺底板上髹漆呈黑白色，无饰。

墓主头骨至骨盆部位已朽成骨粉，下肢明显。大致可判断葬式为仰身直肢，头北，双手置于裆部。

在墓主骨盆左侧出残陶瓿、陶爵各 1 件。

陶瓿　1 件。

SM61:2，A 型Ⅸ式。泥质灰陶。残。器形矮小，喇叭口，腹呈直筒形，足部残。腹下部有凹弦纹三周。口径 9.2、残高 11.9 厘米。（图 2 - 142）

陶爵　1 件。

SM61:1，Ⅵ式。泥质灰陶。修复。通体较矮瘦，大口，短流，无尾，半环形鋬，腹内收，底部形成凸棱，三足外撇。口径 8.1、高 9 厘米。（图 2 - 142）

墓葬年代：殷墟四期早段。

人骨鉴定：

骨质极差，头骨及肢骨多呈粉状。

性别不明。成年。身高约 160 厘米。

SM63

位于 ST1441 西南角。开口于②层下，直接打破生土。墓室北端被一近代盗坑扰动，盗至墓底北端。方向为 15 度。（图 2 - 143A ~ D；彩版一四二、一四三）

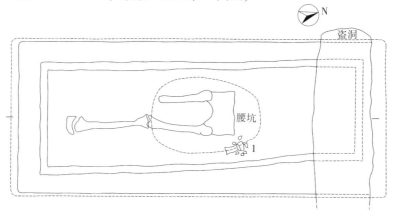

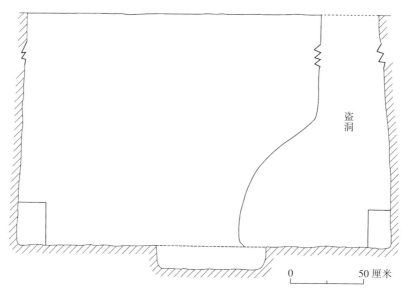

图 2 - 143A　SM63 平、剖面图

长方形竖穴土坑墓，墓壁略外扩，口小底大。墓口距地表 40~45 厘米，墓口长 240、宽 100 厘米，墓底长 256、宽 104 厘米，墓深约 248 厘米（图 2 – 143A）。填土为红褐色花夯土，土质坚硬。夯层厚 8~12 厘米，夯窝直径 6~10 厘米。距墓口 170 厘米的墓中部填土中殉一狗，葬式为头北面东，侧卧，两前肢被缚于背部，后肢屈置于腹下（图 2 – 143C）。

墓底四周有熟土二层台，宽 12~24、高 22~28 厘米。

墓底中部有一圆角长方形腰坑，长 75、宽 50、深 15 厘米，斜壁。内殉葬一狗，头置于北侧。（图 2 – 143B）

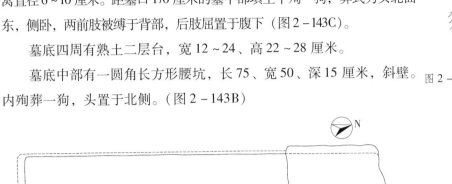

图 2 – 143B　SM63 腰坑平、剖面图

SM63：1（陶瓿 A Ⅶ式）

0　　　　　8 厘米

图 2 – 143C　SM63 填土殉狗平面图

图 2 – 143D　SM63 出土遗物

墓底发现有 4 个木桩孔洞，分别位于墓室东西两侧的南北两端，其中东侧的两个较为偏南。孔平面有长圆形和椭圆形，直径 2~4、深 3~8 厘米。

编号	位置	形状	直径（厘米）	深度（厘米）
1	东侧北部	长圆形	2.5×4	8
2	东侧南部	椭圆形	2	3
3	西侧北部	椭圆形	3	4
4	西侧南部	椭圆形	3	6

葬具为一棺，已朽成木灰。棺的平面形状为齐头长方形。棺盖朽塌于棺内，棺北侧为盗坑所扰动，残长 166 厘米。两块棺盖板痕迹较为明显，宽 21~22、厚 0.1~0.2 厘米。根据残迹判断，棺长 220、宽 66~72、残高 28 厘米，两侧棺板和前后挡板厚约 5 厘米。棺底板朽成黑白色，厚 0.1 厘米。棺板上髹有红漆和黑漆。

墓主骨架被盗扰，仅存骨盆及以下部位，残长 115 厘米。墓主残存骨架已朽成骨粉。墓主的性别、年龄等不详。

墓主骨盆左侧出残陶瓿 1 件。

陶瓿　1 件。

SM63：1，A 型Ⅶ式。泥质灰陶。修复。体较矮，喇叭口，直筒形腹，圈足外撇下折，腹部有凹弦

纹三周。口径 10.1、圈足径 5.9、高 14.1 厘米。（图 2 - 143D）

墓葬年代： 殷墟四期早段。

SM64

位于 ST1441 西南角。开口于②层下。墓室北端被一盗坑扰动。盗坑一直通到墓底，扰至墓中部。墓葬方向为 10 度。（图 2 - 144A ~ C；彩版一四四）

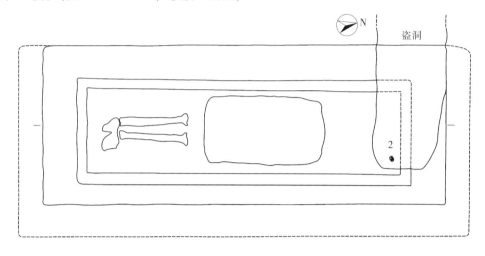

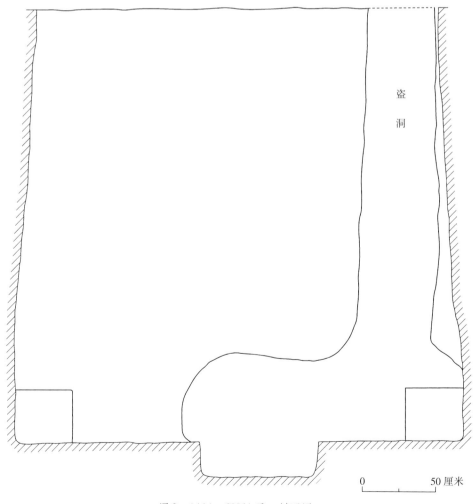

图 2 - 144A　SM64 平、剖面图

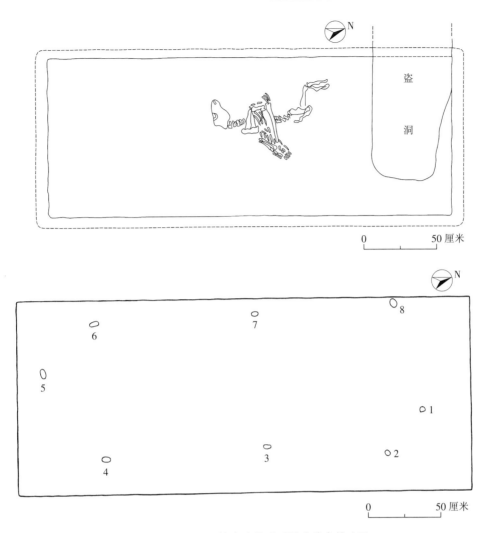

图 2 – 144B　SM64 填土殉狗平面图及墓底桩孔图

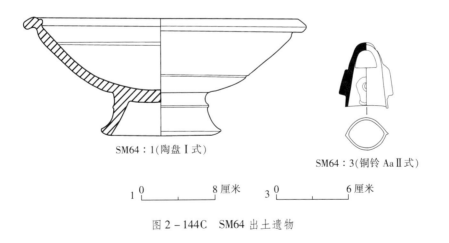

SM64：1(陶盘 I 式)

SM64：3(铜铃 Aa II 式)

图 2 – 144C　SM64 出土遗物

　　长方形竖穴土坑墓，墓壁略外扩，口小底大。墓口距地表 40～45 厘米，墓口长 275、宽 105 厘米，墓底长 308、宽 128 厘米，墓深约 245 厘米（图 2 – 144A）。填土为红褐色花夯土，土质坚硬，夯层厚 8～10 厘米，夯窝直径 6～8 厘米。距墓口 160 厘米的墓室中部填土中殉一狗，葬式头南面西，两前肢被缚于背部，后肢直（图 2 – 144B）。

墓底四周有熟土二层台，宽 20~34、高 30 厘米。

墓底中部有一圆角长方形腰坑，长 70、宽 40、深 20 厘米，坑壁较直。内空无物。

墓底发现有 8 个木桩孔洞。墓室南北两端各有 1 个，东西两侧各有 3 个，排列对称、整齐。这些孔的平面有圆形、长方形和椭圆形，直径 2~5、深 8~23 厘米。（图 2－144B）

编号	位置	形状	直径（厘米）	深度（厘米）
1	北端偏东	圆形	3	23
2	东侧北部	圆形	3	13.5
3	东侧中部	长方形	2×4	21
4	东侧南部	长方形	3×5	17
5	南端偏西	长方形	3×5	15
6	西侧南部	椭圆形	3×5	8
7	西侧中部	椭圆形	3×4	20
8	西侧北部	椭圆形	3×5	18

葬具为一棺，已朽成木灰。从残迹判断，形状为齐头长方形，棺长 195、宽 59、残高 30 厘米，两侧棺板和前后挡板厚约 6 厘米。棺板上髹有红漆。棺底朽灰为黑白色，厚约 0.1 厘米。

墓主骨架被盗扰，仅存有小腿以下部分，从残迹判断墓主为直肢。墓主的性别、年龄等不明。

在棺内东北角出贝 1 枚（SM64：2）。在填土及盗洞内发现陶盘和铜铃各 1 件。

陶盘　1 件。

SM64：1，Ⅰ 式。泥质灰陶。修复。器形很大，大敞口，折沿，圆唇，沿面内侧微凹，斜腹内收，高圈足外撇。盘内、外壁各饰凹弦纹一周，外壁近底处饰模糊绳纹，圈足上有一周小凸棱。口径 31、圈足径 13.1、高 12.5 厘米。（图 2－144C）

铜铃　1 件。

SM64：3，Aa 型 Ⅱ 式。残。铃腔瘦长，铃腔截面呈椭圆形，两侧有扉棱，无顶盖，上有半环形梁，口缘略内凹，铃舌残。素面。通高 5.3、口缘径 2.3×3.8、腔壁厚 0.1 厘米。（图 2－144C；彩版一四四，4）

贝　1 枚。A 型。

墓葬年代：殷墟四期早段。

SM84

位于 ST1328 北端，一小部分在北隔梁下。方向为 7 度。（图 2－145A~D；彩版一四五）

长方形竖穴土坑墓，口小底大，墓壁外扩。开口距地表约 65 厘米，墓口长 220、宽 70~80 厘米，墓底长 243、宽 97~98 厘米，墓深 310 厘米（图 2－145A）。填土为较硬的黄褐色五花土，并经夯实。在距墓口 270 厘米的填土中，殉葬一狗，头南面西。从高度上推测，该殉狗应放置在棺盖之上。由于棺木的腐朽坍塌，部分骨架落入棺内，以致骨架较为零乱（图 2－145B）。

熟土二层台宽 16~22、高 40 厘米，经夯打。

墓底部中心有一长方形腰坑，长 47、宽 20、深 15 厘米。内无殉狗。

图 2 - 145A　SM84 平、剖面图

图 2 - 145B　SM84 棺上殉狗图

　　葬具为一木棺。根据棺底板灰可知，棺长 205、宽 62、残高 40 厘米，棺板厚 8 厘米。其棺北端挡板厚 8 厘米，外有一宽 10 厘米板灰。南端挡板厚 7 厘米，棺底明显可见四块板灰，宽为 4 ~ 14 厘米不等。该棺榫卯结构不明显。另外，该棺底即墓底以六块木板铺就。木板宽度为 5 ~ 24、长 200 ~ 212 厘米不等，纵向排列。（图 2 - 145C）

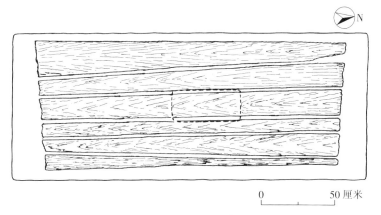

图 2-145C　SM84 墓底铺木板平面图

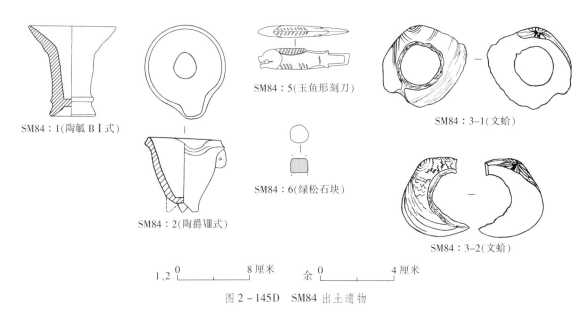

图 2-145D　SM84 出土遗物

该墓主为俯身屈肢葬，头北面西，双手置于腹下，下肢向西弯曲，双脚向西并拢，骨架保存完整。

墓主脚部有陶觚、陶爵各 1 件，右肩处有文蛤 1 对，左脚处有货贝 2 枚（SM84：4），口内含玉鱼形刻刀 1 件、绿松石 1 件，墓主口内和腰坑南部各有贝 1 枚（SM84：5、8）。

陶觚　1 件。

SM84：1，B 型 I 式。修复。口径 9.6、圈足径 5、高 9.6 厘米。（图 2-145D）

陶爵　1 件。

SM84：2，Ⅷ式。完整。口沿外侧有凸棱一周。口径 8.8、高 7.8 厘米。（图 2-145D）

玉鱼形刻刀　1 件。

SM84：5，修复。乳白色，匀净，光洁。直体，口微张，阴线刻出鳃、鳍，眼部双面桯钻出小圆穿，尾部出刻刀。长 4.9、宽 1.1 厘米。（图 2-145D；彩版一四五，3）

绿松石块　1 件。

SM84：6，残。绿色，有光泽。不规则块状。长 0.9、宽 0.8、高 0.6 厘米。（图 2-145D；彩版一四五，4）

文蛤　1 件。

SM84：3，残。双扇文蛤。一扇蛤背残存一半，上有褐色锯齿纹，根部磨出一孔，残宽 4.2 厘米；

一扇蛤背中部锯出一大孔，根部磨出一孔，宽4、大孔径2.2厘米。（图2-145D；彩版一四五，5）

贝 4枚。腰坑内1枚为B型货贝，其他3枚为A型。

墓葬年代：殷墟四期早段。

人骨鉴定：

骨质较好，头骨、肢骨较完整，椎骨、肋骨、盆骨有一定程度的腐朽。

男性。45~50岁。身高约168厘米。

盆骨性征明显。肢骨极粗壮，尤其是下肢骨，骨密度较小。牙齿磨耗极重，多达5级。

卵圆形颅、中长颅、中阔颅、中高颅、中额、中面、中眶、中鼻、鼻根较低、鼻颧角大、平颌型等。

左侧跖骨有明显跪踞面痕迹，右侧不明显。髌骨骨质保存较差。牙齿磨耗偏重，多数达5级。下颌左右M2M3右侧P1P2皆生前脱落，齿孔闭合，其他牙齿齿根几乎全部暴露或脱落，与严重牙周炎有关。

SM92

位于ST2321西北角。开口于扰土下，直接打破生土。在墓葬北部有一长方形盗洞，盗洞长度与墓葬宽度相当，宽约60厘米。盗洞扰乱墓室北部，盗洞内出土有山羊头骨、左侧肱骨、掌骨及绵羊左侧肱骨。方向为17度。（图2-146A~E；彩版一四六、一四七）

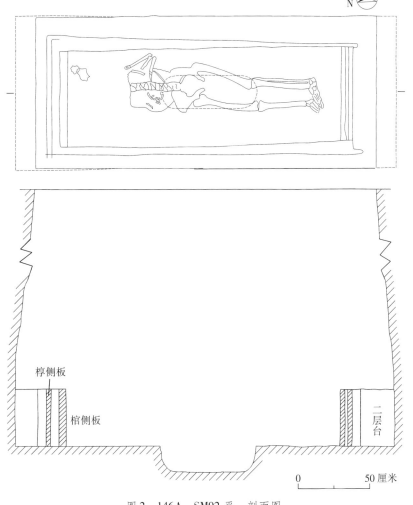

图2-146A SM92平、剖面图

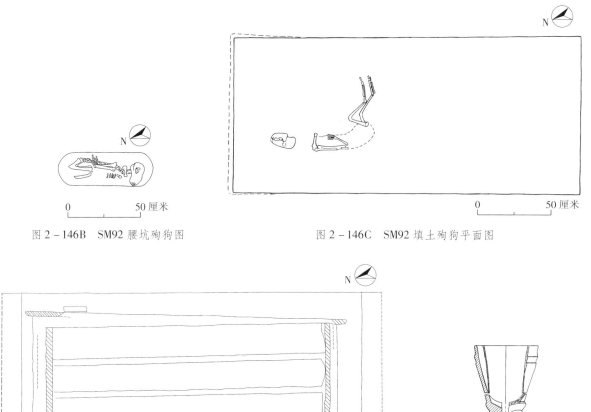

图 2 - 146B　SM92 腰坑殉狗图　　　　　图 2 - 146C　SM92 填土殉狗平面图

图 2 - 146D　SM92 椁室边框、棺底板结构图

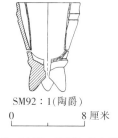

SM92 : 1(陶爵)

图 2 - 146E　SM92 出土遗物

　　长方形竖穴土坑墓，墓壁略外扩，口小底大。墓口距地表 20 ~ 30 厘米，墓口长 233、宽 100 厘米，墓底长 260、宽 100 ~ 102 厘米，墓深约 300 厘米（图 2 - 146A）。填土为黄褐色花夯土，土质坚硬。夯层厚约 20 厘米，夯窝稀疏，分布无规律，夯窝直径 6 ~ 8、深约 0.3 厘米。在距墓口 170 厘米处的墓葬填土中殉狗一条，狗头朝北，前肢缚于背后，后肢屈于腹下（图 2 - 146C）。

　　墓底四周有熟土二层台，二层台南北两端宽 35 ~ 38、东西两侧宽 14 ~ 24 厘米，高 38 厘米。

　　墓底中部有一圆角长方形腰坑，长 66、宽 22、深 17 厘米，坑壁斜，平底。腰坑上口盖有一块圆角长条形的木板，大小与腰坑相同。盖板外髹黑漆。板下殉有一狗。狗头南面西，前肢缚于背后，后肢屈于腹下。由于腰坑太窄，狗身几乎挺直。（图 2 - 146B）

　　葬具为一棺一椁。椁的轮廓清楚，长 209、宽 73 ~ 79 厘米，椁板厚约 3 厘米。椁板形状呈 "Π" 形，两侧板伸出前后挡板约 6 厘米。上未髹漆。椁上盖有彩绘布幔。在墓室东北角二层台上发现有彩绘布幔残片一块。图案为黄色为底，黑线钩边，中间以黑点装饰。彩绘布幔的具体图案不明。椁下铺有席子。

　　棺长 195、宽 62 ~ 63、残高 38 厘米，侧板厚 3 ~ 5 厘米。从墓室南部残留的棺盖板分析，棺盖板做工考究，在木板上先施一层红色腻子，再铺上一层麻布类布料，布上再髹黑漆。以上程序重复2～3次。棺底板为纵向木板，每块长约190、宽15～21厘米。棺底板上施白漆和黄漆。（图2-146D）

在棺盖部位有席纹，由于被扰动，席子是位于棺上或棺内不明。椁底也发现有人字形席纹，当是以席子铺底。

墓主骨架保存较差，右上肢、肩部与头被扰不见。墓主葬式为仰身直肢，头北，左臂弯曲置于胸部，双腿稍分，膝部向西微弯曲，足尖向西。

在盗洞扰土中出有陶爵残片。

陶爵 1件。

SM92：1，泥质灰陶。存口、腹、足部残片，残高9.2厘米。（图2-146E）

墓葬年代：殷墟四期早段。

人骨鉴定：

骨质较差，仅余部分体骨残片。

女性。30～40岁。

盆骨片性征明显。肢骨骨密度中等。

SM94

位于ST2222西部偏南。开口于①层扰土下，墓葬直接打破生土。北部为一长方形盗洞打破，直接盗扰到墓葬底部。方向为11度或191度。（图2-147）

长方形竖穴土坑墓，墓西壁及南壁略外扩，口小底大。墓口距地表30厘米，墓口长225、宽89厘米，墓底长240、宽88～99厘米，墓深约232厘米。填土为黄褐色花夯土，土质较松，出有若干陶片。

墓底四周有高23、宽12～25厘米的熟土二层台。二层台北端为盗坑所破坏。

葬具为一棺。由于盗扰，棺的长度不明，宽58～62厘米。

在墓底发现2个木桩孔洞，分别位于墓室的南北两端。

编号	位置	形状	直径（厘米）	深度（厘米）
1	南部	半圆形	3	4
2	北部	半圆形	3	6

墓主骨架被扰动不存。

未见随葬品。在盗洞内有陶瓿残片。

陶瓿 1件。

SM94：1，泥质灰陶。残。仅剩口、腹部残片，喇叭状口，直筒形腹。残高9.2、口径9.6厘米。（图2-147）

墓葬年代：殷墟四期早段。

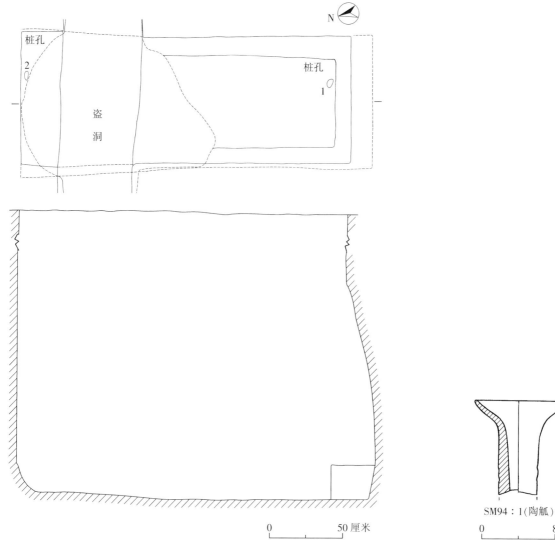

图 2 – 147　SM94 平、剖面图及出土遗物

SM107

位于 ST2320 和 ST2321 两方，较偏于 ST2320。开口于①层扰土下，直接打破生土。墓葬方向为 10 度。（图 2 – 148A ~ C；彩版一四八、一四九）

长方形竖穴土坑墓，墓壁略向外扩，口小底大。墓口距地表 30 ~ 40 厘米，墓口长 235、宽 90 ~ 100 厘米，墓底长 245、宽 114 ~ 120 厘米，墓深约 330 厘米（图 2 – 148A）。填土为黄褐色花夯土，土质较硬，夯层厚约 20 厘米，夯窝清晰，直径 4 ~ 6 厘米，深 3 ~ 5 厘米。距墓口 220 厘米的墓室北部填土中殉狗 1 条。狗头南面东，弓身屈肢，脖子系铜铃 1 个（图 2 – 148B）。

墓底有一周高 23、宽 23 ~ 36 厘米的熟土二层台。

墓底中部有一长 60、宽 35、深 20 厘米的长方形腰坑，坑壁倾斜，平底，内殉幼狗一条。其骨骼大部已朽，仅存少量肢骨、肋骨可辨形状。殉狗的头向已无法判断。腰坑内出贝 1 枚。（SM107：13）

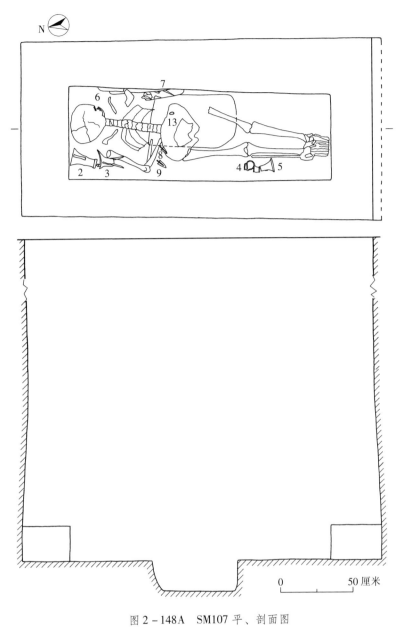

图 2 – 148A SM107 平、剖面图

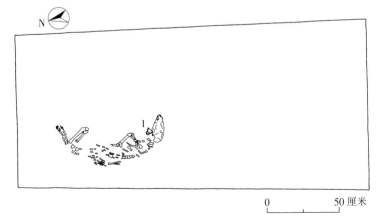

图 2 – 148B SM107 填土殉狗平面图

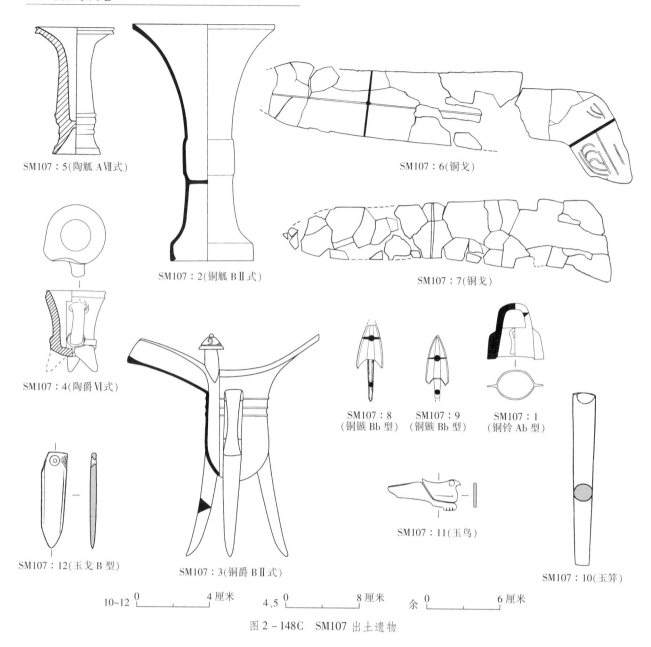

SM107：5(陶瓠 A Ⅶ式)

SM107：2(铜瓠 B Ⅱ式)

SM107：6(铜戈)

SM107：7(铜戈)

SM107：4(陶爵 Ⅵ式)

SM107：8
(铜镞 Bb 型)

SM107：9
(铜镞 Bb 型)

SM107：1
(铜铃 Ab 型)

SM107：11(玉鸟)

SM107：12(玉戈 B 型)

SM107：3(铜爵 B Ⅱ式)

SM107：10(玉笄)

10~12 0   4厘米   4,5 0   8厘米   余 0   6厘米

图 2－148C SM107 出土遗物

葬具为木棺，棺下有相当于椁的铺底板。棺上髹红漆。棺长 178、宽 63 厘米。棺盖板上放置有部分随葬品，并有绵羊左前腿骨。在墓底棺下、二层台下铺有一层长 220、宽 90 厘米的木板，木板上未髹漆，相当于椁的作用。

墓主骨架保存较差。俯身直肢，头北面东，左前臂弯曲，双膝双足并拢，足尖向南。

在棺上西北角放置铜瓠、铜爵各 1 件。铜瓠上放置一些兽骨。此外在棺上东北角也有零星兽骨。两者种属不明。棺上西南部置陶瓠、陶爵各 1 件。在棺内，墓主右臂附近置铜戈 2 件，骨盆西侧置铜镞 2 件。在墓主左手中出玉笄 1 件。墓主口内含玉鸟和小玉戈各 1 件。腰坑中出贝 1 枚。

陶瓠 1 件。

SM107：5，A 型Ⅶ式。修复。腹部有凸棱一周。口径 8.7、圈足径 5.4、高 13.5 厘米。（图 2－148C）

陶爵 1 件。

SM107：4，Ⅵ式。完整。口沿外有浅凹槽一周。口径6.8、高8.5厘米。（图2－148C）

铜瓠　1件。

SM107：2，B型Ⅱ式。完整。通高19.4、口径11.5、底径6.5、口沿厚0.2厘米。重0.511千克。（图2－148C；彩版一四九，1）

铜爵　1件。

SM107：3，B型Ⅱ式，完整。上腹部饰三周凸弦纹。锈蚀较重。通高17.2、柱高3.1、足高7.8、流至尾长15.8、流长7、流宽3.4、腹壁厚0.3厘米。重0.552千克。（图2－148C；彩版一四九，2）

铜戈　2件。

SM107：6、7，残损严重，质地轻薄。曲内，内部有简单的纹饰。（图2－148C）

铜镞　2件。均Bb型。

SM107：8，残。残长6.1、铤残长3.4、翼宽2.1厘米。（图2－148C）

SM107：9，柳叶形，双翼残缺，铤尖残失。长5、翼宽1.9厘米。（图2－148C）

铜铃　1件。

SM107：1，Ab型。残。锈蚀严重。通高4.3、口缘径2.1×2.9、腔壁厚0.1厘米。（图2－148C）

铜块　1件。SM107：14，残损严重，不辨器形。

玉戈　1件。

SM107：12，B型，微残。牙黄色，受沁。短直内，三角条形援，无中脊。内中部有一对钻孔。通长5、内长0.7、内宽1.1、援宽1.3、援厚0.3厘米。（图2－148C；彩版一四九，3）

玉鸟　1件。

SM107：11，完整。青色，尾部受沁。扁平片状，尖喙，减地凸眼，双足前屈，双翅收拢上扬，长尾。胸前部一有单面钻孔，双面抛光。长4、宽1.6、厚0.15厘米。（图2－148C；彩版一四九，4）

玉笄　1件。

SM107：10，完整。牙黄色，玉质温润。圆棒形，一端平齐，略细，一端呈不规则形，略粗。通体抛光。长9、径0.8～1.2厘米。（图2－148C；彩版一四九，5）

贝　1枚（SM107：13）。A型货贝。

墓葬年代：殷墟四期早段。

人骨鉴定：

人骨保存情况差。仅部分残破的颅骨片、骨盆片及21颗散落的牙齿保存，可供观察。上颌骨及下颌骨保存极差。

墓主眉弓发育强，眶上缘钝厚；耻骨结节较大，耻骨联合面下端至耻骨下支内侧缘呈平坦的骨面，坐骨大切迹窄而深，未见耳前沟。据以上性别特征判断，该个体为男性。髂骨嵴骨骺愈合，痕迹尚可见；耳状面形态2级（Lovejoy分级系统），下颌左侧第三臼齿萌出，齿尖顶略有磨耗；第一、二臼齿磨耗2级（吴汝康分级系统）。据此推测墓主的年龄18～25岁。仅据四肢长骨保存状况目前无法进行身高估算。

墓主上颌前部牙齿可见线型釉质发育不全，下颌左侧第三臼齿和右侧第一臼齿咬合面龋齿。中度牙结石。

SM110

位于 ST2420 西南部。开口于①层扰土下，直接打破生土。墓葬南端为一长 135、宽 80 厘米的长方形盗洞打破，并盗扰至墓底。方向为 9 度。盗洞扰土内出土有绵羊左前腿、猪左前腿骨。（图 2 - 149A ~ C；彩版一五〇；彩版一五一，1 ~ 3）

长方形竖穴土坑墓，墓壁略向外倾斜，口小底大。墓口距地表 60 厘米，墓口长 240、宽 100 ~ 110 厘米，墓底长 257、宽 124 厘米，墓深约 170 厘米。填土为红褐色花夯土，土质坚硬，夯层厚约 20 厘米，夯窝不明显。（图 2 - 149A）

墓底有残高 10 ~ 15、宽 29 ~ 36 厘米的熟土二层台。

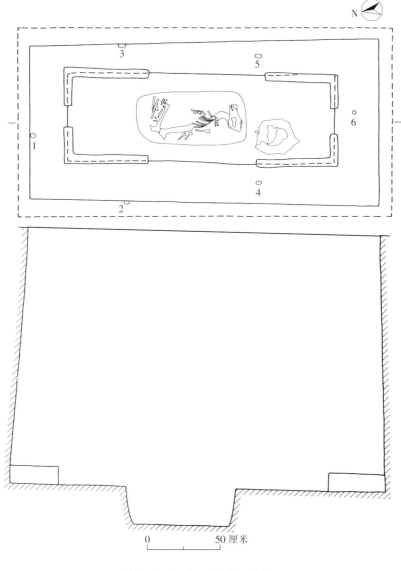

图 2 - 149A　SM110 平、剖面图

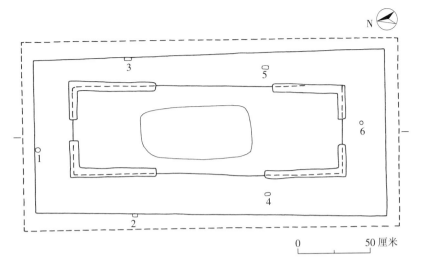

图 2 - 149B　SM110 棺底木支托及桩孔图

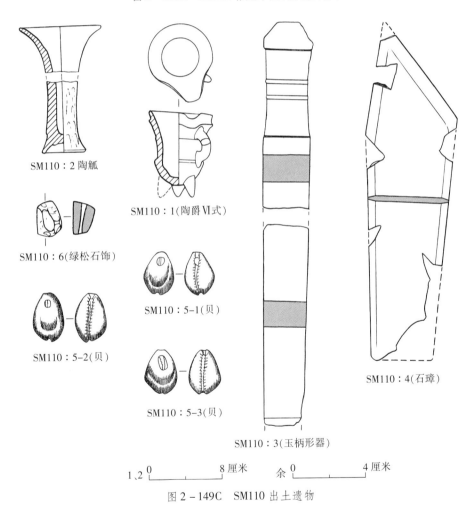

SM110 : 2 陶觚

SM110 : 1(陶爵Ⅵ式)

SM110 : 6(绿松石饰)

SM110 : 5-1(贝)

SM110 : 5-2(贝)

SM110 : 5-3(贝)

SM110 : 3(玉柄形器)

SM110 : 4(石璋)

1,2　0 ——— 8 厘米　　余 0 ——— 4 厘米

图 2 - 149C　SM110 出土遗物

　　墓底中部有一长75、宽35、深25厘米的圆角长方形腰坑，壁稍斜。腰坑内殉狗一条，殉狗头南面东，背部朝西，前肢缚于背部，后肢屈于身后。(图2-149A)

　　葬具为一棺，已被扰乱，发现有板灰与白色和红色的漆皮。长184、宽58厘米。在墓底与棺的四角外缘相吻合的位置有四个曲尺形凹槽，当为棺底的木托。四个棺托大小相同，东西两侧较

长，约60厘米，南北两侧较短，23~25厘米。棺托槽深1~3厘米。在槽内发现有朽木和白色漆皮。（图2-149B）

墓底两侧发现有6个木桩孔洞。南北两端各1个，东西两侧各有2个，对称分布。孔洞的平面呈圆形、长方形和椭圆形，直径2~5厘米，深7~25厘米。（图2-149B）

墓主骨骼散见于扰土和盗坑中。墓主身高与葬式不明。从腰坑殉狗头向判断，墓主头向可能朝北。

在盗沟中出陶爵、陶觚、玉柄形器各1件，其中玉柄形器出土处距墓口深80厘米。在棺上出残碎石璋1件。在棺盖北部出贝3枚。在墓底南部出绿松石坠1件。

陶觚 1件。

SM110：2，残。残存口、腹、足部残片，直筒形腹，矮圈足。无法修复。圈足径4.5厘米。（图2-149C）

陶爵 1件。

SM110：1，Ⅵ式。微残。口沿外有浅凹槽一周，腹部饰凹弦纹一周。口径7、高9.2厘米。（图2-149C）

玉柄形器 1件。

SM110：3，残。青白色，部分受沁。厚长条形。梯形柄首，残，其下两侧略凹腰，凹腰上有两道阳线纹；柄体残断，前端呈方块楔形。截面呈长方形。残长20.2、宽2.2~2.5、厚1.5厘米。（图2-149C；彩版一五一，1）

绿松石饰 1件。

SM110：6，完整。绿色。不规则形，一面上有两个方形凹坑，中部有双面桯钻圆孔。长1.6、宽1.2厘米。（图2-149C；彩版一五一，2）

石璋 1件。

SM110：4，残。白色。扁平长条形，中部略厚，两缘稍薄。直柄略窄，尖端较宽，呈不对称的斜三角形。残长17.3、宽4.4、厚0.3厘米。（图2-149C；彩版一五一，3）

贝 3枚。

SM110：5-1、5-2、5-3，A型货贝。（图2-149C）

墓葬年代： 殷墟四期早段。

人骨鉴定：

骨质较差，仅余部分头骨片、牙齿和肢骨段。

男性。40~45岁。

头骨性征较明显。骨密度2级。牙齿磨耗4级。

右侧上颌M1舌面龋齿。

SM204

位于ST2022东南部，墓东南角距探方南壁75厘米，东北角距探方东壁200厘米。墓葬西北角有一盗坑斜掏进入墓室，后又斜掏向墓室的西北角，并打破部分二层台。开口于①层扰土下，直接打破生土。方向为15度。（图2-150A~F；彩版一五一，4；彩版一五二；彩版一五三，1）

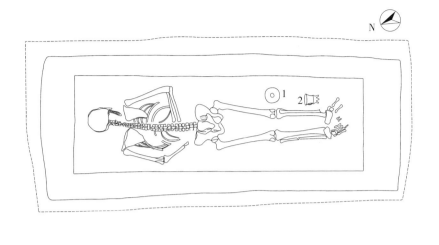

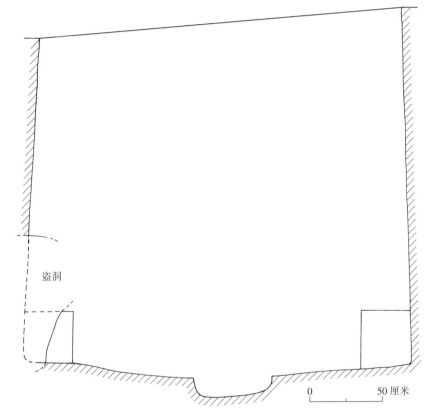

图 2 – 150A　SM204 平、剖面图

长方形竖穴土坑墓，墓壁外扩，口小底大。墓口距地表 50 厘米，墓口长 250、宽 87～95 厘米，墓底长 260、宽 99～112 厘米，墓深约 244 厘米。填土为黄褐色花夯土，土质较硬。距墓口 145 厘米的墓中部填土中有零散兽骨，难以辨别种属。在墓底北侧偏西处出有兽腿骨。（图 2 – 150A）

墓底有一周高 34～38、宽 13～26 厘米的熟土二层台。

墓底中部有一长 53、宽 10～29、深 12 厘米的不甚规则腰坑。坑壁较直。腰坑近底部内收，平底，内殉狗一条，仅存散乱骨骼。（图 2 – 150D）

葬具为木棺，棺长 198、宽 56～71、残高 38 厘米。两侧板厚 6～13 厘米，前后挡板厚 7 厘米。左右侧板伸出前后挡板，北侧伸出挡板约 16 厘米，南侧伸出挡板 4～8 厘米。前后挡板插入侧板的卯中，

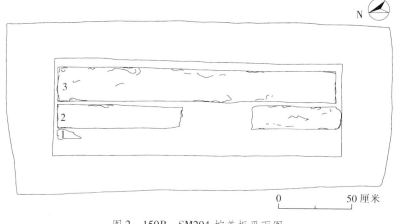

图 2 - 150B SM204 棺盖板平面图

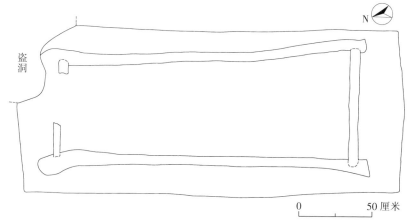

图 2 - 150C SM204 木棺结构图

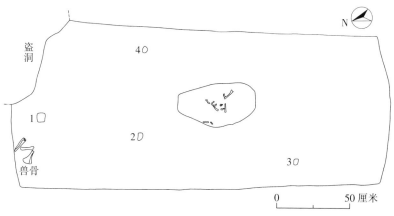

图 2 - 150D SM204 墓底桩孔图

构成一副完整的棺（图 2 - 150C）。棺盖板由 3 块纵向木板构成，棺盖板上髹有红漆和黑漆，红漆在下，黑漆在上。棺盖板由西向东分别编号为板 1、板 2、板 3（图 2 - 150B）。

板 1 被盗扰，仅存少量。

板 2 长 194、宽 14~16 厘米。其与板 1 间距为 1 厘米。

板 3 长 190、宽 21 厘米。其与板 2 间距为 2~4 厘米，距二层台边缘约 6 厘米。

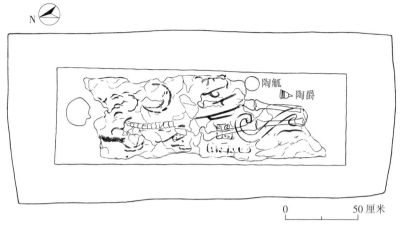

图 2－150E　SM204 墓主服饰图

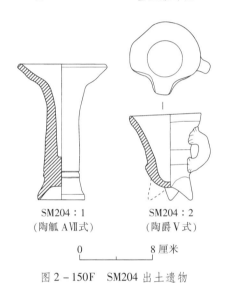

SM204∶1　　　　　SM204∶2
（陶瓠 AⅦ式）　　　（陶爵 V式）

0　　　　　　8厘米

图 2－150F　SM204 出土遗物

棺盖下铺有一层席子。在墓主骨架下也发现有席痕。墓主可能在棺内为席子包裹。

在席子下，墓主骨架上覆盖有一层纺织品。纺织品的质地较好，经纬线达到 14×14 平方厘米。纺织品上有红底，黑色线条勾勒的，内填充以黄色、白色、黑点等组成的图案。墓主上身和左下肢上部（髌骨以上）的彩绘主要由较粗的黑色线条构成，线条多呈纵向排列，具体图案已难以辨认。右下肢附近的彩绘主要以较细的曲线构成。在右上肢上部有一小块图案较为清楚，为黑色圆角长方形框内填充黄彩，上再缀以黑点构成。（图 2－150E）

在墓底发现 4 个木桩孔洞。分布不甚规律。平面形状多为长方形和椭圆形，直径 2～6、深 22～31厘米。（图 2－150D）

编号	位置	形状	直径（厘米）	深度（厘米）
1	北侧	长方形	5×6	27
2	西侧中部	椭圆形	3×5	31
3	西侧南部	不规则长方形	2×4	22
4	东侧中部	椭圆形	5	29

墓主骨架保存较好，葬式为俯身直肢，头北面下，双手置于腹下。

在墓主东侧下肢骨附近出陶瓠、陶爵各1件。

陶瓠 1件。

SM204：1，A型Ⅶ式。泥质灰陶。完整。体较矮，喇叭口，腹呈直筒形，圈足外撇下折，腹部有凹弦纹二周。口径9.8、圈足径5.2、高14.4厘米。（科2-150F）

陶爵 1件。

SM204：2，Ⅴ式。泥质褐陶。修复。短流，无尾，半环形鋬，束腰下移，底部形成凸棱，三足较矮且外撇。口径7.7、高9.2厘米。（图2-150F）

墓葬年代：殷墟四期早段。

人骨鉴定：

人骨保存状况相对较好。颅骨、下颌骨及21颗牙齿，右侧破损肩胛骨及髋骨，脊柱大部完好，部分椎弓残。肢骨大部保存，双侧肱骨远端残破，左侧桡骨骨干残段，左侧尺骨近端及骨干残段，双侧股骨完整但断裂，双侧胫骨完整，左侧腓骨远端残，右侧腓骨近端残。手部骨骼未保存，但双侧足骨保存完整。

墓主眉弓较发达，眶上缘圆钝，乳突上嵴较显著，乳突与枕外隆突粗大；髋骨粗壮，耻骨结节圆钝，耻骨下支的内侧缘外凸，呈一平坦的骨面。左侧肱骨头矢状径为46.5毫米（落入中性区间，但接近区间的最大值[1]）。据以上性别特征判断，该个体为男性。骨骺完全愈合；耻骨联合面形态Ⅴ级（Todd分级系统）、2~3级（Suchey-Brooks分级系统）、第六期（邵象清分级系统）；耳状面形态3级（Lovejoy分级系统），第三白齿萌出，齿尖略有磨耗，第一、二白齿磨耗程度3级（吴汝康分级系统）。据以上推断该个体年龄25~35岁。左侧胫骨最大长37.6厘米，身高估算165~173厘米。

墓主上颌双侧第三白齿及下颌左侧第三白齿先天缺失。上颌前部牙齿及下颌右侧犬齿唇侧面可见线型釉质发育不全现象。多颗牙齿咬合面可见轻微的釉质剥脱。右侧肩胛骨关节盂表面粗糙，呈点片状凹陷。多个胸椎椎体上、下表面可见许莫氏结节（Schmorl's nodes）。双侧胫骨骨干前内侧骨表面呈骨膜炎性病理表现，板层状骨。右侧髋臼窝关节面表面粗糙不平，呈点片状凹陷。足部双侧距骨远端关节面骨赘明显，第一跖骨假关节面呈珊瑚样骨质疏松，左侧较右侧显著。

SM207

位于ST2021西北部。开口于扰土层（①层）下，直接打破生土。方向为15度。（图2-151A~D；彩版一五三，2、3；彩版一五四，1~4）

长方形竖穴土坑墓，墓壁略外扩，口小底大。墓口距地表30~45厘米，墓口长230、宽110厘米，墓底长240、宽120~122厘米，墓深约190厘米。填土为红褐色花夯土，质地较硬。夯层厚8~10、夯窝直径6~8厘米。夯具为单束夯。（图2-151A）

墓底四周有一周高10、宽18~25厘米的熟土二层台。

墓底未筑腰坑。

墓底发现有6个木桩孔洞。墓室南北两端各有1个，东西两侧各有2个，排列对称、整齐（图2-151C）。这些孔的平面呈椭圆形或长方形，直径2~7、深6.5~8厘米。列表如下：

---

[1] 男性肱骨头矢状径一般大于47毫米，该个体落入43~47毫米的中性区间，但考虑到一定的群体差异，这个数值区间在这里仅做参考（Stewart 1979：100）。

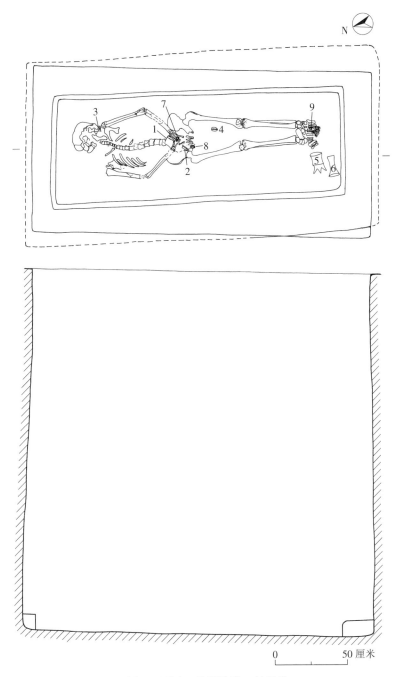

图 2 - 151A　SM207 平、剖面图

编号	位置	形状	直径（厘米）	深度（厘米）
1	北端	长方形	3×7	7
2	东侧北部	圆形	2.5	8
3	东侧南部	椭圆形	3×4	7
4	南端	长方形	2×3	7
5	西侧南部	椭圆形	3×4	6.5
6	西侧北部	圆形	3.5	8

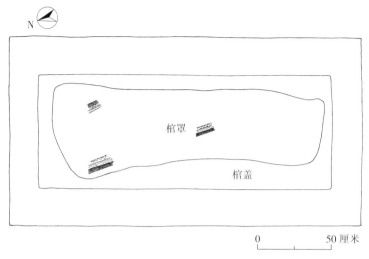

图 2-151B SM207 布幔、棺盖平面图

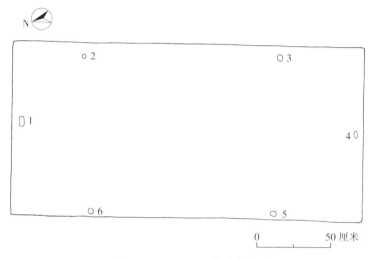

图 2-151C SM207 墓底桩孔图

葬具为木棺。棺上覆盖有布幔，其范围长约 195、宽 45～55 厘米。布幔上饰有黑色线条勾勒的条形图案，中间填以黄彩和白彩（图 2-151B）。棺已朽成木灰。棺的形状为齐头长方框，结构有暗榫卯。棺长 200、宽 75、残高 10 厘米。棺盖板腐朽塌入墓主骨架上，上髹有黄黑漆。棺盖板长 200、宽 75、厚 0.1～0.2 厘米。棺的侧板和前后挡板厚 3～5 厘米，上髹有黄漆。棺底朽成黑白色，厚 0.1～0.2 厘米。

墓主骨架腐朽严重，仅头骨和下肢骨较为清楚。墓主葬式为仰身直肢，头北面东，双手置于股骨。

距墓口 155～165 厘米的填土中出 1 件打碎了的陶簋，在墓主腹部出石钺 1 件。墓主骨盆上放置 1 件长条形穿孔玉块和贝 1 枚。在墓主脚后放置着陶觚、陶爵各 1 件，以及货贝 1 枚。在骨盆上手部有绿松石饰 1 件。墓主口内含贝 1 枚。墓主两大腿之间放置贝 1 枚。

陶觚 1 件。

SM207：6，A 型 VII 式。泥质灰陶。修复。体较矮，喇叭口，腹呈直筒形，圈足外撇下折，素面。口径 10、圈足径 5.8、高 14 厘米。（图 2-151D）

陶爵 1 件。

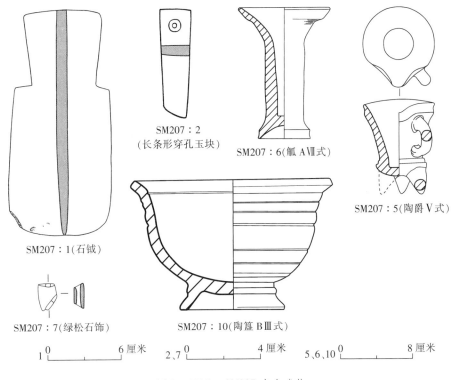

SM207：2
（长条形穿孔玉块）

SM207：6（瓢 A Ⅶ式）

SM207：5（陶爵 V 式）

SM207：1（石钺）

SM207：7（绿松石饰）

SM207：10（陶簋 B Ⅲ式）

1 ┤0─────6 厘米   2、7 ┤0─────4 厘米   5、6、10 ┤0─────8 厘米

图 2－151D SM207 出土遗物

　　SM207：5，V 式。泥质灰陶。修复。短流，无尾，半环形鋬，直腹内收，底部形成凸棱，三足较矮且外撇。口径 7.5、高 9.8 厘米。（图 2－151D）

　　陶簋　1 件。

　　SM207：10，B 型 Ⅲ式。泥质灰陶。修复。侈口，小方唇，窄折沿，微束颈，腹较直，下腹斜收，圜底，圈足矮且外撇。器内壁口沿下饰凹弦纹一周，器表颈、腹部饰凹弦纹八周，足部饰凹弦纹二周。口径 21.7、圈足径 11.2、高 13.6 厘米。（图 2－151D；彩版一五四，1）

　　长条形穿孔玉块　1 件。

　　SM207：2，微残。青绿色，一面受沁。长条形，一端有一对钻穿孔，另一端斜收，略窄，双面抛光。长 5.8、宽 1.2～1.7、厚 0.7 厘米。（图 2－151D；彩版一五四，2）

　　绿松石饰　1 件。

　　SM207：7，残。绿色，有白斑。扁平管状，中部有贯穿孔，孔边缘有穿绳磨损痕迹。表面光滑。长 1.3、宽 0.9、厚 0.6 厘米。（图 2－151D；彩版一五四，3）

　　石钺　1 件。

　　SM207：1，残。砂岩。扁平铲形，柄部窄长，呈倒梯形，弧刃。残长 18、柄长 5.8、柄宽 5.3～6.4、柄厚 0.5～0.9、刃宽 8.3、刃厚 0.5 厘米。（图 2－151D；彩版一五四，4）

　　贝　4 件。

　　SM207：3、4、8、9，均为 A 型货贝。

　　墓葬年代： 殷墟四期早段。

人骨鉴定：

骨质较差，头骨碎裂，肢骨残损严重，椎骨、肋骨腐朽严重。

女性。50~55岁。身高约156厘米。

头骨性征较为明显。骨密度较小。牙齿磨耗5级。

跖骨上有明显跪踞面痕迹，髌骨上有骨赘。

SM208

位于ST2021中部西侧。开口于①层下，其直接打破生土，南侧被一洞室墓（SM217）和一个圆形晚期盗洞打破。方向为10度。（图2-152A、B；彩版一五五，1）

长方形竖穴土坑墓，墓壁略内收，呈口大底小，近底部被盗坑完全破坏，东壁略向外扩。墓口距地表约50厘米，墓口长234、宽92厘米，墓底长220、宽65厘米，墓深192厘米。墓葬填土为褐色花夯土，土质坚硬。（图2-152A）

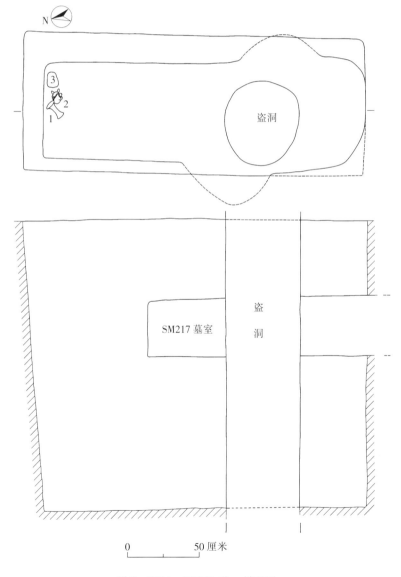

图2-152A　SM208平、剖面图

从墓北侧清理出的棺板残迹判断葬具为木棺，棺板上髹有红漆。由于盗扰严重，棺的结构不详。

墓主骨架扰乱不见。墓室北部有头骨腐蚀骨沫痕迹。

在墓室北部发现陶觚、陶爵、漆器各1件。

陶觚　1件。

SM208：1，A型Ⅶ式。泥质灰陶。修复。体较矮，喇叭口，腹呈直筒形，圈足外撇下折，腹部有凹弦纹三周。口径9.9、圈足径5.5、高13.7厘米。（图2－152B）

陶爵　1件。

SM208：2，Ⅵ式。泥质灰陶。修复。通体较矮

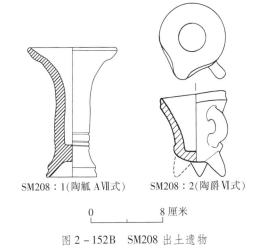

SM208：1(陶觚 AⅦ式)　　SM208：2(陶爵Ⅵ式)

0 ————— 8厘米

图2－152B　SM208出土遗物

瘦，短流，无尾，半环形鋬，腹内收，底部形成凸棱，三足外撇。口径7.2、高9.2厘米。（图2－152B）

漆器呈椭圆形，直径6～10厘米。漆器上髹红漆和黑漆。漆器器形已不辨。

墓葬年代：殷墟四期早段。

SM219

位于ST1321东北部。开口于②层下，墓室及椁室中部被一现代坑扰。方向为8度。（图2－153；彩版一五五，2）

长方形竖穴土坑墓，壁直，底平。墓口距地表深55厘米，墓口长206、宽70厘米，墓深165厘米。填土为黄花土且经夯打，较硬。

二层台高38、北宽17、南宽10、东宽13、西宽15厘米，熟土夯打。

葬具长方形木棺，长179、宽46、残高38厘米，髹有红漆。

墓主人头北脚南，直肢，胸部至股骨被扰，口中含贝1枚。

陶盘　1件。

SM219：1，Ⅰ式。泥质灰陶。残。残存口、腹部残片若干。平沿，盘内壁饰凹弦纹一周，外壁饰凹弦纹三周。浅腹。底残失。口径约35、残高9.2厘米。（图2－153）

贝　1枚（SM219：2）。A型货贝。（图2－153）

墓葬年代：殷墟四期早段。

人骨鉴定：

人骨保存状况极差。头骨残破，仅颞骨、上颌骨、颧骨及下颌骨残段保存，可供观察。23颗牙齿保存。第7颈椎，少量足骨保存。

墓主颅骨骨壁稍薄，乳突小，乳突上嵴发育较弱；上述性别特征均提示墓主可能为女性个体，但据以上信息并不足以推断性别，在此仅供参考。第三臼齿萌出，齿尖略有磨耗，第一、二臼齿磨耗程度3级（吴汝康分级系统）。据以上推断，墓主应为年轻成年个体。四肢长骨未保存，目前无法进行身高估算。

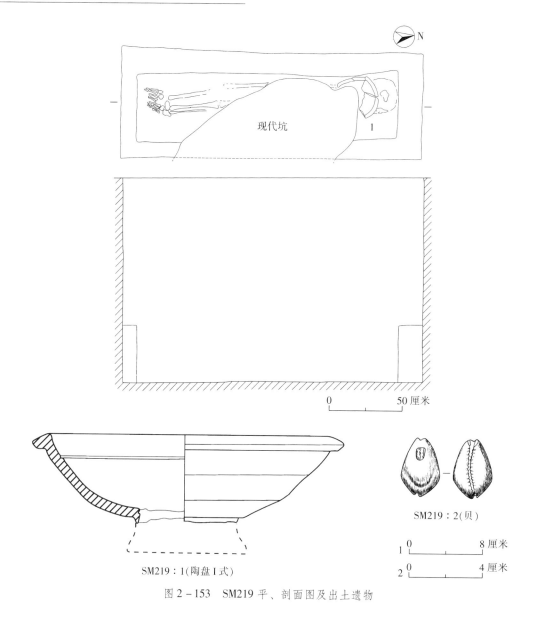

SM219：1(陶盘 I 式)

SM219：2(贝)

图 2－153 SM219 平、剖面图及出土遗物

墓主上颌前部牙齿及下颌犬齿唇侧面均可见线型釉质发育不全现象。轻度牙结石。多颗牙齿咬合面可见轻微的釉质剥脱现象。

SM222

位于 ST1224 南部，西距 SM221 约 60 厘米。开口于 F16 下，西部打破属于殷墟文化二期偏晚的 H4。方向为 10 度。(图 2－154；彩版一五四，5～7；彩版一五五，3)

长方形竖穴土坑墓。墓口距地表深 50 厘米，墓口长 200、宽 73 厘米，墓底长 205、宽 70～76 厘米，墓深 110 厘米。无铺垫物。填土为红褐色花夯土、夯层厚 8～12 厘米。填土内出骨饰 1 件。

熟土二层台残宽 5、残高 30 厘米。

葬具为木棺，长 195、宽 48～54、残高 30 厘米，

墓主头向北，面向西，骨架保存较差。

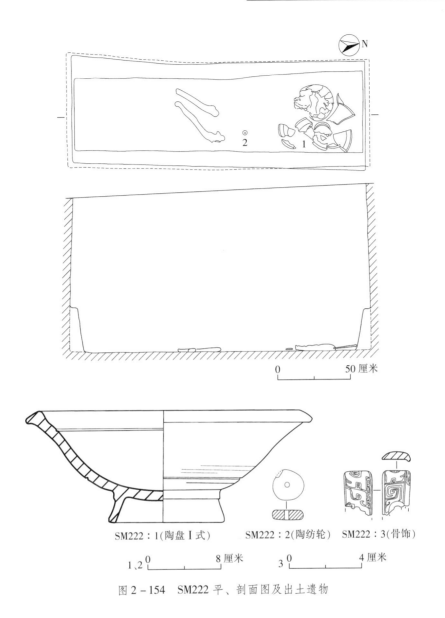

SM222：1（陶盘Ⅰ式）　　SM222：2（陶纺轮）　SM222：3（骨饰）

1、2 $\underset{0}{\rule{0pt}{0pt}}$ 8厘米　　　3 $\underset{0}{\rule{0pt}{0pt}}$ 4厘米

图2－154　SM222平、剖面图及出土遗物

随葬有陶盘及陶纺轮各1件。

陶盘　1件。

SM222：1，Ⅰ式。泥质灰陶。修复。器形大，盘体稍深。大敞口，折沿，圆唇，斜腹内收，高圈足略外撇。盘内、外壁及足部各饰凹弦纹一周。口径31.2、圈足径12.7、高11.7厘米。（图2－154；彩版一五四，5）

陶纺轮　1件。

SM222：2，泥质红陶，完整。体呈扁圆形，中间有圆形孔，轮沿中腰微凸。素面。直径3.1、孔径0.5、厚1厘米。（图2－154；彩版一五四，6）

骨饰　1件。

SM222：3，残。牙黄色。体呈扁平长方形，残存一端，两面各用阳线雕刻一夔纹。残长2.2、宽1.4、厚0.4厘米。（图2－154；彩版一五四，7）

墓葬年代：殷墟四期早段。

人骨鉴定:

骨质极差,多腐朽严重,头骨呈粉状。

性别不明。30~40岁。

残牙磨耗3级强。

SM357

位于ST1612中南部偏西。东南部被晚期坑打破。方向为21度。(图2-155;彩版一五六,1)

长方形竖穴土坑墓,墓壁较直。墓口距地表深约32厘米,墓口长240、宽65~70厘米,墓深32厘米。

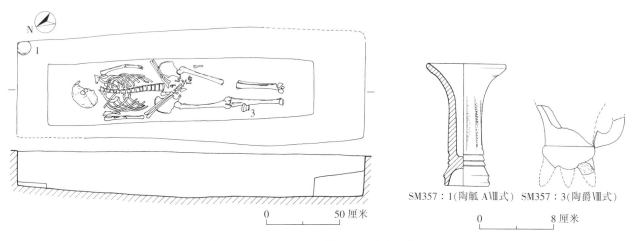

图2-155 SM357平、剖面图及出土遗物

墓底有一周宽10~35、高12厘米的熟土二层台。

墓底未发现腰坑。

葬具为一棺,木质,已朽为灰迹。棺长185、宽35~40厘米。墓葬填土为灰黑土,土质较松。

墓主为仰身直肢葬,头北面东南,双手交叉放于盆骨上,下肢脚趾骨无存。

随葬品有陶觚1件,位于二层台上东北角;陶爵1件,位于二层台内;贝1枚,分别于墓主口内与手中。

陶觚 1件。

SM357:1,A型Ⅷ式。泥质灰陶。修复。体较矮,喇叭口,腹呈直筒形,矮圈足外撇下折,腹部有凹弦纹三周。口径8.8、圈足径4.9、高13.2厘米。(图2-155)

陶爵 1件。

SM357:3,Ⅷ式。泥质灰陶。残片。仅剩腹部残片,半环形鋬,无法修复。(图2-155)

贝 2枚。口内者为A型、手内者为B型货贝。

墓葬年代: 殷墟四期早段。

人骨鉴定:

女性。35~40岁。

头骨、肢骨性征明显。肢骨细弱，骨密度 2 级。

椎骨上骨赘明显。

SM369

位于 ST1609 东南部。开口于①层现代堆积层下，北部被晚期灰坑打破，在墓葬的南部有盗沟，内出黄牛左前腿骨。方向为 10 度或 190 度。（图 2 – 156A ~ C；彩版一五六，2；彩版一五七）

长方形竖穴土坑墓，口小底大，墓壁斜直呈袋状外扩。墓口距地表深约 20 厘米，墓口长 240、宽 110 厘米，墓底长 265、宽 145 厘米，墓深 560 厘米。墓葬填土为黄褐色夯土，土质较硬。（图 2 – 156A）

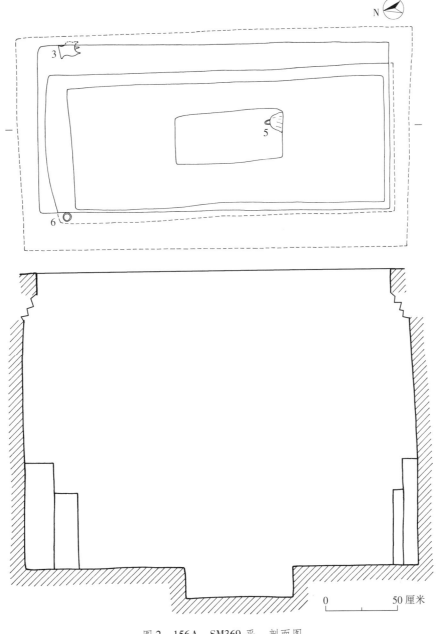

图 2 – 156A SM369 平、剖面图

图 2-156B SM369 椁室布幔图

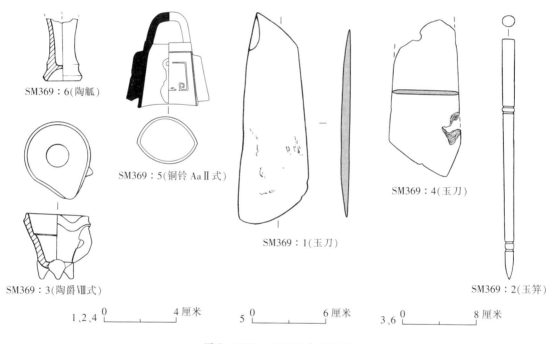

图 2-156C SM369 出土遗物

近墓底有一周熟土二层台，宽 14~25、高 70 厘米。

墓底有近长方形腰坑，长 72、宽约 35、深 20 厘米，未发现殉狗，可能因被盗扰的原因，但发现有一铜铃。

葬具有一椁一棺。椁长 234、宽 98、高 70 厘米；椁室盖板尚能看出 7 块，东西向横板，宽窄不一。

棺长 214、宽 82、高 50 厘米。

在椁盖与二层台上发现有布幔印迹。虽被盗扰，但基本还可以辨识出布幔一些图案。整块布幔大小应与墓室一样，铺在二层台与椁盖板之上，后因盗扰、墓室塌陷而不连续。以东二层台上的保存最完好，能够分辨出图案以回纹为主，黑彩勾边，红彩、白彩填地。在东二层台之上，发现有红彩三角纹图案叠压在回纹图案之上，据此可知，布幔可能不止一层，有多层布幔的可能。（图2－156B）

未发现墓主骨骼。

在盗沟内出土有玉器，在二层台东北角上放置陶爵，在腰坑南部发现铜铃1件。

陶觚　1件。

SM369：6，泥质灰陶。残。仅剩腹、足部残片，直筒形腹，矮圈足，下腹部有凸棱一周。圈足径3.7、残高7厘米。（图2－156C）

陶爵　1件。

SM369：3，Ⅷ式。口沿外侧有浅凹槽一周。口径7.2、高7厘米。（图2－156C）

铜铃　1件。

SM369：5，Aa型Ⅱ式。残。铃身两面饰梯形凸弦纹，内填简化阳线饕餮纹。通高7.5、口缘径3.4×4.5、腔壁厚0.2厘米。（图2－156C；彩版一五七，3）

玉刀　2件。

SM369：1，微残。青色，有条状灰白斑。前端略窄，斜刃，后端较宽，打磨成刃。双面抛光。长11.1、宽2.5～3.6、厚0.5厘米。（图2－156C；彩版一五七，4）

SM369：4，残。牙白色。扁平片状，一端残存有钻孔痕迹，另一端锯磨成斜刃。双面打磨。残长8.1、宽3.2～3.8、厚0.3厘米。（图2－156C；彩版一五七，5）

玉笄　1件。

SM369：2，完整。青绿色，有白斑，玉质温润。笄头圆形，笄细长圆柱形，笄尖呈尖锥状，中部两端各有两道凹弦纹。通体抛光。长12.7、笄头径0.5厘米。（图2－156C；彩版一五七，6）

墓葬年代：殷墟四期早段。

SM374

位于ST1903的西部。开口在①层下，直接打破生土。方向为191度。（图2－157A、B；彩版一五八，1、2）

长方形竖穴土坑墓，墓葬口大底小，墓壁斜直。墓口长210、宽85～87厘米，墓底长207、宽70厘米，墓深403厘米。填土为黄褐沙夯土，清理到290厘米深处以下为黄沙层，夯窝与夯层不很清晰。（图2－157A）

墓底有一周高32～38厘米，宽12～21厘米的熟土二层台。

墓底无腰坑。

葬具为一棺，木质，已朽为灰迹。棺长175、宽48、高38厘米。棺板上髹有红漆，漆皮厚2厘米。

墓主尸骨已腐朽，只留下两颗牙齿。从上肢骨朽灰轮廓可以看出墓主双手臂压于腹下。墓主葬式当为俯身直肢葬，头南面东。

共出土4件陶器，为陶簋、盘、觚、爵。其中在南边二层台上出土2件陶器，陶簋位于东边，陶盘位于西边。墓主下肢骨左侧为陶觚，下肢骨右侧为陶爵。

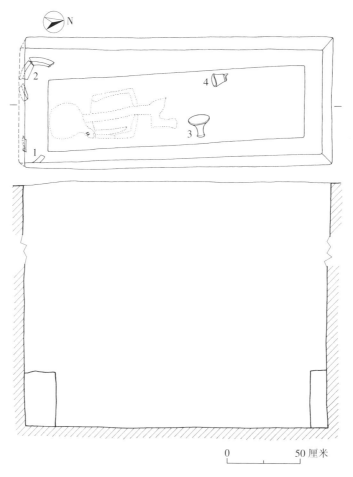

图 2 - 157A　SM374 平、剖面图

陶觚　1 件。

SM374:3，泥质灰陶。残。仅剩口、腹、足部残片若干，喇叭口，腹较直，腹下部有凸棱一周，矮圈足略外撇。圈足径6.2厘米。（图2 - 157B）

陶爵　1 件。

SM374:4，Ⅵ式。泥质褐陶，修复。大口，流微露，无尾，半环形鋬，直腹内收，底部形成凸棱，三足微外撇。口径8.5、高9.5厘米。（图2 - 157B）

陶盘　1 件。

SM374:2，Ⅰ式。泥质灰陶。修复。体大，敛口，折沿，斜腹内收，圈足残，略矮，微外撇。盘内壁饰凹弦纹一周。口径28.8、圈足径10.6、高11.7厘米。（图2 - 157B）

陶簋　1 件。

SM374:1，D 型。泥质灰陶。修复。侈口，方唇，窄折沿，束颈，鼓腹，圜底，矮圈足。器内壁口沿下饰凹弦纹一周，器表颈部饰凹弦纹五周。口径18.1、圈足径10、高13.1厘米。（图2 - 157B；彩版一五八，2）

墓葬年代：殷墟四期早段。

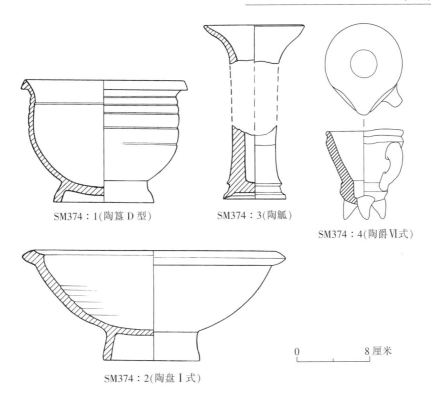

SM374：1(陶簋 D 型)　　　SM374：3(陶瓠)

SM374：4(陶爵Ⅵ式)

0　　　　　8厘米

SM374：2(陶盘 I 式)

图 2－157B　SM374 出土遗物

SM380

墓葬位于 ST1803 的东南部。开口于①层下，直接打破生土，西北角有一条长185、宽45 厘米的盗沟。方向 5 度或 185 度。(图 2－158A、B；彩版一五八，3；彩版一五九)

长方形竖穴土坑墓，四壁内凹，口小底大。墓口距地表 60 厘米，墓口长 248、东西宽 129～131 厘米，墓底长 278、宽 127～131 厘米，墓深 528～530 厘米。墓室内的填土夯层分两部分，上层为厚 1 厘米的细黄沙，下层经过夯打，红褐色花夯土，厚 10～20 厘米。铺设沙层可能是降低黏性，利于夯打。距墓口 390 厘米深处，墓壁四周出现沙层。(图 2－158A)

墓底四周有高 71～75、宽 7～31 厘米的熟土二层台。在东西二层台上有红漆痕迹。

墓底中部有一长 74、宽 45、深 23～25 厘米的长方形腰坑，直壁，内空无一物。

葬具有一椁一棺。其中椁室长 237、宽 80～100、高 71～75 厘米，北宽南窄。棺长 216 厘米，宽 63～75 厘米。

因被盗，未见墓主骨骼。

随葬品均位于南二层台上，计有铜矛 5 件，铅矛 1 件，铅戈 1 件，陶瓠、爵、豆、簋各 1 件。并放置有殉狗下肢骨。在东二层台上有殉狗头骨。

陶瓠　1 件。

SM380：5，A 型Ⅷ式。泥质灰陶。修复。体较矮，喇叭口，腹呈直筒形，矮圈足外撇下折，腹下部有凹弦纹三周。口径 9.2、圈足径 5、高 12.3 厘米。(图 2－158B)

陶爵　1 件。

图 2 - 158A　SM380 平、剖面图

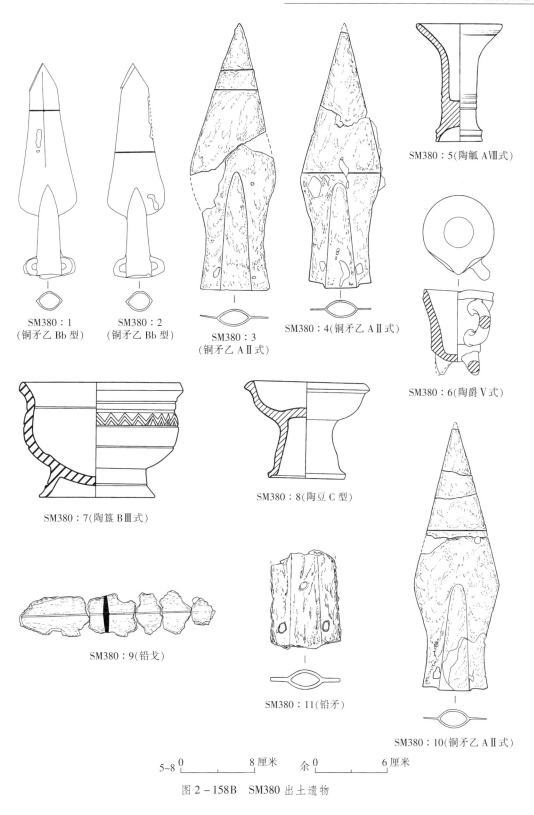

SM380：5(陶觚 AⅧ式)

SM380：1
(铜矛乙 Bb 型)

SM380：2
(铜矛乙 Bb 型)

SM380：3
(铜矛乙 AⅡ式)

SM380：4(铜矛乙 AⅡ式)

SM380：6(陶爵 Ⅴ式)

SM380：7(陶簋 BⅢ式)

SM380：8(陶豆 C 型)

SM380：9(铅戈)

SM380：11(铅矛)

SM380：10(铜矛乙 AⅡ式)

5~8 0 ____ 8厘米   余 0 ____ 6厘米

图 2－158B　SM380 出土遗物

SM380：6，Ⅴ式。泥质灰陶。修复。短流，无尾，半环形鋬，直腹内收，三足较矮且外撇。口径7.8、高9厘米。(图2－158B)

陶豆 1件。

SM380：8，C 型。泥质灰陶。修复。器形小，微敛口，斜折沿，浅盘，圈足较矮。素面。口径

13.8、圈足径 8.6、高 10.2 厘米。（图 2－158B；彩版一五八，3）

陶簋 1 件。

SM380：7，B 型Ⅲ式。泥质灰陶。残。侈口，方唇，窄折沿，束颈，圆鼓腹，圜底，圈足矮且外撇。器内壁口沿下饰凹弦纹一周，器表颈部饰三角划纹，上、下饰凹弦纹四周，腹、足部各饰凹弦纹一周。口径 18.1、圈足径 12.5、高 12.2 厘米。（图 2－158B）

铜矛 5 件。

SM380：1，乙 Bb 型。残。体小而轻薄。叶细长，锋尖呈圭首形，叶两侧刃内凹；骹截面呈椭圆形，两侧有纽。通长 17.2、叶长 11.8、叶最宽 4.8、叶厚 0.1、骹腔径 1.1×1.7 厘米。重 0.065 千克。（图 2－158B；彩版一五九，2）

SM380：2，乙 Bb 型。残。体小而轻薄，锈蚀严重。叶细长，锋尖呈圭首形，叶两侧刃内凹；骹截面呈椭圆形，两侧有纽。通长 17.2、叶长 12、叶最宽 4.8、叶厚 0.1、骹腔径 1.2×1.7 厘米。重 0.059 千克。（图 2－158B；彩版一五九，3）

SM380：3，乙 A 型Ⅱ式。残。体轻薄，锈蚀严重。叶呈亚腰形，叶底两侧有穿孔；骹截面呈扁圆形。残长 21.3、叶厚 0.1、骹腔径 1.1×2.1 厘米。重 0.104 千克。（图 2－158B）

SM380：4，乙 A 型Ⅱ式。残。体轻薄，锈蚀严重。叶呈亚腰形，叶底两侧有穿孔；骹截面呈扁圆形。残长 20.1、叶残长 14、叶最宽 6.5、叶厚 0.1、骹腔径 1.2×2.4 厘米。重 0.101 千克。（图 2－158B；彩版一五九，4）

SM380：10，乙 A 型Ⅱ式。残。体轻薄，锈蚀严重。叶呈亚腰形，底部残，一侧有穿孔；骹残。残长 20.7、叶最宽 7、叶厚 0.1 厘米。重 0.099 千克。（图 2－158B）

铅矛 1 件。

SM380：11，残。黏结，锈蚀严重。叶底部形似乙类 AⅢ型铜矛。叶底两侧有圆形穿孔，骹截面呈扁圆形。残长 7.2、叶骹腔径 1×2.3 厘米。（图 2－158B）

铅戈 1 件。

SM380：9，残损严重，残长 16.2 厘米。（图 2－158B）

墓葬年代： 殷墟四期早段。

SM387

位于 ST1803 的东北角。开口于①层下，墓的东边被一晚期的坑打破，直接打破生土。北部距墓北边 22 厘米处有一长 200、宽 50 厘米长方形盗沟，盗沟深 311 厘米。方向为 18 度或 198 度。（图 2－159A、B；彩版一五八，4）

长方形竖穴土坑墓，四壁内凹，口小底大。墓口距地表 55 厘米，墓口长 250、宽 106～112 厘米，墓底长 255、宽 135～139 厘米，深 300 厘米。墓室填土为经过夯打的黄褐色花土。由于被盗，无法分辨夯层。盗沟内出土一件铜铃。盗扰的填土中有人骨和陶瓿、陶盘的碎片。

因被盗，二层台宽度不明，高 45 厘米。（图 2－159A）

未见腰坑，墓底南高北低。

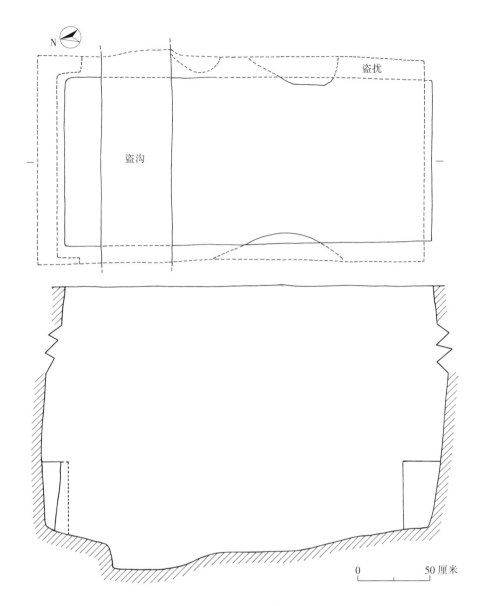

图 2 – 159A　SM387 平、剖面图

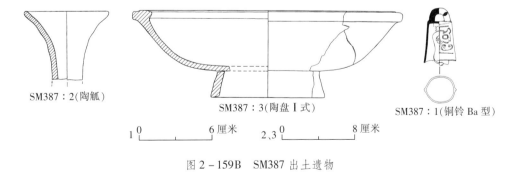

SM387：2（陶瓠）

SM387：3（陶盘 I 式）

SM387：1（铜铃 Ba 型）

图 2 – 159B　SM387 出土遗物

严重盗扰，葬具不明。

墓主骨骼被盗扰无存。

陶瓠　1 件。

SM387:2，泥质灰陶。残存口、腹部残片，喇叭口，口径9.2厘米。（图2-159B）

陶盘 1件。

SM387:3，Ⅰ式，泥质灰陶。残存口、腹、足部残片。口径约29厘米。（图2-159B）

铜铃 1件。

SM387:1，Ba型。残。铃身两面饰梯形凸弦纹，内填阳线饕餮纹。通高4.7、口缘径2×2.3、厚0.1厘米。（图2-159B；彩版一五八，4）

墓葬年代： 殷墟四期早段。

SM402

位于ST1913中南部。开口于①层下，打破②层及生土，该墓保存状况较好。方向为15度。（图2-160；彩版一六〇，1、2；彩版一六一，1）

平面形状呈长方形，该墓四壁较内斜，从墓口向下深170厘米，四壁较外斜，呈袋状。墓口距地表深35厘米，墓口长230、宽86厘米，墓底长210、宽80~83厘米，墓深265厘米。该墓内填土为黄褐色花夯土，土质较硬，夯层厚10~15厘米，距墓口深130~170厘米填土内有殉狗，骨骼腐蚀严重。

二层台宽43~48、高25厘米。

无腰坑。

葬具为木棺，长193、宽43~48、高25厘米。

墓主头向北，面向东，仰身直肢，尸骨保存较好。双手紧收，交叉放于盆骨处，下肢平直。整个身体似乎受制于狭窄的棺室限制。

墓主头部西肩上出有铜觚1件；头前偏东出有陶豆1件；右手握贝1枚；口内含贝1枚。

陶豆 1件。

SM402:2，B型Ⅲ式。褐陶，修复。盘壁、圈足上部饰凹弦纹一周。口径15.1、圈足径9、高12.4厘米。（图2-160）

铜觚 1件。

SM402:1，B型Ⅱ式。完整。体较矮，质较厚重。腹部饰两条浅扉棱并均匀间饰四枚乳丁，腹上、下部各饰凸弦纹一周。通高17.8、口径12、底径7.4、口沿厚0.2厘米。重0.598千克。（图2-160；彩版一六一，1）

贝 2枚。A型货贝。

墓葬年代： 殷墟四期早段。

人骨鉴定：

女性。30~35岁。

性征不明显：头骨呈女性化，但肢骨粗壮，达1级。盆骨女性化性征明显。牙齿弄好重，达3级强。骨密度2级。

左右第一跖骨上跪踞面明显。

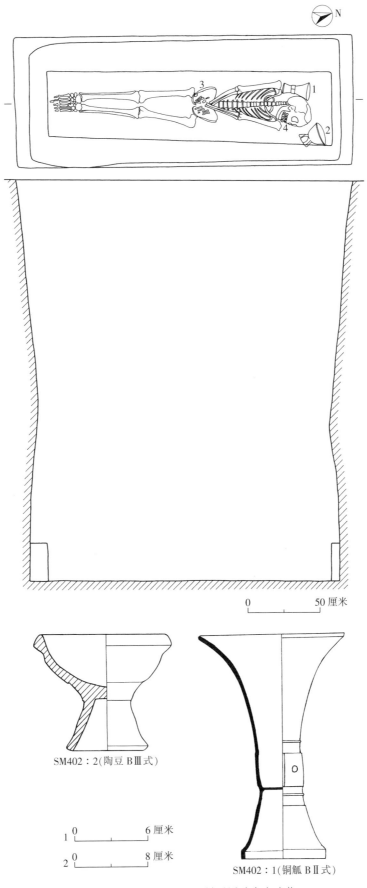

SM402∶2(陶豆 BⅢ式)

1 0　　　　　　6 厘米

2 0　　　　　　8 厘米

SM402∶1(铜觚 BⅡ式)

图 2－160　SM402 平、剖面图及出土遗物

SM405

位于 ST1713 西北部。开口于①层现代扰土下，此墓直接打破生土，被盗。方向为 16 度。（图 2 –161；彩版一六〇，3）

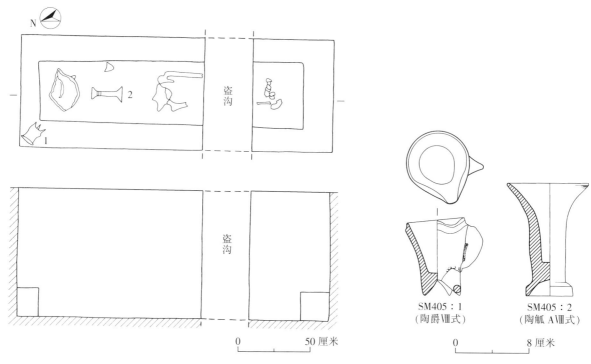

图 2 –161　SM405 平、剖面图及出土遗物

长方形竖穴土坑墓，墓壁为直壁。墓口距地表深约 30 厘米，墓口长 213、宽 75 厘米，墓深 85 厘米。填土为黄灰花夯土，土质较硬。

墓底有一周宽 15～20、高 19 厘米的熟土二层台。

葬具为木棺。棺长 182、宽 40～45、残高 19 厘米。

因被盗，墓主头骨仅残留一半，盆骨尚存，为俯身直肢葬，头朝北。但骨质保存较差，上肢骨全残，下肢骨扰乱残存少部分。

在二层台西北角有 1 件陶爵；在棺内中部有 1 件陶觚。

陶觚　1 件。

SM405：2，A 型Ⅷ式。泥质灰陶。修复。体较矮，喇叭口，腹呈直筒形，矮圈足外撇下折，素面。口径 8.8、圈足径 5、高 12 厘米。（图 2 –161）

陶爵　1 件。

SM405：1，Ⅷ式。泥质灰陶。修复。器形矮小，侈口，小泥饼鋬，腹内收，底稍平，三足矮略外撇，口沿外侧有浅凹槽一周。口径 6.4、高 8 厘米。（图 2 –161）

墓葬年代：殷墟四期早段。

人骨鉴定：

女性。18～20岁。

肢骨女性化特征明显。股骨头已经愈合，但愈合线明显。

SM408

位于 ST1712 的西南部，东有 SM409，西有 SM407，三者东西向排列，间距 30～70 厘米。开口于①层下，打破②及生土。方向为 20 度。（图 2－162A、B；彩版一六一，2；彩版一六二）

长方形竖穴土坑墓，口小底大。墓口距地表 30 厘米，墓口长 230、宽 100 厘米，墓底长 268、宽 130 厘米，墓深 235 厘米。墓室东壁中间有脚窝。填黄花夯土，土质坚硬。（图 2－162A）

二层台宽 40～48、高 20 厘米。北二层台上放置有猪前腿骨。

腰坑长 70、宽 35、深 10 厘米，内有殉狗，头南，骨架保存完好。

葬具为木棺，长 178、宽 67、残高 20 厘米，棺底铺有席。

墓主头北面向东，仰身直肢，骨架上包有纺织品，留有彩绘痕迹。骨架保存稍差，口内含货贝 1 枚，左手握货贝 1 枚，两脚间放置货贝 2 枚。

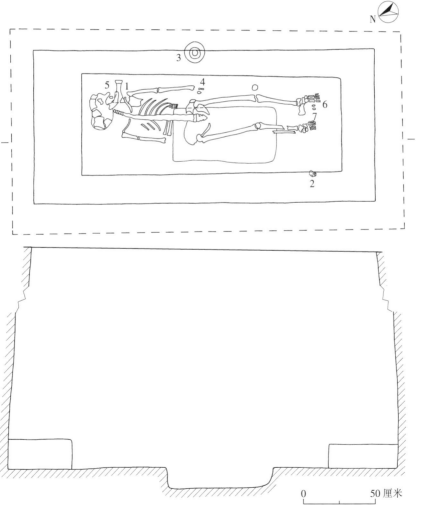

图 2－162A SM408 平、剖面图

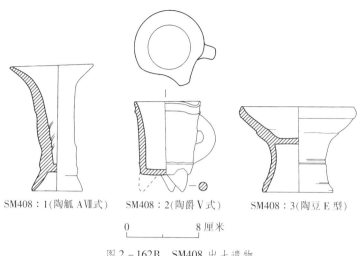

SM408：1(陶觚 A Ⅶ式)　　　SM408：2(陶爵 Ⅴ式)　　　SM408：3(陶豆 E 型)

0　　　　　　8 厘米

图 2 - 162B　SM408 出土遗物

在棺东北角有陶觚 1 件；在棺外西南角有陶爵 1 件；在东二层台下偏北处有陶豆 1 件。

陶觚　1 件。

SM408：1，A 型Ⅶ式。泥质灰陶。修复。体较矮，喇叭口，腹呈直筒形，圈足外撇下折，腹下部有凸棱二周。口径 9.1、圈足径 5.6、高 13.5 厘米。（图 2 - 162B）

陶爵　1 件。

SM408：2，Ⅴ式。泥质灰陶。修复。口径略大于腹径，短流，无尾，半环形鋬，直筒形腹，三足外撇，口沿外侧有浅凹槽一周。口径 7.7、高 9.5 厘米。（图 2 - 162B）

陶豆　1 件。

SM408：3，E 型。泥质灰陶。完整。器形小，口微敛，方唇，浅盘，矮圈足较粗。圈足上饰凹弦纹一周。口径 11.9、圈足径 7.1、高 9.2 厘米。（图 2 - 162B；彩版一六一，2）

贝　4 枚，均 A 型。

墓葬年代：殷墟四期早段。

SM409

位于 ST1712 内。开口于①层下，打破生土层。方向为 15 度。（图 2 - 163A ～ D；彩版一六一，3、4；彩版一六三、一六四）

长方形竖穴土坑墓，口小底大。墓口距地表 35 厘米，墓口长 210、宽 90 ~ 100 厘米，墓底长 260、宽 100 厘米，墓深 230 厘米（图 2 - 163A）。填土为黄花色夯土，土质坚硬。在距墓口 90 厘米填土内有一殉狗，头南面西（图 2 - 163B）。

墓室西壁偏南处有脚窝。墓底四周有熟土二层台，宽 20 ~ 36、高 40 厘米。

墓室底部有腰坑，长 95、宽 36 ~ 40、深 7 ~ 13 厘米。腰坑内殉狗一条，头北面西，侧身，骨质较差。（图 2 - 163C）

葬具为一棺，长 195、宽 60、高 40 厘米，棺内有席铺垫。在墓底木棺的四周即二层台下，有一周木板痕迹，与二层台同宽。从纹理上看，应是用榫卯结构的木框架。具体作用不明。（图 2 - 163C）

墓主仰身直肢，头向北，面向偏西，骨架保存较差，肋骨已成粉末状。墓主身上有服饰，但腐蚀

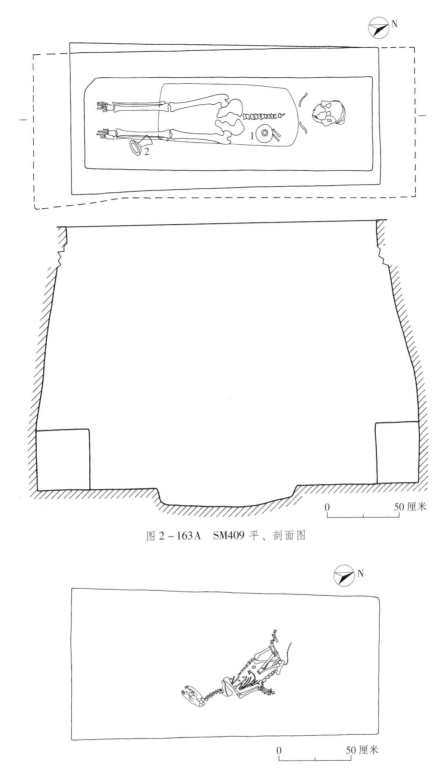

图 2 – 163A　SM409 平、剖面图

图 2 – 163B　SM409 填土殉狗平面图

严重，无法分辨，主要为红、黑两色。

在棺上放置陶豆 2 个，墓主头前有骨笄，脚后有 1 枚货贝。东南角二层台内放置陶瓠、爵各 1 件。

陶瓠　1 件。

SM409∶5，A 型Ⅷ式。修复。腹下部有凹弦纹三周。口径 8.6、圈足径 6.2、高 12.3 厘米。

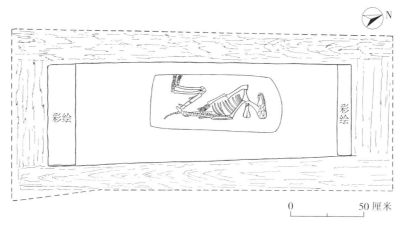

图 2-163C SM409 腰坑殉狗及棺外铺板图

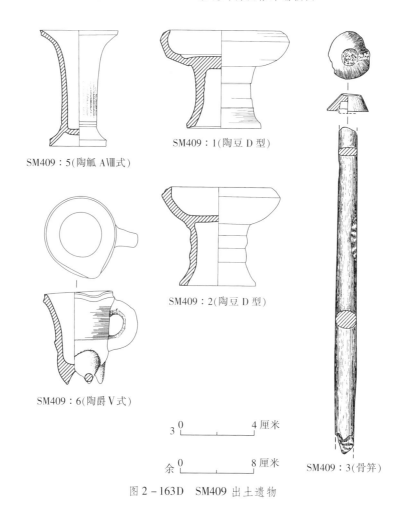

SM409：5(陶觚 AⅧ式)

SM409：1(陶豆 D 型)

SM409：2(陶豆 D 型)

SM409：6(陶爵 V 式)

SM409：3(骨笄)

图 2-163D SM409 出土遗物

（图 2-163D）

陶爵 1 件。

SM409：6，V 式。修复。口径 7.6、高 10 厘米。（图 2-163D）

陶豆 2 件。

SM409：1，D 型。圈足上饰凹弦纹三周。口径 13.3、圈足径 7.9、高 10.5 厘米。（图 2-163D；彩版一六一，4）

SM409:2，D 型。素面。口径 12.4、圈足径 7.7、高 10.4 厘米。（图 2－163D）

骨笄 1 件。

SM409:3，残。活帽骨笄，帽鼓面呈笠形，平面有一圆孔，用于插笄杆；笄杆两端均残，长条形，较粗，中间较圆，两端扁平。帽径 2.3、高 1.1、杆残长 17.2、最宽 1.1 厘米。（图 2－163D；彩版一六一，3）

贝 1 枚（SM409:4）。A 型货贝。

墓葬年代： 殷墟四期早段。

人骨鉴定：

女性？20 ± 岁。

趾骨较小，呈女性化。牙齿略磨耗，未见 M3。

第一跖骨上有明显跪踞面痕迹。

SM410

位于 ST1171 中部东侧。开口于①层下，即扰土层下。其北大半部被一黄花土坑打破，西壁北半部被位于黄花土坑底西南角的方形浅坑打破。打破其东侧的墓葬 SM411，打破生土。在墓北侧有一盗沟伸进墓内，沿墓东壁而下，扰乱了墓室东半部。方向为 19 度。（图 2－164A、B；彩版一六五，1；彩版一六六）

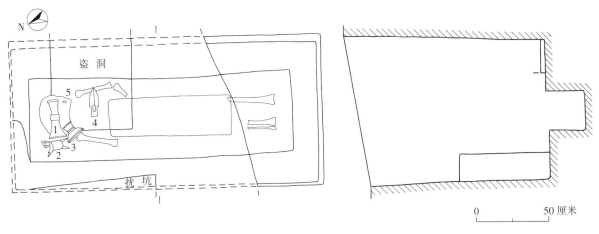

图 2－164A SM410 平、剖面图

长方形竖穴土坑墓，呈口大底小状。墓口距地表 35 厘米，墓口长 212、东西宽 100 厘米，墓底长 210、宽 93 厘米，墓深 140 厘米。填土为黄褐色花夯土，坚硬。夯层厚约 10 厘米。夯窝清晰可见，直径约 3、深 3 厘米，为 3 根集束夯。（图 2－164A）

墓底四周有熟土二层台，因被盗沟扰乱，其东侧二层台现残存高度为 3 厘米。南侧二层台东半部亦扰乱未存，北侧二层台被扰乱成斜坡状，高 60 厘米；西侧二层台高 62、宽 18 厘米。

墓底中部有一长方形腰坑，长 83、宽 27、深 27 厘米。

因盗扰，未见葬具。

尸骨已腐朽成粉状，依据残存的骨粉痕，判断墓主为头北面东，仰身直肢葬。下肢骨残存一段。

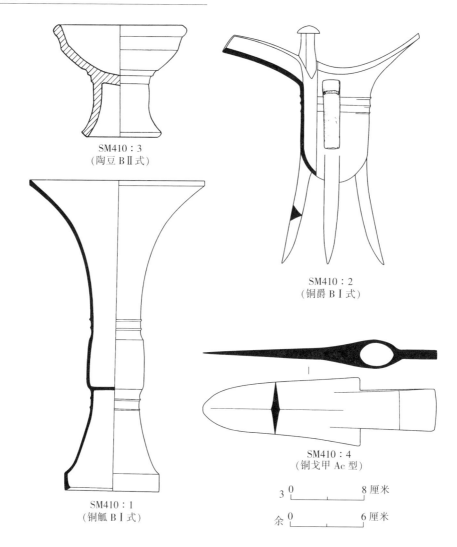

SM410:3
(陶豆BⅡ式)

SM410:2
(铜爵BⅠ式)

SM410:1
(铜觚BⅠ式)

SM410:4
(铜戈甲 Ac 型)

3 0 ————————— 8 厘米

余 0 ————————— 6 厘米

图 2－164B　SM410 出土遗物

　　棺内北侧墓主头部有铜觚 1 件，头部西侧铜爵 1 个，头南侧陶豆 1 个，尸骨左上肢骨上铜戈 1 个，口内货贝 1 枚。

　　陶豆　1 件。

　　SM410:3，B 型Ⅱ式。微残。盘壁、圈足上部饰凹弦纹三周。口径 14.8、圈足径 8.9、高 11.9 厘米。（图 2－164B；彩版一六六，1）

　　铜觚　1 件。

　　SM410:1，B 型Ⅰ式。微残。腹上、下部各饰凸弦纹二周，圈足上有大小两孔。通高 24.6、口径 14、底径 7.9、口沿厚 0.3 厘米。重 0.889 千克。（图 2－164B；彩版一六六，2）

　　铜爵　1 件。

　　SM410:2，B 型Ⅰ式。完整。柱帽尖较矮，素面，上腹部饰三周凸弦纹。通高 18.7、柱高 2.9、足高 8.6、流至尾长 15.9、流长 6.8、流宽 3.8、腹壁厚 0.3 厘米。重 0.623 千克。（图 2－164B；彩版一六六，3）

　　铜戈　1 件。

　　SM410:4，甲 Ac 型。完整。通长 19.2、援长 12.9、援最宽 5.1、内宽 3.3、援厚 0.9、内厚 0.7、

盝径 1.8~2.8 厘米。重 0.283 千克。（图 2 - 164B；彩版一六六，4）

贝　1 件。

SM410∶5，A 型。

墓葬年代：殷墟四期早段。

人骨鉴定：

性别不明。30±岁。

牙齿磨耗 2~3 级。

SM411

位于 ST1711 中部东侧，其西侧被 SM410 打破。开口于①层扰土层下，其北大半部被一黄花土坑打破，墓西壁北半部被 SM410 打破至生土。东北角处有一晚期坑扰乱了该墓。方向为 11 度。（图 2 - 165A、B；彩版一六五，2；彩版一六七，1~3）

长方形竖穴土坑墓，口大底小。墓口距地表 32、南北长 196、东西宽 84 厘米，墓底长 190、宽 73 厘米，深 139 厘米。填土为黄褐色花夯土，土质坚硬。但大部分被扰乱。（图 2 - 165A）

墓底四周有熟土二层台，因被盗沟扰乱，其残存高度为 21~26、宽 8~22 厘米。

根据清理出来的残存迹象推断，葬具有一棺，其上髹红漆。棺长 158、宽 49~51、高 21~26 厘米。

墓主头部被压成扁平状，手骨不见。俯身直肢，头北面东。

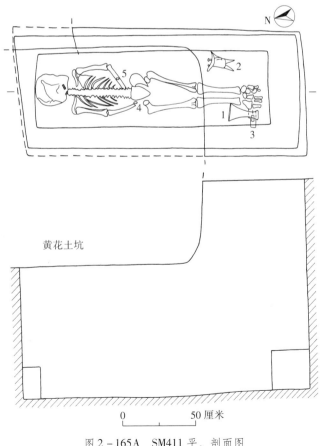

图 2 - 165A　SM411 平、剖面图

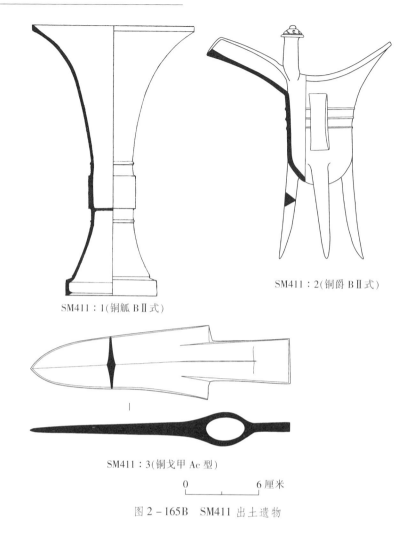

SM411∶1(铜觚 BⅡ式)

SM411∶2(铜爵 BⅡ式)

SM411∶3(铜戈甲 Ac 型)

0   6 厘米

图 2－165B SM411 出土遗物

    随葬器物共 5 件,在墓主左下肢骨外及脚部有铜觚 1 件,觚下方有铜戈 1 件,右下肢骨外有铜爵 1 件,左手握贝 1 枚,右上肢骨处有贝 1 枚。

    铜觚 1 件。

    SM411∶1,B 型Ⅱ式。微残。腹上、下部各饰凸弦纹一周。通高 21.4、口径 13.1、底径 7.5、口沿厚 0.3 厘米。重 0.78 千克。(图 2－165B;彩版一六七,1)

    铜爵 1 件。

    SM411∶2,B 型Ⅱ式。微残。柱帽尖凸起,上饰涡纹,上腹部饰三周凸弦纹。通高 18.3、柱高 4、足高 7.2、流至尾长 15、流长 7、流宽 3.5、腹壁厚 0.2 厘米。重 0.575 千克。(图 2－165B;彩版一六七,2)

    铜戈 1 件。

    SM411∶3,甲 Ac 型。完整。通长 21.3、援长 14.2、援最宽 5.6、内宽 3.4、援厚 0.8、内厚 0.7、銎径 2×2.7 厘米。重 0.315 千克。(图 2－165B;彩版一六七,3)

    贝 2 枚。A 型。

    墓葬年代:殷墟四期早段。

SM413

位于 ST1710 北部中段。开口于①层下，直接打破生土，墓西部被 SM412 打破，被盗。方向为 19 度。（图 2－166；彩版一六五，3）

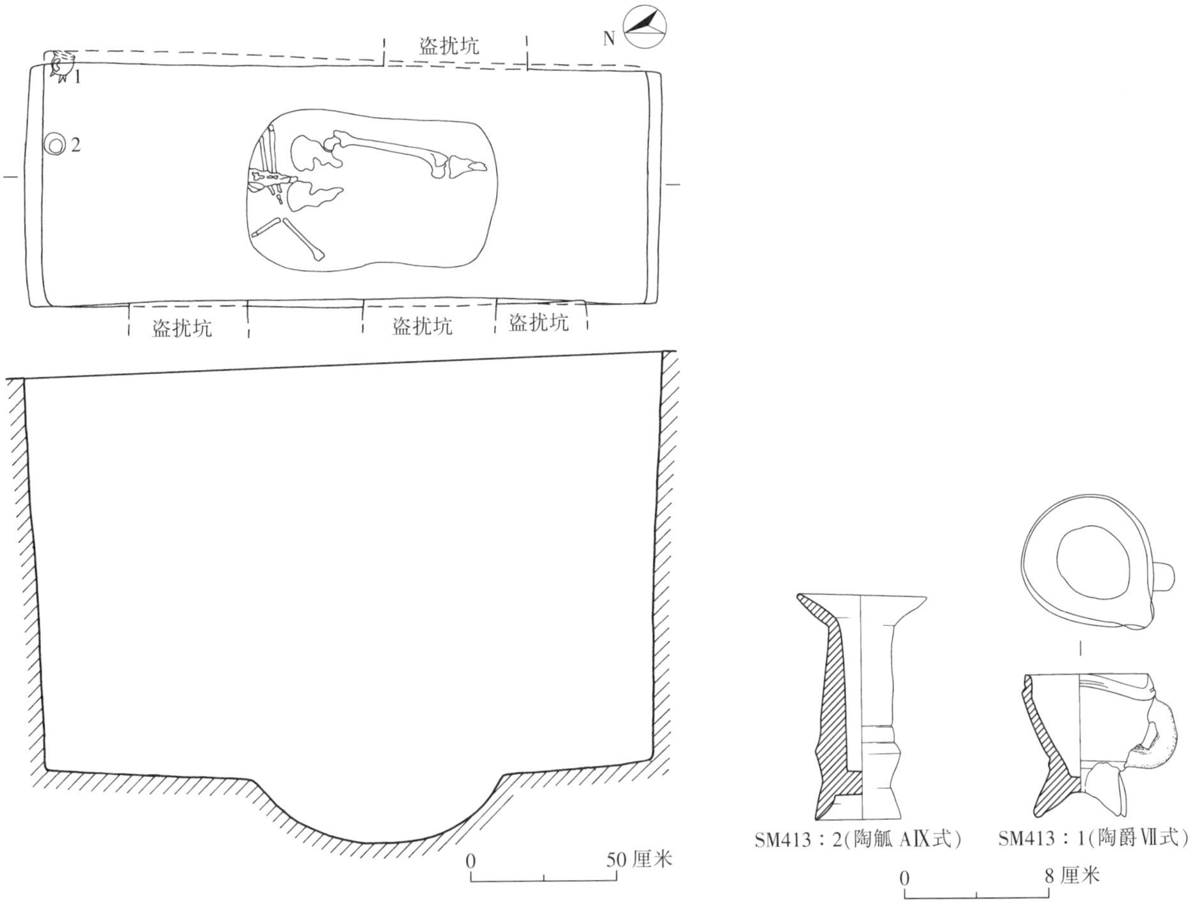

图 2－166　SM413 平、剖面图及出土遗物

长方形竖穴土坑墓，墓东西壁向外扩，南北壁向内收。墓口距地表 15 厘米，墓口长 216、墓口宽 77 厘米，墓底长 206、宽 78～84 厘米，墓深 130～136 厘米。填土为灰色夯土，土质坚硬。距墓口 110 厘米处墓北部出一堆人骨，但从骨骼摆放不成形上看，是从墓底扰上来的。

墓底被扰而未见二层台。

墓底中部有长 85、宽 54、深 22 厘米的近椭圆形腰坑，内出若干人骨。

墓底被扰乱而葬具不明。

从腰坑内出的人骨摆放情况看，墓主葬式为俯身直肢。

墓底北部出陶爵和陶觚各 1 件。

陶觚　1 件。

SM413∶2，A 型Ⅸ式。修复。腹部有凹弦纹二周。口径 7.1、圈足径 4.8、高 11.6 厘米。（图 2－166）

陶爵　1 件。

SM413：1，Ⅶ式。修复。口径 7、高 7.5 厘米。（图 2 - 166）

墓葬年代： 殷墟四期早段。

人骨鉴定：

骨质极差。

女性。30 ~ 40 岁。

盆骨呈女性化。

右侧股骨骨干向内侧弯曲明显，有"X"形腿倾向。

SM418

位于 ST1709 北部偏西。开口于①层下，直接打破生土。被盗。方向为 8 度或 188 度。（图 2 -
167A ~ C；彩版一六七，4 ~ 6）

长方形竖穴土坑墓，墓壁向外扩，口小底大，中部较西头宽。墓口距地表 30 厘米，墓口长 275、
宽 124 厘米，墓底长 300、宽 125 ~ 140 厘米，墓深 476 厘米。填土为黄灰色花夯土，土质硬，夯层厚
度为 20 厘米左右，夯窝清晰，直径 7 ~ 8 厘米。距墓口 365 厘米左右，在墓中部盗扰的填土内出 1 件
铜铃及几块散乱的狗骨。（图 2 - 167A）

墓底二层台虽然盗扰、局部被破坏，但东、北部形状上看，墓底有一周宽 20 ~ 40、高 72 厘米的熟
土二层台。

腰坑因被扰而不成形。

墓底发现有 5 个木桩孔洞，位于墓南北两端各 2 个相互对称，墓东侧中部 1 个，形状有圆形、长
方形、椭圆形、半圆形等，深 8 ~ 18 厘米不等。（图 2 - 167B）

编号	位置	形状	直径（厘米）	深度（厘米）
1	西北部	长方形	2 × 4	8
2	东北部	圆形	3	18
3	东侧中部	半圆形	5	13
4	东南部	椭圆形	2 × 4	18
5	西南部	圆形	4	12

葬具为一椁一棺。从残存的形状见，椁长 260、宽 97 ~ 100 厘米。椁底板最少由 8 块南北方向的宽
8 ~ 17 厘米不等的板组成。

因被盗扰，棺无存。

未见墓主骨骼。

北部二层台上出 1 件陶瓿，西部二层台偏北处有 1 件陶豆和猪左前腿骨。椁底东北部出 1 件铜镞，
北部二层台内出 1 件铜铃。填土内出 1 件铜铃、2 件铜镞。

陶瓿 1 件。

SM418：1，A 型Ⅷ式。泥质灰陶。完整。体较矮，喇叭口，腹呈直筒形，矮圈足。素面。口径
8.5、圈足径 4.8、高 12.5 厘米。（图 2 - 167C）

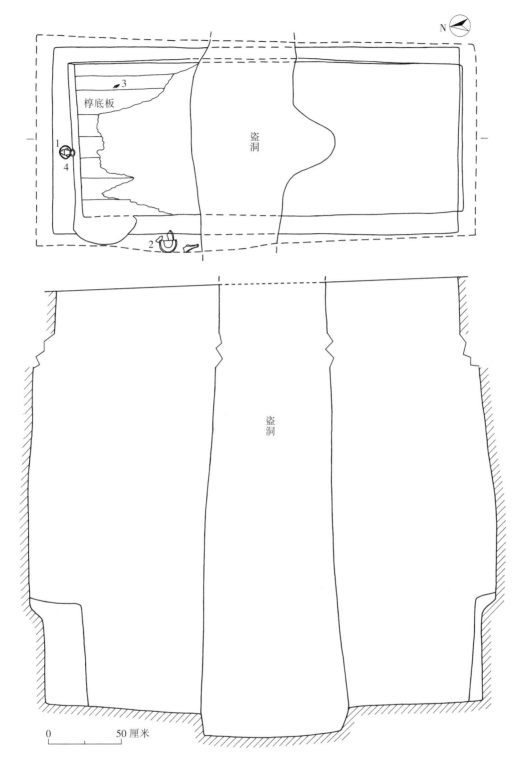

图 2 – 167A　SM418 平、剖面图

陶豆　1 件。

SM418：2，C 型。泥质灰陶。修复。器形小，敛口，方唇，斜折沿，浅盘，矮圈足。圈足上饰凹弦纹三周。口径 13、圈足径 7.7、高 10.3 厘米。（图 2 – 167C）

铜铃　2 件。

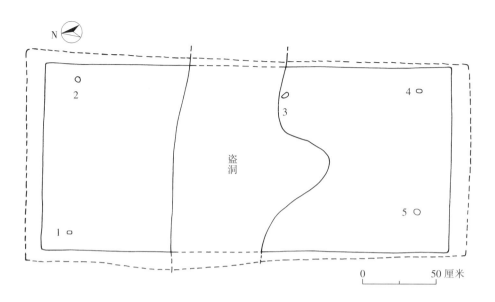

图 2-167B SM418 墓底桩孔图

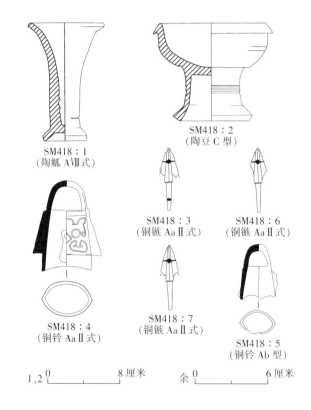

SM418：1
（陶觚 AⅧ式）

SM418：2
（陶豆 C 型）

SM418：3
（铜镞 AaⅡ式）

SM418：6
（铜镞 AaⅡ式）

SM418：4
（铜铃 AaⅡ式）

SM418：7
（铜镞 AaⅡ式）

SM418：5
（铜铃 Ab 型）

1,2 0　　　　　　8厘米　　　　余 0　　　　　　6厘米

图 2-167C SM418 出土遗物

SM418：4，Aa 型Ⅱ式。残。体大，铃腔瘦长，铃腔截面呈椭圆形，两侧有扉棱，无顶盖，上有半环形梁，口缘内凹，圆头形铃舌，残。铃体一面饰梯形凸弦纹，内填阳线饕餮纹。通高 7.3、口缘径 2.8×3.7、腔壁厚 0.2 厘米。（图 2-167C；彩版一六七，4）

SM418：5，Ab 型。残。铃腔扁短，铃腔截面呈扁圆形，一侧有扉棱，无顶盖，上有半环形梁，口缘残，未见铃舌。素面，锈蚀严重。通高 4.2、口缘径 1.5×2.5、腔壁厚 0.1 厘米。（图 2-167C；彩版一六七，5）

铜镞　3 件。均 Aa 型 II 式。

SM418：3，残。形体小，镞体呈柳叶形，中脊截面呈菱形，翼尖残，扁圆形短铤，关长于本。通长 4.6、铤长 2.3 厘米。（图 2 - 167C；彩版一六七，6）

SM418：6，残。形体较小，中脊截面呈菱形，翼尖残，短圆铤，关长于本。通长 5、铤长 2.3 厘米。（图 2 - 167C；彩版一六七，6）

SM418：7，残。形体较小，中脊截面呈菱形，翼尖残，短圆铤，关长于本。通长 5.1、铤长 2.4 厘米。（图 2 - 167C；彩版一六七，6）

墓葬年代：殷墟四期早段。

SM419

位于 ST1709 东北部。开口于①层下，直接打破了生土，除西南角外，大部分被晚期坑打破，被盗。方向为 15 度。（图 2 - 168A ~ C；彩版一六八 ~ 一七〇）

长方形竖穴土坑墓，墓四壁向外扩，口小底大。墓口距地表 40 厘米，墓口长 263、东西宽 108 厘米，墓底长 302、宽 152 厘米，墓深 525 厘米。填土为黄褐色花夯土。土质硬。夯层为 20 厘米左右。夯窝清晰，直径 8 厘米左右。在距墓口 445 厘米的填土中部出一堆散乱的狗骨，因被扰而葬式不清。在骨头中出 1 件铜铃。（图 2 - 168A）

墓底中部有一长 78、宽 26 ~ 31、深 20 厘米的长方形腰坑。坑东边上半部被盗坑破坏，坑底南部葬一只狗，头南，吻部朝东，葬式为侧身屈肢。在坑北部扰土内出一件铜铃。

墓底四周有高 85、宽 20 ~ 28 厘米的熟土二层台。在二层台上有一层布幔，布幔为红、黄、黑漆绘制而成的纺织品，但保存不好，图案模糊不清。在东西两侧二层台上的布幔上又放有厚 2 ~ 10、10 厘米左右宽的红漆木器，其表面凹凸不平。从其长条形状，并结合出土铜矛的位置分析，这些漆木应是铜矛的木柲。髹红、黑两色漆。（图 2 - 168A）

墓室底部有木桩孔 6 个，从位置上看，均紧贴二层台边缘。（图 2 - 168B）

葬具因被盗扰而不清。但从二层台长宽来看，应有一椁一棺，椁长 232、宽 110 ~ 120 厘米。棺不详。

在北部二层台上散乱放着不成形的人骨，是被盗时翻出来的。从腰坑殉狗头向判断，墓主头向可能朝北。

在二层台布幔上共出 15 件随葬品：西二层台北部出 2 件铜矛，锋朝北，木柲长约 241 厘米。东侧红漆器北端放 1 件铜矛，锋朝北，侧立状，木柲长 230 厘米，中部被盗沟打断。南二层台出 1 件陶爵和 1 件铜矛，爵叠压在矛之上，爵口朝南，倒立状。矛锋朝南，平放。南二层台西部布幔上放 2 件铜镞，锋朝西。西二层台南部布幔上放 1 件铜矛，矛锋朝南，木柲痕迹长 178 厘米。1 件骨环和 5 件铜镞，铜镞锋均朝北。骨环被矛柄部叠压。北二层台东部布幔上放 1 条绵羊左前腿骨。

陶爵　1 件。

SM419：4，VIII式。修复。口沿外侧有浅凹槽一周。口径 8.6、高 8.1 厘米。（图 2 - 168C）

铜矛　5 件。均为甲 Ab 型。

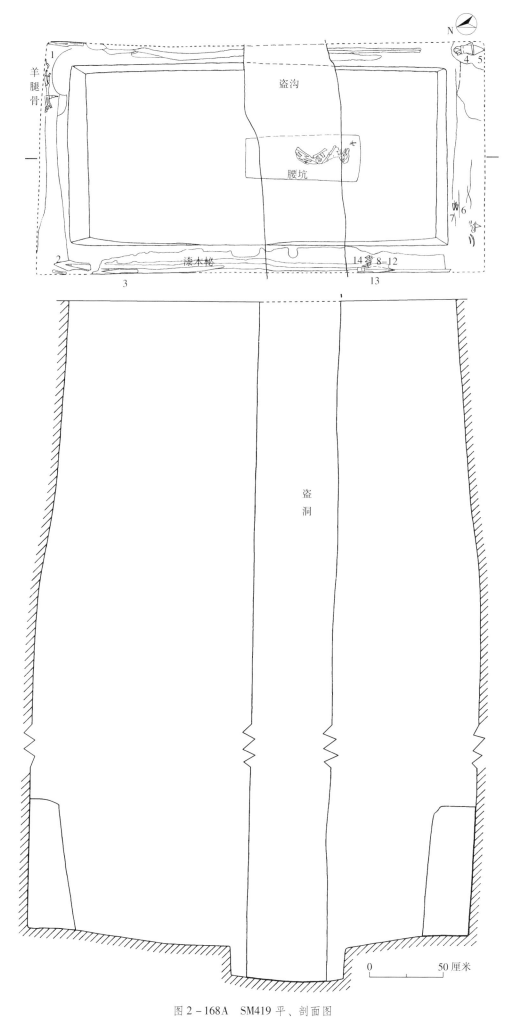

羊腿骨

盗沟

腰坑

漆木椁

盗洞

0   50 厘米

图 2 – 168A   SM419 平、剖面图

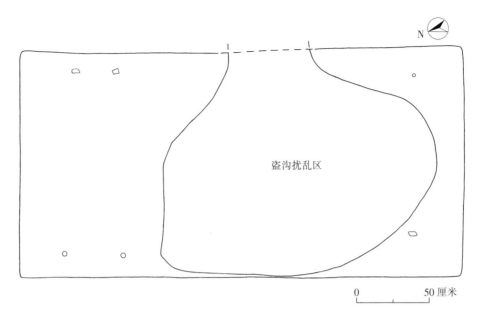

盗沟扰乱区

0   50 厘米

图 2－168B　SM419 墓底桩孔图

SM419：1，残长 25.8、叶长 24.8、叶最宽 7.5、叶厚 0.8、銎腔径 1.9×3.2 厘米。重 0.325 千克。（图 2－168C；彩版一六九，3）

SM419：2，残长 24.3、叶长 23.7、叶最宽 7.5、叶厚 0.8、銎腔径 1.9×3.2 厘米。重 0.328 千克。（图 2－168C；彩版一六九，4）

SM419：3，完整。通长 25.6、叶长 24.8、叶最宽 7.3、叶厚 0.6、銎腔径 1.8×3 厘米。重 0.289 千克。（图 2－168C；彩版一七〇，1）

SM419：5，残长 24、叶长 23.2、叶最宽 7.5、叶厚 0.8、銎腔径 1.8×3 厘米。重 0.341 千克。（图 2－168C；彩版一七〇，2）

SM419：13，完整。通长 25.5、叶长 24.5、叶最宽 7.4、叶厚 0.8、銎腔径 1.8×3.1 厘米。重 0.281 千克。（图 2－168C；彩版一七〇，3）

铜镞 7 件。

5 件为 Bb 型。形体大。

SM419：7，前锋残。通长 7.5、铤长 3.6、翼残宽 2.5 厘米。（图 2－168C）

SM419：9，完整。通长 5.9、铤长 2、翼宽 2.4 厘米。（图 2－168C）

SM419：10，微残。通长 5.3、铤长 1.8、翼宽 2.1 厘米。（图 2－168C）

SM419：11，残。通长 7.2、铤长 3.4 厘米。（图 2－168C）

SM419：12，微残。通长 5.5、铤长 2.5、翼残宽 1.8 厘米。（图 2－168C）

2 件为 C 型。形体大，镞体两叶下折，中脊截面呈椭圆形，双翼尖直，圆柱形长铤。

SM419：6，微残。通长 5.9、铤长 3.2、翼宽 1.8 厘米。（图 2－168C）

SM419：8，完整。通长 5.5、铤长 2.8、翼宽 1.7 厘米。（图 2－168C）

铜铃 2 件。

SM419：15，Ab 型。残。铃身两面饰梯形凸弦纹，内填阳线饕餮纹。通高 6.4、口缘径 2.3×3.9、

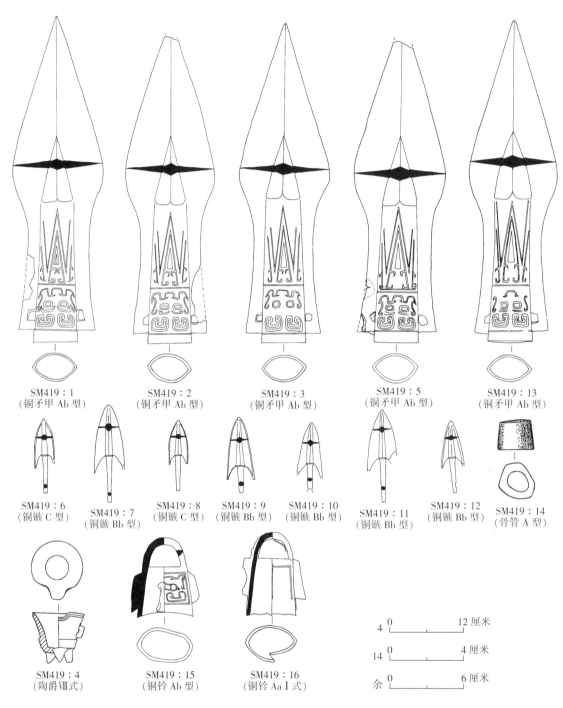

SM419：1
（铜矛甲 Ab 型）

SM419：2
（铜矛甲 Ab 型）

SM419：3
（铜矛甲 Ab 型）

SM419：5
（铜矛甲 Ab 型）

SM419：13
（铜矛甲 Ab 型）

SM419：6
（铜镞 C 型）

SM419：7
（铜镞 Bb 型）

SM419：8
（铜镞 C 型）

SM419：9
（铜镞 Bb 型）

SM419：10
（铜镞 Bb 型）

SM419：11
（铜镞 Bb 型）

SM419：12
（铜镞 Bb 型）

SM419：14
（骨管 A 型）

SM419：4
（陶爵Ⅷ式）

SM419：15
（铜铃 Ab 型）

SM419：16
（铜铃 AaⅠ式）

图 2-168C SM419 出土遗物

腔壁厚0.3厘米。（图2-168C；彩版一七〇，4）

SM419：16，Aa 型Ⅰ式。残。未见铃舌。铃体一面饰梯形凸弦纹。通高6.6、口缘径2.6×3.5、腔壁厚0.2厘米。（图2-168C；彩版一七〇，5）

骨管 1件。

SM419：14，A 型。残。体短小，管壁较厚，有刀削痕。通体被染成绿色。长1.5、直径2厘米。（图2-168C；彩版一七〇，6）

墓葬年代：殷墟四期早段。

SM429

位于 ST2014 中西部，东边为 SM579，北面为 SM403。开口于①层下，直接打破生土。被盗，东壁被晚期盗沟打破。方向为 17 度。（图 2 - 169A、B；彩版一七一，1；彩版一七二，1、2）

长方形竖穴土坑墓，墓壁外扩，北壁上中部略内收，二层台往上 45 厘米处略外扩，南壁略外扩，但不规则，西壁较规整，墓室口小底大。墓口距地表约 20 厘米，墓口长 245、宽 110 厘米，墓底长 255、宽 115～118 厘米，墓深 365 厘米。填土从墓口往下 1 米为黄褐色花夯土，从 1 米处往下至墓底

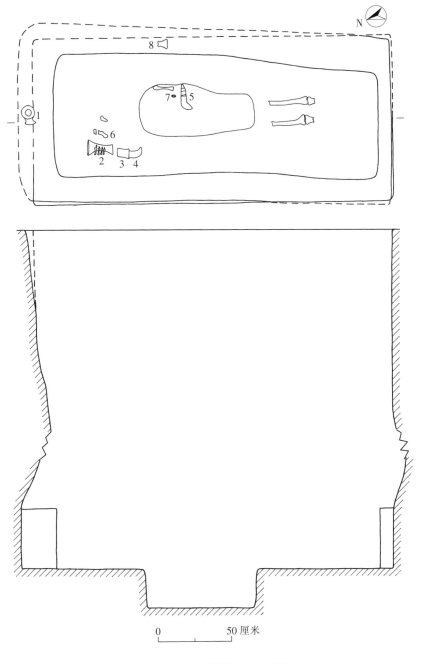

图 2 - 169A　SM429 平、剖面图

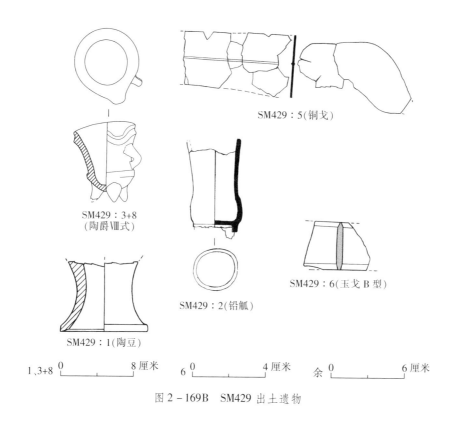

图 2 - 169B SM429 出土遗物

为红褐色花夯土。夯层厚度为 15 ~ 20 厘米,夯窝清晰,直径 5 ~ 7、深约 4 厘米,为四根木棍集束夯打。(图 2 - 169A)

墓底四周有一周熟土二层台,宽 10 ~ 24、高 40 厘米。

墓底中部有一圆角长方形腰坑,长 78、宽 23 ~ 35、深约 25 厘米,坑壁略斜。内有贝 1 枚。

葬具为一棺。从残存迹象判断,棺长 220、宽 75 ~ 83、高 40 厘米。南侧棺板厚约 4 厘米。棺板内层用白漆衬底,外用黑漆装饰。

墓室北部被盗坑扰过,未见头骨,其他部位朽成骨粉状,葬式应为头朝北。墓主年龄、身高不详。

在北部二层台上出陶豆底座 1 件,棺内西北部出铅觚 1 件,铅觚东出玉戈 1 件。铅觚南出陶爵 1 件(被打碎,另一部分位于东二层台),陶爵下压 1 件铅戈(残),腰坑内出铜戈 1 件(残)。

陶爵 1 件。

SM429:3 + 8,Ⅷ式。修复。口沿外侧有浅凹槽一周。口径 7、高 8.5 厘米。(图 2 - 169B;彩版一七二,1)

陶豆 1 件。

SM429:1,泥质灰陶。残片。仅剩圈足残片。圈足径 9.7、残高 7.4 厘米。(图 2 - 169B)

铜戈 1 件。

SM429:5,残损严重,轻薄,曲内。(图 2 - 169B)

铅觚 1 件。

SM429:2，残。残存腹部残片及范土，腹略鼓，有浅扉棱。残高8厘米。（图2-169B）

铅戈 1件。

SM429:4，残损严重，不辨形制。

玉戈 1件。

SM429:6，B型。残。青绿色，有杂斑。残存援部一段，无中脊，两侧有边刃。双面抛光。残长3.4、援宽2.5、援厚0.3厘米。（图2-169B；彩版一七二，2）

贝 1枚。A型。

墓葬年代： 殷墟四期早段。

SM431

位于ST11813中西部，东面为SM444。上半部中间有一晚期盗坑，但未盗到墓底。开口于②层下，直接打破生土。方向为13度。（图2-170；彩版一七一，2；彩版一七二，3、5）

长方形竖穴土坑墓，墓壁垂直。墓口距地表20厘米，墓口长223、宽88~96厘米，墓深148厘米。墓内填土为红褐色花夯土，土质坚硬。下半部夯土质量较好，夯层厚15~20厘米，夯窝清晰，直径4~7、深约4厘米，为单根木棍夯筑。

墓底四周有熟土二层台，宽15~20、高38厘米。

墓底中部有圆角形长方形腰坑，长56、宽40、深14厘米，坑壁斜。内空无一物。

葬具为一棺，从残存迹象判断，棺长190、宽55~59、高38厘米。西侧棺板厚4厘米。棺板外有漆两层，内层为白漆，外层用红漆。尸骨上覆盖有红色布纹迹象，布纹较密。

墓主为仰身直肢葬，头北面东。头骨被压成扁平，左小臂弯曲于腹部，尸骨朽成粉状。墓主性别、年龄不详，骨骼范围长度155厘米。

在墓主左肩旁边出土铜爵1件，右肩旁出土铜觚1件，已残。底部和上部从中间折断成两半。墓主头顶上方二层台内出土陶豆1件，残。

陶豆 1件。

SM431:3，Ab型。修复。盘壁、圈足上部各饰凹弦纹二周。口径14.1、圈足径8.5、高12.5厘米。（图2-170）

铜觚 1件。

SM431:1，C型Ⅰ式。残。腹上部饰凸弦纹一周，下部饰二周。腹至圈足底部两侧留有铸痕，腹内底部尚存范土。通高22.1、口径14.7、底径8.5、口沿厚0.3厘米。重0.961千克。（图2-170；彩版一七二，3）

铜爵 1件。

SM431:2，B型Ⅱ式。完整。柱帽上饰涡纹，上腹部饰三周凸弦纹。通高19.1、柱高3、足高8.8、流至尾长16.2、流长6.9、流宽3.3、腹壁厚0.2厘米。重0.591千克。（图2-170；彩版一七二，5）

墓葬年代： 殷墟四期早段。

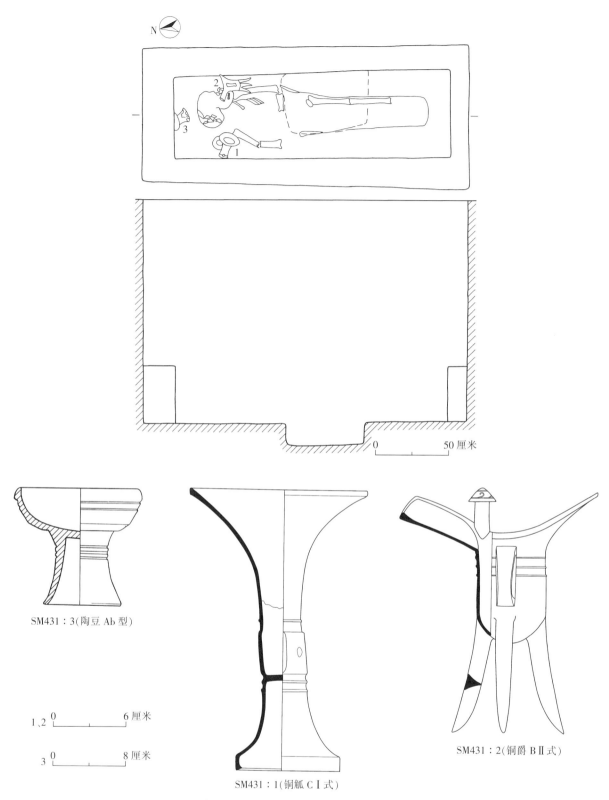

SM431：3(陶豆 Ab 型)

1、2 0 ⌞_____⌟ 6 厘米

3 0 ⌞_____⌟ 8 厘米

SM431：1(铜觚 C I 式)

SM431：2(铜爵 B II 式)

图 2 - 170 SM431 平、剖面图及出土遗物

SM434

位于 ST1907 西北部。开口于②层下，直接打破生土。方向为 280 度。（图 2 - 171；彩版一七一，3；彩版一七二，4）

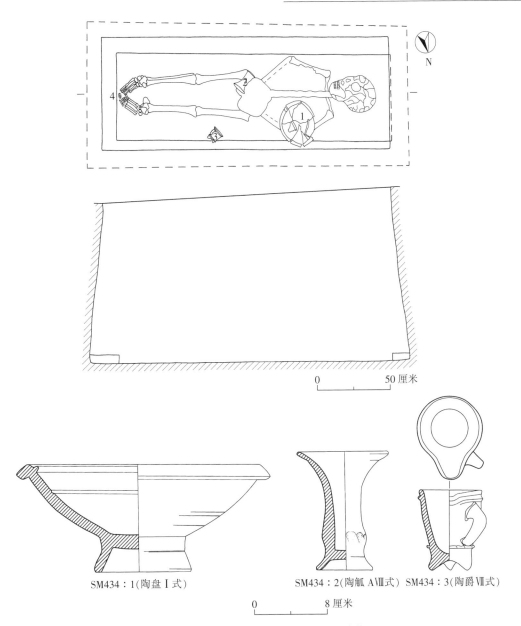

SM434：1（陶盘Ⅰ式）　　　　SM434：2（陶瓠 AⅧ式）　SM434：3（陶爵Ⅶ式）

0　　　　　　8厘米

图 2 - 171　SM434 平、剖面图及出土遗物

　　长方形竖穴土坑墓，墓口被近代坑破坏少许，中间略高，两端略低，墓壁略外扩，口小底大。墓口距地表深 80～110 厘米，墓口长 195、宽 74 厘米，墓底长 218、宽 95 厘米，墓深 100～115 厘米。填土为红褐色花夯土，土质坚硬，夯层厚 6～8 厘米，夯窝直径 5～6 厘米，夯迹无排列，夯具为单束夯。

　　墓底四周有熟土二层台，宽 13～22、高 5 厘米。

　　葬具为一棺。已朽木灰状，从残存迹象判断，棺长 186、宽 56 厘米。棺板厚度不明。

　　墓主仰身直肢葬，头西面南，上肢弯曲置于腹部，下肢微拢。骨架已朽成粉状。性别年龄不详。

　　在棺盖之上随葬陶瓠、盆、爵各 1 件，因棺盖已朽，随葬品下陷于墓主骨架之上。另在墓主脚趾处出贝 1 枚。

　　陶瓠　1 件。

　　SM434：2，A 型Ⅷ式。泥质灰陶。修复。体较矮，喇叭口，腹近直筒形，下腹部外鼓，矮圈足，

素面。口径 10.1、圈足径 6.1、高 12.5 厘米。（图 2 – 171）

陶爵 1 件。

SM434：3，Ⅶ式。泥质灰陶。微残。通体较矮，敞口，短流，无尾，半环形鋬，粗腹内收，底部形成凸棱，三足矮且外撇。口沿外侧有凸棱一周。口径 7、高 8.5 厘米。（图 2 – 171）

陶盘 1 件。

SM434：1，Ⅰ式。泥质灰陶。修复。体稍小，敞口，折沿，沿面内侧微凹，斜腹内收，圈足较高且微外撇。盘内壁饰凹弦纹一周。口径 27.6、圈足径 10.5、高 11.4 厘米。（图 2 – 171；彩版一七二，4）

贝 1 枚。A 型。

墓葬年代： 殷墟四期早段。

SM435

位于 ST2106 东南部。开口于①层下，直接打破生土。方向为 5 度。（图 2 – 172；彩版一七三，1）

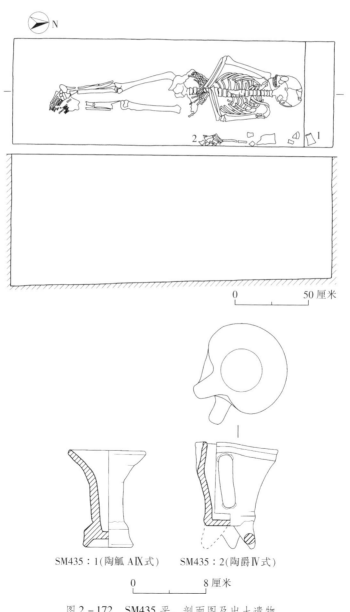

SM435：1(陶觚 AⅨ式)　　SM435：2(陶爵Ⅳ式)

图 2 – 172　SM435 平、剖面图及出土遗物

长方形竖穴土坑墓，墓底北高南低。墓口距地表约5厘米，墓口长220、宽70厘米，墓底长220、宽70厘米，墓深80~87厘米。填土红褐色花夯土，较硬。夯层不明显。

未发现葬具。

人骨保存一般，头骨碎裂，盆骨及下肢朽甚。仰身直肢，头北面西，两臂弯曲，两腕右上左下交叉放于腹部，双脚并拢，脚趾尖向东。骨骼范围长度166厘米。

随葬有陶瓿和陶爵各1件，被打破放置在墓壁一侧。货贝4枚，其中脚趾间1枚，墓主口内3枚。

陶瓿 1件。

SM435:1，A型Ⅸ式。泥质灰陶。修复。器形矮小，喇叭口，腹呈直筒形，矮圈足。素面。口径8.4、圈足径5.5、高10.2厘米。（图2-172）

陶爵 1件。

SM435:2，Ⅳ式。泥质灰陶。修复。短流，无尾，半环形鋬，束腰下移，下腹部不明显，平底，三足外撇。素面。口径9.8、高11.2厘米。（图2-172）

贝 4枚。A型货贝。

墓葬年代：殷墟四期早段。

人骨鉴定：

女性。30~35岁。

盆骨性征明显，耻骨联合面清晰。骨密度2级，牙齿磨耗3级。

SM440

位于ST2107西南角。开口于①层下，直接打破生土。方向为7度。（图2-173；彩版一七三，2；彩版一七四，1）

长方形竖穴土坑墓。墓口距地表约50厘米，口底同大，墓口长210、宽72~74厘米，墓深123厘米。填土为褐色花夯土，较硬，夯层不明显。

无葬具。

墓主保存极差，头骨朽为黄褐色骨粉，只显其形，右肱骨和左股骨保存部分残段，脚骨亦朽为粉状，其余骨骼已朽。头北面东，直肢。中部铺有一薄层朱砂，残留的骨粉被染成红色。

随葬有陶瓿、爵、盘，均破碎。

陶瓿 1件。

SM440:3，A型Ⅶ式。泥质灰陶。修复。体较矮，喇叭口，腹呈直筒形，矮圈足，腹部有凹弦纹二周。口径10、圈足径5.4、高14.2厘米。（图2-173）

陶爵 1件。

SM440:2，Ⅴ式。泥质灰陶。修复。短流，无尾，半环形鋬，束腰，下腹部形成凸棱，三足外撇。腰部饰凹弦纹二周。口径8.2、高9.2厘米。（图2-173）

陶盘 1件。

SM440:1，Ⅰ式。泥质灰陶。修复。体大，腹较浅，敞口，折沿，沿面内侧微凹，斜腹内收，圈足略矮且外撇。盘内、外壁各饰凹弦纹四周，外壁近底处饰模糊细绳纹。口径29.7、圈足径12、

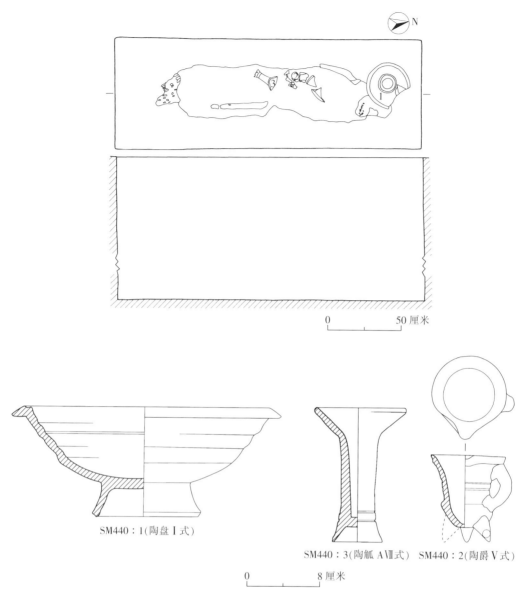

图2-173 SM440平、剖面图及出土遗物

高11.6厘米。(图2-173;彩版一七四,1)

墓葬年代:殷墟四期早段。

人骨鉴定:

女性? 30~35岁。

牙齿磨耗均匀,3级。

SM559

位于ST3808西北部。开口于①层下,其西南角被SM558打破。直接打破生土。方向为190度。(图2-174A、B;彩版一七四,2)

长方形竖穴土坑墓,其北壁距墓口约70厘米开始外扩,至底向外括约28厘米。墓口距地表约50厘米,墓口长185、宽70厘米,墓底长213、宽70厘米,墓深110厘米。填土红褐色花夯土,土质坚

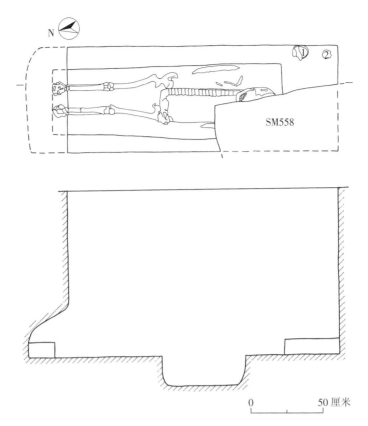

图 2 – 174A　SM559 平、剖面图

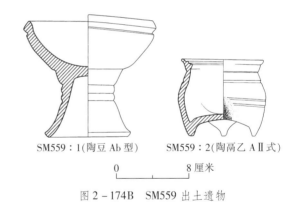

SM559：1(陶豆 Ab 型)　　SM559：2(陶鬲乙 A Ⅱ式)

图 2 – 174B　SM559 出土遗物

硬, 夯层厚约 20 厘米, 夯窝稀疏, 分布无规律, 窝径 8～10 厘米, 剖面呈半球状。(图 2 – 174A)

二层台墓圹与木棺之间填土后形成一周熟土二层台, 北端宽 18、两侧宽 8～15 厘米, 高约 10 厘米, 其西南角被破坏。

腰坑居墓室中部, 圆角长方形, 长 57、宽 22、深 20 厘米。内殉一幼狗, 大部分骨骼朽无, 仅残留一狗头, 亦朽为骨粉, 略显其形, 头向南, 与墓主头向相同。

葬具为木棺。残存白漆及板灰。据二层台范围推断, 棺长 156、宽 43～50、残高 10 厘米。

墓主保存较差, 头西边约 2/3 被 SM558 破坏, 肋骨及上肢骨已朽无。头南面上偏西, 仰身直肢。

在东南二层台上有 1 件陶豆, 在墓室东南角二层台下有 1 件陶鬲。

陶豆　1 件。

SM559：1, Ab 型。泥质灰陶。修复。敛口, 方唇, 盘较浅, 高圈足, 束腰。盘外壁口沿下饰凹弦纹一周, 圈足上饰凹弦纹二周。口径 14.5、圈足径 9.4、高 12.3 厘米。(图 2 – 174B)

陶鬲　1 件。

SM559：2, 乙 A 型 Ⅱ式。泥质灰陶。完整。小型鬲, 近方体。侈口, 小方唇, 窄折沿, 短颈, 下腹外鼓, 连裆, 较高, 有足尖。沿面有凹弦纹二周, 颈腹部饰凹弦纹四周。口径 8.9、高

8.1 厘米。（图 2 - 174B；彩版一七四，2）

墓葬年代：殷墟四期早段。

人骨鉴定：

女性。30 ~ 35 岁。

肢骨细弱。牙齿磨耗 3 级。

SM562

位于 ST1437 西南部。开口于②层下，打破生土。方向为 5 度。（图 2 - 175；彩版一七三，3；彩版一七四，3、4）

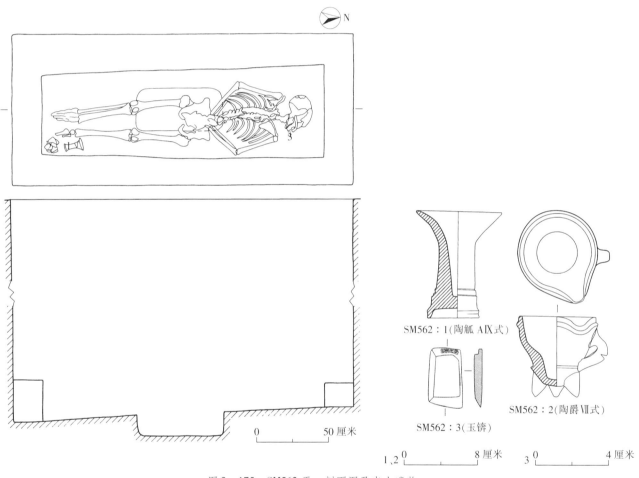

图 2 - 175　SM562 平、剖面图及出土遗物

长方形竖穴土坑墓，墓底北高南低。墓口距地表约 80 厘米，墓口长 235、宽 100 厘米，墓底长 235、宽 100 厘米，墓深 320 ~ 330 厘米。填土为黄褐色花夯土，土质较硬。夯层不明显。

二层台两端宽 20、两侧宽 18 ~ 27、高 16 ~ 28 厘米。

腰坑位于墓室中部，圆角长方形，腰坑长 60、宽 28、深 15 厘米。内殉一狗，已朽为骨粉，略显头骨和部分肢骨，头向南。

葬具为木棺，发现有板灰及白漆。根据二层台范围推断，木棺长 195、宽 53 ~ 61、残高 16 ~ 28 厘米。

墓主保存一般，头骨碎裂变形，肋骨及上肢朽甚。头北面东，俯身直肢，双臂弯曲，双手压于腹下，双腿微分，趾尖向前。墓主男性，年龄 40~45 岁。

在棺室东南角，趾骨东侧随葬有陶觚、陶爵各 1 件。墓主口内有玉锛 1 件。

陶觚　1 件。SM562：1，A 型Ⅸ式。泥质灰陶。修复。器形矮小，喇叭口，腹呈直筒形，矮圈足外撇下折。腹下部有凹弦纹二周。口径 8.9、圈足径 5、高 11.2 厘米。（图 2 - 175）

陶爵　1 件。

SM562：2，Ⅶ式。泥质灰陶。修复。通体较矮，敞口，短流，无尾，拱形鋬，粗腹内收，底部形成凸棱，三足外撇。口沿外侧有凸棱一周。口径 8.8、高 8.4 厘米。（图 2 - 175；彩版一七四，3）

玉锛　1 件。

SM562：3，微残。青色。长方形，柄端略残，一侧平直，另一侧打磨成斜面，单面斜刃。通体抛光。长 3.2、宽 1.6~1.8、厚 0.4 厘米。（图 2 - 175；彩版一七四，4）

墓葬年代：殷墟四期早段。

SM568

位于 ST2307 北部。开口于①层下，西部被晚期坑打破，南部被 H258 打破上半部，打破 H264（殷墟三期）和生土。方向为 10 度。（图 2 - 176；彩版一七五，1）

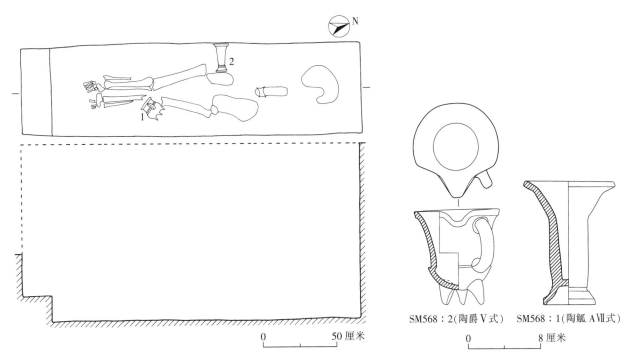

SM568：2（陶爵Ⅴ式）　　SM568：1（陶觚 AⅦ式）

图 2 - 176　SM568 平、剖面图及出土遗物

长方形竖穴土坑墓，墓壁较直，墓底大小同于墓口。墓口距地表深 30 厘米，墓口长 230、宽 57~60 厘米，墓深 115 厘米。填土为黄褐花夯土，土质较硬。

墓底南部发现生土二层台，宽 20、高 17 厘米。

葬具为一棺，木质，已朽为灰迹。棺长 210、宽 60、残高 17 厘米。

墓主为男性，俯身直肢，头北面东，人骨保存较差。

墓主下肢骨东侧有1件陶爵，墓主盆骨西侧有1件陶觚。

陶觚 1件。

SM568：1，A型Ⅶ式。泥质灰陶。修复。体较矮，喇叭口，腹呈直筒形，圈足外撇下折，素面。口径9.8、圈足径5.7、高13厘米。（图2－176）

陶爵 1件。

SM568：2，Ⅴ式。泥质灰陶。修复。短流，无尾，半环形鋬，束腰下移，底部形成凸棱，圜底，三足较矮且外撇。口径9.5、高10.1厘米。（图2－176）

墓葬年代： 殷墟四期早段。

人骨鉴定：

男性？30～35岁。

肢骨相对较粗壮，骨密度较大。

第一跖骨上有明显的跪踞面痕迹。

SM571

位于ST1812南侧，墓南边距探方南壁80厘米，距探方东壁350厘米。开口于①层扰土层下，直接打破生土。方向15度或195度。（图2－177A～C；彩版一七四，5、6）

长方形竖穴土坑墓，四壁内凹，口小底大。墓口距地表深35厘米，墓口长278、东西宽113～120厘米，墓底长304、宽134～150厘米，墓深317厘米。填土为黄褐色花夯土，内含木炭，夯层不规整。在填土中发现残陶觚1件。（图2－177A）

墓内有一周熟土二层台，宽22～45、高57厘米。二层台上共有22个较大的夯窝，夯窝直径5～9厘米，主要集中在西南角及西二层台北部。

墓室中部被一不规则形盗坑打乱，腰坑无存。盗坑内出骨针1件。

墓室底部打掉二层台后，发现有10个木桩孔洞。其中东北部有1个，编为1号，西北部有9个，自北向南依次编为2～10号。（图2－177B）

编号	直径（厘米）	深度（厘米）
1	8	11
2	8	4
3	9	5
4	4	13
5	8	13
6	4	15
7	8	22
8	5.5	15
9	6	14
10	5	13

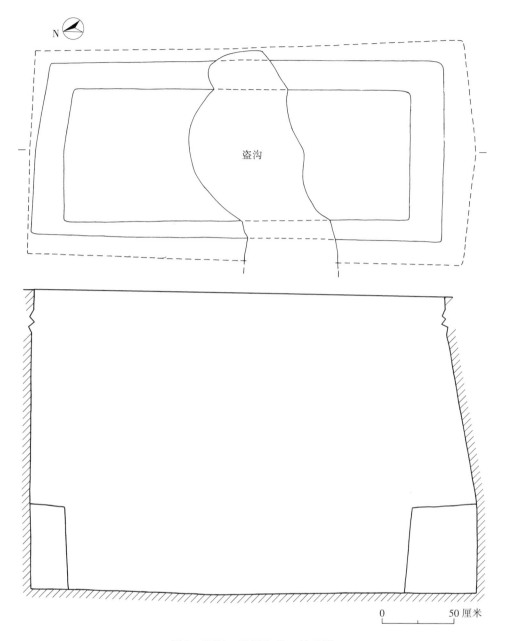

图 2 - 177A SM571 平、剖面图

葬具为一棺，已腐朽，从二层台的范围推测，棺长 237、宽 85、高 55 厘米。局部地方发现有红漆残痕。

由于人骨已腐朽，墓主身份不明。

陶瓡 1 件。

SM571：1，A 型 IX 式。泥质灰陶。修复。器形矮小，喇叭口，腹呈直筒形，矮圈足外撇下折，腹部有凸棱一周。口径 7.8、圈足径 5.1、高 11 厘米。（图 2 -177C）

骨针 1 件。

SM571：2，残。细长条形，针孔残失，针尖部经打磨。残长 6.3 厘米。（图 2 -177C；彩版一七四，5）

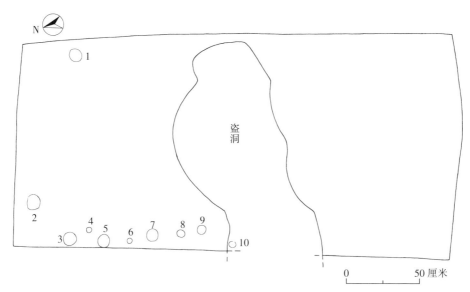

图 2－177B　SM571 墓底桩孔图

兽牙　1 件。

SM571：3，保存较好，釉质洁白。长 5.3 厘米。
（图 2－177C；彩版一七四，6）

墓葬年代： 殷墟四期早段。

SM575

位于 ST1812 东北角。开口于③层下，直接打破
生土，墓的西南角被 SM574 打破，并与 SM574 为同
一个盗沟打破，可见是同时被盗。方向 18 度或 198
度。（图 2－178；彩版一七五，2）

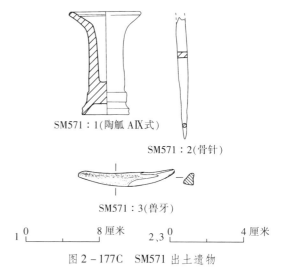

SM571：1（陶觚 A Ⅸ 式）

SM571：2（骨针）

SM571：3（兽牙）

图 2－177C　SM571 出土遗物

长方形竖穴土坑墓，墓四壁稍外扩，口小底大。
墓口距地表 90 厘米，墓口长 236、宽 110 厘米，墓底长 254、宽 110～124 厘米，深 170 厘米。填土为
黄褐色花夯土，部分经过夯打。填土中未发现遗物。

墓底二层台宽 4～28、高 49 厘米。

墓底有腰坑，长 70、宽 30、最深 38 厘米。

葬具为一棺，棺长 224、宽 63～66、高 37 厘米。已腐朽，只剩少量板灰和红漆痕迹。棺底板保存
面积较大，有清晰的灰痕，厚 5 厘米。棺底未发现桩洞。

由于只剩半个头骨和几根肢骨，未进行人骨鉴定，其性别、年龄不详。

棺内西北角有陶觚 1 件，残。

陶觚　1 件。

SM575：1，A 型Ⅷ式。泥质灰陶。修复。体较矮，喇叭口，腹较粗，近直腹，矮圈足，素面。口
径 9.4、圈足径 6.5、高 11.4 厘米。（图 2－178）

墓葬年代： 殷墟四期早段。

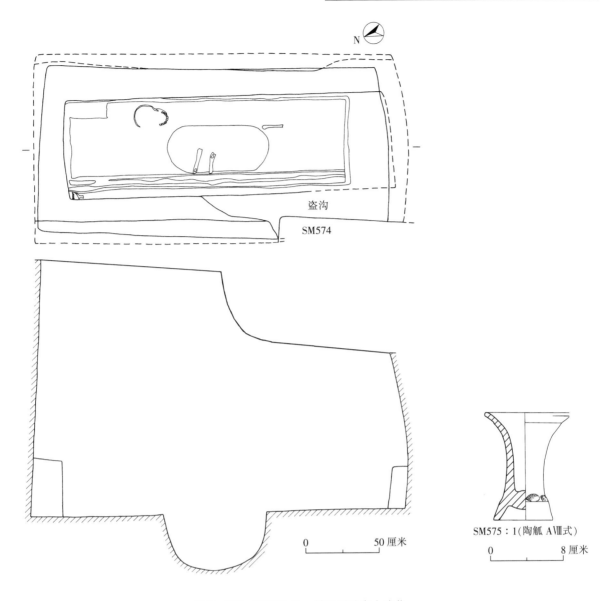

图 2 - 178　SM575 平、剖面图及出土遗物

SM575 : 1（陶瓿 AⅧ式）

人骨鉴定：

男性？40～45 岁。

头骨性征倾向于男性。牙齿磨耗 4 级。

SM586

位于 ST3312 西南部。开口于 ST3312②层下，打破生土。方向为 290 度。（图 2 - 179；彩版一七五，3）

长方形竖穴土坑墓，口小底大，墓底北外弧，南壁内收，墓壁不规整。墓口距地表 60、墓口长 195、宽 66～75 厘米，墓底长 220、宽 76～82 厘米，墓深 195 厘米。填土为灰色花夯土，有夯打痕迹。

近底有熟土二层台，东、西、南、北二层台宽分别为 27、5、21～33、5 厘米，高 14 厘米。

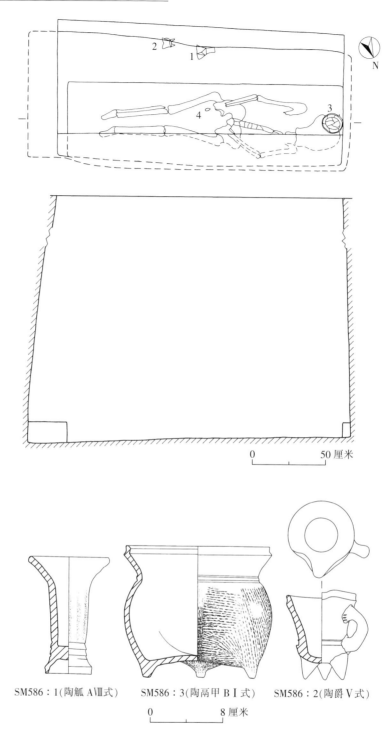

SM586：1(陶觚 A Ⅷ式)　　SM586：3(陶鬲甲 B I 式)　　SM586：2(陶爵 V 式)

0　　　　　　　8 厘米

图 2-179　SM586 平、剖面图及出土遗物

没有腰坑。

葬具为一棺。长 184、宽 52 厘米。

墓主骨架保存差，仰身直肢，头朝西。

人骨骨盆下有货贝，距墓口 175 厘米处有陶觚、陶爵各 1 件。陶爵完整，陶觚底残，其残底出于墓葬填土。墓主头部有陶鬲 1 件。

陶觚　1 件。

SM586：1，A 型Ⅷ式。泥质灰陶。修复。体较矮，喇叭口，腹呈直筒形，矮圈足外撇下折。腹下部有凹弦纹三周。口径 8.9、圈足径 5.1、高 12.3 厘米。（图 2 – 179）

陶爵 1 件。

SM586：2，Ⅴ式。泥质灰陶。修复。短流，无尾，半环形鋬，直腹内收，底部形成凸棱，三足较矮且外撇。口径 7.4、高 9.1 厘米。（图 2 – 179）

陶鬲 1 件。

SM586：3，甲 B 型Ⅰ式。夹砂灰陶。修复。体高，扁方体。斜折沿，方唇内敛并带浅凹槽，高颈，圆鼓腹，高裆，乳头状高足尖。器表及裆部饰中粗绳纹，颈部经修整，足跟部绳纹稍抹平。口径 16.2、高 13.9 厘米。（图 2 – 179）

贝 1 枚。A 型货贝。

墓葬年代：殷墟四期早段。

人骨鉴定：

骨骼保存较差。

性别不明。30～40 岁。

肢骨粗壮，2 级，骨密度 2 级。

SM623

位于探方西南部。开口于②层下，打破生土层，SM623 东侧并排 SM619，被近代黄土带打破。已被盗两次，严重破坏。方向为 30 度。（图 2 – 180A、B）

平面呈长方形。墓口距地表深 82 厘米，墓口长 215、宽 92 厘米，墓底长 243、宽 120～135 厘米，墓深 315 厘米（图 2 – 180A）。填土为黄褐色花土，土质紧密结实，有夯窝痕迹，夯窝直径 8 厘米左右。在中部盗沟填土里发现了一狗的头骨，已残损，和 3 枚狗牙，还有一枚穿孔的货贝。

二层台被毁严重，残留部分南侧和北侧较完整的一段宽 20～23 厘米。

腰坑长约 54、宽 30～39、深 17 厘米，有一殉狗，头向朝南，缺头，侧身葬。

棺椁均已破坏，发现涂漆的板灰，漆分 7 层，由上至下顺序是黑、红、白、黑、红、白、黑，漆层厚 4 毫米，板灰痕迹厚约 7 毫米。

在墓的东南角盗沟里发现了残损的人的尾椎，肋骨，下颌骨，额骨，还有狗牙。到 280 厘米时墓土里出现了残损的人的颞骨。同时在残损的二层台处发现了人的散乱的骨架。在墓的中部有零散的人的肋骨。西南部残损二层台处发现有人的残损的股骨。无法确定其头向、面向和葬式。

在被扰过的墓内填土和盗洞内发现铜片，残陶片。在西北角二层台内埋有陶觚、爵各 1 件，觚在爵的上方。

陶觚 1 件。

SM623：1，A 型Ⅶ式。修复。腹部有凹弦纹三周。口径 9.9、圈足径 5.5、高 13.8 厘米。（图 2 – 180B）

陶爵 1 件。

SM623：2，Ⅴ式。微残。口径 7.6、高 9.7 厘米。（图 2 – 180B）

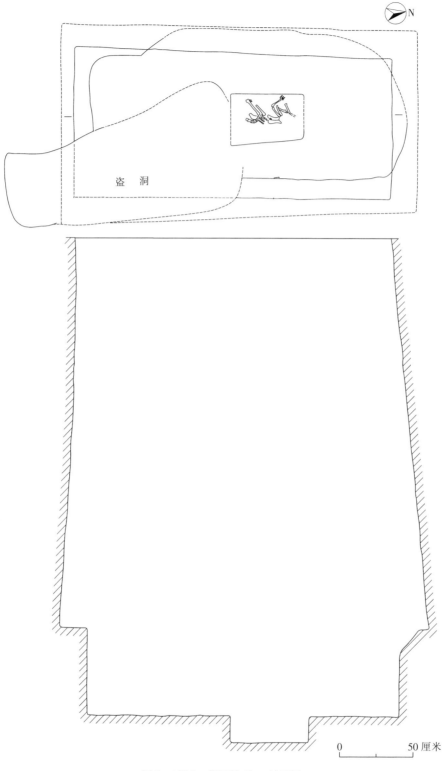

图 2-180A SM623 平、剖面图

铜器残片 1件。

SM623：4，残损严重，不辨器形。

贝 1枚（SM623：3）。A 型。

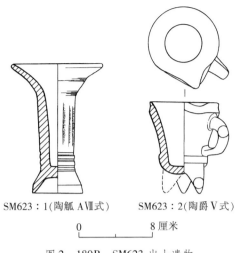

SM623：1(陶觚 A Ⅶ 式)　　　SM623：2(陶爵 Ⅴ 式)

0   8 厘米

图 2 - 180B   SM623 出土遗物

墓葬年代：殷墟四期早段。

人骨鉴定：

男性。45 ~ 50 岁。

头骨、盆骨男性化较重。牙齿磨耗 4 ~ 5 级。

SM627

位于 ST2706 西北部。开口于③层下，被 H369 和 SM624 打破，打破生土。未被盗。方向为 345 度。(图 2 - 181；彩版一七六，1、3)

长方形竖穴土坑墓，墓壁残留部分为直壁，较平整。墓口距地表深 118、残留墓圹口部长约 130、残宽约 60 厘米，墓底长约 124 厘米，宽约 40 厘米，墓深 28 厘米。填土为红色硬土。

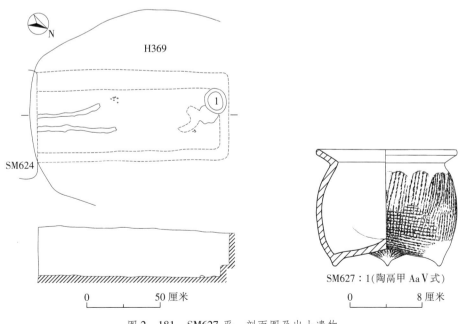

SM627：1(陶鬲甲 Aa Ⅴ 式)

0   50 厘米　　　　　　0   8 厘米

图 2 - 181   SM627 平、剖面图及出土遗物

根据二层台分析应有棺，在墓底发现有板灰。

墓主尸骨保存不好，可能为直肢葬。因被 SM624 打破，脚部骨骼残缺。

墓主头部一侧的二层台上放陶鬲 1 件。

陶鬲 1 件。

SM627：1，甲 Aa V 式。夹砂灰陶，修复。扁方体。斜折沿，方唇，短颈，微鼓腹，裆与实足较矮，小足尖。器表及裆部饰粗绳纹，颈部经修整，足根部绳纹被抹掉。口径 15.6、高 12.4 厘米。（图 2 - 181；彩版一七六，3）

墓葬年代： 殷墟四期早段。

SM638

位于 ST2606 西南。开口于②层下，打破生土。未被盗。方向 10 度。（图 2 - 182A、B；彩版一七六，2、4）

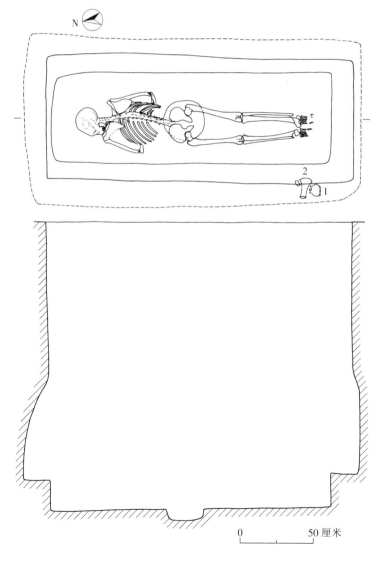

图 2 - 182A　SM638 平、剖面图

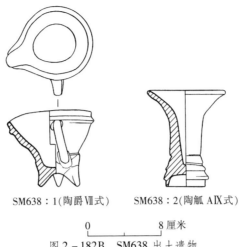

SM638：1（陶爵Ⅶ式）　　SM638：2（陶觚 AⅨ式）

0 ⊢———⊣ 8 厘米

图 2 - 182B　SM638 出土遗物

平面呈长方形，口小底大。墓口距地表深 95 厘米，墓口长 210、宽 80 厘米，墓深 200 厘米。墓底长 230、宽 110 厘米，填土以夯打不好的灰花土为主。（图 2 - 182A）

二层台宽 20～30、高 20 厘米。腰坑长 25、宽 23、深 8 厘米，平面呈圆形。在腰坑内发现贝一枚。并有殉狗，骨骼腐蚀。

从二层台判断，应有木棺，长 190、宽 56～60、高 20 厘米。

墓主俯身直肢，头向北面向西，双手折曲放于胸下。下肢顺直。

二层台西南角有陶觚、陶爵各 1 件。

陶觚　1 件。

SM638：2，A 型Ⅸ式。泥质灰陶。修复。器形矮小，喇叭口，腹呈直筒形，矮圈足，腹下部有凹弦纹三周。口径 8.6、圈足径 4.3、高 10.2 厘米。（图 2 - 182B）

陶爵　1 件。

SM638：1，Ⅶ式。泥质灰陶。修复。通体较矮，敞口，流较长，无尾，半环形鋬，粗腹内收，三足矮且外撇，口沿外侧有凸棱一周。口径 7.8、高 8 厘米。（图 2 - 182B；彩版一七六，4）

贝　1 枚。A 型。

墓葬年代： 殷墟四期早段。

人骨鉴定：

男性？35±岁。

肢骨粗壮，骨密度 1 级。牙齿磨耗 3～4 级。

椎骨未见明显增生。部分椎骨有楔形化现象，可能与承重过大椎骨受到挤压变形。胫骨下端前侧有跪踞窝。

SM671

位于 ST3710 西南角，西距探方边 15～23 厘米。开口于①层（扰土）下，直接打破生土。方向为 185 度。（图 2 - 183A～C；彩版一七七）

长方形竖穴土坑墓，墓壁平整。墓口距地表约 50 厘米，口底同大，墓口长 225、宽 92～94

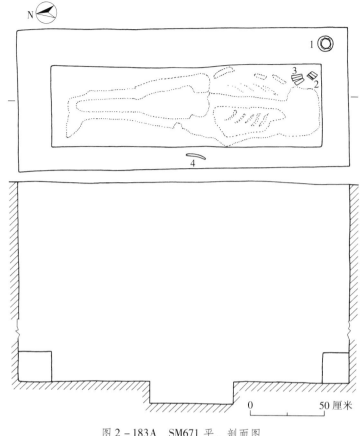

图 2 - 183A SM671 平、剖面图

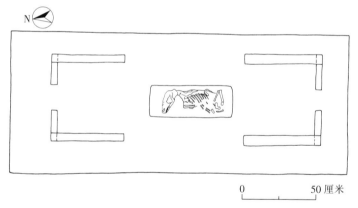

图 2 - 183B SM671 腰坑及棺底木支托平面图

厘米，墓深 175 厘米。二层台北端宽 23、南端宽 18、东侧宽 24 ~ 26、西侧宽 13 ~ 15 厘米，高 20 厘米。（图 2 - 183A）

腰坑居墓底中部，平面呈长方形，长 57、宽 21、深 15 厘米。内殉一幼狗，头向北，面向西，前腿屈于背脊，骨骼朽甚，身长约 40 厘米。（图 2 - 183B）

填土为红褐色花夯土，土质坚硬，夯层厚薄不匀，厚 15 ~ 30 厘米。夯窝稀疏，分布无规律，窝径 6 ~ 8 厘米，剖面呈半球状。

葬具为木棺。保存较差，残存有板灰及白、红漆，据二层台推断，棺长 184、宽 53 ~ 55、高 20 厘米。

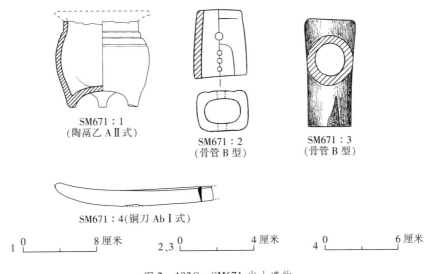

SM671：1
(陶鬲乙 A Ⅱ 式)

SM671：2
(骨管 B 型)

SM671：3
(骨管 B 型)

SM671：4(铜刀 Ab Ⅰ 式)

1 ⊢0————8厘米 2,3 ⊢0————4厘米 4 ⊢0————6厘米

图 2－183C　SM671 出土遗物

木棺四角外缘的底部各垫有一个直角棺托。南部两个棺托大小相同，摆放对称。每个棺托有两个扁方木组成拐角，交角结合方法皆为两端方木作榫，插入两侧方木之中。棺托两侧方木长 52、宽 6.5 厘米，南端方木长 16、宽 4、厚均约 2.5 厘米；北部两个棺托形状结构与南部棺托相同。两侧方木长 50、宽 5、厚约 2.5 厘米。(图 2－183B)

墓主保存较差，肋、盆骨朽无，其余骨骼已朽为粉状，只显其形。墓主头南面西，仰身直肢，双臂微屈。倾向于墓主男性、年龄不详，骨骼范围长度约 170 厘米。

随葬品有 4 件：陶鬲 1 件，位于东南角二层台上。铜刀 1 件，位于西侧二层台中部。2 件骨管位于墓主头东侧。

陶鬲　1 件。

SM671：1，乙 A 型 Ⅱ 式。残。颈、腹部饰凹弦纹三周。残高 9 厘米。(图 2－183C)

铜刀　1 件。

SM671：4，Ab 型 Ⅰ 式。柄残失。残长 12.8、刀身宽 1.2、背厚 0.2 厘米。残重 0.014 千克。(图 2－183C；彩版一七七，3)

骨管　2 件。B 型。

SM671：2，两侧各有一排 4 个对称的小圆孔。腐朽严重。残长 3.5、直径 2～2.5 厘米。(图 2－183C；彩版一七七，4)

SM671：3，残。通体打磨。残长 5.5、直径 2.4～2.6 厘米。(图 2－183C；彩版一七七，5)

墓葬年代：殷墟四期早段。

SM679

位于 ST2410 东壁下中部。开口于生土，东壁被现代沟打破，自身打破 H455（殷墟三期）及 G9（殷墟一期晚段）。方向为 27 度。(图 2－184A、B；彩版一七八，1)

长方形竖穴土坑墓，墓壁不很规整，北壁较直，东西两壁外扩，南壁内收。墓口长 255、东西宽北端 110、南端 80 厘米，呈北宽南窄状，墓深约 190 厘米。墓底长 250、宽 85～110 厘米。墓内填土为

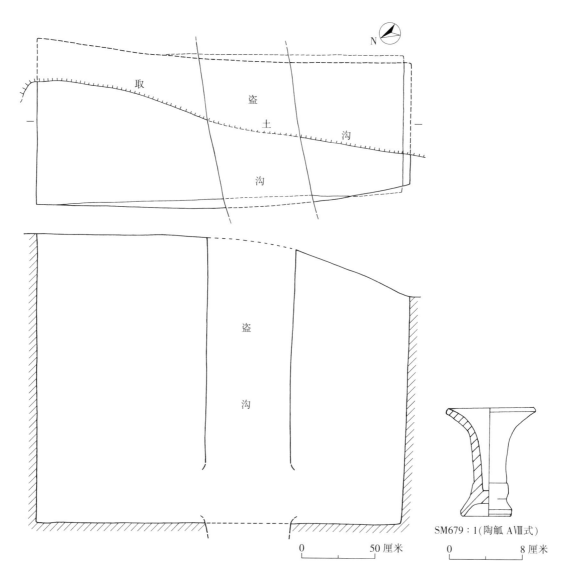

SM679：1（陶瓿 AⅧ式）

图 2-184A　SM679 平、剖面图及出土遗物

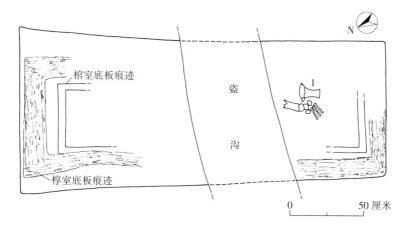

棺室底板痕迹

椁室底板痕迹

图 2-184B　SM679 墓底平面图

浅灰土夹黄土，土质较硬，经夯打但夯窝不明显。（图2-184A）

墓底被盗严重，未见二层台及腰坑，可能被盗毁。

从墓底残存板灰痕迹看应为一椁一棺，椁长248、宽约80厘米；棺长210、宽约48厘米，两侧棺板厚约4厘米。（图2-184B）

墓底被扰，只在墓底南部清理出墓主的一条腿骨，判断为墓主头向北，葬式、年龄、性别不详。

在墓室南部东侧，墓主足部一侧放置陶瓠1件。

陶瓠　1件。

SM679：1，A型Ⅷ式。泥质褐陶，修复。体较矮，喇叭口，腹较粗，近直筒形，矮圈足，素面。口径9.9、圈足径5.6、高11.8厘米。（图2-184A）

墓葬年代： 殷墟四期早段。

SM684

位于ST2714中部，东侧的SM685与之东西并列。开口于①层下，直接打破生土。方向为21度。（图2-185；彩版一七九，1）

长方形竖穴土坑墓，墓壁竖直，口底同大。墓口距地表25厘米，墓口长193、宽76厘米，墓深约225厘米。

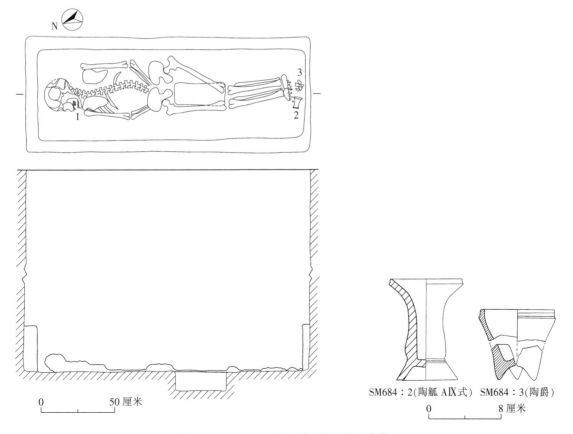

SM684：2（陶瓠 AⅨ式）　　SM684：3（陶爵）

图2-185　SM684平、剖面图及出土遗物

从墓口以下约135厘米处为分界,填土可分为两层。上层为黄色五花土,有明显的夯打痕迹,结构紧密,其中发现有殉狗。下层填土为黄色沙土,中间夹杂有结构紧密的红褐色土块。在上层填土中发现的殉狗骨架较为散乱,难以辨明殉狗的头向、葬式和性别。在距墓口85厘米,墓葬南端填土中有殉狗一条,保存不佳。狗头冲上,朝向南端。殉狗的性别和葬式均不明。

在墓底四周有高约30厘米的生土二层台,东、西、北侧宽约8、南侧宽4厘米。

在墓底中部有一个长方形腰坑,长约35、宽约15、深约15厘米。其内未发现任何物品。

葬具为木棺,呈长方形,南北长约181、东西宽约60厘米。在墓主的骨架上发现有黑色的板灰痕迹。棺的具体结构不清。

墓主的骨架保存较好。墓主葬式为头北面西,俯身直肢,双手叠于小腹。

在棺内墓主脚底放置着陶觚、陶爵各1件。其中陶爵未发现口沿,为打碎后埋入墓中的。墓主口中含有货贝1枚。

陶觚 1件。

SM684：2,A型Ⅸ式。泥质灰褐陶,完整。器形矮小,喇叭口,腹呈直筒形,矮圈足,素面。口径8.2、圈足径6.8、高10.8厘米。(图2-185)

陶爵 1件。

SM684：3,泥质灰陶。残片。仅剩口、腹、足部残片,无法修复。(图2-185)

贝 1枚(SM684：1)。B型货贝。

墓葬年代：殷墟四期早段。

人骨鉴定：

头骨碎裂严重,肢骨多腐朽。

男性。30～35岁。身高约160厘米。

盆骨、肢骨性征明显。肢骨密度较大。牙齿磨耗中等。

牙齿右侧磨耗重于左侧,可能与咀嚼习惯有关。未见口腔疾病。双脚仅余根骨部分,其余缺失,原因不明。

SM699

位于ST2615南部,南侧伸入ST2614的北隔梁下。开口于①层下,直接打破生土。方向为19度。(图2-186A、B;彩版一七八,2;彩版一七九,2、3、4)

长方形竖穴土坑墓,墓壁略收,口大底小。墓口距地表30～40厘米,墓口长226、东西宽100厘米,墓底长223、东西宽93～98厘米,墓深约300厘米。脚端(南端)略宽,头端(北端)稍窄(图2-186A)。填土为黄色花夯土,较细较纯,质地较为坚硬。夯窝痕迹明显,直径5～7厘米,填土中有含有少量料礓石和田螺壳。

距墓口深183～186厘米处有一周高14～17厘米的熟土二层台,二层台经过夯打,夯窝明显。二层台东侧宽17～19、西侧宽20～30、南侧宽12～14、北侧宽16～17厘米。

葬具仅有一棺,南北长193、东西宽50～54、高14～17厘米,头端(北侧)略宽,脚端(南侧)较窄。棺上髹有红漆。棺的具体形制不明。

墓主的骨架保存状况较差,已朽成粉末状,仅能判断墓主的头向北,葬式为直肢葬。而其性别、

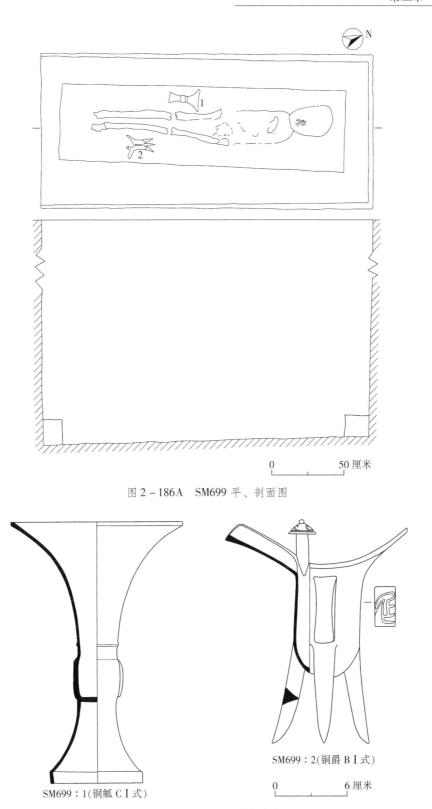

图 2-186A　SM699 平、剖面图

SM699：1（铜觚 C I 式）

SM699：2（铜爵 B I 式）

0　　　　　　　6 厘米

图 2-186B　SM699 出土遗物

年龄以及具体葬式不明。

　　在棺内墓主的腿部东侧放置铜爵 1 件、在腿部西侧有铜觚 1 件。在墓主左侧锁骨位置放置着铅戈 1 件，锈蚀严重，已成粉末状。在墓主头部东侧发现若干绿松石饰片。在墓主口内发现有 11 枚货贝。

铜瓯 1 件。

SM699:1，C 型 I 式。微残。腹部饰两条扉棱，腹上、下部各饰凸弦纹一周。腹内底部尚存范土。通高 20.7、口径 13.5、底径 7.6、口沿厚 0.2 厘米。重 0.746 千克。（图 2 –186B；彩版一七九，2）

铜爵 1 件。

SM699:2，B 型 I 式。微残。半环形兽头纹鋬。柱帽上饰涡纹，腹部素面，鋬上兽头模糊。鋬下有铭文"𤔲"。通高 17.5、柱高 3.3、足高 7.4、流至尾长 14.7、流长 6.3、流宽 3.4、腹壁厚 0.3 厘米。重 0.689 千克。（图 2 –186B；彩版一七九，3、4）

铅戈 1 件。

SM699:3，残损严重，不辨形制。

绿松石片 1 件。

SM699:4，残碎严重，不辨形制。

贝 11 枚，均为 A 型货贝。

墓葬年代：殷墟四期早段。

SM710

位于 ST2410 北壁下偏东，部分伸入 ST2411 内。直接打破生土。方向为 20 度。（图 2 –187A、B；彩版一七八，3）

图 2 –187A　SM710 平、剖面图

长方形竖穴土坑墓，墓壁略外扩，口小底大。墓口长255、东西宽88～96厘米，墓底长278、宽115～125厘米，墓深130厘米。墓内填黄褐色花土夹浅灰土，土质较硬，经过夯打，夯窝清晰，夯窝直径6～8厘米，夯窝较密集，夯层厚15～20厘米，为单棍夯。（图2－187A）

墓底四周有高约13、宽15～35厘米的熟土二层台。

墓底中部有一圆角长方形腰坑，长80、宽28、深约17.5厘米，坑壁内斜，腰坑内出土一具狗骨架，狗骨架腐朽严重，头北嘴西，左侧面在上，前肢肱骨弯曲，尺桡骨紧贴腹部并平直摆放，后肢弯曲呈之字状。俯身卧于坑中。

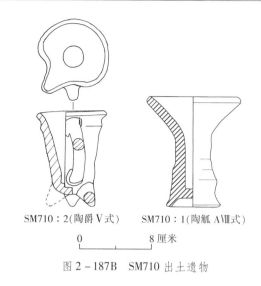

SM710：2(陶爵 V 式)　　SM710：1(陶瓿 A Ⅷ式)

0　　　　　　8 厘米

图 2 - 187B　SM710 出土遗物

从墓底清理出的残存板灰判断为一棺一椁葬，椁长约220、宽约78厘米；棺长190、宽约58厘米，两侧棺板厚约5厘米，棺板上髹有红漆和黑色漆，只在棺顶上有零乱的一片漆痕迹，看不出形状和花纹。

墓主为仰身肢葬，头骨破碎，被压扁，头向北，腰坑处骨架缺失，残存有股骨、胫骨和趾骨，双脚向东撇。

头部东侧出陶爵1件，头部西侧出土陶瓿1件，口中含贝1枚，双脚间出土贝2枚。腰坑内有贝1枚。

陶瓿　1件。

SM710：1，A型Ⅷ式。泥质灰陶。完整。体较矮，喇叭口，腹近直筒形，下腹部外鼓，矮圈足，素面。口径10.3、圈足径5.9、高11.7厘米。（图2－187B）

陶爵　1件。

SM710：2，V式。泥质灰陶。修复。通体瘦长，口径大于腹径，短流，无尾，半环形鋬，直腹内收，三足外撇，口沿外侧有浅凹槽一周。口径8.1、高10.2厘米。（图2－187B）

贝　4枚，均为A型货贝。

墓葬年代：殷墟四期早段。

人骨鉴定：

骨质保存极差，仅余头骨片和胫骨以下部分，葬式不清。

女性。25～30岁。

头骨、肢骨性征明显。肢骨细弱。牙齿磨耗重，3级，M3刚萌出。

左右第一跖骨上有明显跪踞面痕迹。

SM712

位于ST2714东南部，一部分进入ST2814。开口于①层下，直接打破生土。墓葬中部西侧被一个现代盗洞打破，一直扰动至墓室上部。方向为13度。（图2－188A、B；彩版一八〇，1、2）

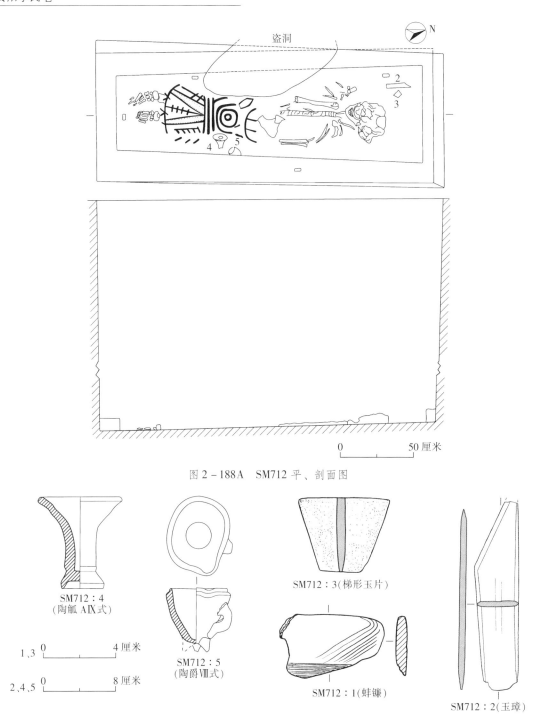

图 2 - 188A SM712 平、剖面图

图 2 - 188B SM712 出土遗物

长方形竖穴土坑墓，墓壁略收，底部略小于口部。墓口距地表 25 厘米，墓口长 237、东西宽 88～93 厘米，墓底长 230、东西宽 84～89 厘米，墓深约 225 厘米。填土为黄色五花夯土，上下一致未分层，土质较硬。内出土有一件蚌镰。（图 2 - 188A）

在墓底四周有高约 8 厘米的熟土二层台。由于棺头端较大，导致东西二层台的宽度并不一致。二层台东侧宽 11～15、西侧宽 13～20、北侧宽 7、南侧宽 14 厘米。

在墓底发现 4 个木桩孔洞。两个位于墓底西侧，分居于南北两端；一个位于墓底东侧中部；一个位于墓室南端正中。这些孔洞呈长方形，长约 3、宽约 2、深约 5 厘米。

葬具为木棺一具。呈长方形，南北长约209、东西宽49～65、残高8厘米，头端较大。在二层台四周发现有黑色的板灰。棺上髹有红漆。

棺上铺有一层竹席，再在席上铺有一层布幔。布幔的上部因盗扰完全破坏，仅存墓主下肢部分。布幔是绘在麻布上，经纬线较粗。布幔以白色为底，用黑线勾勒出图案，中间填以黄彩，在黑线之间有的部分用黑点加以点缀。

由于被盗，墓主上身骨架被严重破坏，下半身保存较好。仰身直肢，头北面西。

在墓主头部西侧发现有玉石器2件，一件为玉璋，另一件为梯形玉片。在墓主腿部东侧放置陶觚、陶爵各1件。

陶觚 1件。

SM712:4，A型Ⅸ式。修复。口径9.3、圈足径4.7、高9.6厘米。（图2-188B）

陶爵 1件。

SM712:5，Ⅷ式。修复。口径7.2、高6.7厘米。（图2-188B）

玉璋 1件。

SM712:2，残。青白色。扁平长条形，前端宽、厚，呈不对称的斜三角形，后端较窄、薄。双面打磨，器表较粗糙。残长19.7、宽3.6～4.7、厚0.2～0.4厘米。（图2-188B）

梯形玉片 1件。

SM712:3，完整。青白色。梯形，一端较薄，表面粗糙。长3.9、宽2.5～4.8、厚0.2～0.4厘米。（图2-188B）

蚌镰 1件。

SM712:1，残。由厚蚌壳锯磨而成，残存两片，其一背部较厚，刃部薄，有使用痕迹。残长5.6、宽2.1～3.3、厚0.7厘米。（图2-188B）

墓葬年代：殷墟四期早段。

人骨鉴定：

骨质较差，头骨碎裂，其余少量残留。

女性。35～40岁。

盆骨、头骨性征明显。肢骨中等粗壮，骨密度2级。牙齿磨耗较重，达4级。

身高约162厘米。

左右第一跖骨上有明显跪踞面痕迹。

SM731

位于ST1908西北角，另一半进入ST1909西南角。开口于①层下，打破了生土，墓口南部被晚期坑打破。方向为9度。（图2-189；彩版一八〇，3）

长方形竖穴土坑墓，墓四壁向内收，呈口大底小状。墓口距地表深20厘米，墓口长210、宽90～97厘米，墓底长195、宽75～96厘米，墓深107厘米。墓内填土为灰花夯土，土质较硬。

墓底东西边有宽8～20、高20厘米的熟土二层台。

墓底中部有长50、宽33、深17厘米的不规则形腰坑。

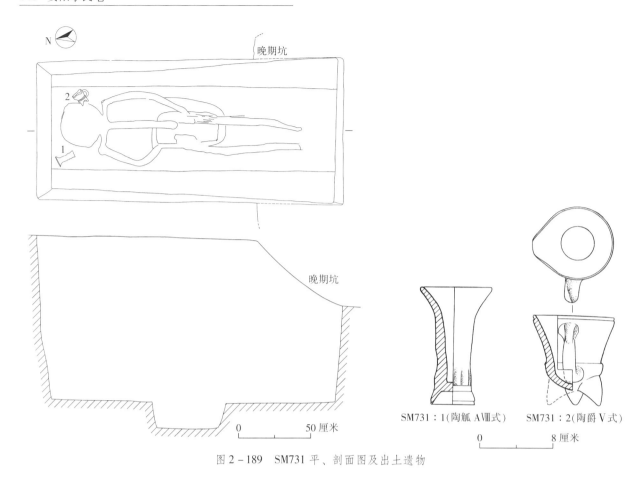

图 2-189　SM731 平、剖面图及出土遗物

葬具为一棺，木质，已朽为木灰，长方形，长 195、宽 55 厘米，上髹有白漆。

墓主保存差，全身骨骼成粉粒状，腰部骨骼塌陷于腰坑内，从大体轮廓上看葬式为仰身直肢，头北面东，两手抚于腹部。

在墓主头东西两侧出土陶爵和陶觚各 1 件。

陶觚　1 件。

SM731:1，A 型Ⅷ式。泥质灰陶。修复。体较矮，喇叭口，腹呈直筒形，矮圈足，素面。口径 7.9、圈足径 4.7、高 12.6 厘米。（图 2-189）

陶爵　1 件。

SM731:2，Ⅴ式。泥质灰陶。修复。口径大于腹径，短流，无尾，半环形鋬，直腹内收，三足外撇，口沿外侧有浅凹槽一周。口径 8、高 9.4 厘米。（图 2-189）

墓葬年代：殷墟四期早段。

SM735

位于 ST2709 西南角部，西南角伸入 ST2609 东隔梁约 10 厘米。开口于晚期沟及路下，打破 H486、H588（二者均为殷墟二期晚段），中部偏北有一条长条形的盗沟。方向为 202 度。（图 2-190A~F；彩版一八一~一八五）

长方形竖穴土坑墓，口小底大，墓壁皆向下外扩，较为斜直，盗沟未破坏墓壁。墓口距地表约

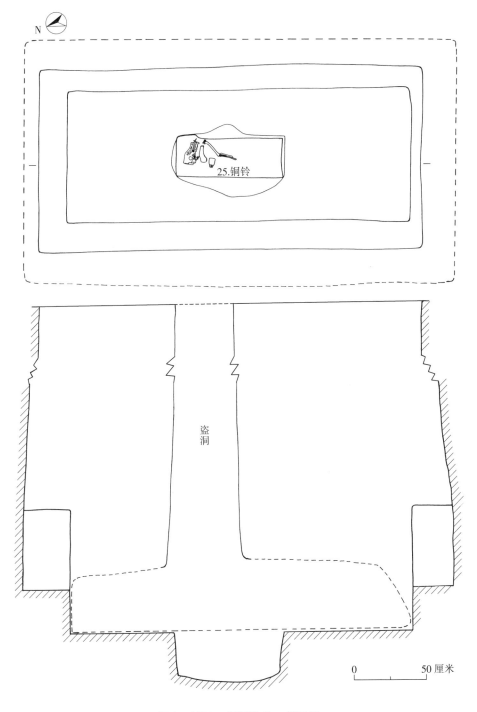

图 2 – 190A　SM735 平、剖面图

70 厘米，墓口长 268、宽约 125 厘米，墓底长 293、宽约 160 厘米，墓深约 370 厘米（图 2 – 190A）。填土较杂，黄褐色沙土夹杂黑褐色土及大量炭屑，经过夯打，含有大量陶片、炭屑及各种杂质。在距墓口 205 厘米深处有狗架一具（图 2 – 190B）。保存较为完整，但骨架外表已被染成黑褐色。头部已碎，向北，嘴向西，四肢蜷曲侧卧于土中。在墓室中部（盗沟南）的椁板之上，埋有牛肩胛骨及股骨。

墓室中部有一长方形腰坑（口部被扰乱有坍塌），长约 75、宽 27、深约 30 厘米。内殉狗一条，头

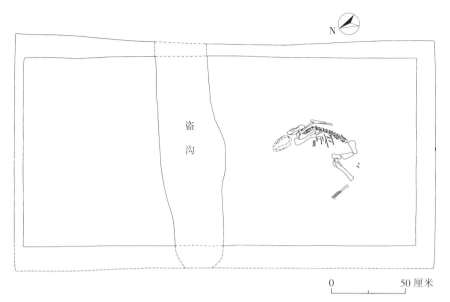

图 2-190B　SM735 填土殉狗平面图

北面东侧卧，四肢蜷曲，骨架已不完整。铜铃位于肩胛骨西。

二层台宽约 30、高约 85 厘米，上部约 55 厘米为黄褐色沙质土，并杂有黑褐色带大量炭屑土，经过细致夯打，夯窝直径约 8 厘米，夯层厚约 10 厘米。其下为生土二层台，形制与 SM736 相同。

葬具为一棺一椁，木质。椁已腐朽，在椁室南部留有盖板痕，二层台内侧有一些朽痕，呈长方形，长约 243、宽约 105、高约 85 厘米。椁室已坍塌，盖板较二层台低 10 厘米左右，内填满淤土。从残迹看，椁板较厚，结构不清，椁灰呈灰白色，东西二层台上皆有布幔，应是覆盖于其上的。布幔保存较好，上面的土经过夯打，有些地方图案甚至被夯进了夯窝中。是在麻布上髹漆，勾勒出图案。麻布呈灰色，已粉化，经纬约在 10×12 根/厘米^2，较粗。彩绘基本为橙红、黑、白三色，图案局部清晰。（图 2-190C）

在墓室底部有七根长约 240，直径 6~9 厘米的圆木纵向并排放置，其中最西边的一根南头紧贴二层台，长与椁室相当。两头较清晰，中间被扰乱混在一起，应为椁底板。椁内已被盗沟扰乱而不见棺朽痕，但在底部残余的骨头周围有大量的朱砂。

盗沟横贯墓室中部，呈长条形，东西两头紧贴墓壁，至二层台时随之变为与椁等宽。黑褐色沙性黏土，松软，时代应较早。

仅在棺底发现有凌乱的碎骨，应为墓主尸骨。

墓室内被完全扰乱，其中出土的器物均已偏离了原有位置。（图 2-190D）

陶觚　1 件

SM735：14，A 型Ⅸ式，修复。素面。口径 8.4、圈足径 4.5、高 11.3 厘米。（图 2-190E；彩版一八二，2）

陶爵　1 件

SM735：24，Ⅷ式，修复。口沿外侧有凸棱一周。口径 8.2、高 8.1 厘米。（图 2-190E）

铜戈　3 件。

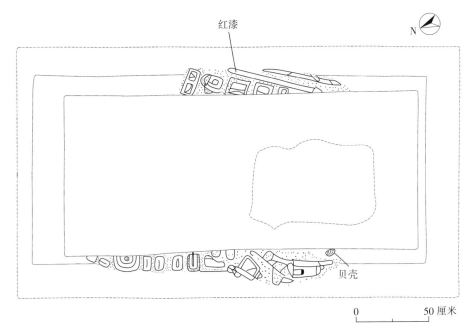

图 2 - 190C SM735 二层台画幔示意图

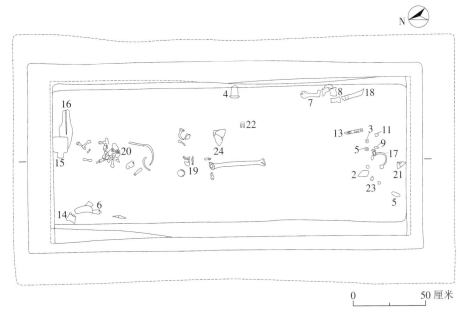

图 2 - 190D SM735 椁内器物图

SM735：4，甲 Aa 型，残。紧贴东二层台，出土时竖着置于土中，柄部朝下。整体较厚重，内残，前端有木柄朽痕。残长 26.2、援长 23、援最宽 6、援厚 0.5、内厚 0.5 厘米。重 0.246 千克。（图 2 - 190E；彩版一八三，1）

SM735：8、20，残损严重，不辨形制。（图 2 - 190E）

铜矛 2 件

SM735：6，乙 A 型 Ⅱ 式，残。出于椁室西北角，压于陶瓿之上。体轻薄，锈蚀严重。残长 20.1、叶残长 12.5、叶厚 0.1、銎腔径 1.1×2 厘米。重 0.116 千克。（图 2 - 190E；彩版一八二，4）

SM735：16，乙 Bc 型，残。銎腔内有碳化木柲残留。残长 21.8、叶残长 10.8、叶最宽 4.6、叶厚

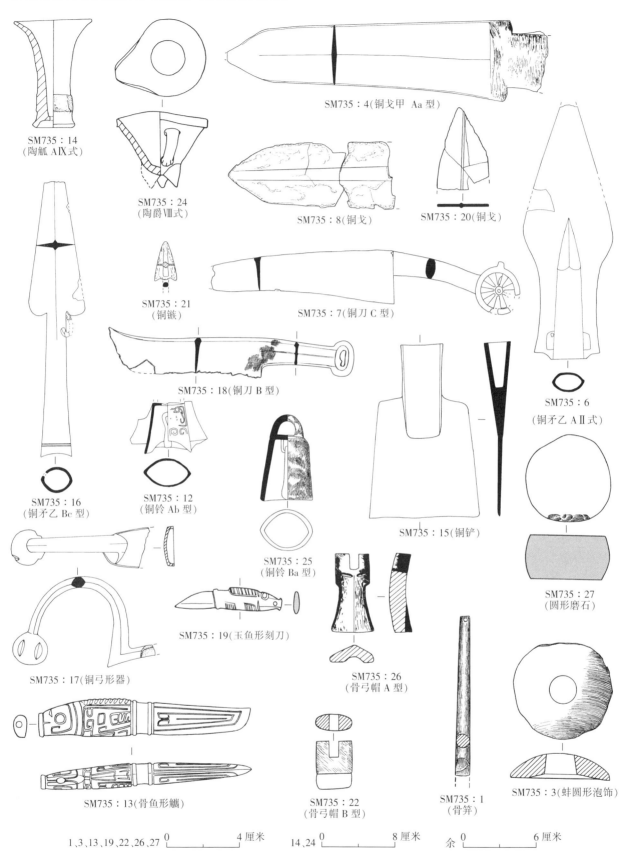

SM735:14
(陶觚 AIX式)

SM735:24
(陶爵Ⅷ式)

SM735:4(铜戈甲 Aa 型)

SM735:8(铜戈)

SM735:20(铜戈)

SM735:21
(铜镞)

SM735:7(铜刀 C 型)

SM735:18(铜刀 B 型)

SM735:6
(铜矛乙 AⅡ式)

SM735:16
(铜矛乙 Bc 型)

SM735:12
(铜铃 Ab 型)

SM735:15(铜铲)

SM735:25
(铜铃 Ba 型)

SM735:27
(圆形磨石)

SM735:19(玉鱼形刻刀)

SM735:17(铜弓形器)

SM735:26
(骨弓帽 A 型)

SM735:13(骨鱼形觽)

SM735:22
(骨弓帽 B 型)

SM735:1
(骨笄)

SM735:3(蚌圆形泡饰)

1、3、13、19、22、26、27 0 ____ 4 厘米

14、24 0 ____ 8 厘米

余 0 ____ 6 厘米

图 2－190E SM735 出土遗物

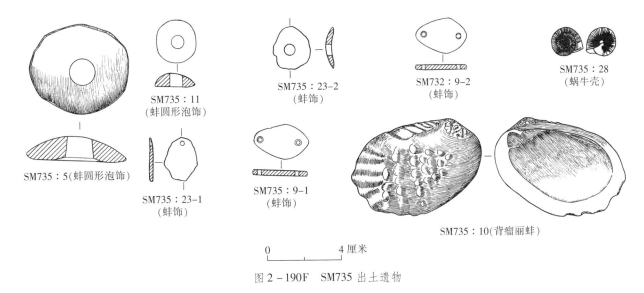

SM735：11
（蚌圆形泡饰）

SM735：5（蚌圆形泡饰）

SM735：23-1
（蚌饰）

SM735：23-2
（蚌饰）

SM735：9-1
（蚌饰）

SM732：9-2
（蚌饰）

SM735：28
（蜗牛壳）

SM735：10（背瘤丽蚌）

0　　　　　　4 厘米

图 2 - 190F　SM735 出土遗物

0.4 厘米。重 0.118 千克。（图 2 - 190E；彩版一八二，3）

铜镞　1 件。

SM735：21，残损严重，不辨形制。

铜刀　2 件。

SM735：7，C 型，残为三段，截面呈楔形；弯柄，柄后端为铃形。锈蚀严重。残长 25.2、刀身宽 2.4 ~ 4、柄长 10、柄宽 1.8、柄厚 0.8 厘米。重 0.152 千克（图 2 - 190E；彩版一八三，2）。

SM735：18，B 型，刀尖上翘，截面呈楔形。直柄，柄后端呈环形，柄上有三条阳线。长 20.1、厚 0.3 厘米，重 0.061 千克。（图 2 - 190E；彩版一八三，3、4）

铜铲　1 件。

SM735：15，残。铲身近圆角梯形，长直柄，銎口呈长方形，肩窄刃宽，刃较平直。素面。残长 14.1、铲身长 9.2、肩宽 7.2、刃厚 0.2、銎宽 1.6 ~ 2.4 厘米。重 0.187 千克。（图 2 - 190E；彩版一八三，6）

铜铃　2 件。

SM735：12，Ab 型，残。素面，锈蚀严重。残高 4.3、口缘径 1.8 × 3.2、腔壁厚 0.2 厘米。（图 2 - 190E）

SM735：25，Ba 型，完整。体较大，素面，锈蚀严重。通高 6.8、口缘径 2.7 × 3.5、厚 0.3 厘米。（图 2 - 190E；彩版一八三，5）

铜弓形器　1 件。

SM735：17，残。残存一弧形曲臂，臂下端接一扁铃，铃周壁有弧形镂孔三个。残长 11.6、弓身宽 3、臂高 7.2 厘米。重 0.148 千克。（图 2 - 190E；彩版一八三，7）

玉璋　1 件。

SM735：2，残。出于距墓口 325 厘米处的墓室偏南，青灰色，残存两段，一段受沁。扁平长条形，中部略厚，前端呈不对称的斜三角形。双面打磨，一面中部有一道细线痕。残长 13、宽 3.9、厚 0.3 厘米。（彩版一八四，1）

玉鱼形刻刀 1件。

SM735:19，完整。青色，匀净，光洁。直体，头部较齐，减地凸眼，阴线刻出鳃、鳍，头部单面桯钻出小圆穿，尾部斜出刻刀。长5.9、宽1.2、厚0.3厘米。（图2-190E；彩版一八四，2）

圆形磨石 1件。

SM735:27，完整。砂岩。近圆饼状，周缘不规则，表面粗糙。直径4.6、厚2.2厘米。（图2-190E；彩版一八四，3）

骨笄 1件。

SM735:1，残，出于填土中。笄首有一圆形钻孔，笄杆中部较粗，截面近圆形，笄尖残失，通体磨光。残长8.3、最宽0.7厘米。（图2-190E；彩版一八四，4）

骨鱼形觽 1件。

SM735:13，完整。扁长体、弧背、直腹、平直吻、长尾。由嘴至鳃底钻一圆形穿孔，阴线刻出眼、鳃、鳍。表面粘有少量朱砂。通长11.7、宽2、厚1.2厘米。（图2-190E；彩版一八四，5）

骨弓帽 2件。

SM735:26，A型，完整。体弯曲。长4、宽2.2厘米（图2-190E；彩版一八五，1）。

SM735:22，B型，完整。长2.6、宽1.7厘米。（图2-190E；彩版一八五，2）

蚌圆形泡饰 体型大，由厚蚌壳锯磨而成，圆饼状，一面较平，一面鼓起，中间有一圆形钻孔。

SM735:3，残。径5.4、厚1.2、孔径1.5厘米。（图2-190E；彩版一八五，3）

SM735:5，径5.4、厚1.2、孔径1.4厘米。（图2-190F；彩版一八五，4）

SM735:11，残。体型小。径2.3、厚0.8、孔径0.6厘米。（图2-190F；彩版一八五，5）

蚌饰 3组。

SM735:23-1，残。共4枚，形制、大小相似，体型小，由蚌壳锯磨而成，近圆饼状，一面平、一面略鼓，中间有一圆形钻孔。径2.2、厚0.2、孔径0.6厘米。（图2-190F）

SM735:23-2，残。共6枚，不辨器形，由蚌壳锯磨而成，扁平，一端有孔。（图2-190F）

SM732:9，残。共4件，形制、大小相似，体呈不规则卵圆形薄片，两端各有一小穿孔。残长3、宽1.8、厚0.2厘米。（图2-190F）

背瘤丽蚌 1件。

SM735:10，残。两扇，体扁平。一扇背部密生瘤状突起，宽4.8厘米（图2-190F；彩版一八五，6、7）。

蜗牛壳 1件。

SM735:28，残。多数残朽，无加工痕迹，共31枚。径1.3厘米（图2-190F；彩版一八五，8）。

墓葬年代：殷墟四期早段。

SM737

位于ST2609西北部，大部位于北隔梁下，北侧位于ST2610的西南部。开口于①层下，北侧被晚期坑打破，此外北侧和南侧各有一盗洞打破该墓，打破G9（殷墟文化一期晚段）。墓葬方向为24度。（图2-191；彩版一八六，1、2）

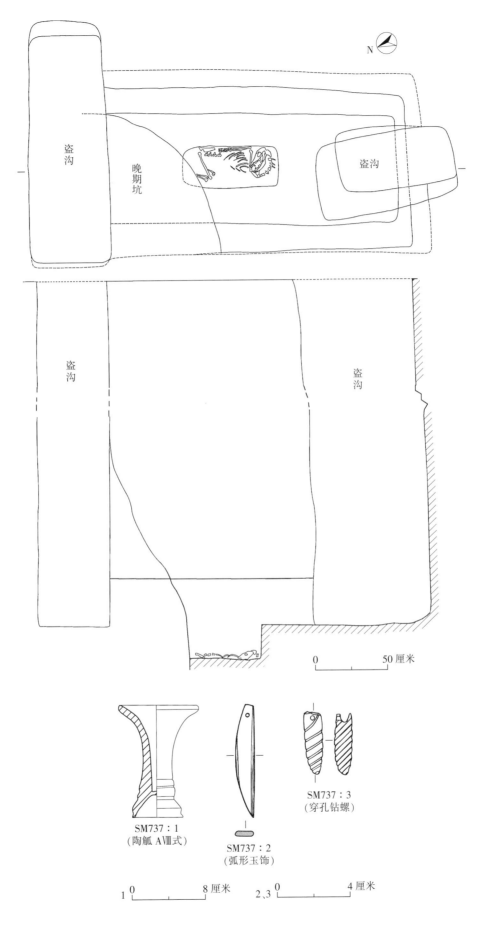

图 2 - 191 SM737 平、剖面图及出土遗物

长方形竖穴土坑墓，口小底大。墓口北侧为盗沟和晚期坑一直破坏墓底，墓的原长不明。墓口距地表 30 厘米，墓口残长 204、东西宽 110 厘米，墓底南北残长 216、东西宽 122 厘米，墓深约 350 厘米。由于此墓被盗扰严重，墓主的头向难以判断。

墓底有一周高 35 厘米的熟土二层台。北侧二层台为盗沟和晚期坑完全破坏，东侧二层台宽 29、西侧二层台宽约 20、南侧二层台宽 22 厘米。

在墓底中部有一长方形腰坑。腰坑西北角为晚期坑打破。腰坑南北长约 64、东西宽 28、深约 25 厘米。腰坑中放置一条殉狗，头南，侧卧于坑中，前肢缚于背部，后肢屈于体后。

填土为灰褐色花夯土，质地略硬。

葬具、墓主亦因盗扰无存。从二层台判断应有木棺。从腰坑殉狗头向判断，墓主头向应朝北。

在盗洞中出土有陶瓿以及弧形玉饰和钻螺各 1 件。

陶瓿 1 件。

SM737:1，A 型Ⅷ式。泥质灰陶。修复。体较矮，喇叭口，腹近直筒形，下腹部外鼓，矮圈足外撇下折，腹下部有凹弦纹二周。口径 8.8、圈足径 5.4、高 11.8 厘米。（图 2-191；彩版一八六，1）

弧形玉饰 1 件。

SM737:2，完整。青色，有白斑。半月形，或为玉器加工留下的边角料改制面成。一端切去尖角，上有一对钻孔。双面抛光。长 5.8、宽 0.8、厚 0.2 厘米。（图 2-191；彩版一八六，1）

穿孔钻螺 1 件。

SM737:3，残。钉状，上部一侧有一小穿孔。残长 3.3 厘米。（图 2-191；彩版一八六，2）

墓葬年代：殷墟四期早段。

SM768

位于 ST2313 中北部。开口于①层下，打破 SM808 内填土，与 SM808 在同一墓圹内。方向为 22 度。（图 2-192；彩版一八六，4）

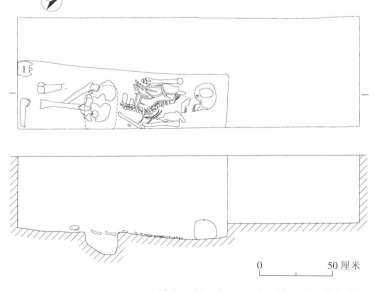

图 2-192 SM768 平、剖面图及出土遗物

长方形竖穴土坑墓，墓壁垂直，墓底不平。墓口距地表20厘米，墓口长145、东西宽32~45厘米，墓深50~55厘米。墓内填土为黄花夯土，质硬，夯层厚20厘米左右，夯窝清晰，直径7厘米，深4厘米左右，为单棍夯。

墓底中部偏东有不规则长方形腰坑，腰坑东西长22~28、南北宽22、深8~14厘米，腰坑壁南壁为斜坡状，北壁略斜，内无物。

无葬具。

墓主头北面东，俯身，下颌骨与上颌骨分离，头骨只有一半，右肩胛骨下陷，脊椎错位，肋骨散乱，不见指骨，右髋骨落入腰坑中，东侧股骨为直肢，西侧股骨骨折错位，只有半截胫骨，横放在墓南壁下。从形态上推测，该墓可能是二次葬。

墓底西南角出土陶鬲1件。

SM768：1，乙A型Ⅱ式。修复。颈腹部饰凹弦纹三周。口径9、高8.8厘米。（图2-192）

墓葬时代：殷墟四期早段。

人骨鉴定：

女性。35~40岁。

盆骨性征明显。肢骨纤弱，骨密度大。牙齿磨耗3~4级。

SM798

位于ST2711西北部，大部在探方北隔梁下。开口于②层下，南部为晚期沟打破。墓葬打破G14（殷墟一期晚段）。方向为111度。（图2-193；彩版一八六，5）

长方形竖穴土坑墓，墓壁规整，略收，口大底小，脚端（西侧）略宽。墓口距地表约40厘米，墓口长212、东西宽70厘米，墓底长200、东西宽64~71厘米，墓深约152厘米。填土为红褐色土，上下一致未分层。没有夯打痕迹，质地较纯。

墓底有一周高约10、宽约8厘米的熟土二层台。

在墓底中部有一长约50、宽约24、深约6厘米的腰坑。内空无物。

葬具仅有一棺，南北长185、东西宽49~54、残高12厘米，头端（东侧）略窄，脚端（西侧）较宽。在二层台周围发现有黑色板灰，但其具体形制不明。

墓主的骨架保存基本完好。葬式为头东面北，俯身直肢，左手置于体侧，右手压于腹下。

在二层台的东南角放置着可复原陶鬲1件。

陶鬲 1件。

SM798：1，甲Aa型Ⅴ式。泥质灰陶。修复。扁方体。斜折沿，方唇，短颈，微鼓腹，裆与实足较矮，乳头状小足尖。器表及裆部饰中粗绳纹，颈部经修整，足根部绳纹被抹掉。口径13.4、高12.1厘米。（图2-193）

墓葬年代：殷墟四期早段。

人骨鉴定：

女性。40±岁。

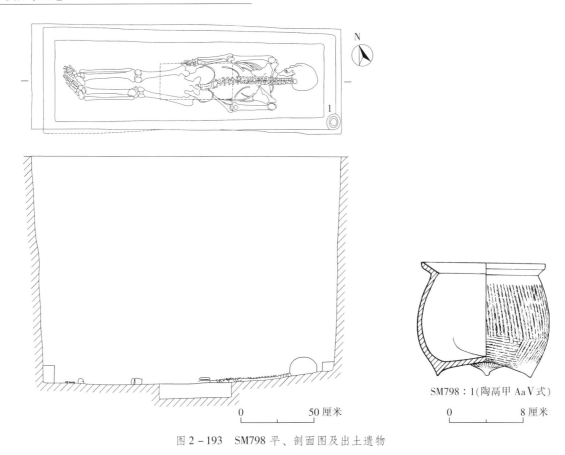

图 2 - 193　SM798 平、剖面图及出土遗物

头骨、肢骨性征明显。牙齿磨耗 4 级弱。

第一跖骨上跪踞面明显。椎骨有轻度增生。下颌左侧 M2 咬合面龋洞。

SM804

位于 ST2807 西部，部分在隔梁下。方向 11 度或 191 度。开口于③层下，中部被盗坑打破，西部被 H501、H511 打破，该墓打破生土。口距地表北部为 0.5 米。（图 2 - 194；彩版一八六，3）

长方形竖穴土坑墓，口小底大。墓口距地表 50 厘米，宽 100 厘米，长度不详；墓底距墓口 230 厘米，宽 120 厘米，长 260 厘米；填土为黄花夯土，见有零星夯窝。

二层台为黄花夯土，宽 25 厘米，高 30 厘米，仅存少部分。

葬具木棺，宽约 60 厘米，长度不详，底部发现少量朽木痕。

随葬品为陶爵 1 件，位于棺室东侧。

陶爵　1 件。

SM804：1，Ⅷ式。泥质灰陶。修复。器形矮小，敞口，半环形鋬，腹内收，尖底，三锥足，素面。口径 7、高 8.2 厘米。（图 2 - 194）

石子　1 件。

SM804：2，残。灰白色，近扁圆形，一角残缺。（图 2 - 194；彩版一八六，3）

墓葬年代：殷墟四期早段。

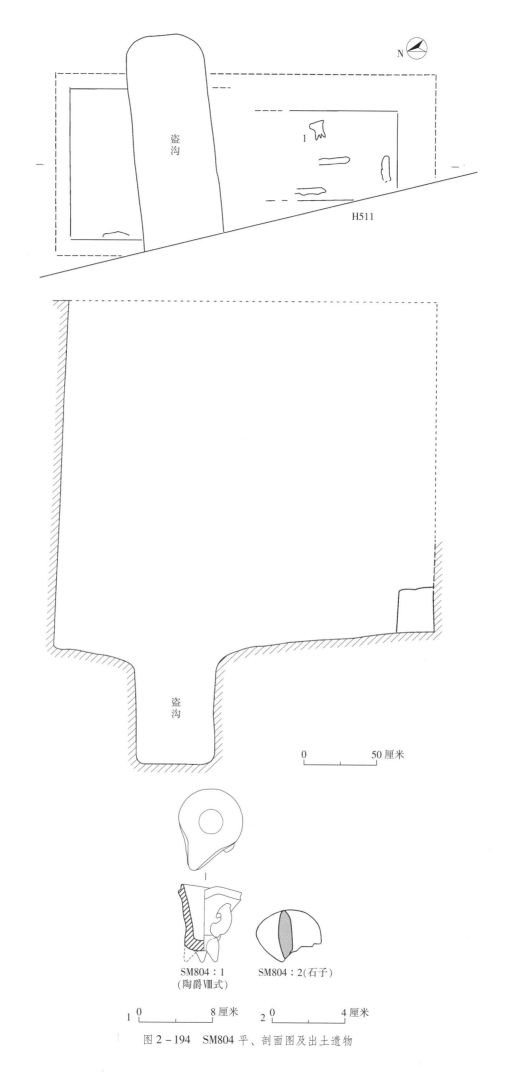

图 2-194　SM804 平、剖面图及出土遗物

SM829

位于 ST2611 东南角，紧靠 G11，在 G11 西边。开口于①层下，打破生土。方向为 25 度。（图 2 –
195A、B；彩版一八七，1）

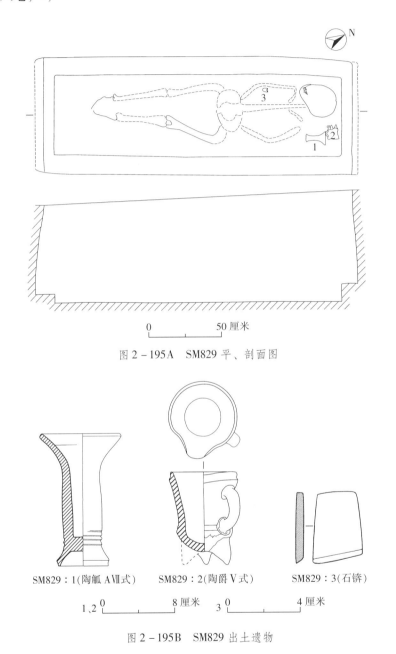

图 2 – 195A　SM829 平、剖面图

SM829：1(陶瓤 A Ⅶ式)　　SM829：2(陶爵 Ⅴ式)　　SM829：3(石锛)

图 2 – 195B　SM829 出土遗物

长方形竖穴土坑墓，墓口距地表深约 50 厘米，墓口长 210、宽 71 ~ 79 厘米，墓底长 220、宽 71 ~
79 厘米，墓深 65 ~ 74 厘米。墓内填土为灰色五花夯土。（图 2 – 195A）

墓底有一周生土二层台，高 6 - 9 厘米。

墓底无腰坑。

葬具为木棺，长 196、宽 53、残高 9 厘米。

墓主仰身直肢，头北足南，面向西，骨架已成粉末状。

在墓主头东边随葬陶觚、陶爵各 1 件。在墓主上身右侧随葬石锛 1 件。

陶觚　1 件。

SM829∶1，A 型Ⅶ式。泥质灰陶。修复。体较矮，喇叭口，腹呈直筒形，圈足外撇下折，腹部有凹弦纹三周。口径 9、圈足径 5.7、高 14 厘米。（图 2 − 195B）

陶爵　1 件。

SM829∶2，Ⅴ式。泥质灰陶。微残。短流，无尾，半环形鋬，直腹内收，底部形成凸棱，三足较矮且外撇，腹下部饰凹弦纹一周。口径 7.6、高 9.8 厘米。（图 2 − 195B）

石锛　1 件。

SM829∶3，完整。灰白色，体呈扁平长方形，单面斜刃。打磨光滑。长 3.7、宽 2.2 ~ 2.7、厚 0.5 厘米。（图 2 − 195B）

墓葬年代：殷墟四期早段。

SM850

位于 ST3412 中部偏北，SM584 东侧。开口于①层（扰土）下，打破生土。墓室南部被晚期坑破坏。方向为 196 度。（图 2 − 196；彩版一八七，3）

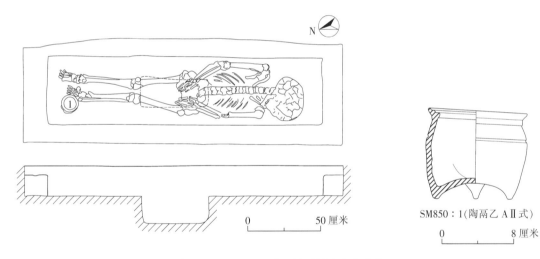

SM850∶1（陶鬲乙 A Ⅱ式）

图 2 − 196　SM850 平、剖面图及出土遗物

长方形竖穴土坑墓。墓口距地表约 50 厘米，口底同大，长 218、宽 62 ~ 66 厘米，墓深 20 厘米。填土为红褐色花夯土，土质较硬，夯层不明显。

二层台两端宽 14 ~ 17、两侧宽 9 ~ 13、高 14 厘米。

腰坑位于墓底中部，长 46、宽 18 ~ 20、深 18 厘米，直壁，内空无物。

葬具为木棺，发现有板灰，据二层台推断棺长 188、宽约 44、残高 14 厘米。

墓主保存较差，头骨及上身至盆骨均朽为粉状，只显其形，腿骨保存较好。墓主头南面西，仰身直肢。双膝双脚并拢，趾尖向前。骨骼范围长度 155 厘米。

脚部放置陶鬲 1 件。

陶鬲　1 件。

SM850∶1，乙 A 型Ⅱ式。泥质灰陶。完整。小型鬲，近方体。侈口，圆唇，窄折沿，沿面有凹弦纹二周，短颈，腹略鼓，弧裆，较高，有足尖。颈腹部饰凹弦纹二周。口径 11、高 9.6 厘米。（图 2 - 196）

墓葬年代： 殷墟四期早段。

人骨鉴定：

男性？35~40 岁。

肢骨粗壮，骨密度大。牙齿磨耗 3~4 级。

SM851

位于 ST3412 东北部，SM850 东侧约 100 厘米。开口于①层下。墓室南部被晚期坑破坏。方向为 190 度。（图 2 - 197；彩版一八七，2）

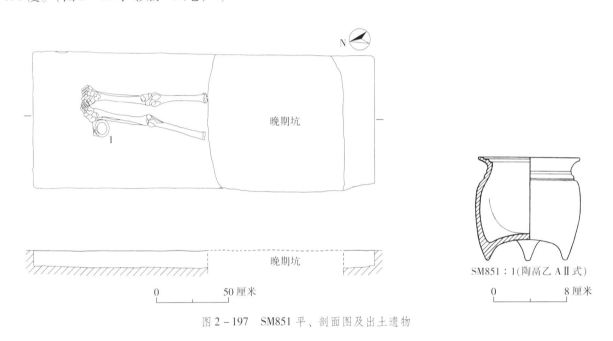

图 2 - 197　SM851 平、剖面图及出土遗物

长方形竖穴土坑墓。墓口距地表约 50 厘米，口底同大，长 237、宽 84~90 厘米，墓底深 10~15 厘米。填土为红褐色花夯土，土质较硬。

未见葬具。

墓主保存较差，上半身全部被破坏不见，仅留腿骨，墓主头向南，仰身直肢。双腿微分。趾尖向东。

左脚外侧有陶鬲 1 件。

SM851∶1，乙 A 型Ⅱ式。泥质灰陶。修复。小型鬲，方体。侈口，小方唇，窄折沿，沿面饰凹弦纹二周，短颈，深腹较直，连裆，较高，高足尖。颈、腹部饰凹弦纹三周。口径 11、高 10.9 厘米。（图 2 - 197）

墓葬年代： 殷墟四期早段。

人骨鉴定：

女性？成年。

肢骨中等粗壮，骨密度 1 级。

SM854

位于 ST3215 东北角，其南端进入 ST3214。开口于①层（扰土）下，直接打破生土。方向为 15 度。（图 2 – 198A ~ C；彩版一八八）

长方形竖穴土坑墓，口小底大，墓壁不平整，底部北端向西偏、南端向东偏，北宽南窄。墓口距地表约 50 厘米，墓口长 230、宽 100 ~ 110 厘米，墓底长 260、宽 123 ~ 136 厘米，墓深 260 厘米（图 2 – 198A）。填土为黄褐色花夯土，土质坚硬，夯层厚 25 ~ 30 厘米，夯窝稀疏，分布无规律，窝径 6 ~ 8 厘米。墓室南部距墓口 180 厘米的填土中有一狗骨架，保存极差，骨骼朽为粉状板结为一块，只显其形，颈系铜铃（图 2 – 198B）。

墓室底部有椁和棺两层熟土二层台。椁二层台北端宽 25、南端宽 13、东侧宽 22 ~ 25、西侧宽17 ~

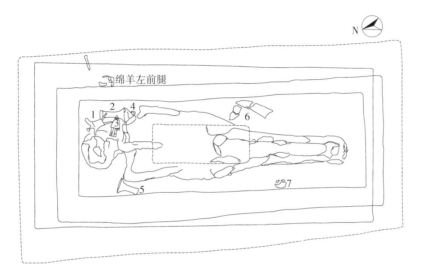

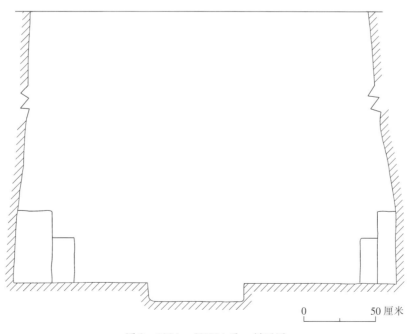

图 2 – 198A   SM854 平、剖面图

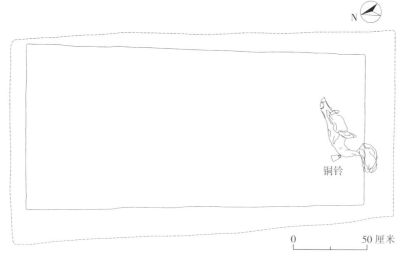

图 2 - 198B SM854 填土殉狗图

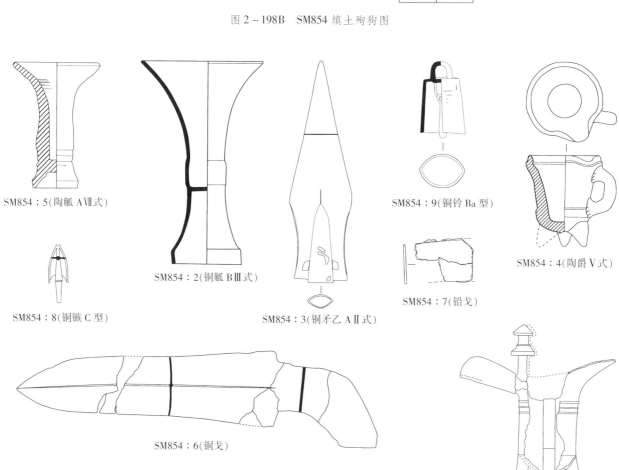

SM854：5(陶觚 A Ⅶ 式)

SM854：2(铜觚 B Ⅲ 式)

SM854：9(铜铃 Ba 型)

SM854：4(陶爵 Ⅴ 式)

SM854：8(铜镞 C 型)

SM854：3(铜矛乙 A Ⅱ 式)

SM854：7(铅戈)

SM854：6(铜戈)

SM854：1(铅爵)

1~3、6~9   0   6 厘米   4、5   0   8 厘米

图 2 - 198C   SM854 出土遗物

25 厘米，高 48 厘米。东北部放置有绵羊左腿骨。棺二层台北端宽 15、南端宽 12、东侧宽 8~11、西侧宽 12~20 厘米，高 30 厘米。

腰坑平面呈长方形，长 65、宽 25、深 12 厘米，直壁，平底。内殉一狗，保存较差。大部分骨骼腐朽，头部及前半身朽为骨粉，略显其形，头向南，背向西。腰坑西侧有 1 枚铜镞。填土为红褐花土，颜色与生土较近似，未施夯。

葬具为一棺一椁。椁室没有盖板痕迹，底部发现板灰，根据椁二层台推断，椁长 222、宽 85~89、高 48 厘米。棺盖髹红、黑漆，随葬品放于棺盖上，塌陷入棺室。根据棺二层台推断，棺长 195、宽 60~64、高 30 厘米。

墓主保存较差，大部分骨骼朽无，头及少量肢骨朽为粉状，只显其形。墓主头北面东，仰身直肢，双脚并拢，趾尖向前。墓主人倾向于男性，年龄不详。

在棺室东北角有铅爵、铜瓿、铜矛、陶爵各 1 件。棺室西北部有陶瓿 1 件。棺室东侧偏南有铜戈 1 件。棺室西侧偏南有铅器残片，腰坑内有铜镞 1 枚。

陶瓿　1 件。

SM854：5，A 型Ⅶ式。修复。腹部有凹弦纹二周。口径 9.6、圈足径 5、高 13.4 厘米。（图 2-198C）

陶爵　1 件。

SM854：4，Ⅴ式。修复。口沿外有浅凹槽一周。口径 8.3、高 9.7 厘米。（图 2-198C）

铜瓿　1 件。

SM854：2，B 型Ⅲ式。残。口至底部弧线曲率较小。通体素面，腹上、下部锈蚀严重。通高 16、口径 9.9、底径 5.7、口沿厚 0.1 厘米。重 0.254 千克。（图 2-198C；彩版一八八，2）

铜戈　1 件。

SM854：6，残损严重，质轻薄，三角条形援，援中部有线状中脊，内后端下垂。通长 30、上下阑间距 6 厘米。（图 2-198C）

铜矛　1 件。

SM854：3，乙 A 型Ⅱ式。残长 17.6、叶残长 17.3、叶最宽 5.1、叶厚 0.1、骹腔径 0.8~1.7 厘米。重 0.037 千克。（图 2-198C；彩版一八八，3）

铜镞　1 件。

SM854：8，C 型。残长 4.5、铤长 1.8、翼宽 1.7 厘米。（图 2-198C；彩版一八八，4）

铜铃　1 件。

SM854：9，Ba 型。完整。素面。通高 6、口缘径 2.4×3.3、厚 0.2 厘米。（图 2-198C；彩版一八八，5）

铅爵　1 件。

SM854：1，残。形似 BⅡ式铜爵。流残，尾上翘，流口有菌状立柱，较高，直腹，圜底，三棱锥状足外撇。柱帽尖凸起，腹上部饰三道凸弦纹，体两侧有铸缝。残高 17.3、柱高 4.1、足高 7.1 厘米。（图 2-198C）

铅戈　1 件。

SM854：7，残损严重，不辨器形，残长 4.8 厘米。（图 2-198C）

墓葬年代：殷墟四期早段。

SM875

位于 ST2214 西南部。开口于①层下，打破 SM874，并打破生土。方向为 202 度。（图 2 – 199A、B；彩版一八九，1、2）

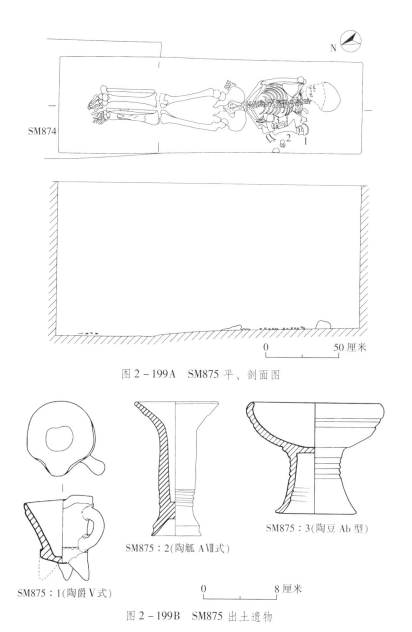

图 2 – 199A SM875 平、剖面图

SM875：1(陶爵 V 式)

SM875：2(陶觚 A Ⅶ式)

SM875：3(陶豆 Ab 型)

0   8 厘米

图 2 – 199B SM875 出土遗物

长方形竖穴土坑墓，墓壁垂直，墓底北部略低。墓口长 208、宽 61～64 厘米，墓深 100 厘米。距墓口约 102 厘米，填土为黄褐色花夯土，土质较硬，夯层厚约 20 厘米，夯窝直径 5～7、深约 4 厘米，为单棍夯。（图 2 – 199A）

葬具痕迹不明显。

墓主骨骼保存较完整，俯身直肢，头南面下，两臂交叉放置腹部，右手指骨露出左盆骨外。骨骼范围长度 160 厘米。

墓主右肱骨近端上叠压陶爵 1 件，右肱骨上叠压陶觚 1 件，右肱骨与肋骨间叠压陶豆 1 件。从陶

器叠压骨骼判断，陶器应当放置在棺之上。

陶瓿　1 件。

SM875：2，A 型Ⅶ式。泥质灰陶。修复。体较矮，喇叭口，腹呈直筒形，圈足外撇下折。腹下部有凹弦纹三周。口径 9.2、圈足径 5.5、高 14.2 厘米。（图 2－199B）

陶爵　1 件。

SM875：1，Ⅴ式。泥质灰陶。修复。短流，无尾，半环形鋬，直腹内收，底部形成凸棱，三足较矮且外撇。口径 7.6、高 9 厘米。（图 2－199B；彩版一八九，1）

陶豆　1 件。

SM875：3，Ab 型。泥质灰陶。修复。敛口，尖唇，沿稍外斜，浅盘，圈足略矮，束腰。盘壁、圈足上部分别饰凹弦纹二、四周。口径 15、圈足径 8.8、高 11.8 厘米。（图 2－199B；彩版一八九，2）

墓葬年代：殷墟四期早段。

人骨鉴定：

女性？中年。

肢骨较纤弱，骨密度 3 级。

SM876

位于 ST2214 东南角东隔梁下，南头跨到 ST2213 东隔梁北端，东北角跨到 ST2314 方内。开口于①层下，被盗坑打破，该墓葬直接打破生土。方向为 21 度。（图 2－200A、B；彩版一九○，1）

长方形竖穴土坑墓，墓壁略外扩，口小底大，墓北部宽于南部。墓口长 243、宽 101～114 厘米，墓底长 268、宽 123～135 厘米，墓深 245 厘米。填土为黄褐色花夯土，土质较硬，夯层厚约 20 厘米，夯窝清晰，直径 6～8、深约 4 厘米，为四棍集束夯。（图 2－200A）

墓底四周有宽 17～25、高 19 厘米的生土、熟土二层台，北壁为生土二层台，其余三壁为生土、熟土混合二层台。

墓底中部有一圆角长方形腰坑，长 90、宽 50、深约 42 厘米，坑为斜壁。内殉狗，狗头向南，嘴向西。

葬具为一棺一椁。椁长 225、宽 74～76 厘米，椁板厚约 6 厘米。椁板上髹有红漆。

棺长 192、宽 53～55 厘米，两侧棺板厚约 4 厘米。棺板上也髹有红漆。

墓主为仰身直肢葬，头北面西。头部被压成扁平，其中肋骨已成粉状，上肢骨仅残留上半部，下肢骨只保存胫骨远端和趾骨部分。年龄、性别不详，骨骼范围长度 150 厘米。

在墓主左脚趾处出贝 3 个，盗坑内出土陶瓿、爵各 1 件。

陶瓿　1 件。

SM876：2，泥质灰陶。仅剩腹、足部残片。直筒形腹，圈足极矮。腹下部有凸棱一周。圈足径 4.2、残高 10.7 厘米。（图 2－200B）

陶爵　1 件。

SM876：3，Ⅷ式。泥质灰陶。修复。器形矮小，敞口，拱鋬，腹内收，底部形成凸棱，三足矮且外撇。口沿外侧有浅凹槽一周。口径 7、高 8.2 厘米。（图 2－200B）

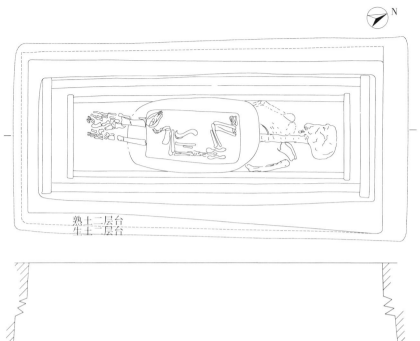

图 2－200A　SM876 平、剖面图

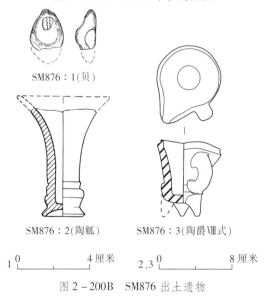

图 2－200B　SM876 出土遗物

贝　3枚。A型货贝。

墓葬年代：殷墟四期早段。

SM885

位于探方东部。开口于②层下，西北部被魏晋坑打破，东部与SM886相连。方向为200度。（图2-201；彩版一九〇，2）

长方形竖穴土坑墓，西壁较直，北壁下部外扩，东、南两壁口部较大，下部较直。墓口距地表深50厘米，墓口长218、宽86厘米，墓底长220、宽76厘米，墓深198厘米。填土为红花夯土，夯层厚15~18厘米，夯窝直径6~8厘米。

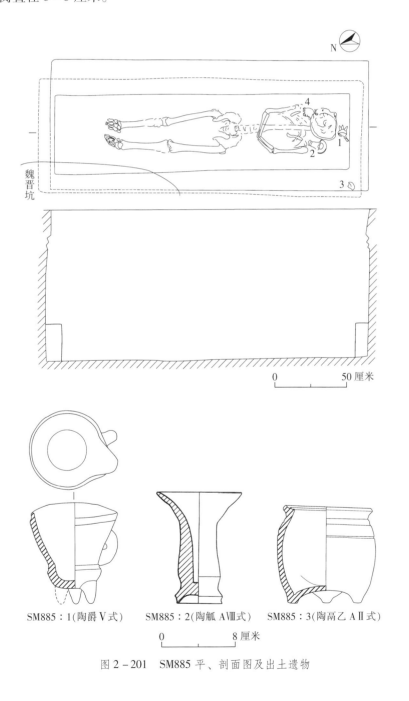

SM885：1(陶爵Ⅴ式)　　SM885：2(陶觚 AⅧ式)　　SM885：3(陶鬲乙 AⅡ式)

图2-201　SM885平、剖面图及出土遗物

二层台，西部和北部宽 11、东部宽 15、南部宽 8 厘米，高 23 厘米。

墓底未见腰坑。

葬具为木棺，长 201、宽 50、高 23 厘米，底部见有板灰。

墓主仰身直肢，头南面东，骨架保存完好，骨骼范围长度 158 厘米。

墓主头部有陶爵 1 件，肩部有陶觚 1 件，西南角二层台上有陶鬲 1 件，口内含 1 枚贝。

陶觚 1 件。

SM885:2，A 型Ⅷ式。泥质灰陶。修复。体较矮，喇叭口，腹呈直筒形，矮圈足外撇下折。腹下部有凹槽一周。口径 9.3、圈足径 5.1、高 11.9 厘米。（图 2 – 201）

陶爵 1 件。

SM885:1，Ⅴ式。泥质灰陶。修复。短流，无尾，鋬较小，束腰下移，底部形成凸棱，圜底，三足较矮。腹下部饰凹弦纹二周。口径 8.3、高 10.8 厘米。（图 2 – 201）

陶鬲 1 件。

SM885:3，乙 A 型Ⅱ式。泥质灰陶。修复。小型鬲，长方体，小方唇，窄折沿，短颈，深腹较直，连裆，较高，柱状足尖。沿面饰凹弦纹二周，颈、腹部饰凹弦纹三周。口径 9.8、高 10.3 厘米。（图 2 – 201）

贝 1 枚（SM885:4）。A 型货贝。

墓葬年代： 殷墟四期早段。

人骨鉴定：

女性？40 ~ 45 岁。

肢骨性征不显著。牙齿磨耗 4 级。

SM891

位于 ST2905 南部，一部分在 ST2904 方内。开口于②层下，南部被魏晋坑打破，北部打破 SM892（殷墟二期）一少部分。方向为 199 度。（图 2 – 202；彩版一八九，3）

长方形竖穴土坑墓，口小底大，北侧墓口下挖约 35 厘米时向南收缩 43 厘米。墓口距地表深约 70 厘米，墓口长 240、宽 83 厘米，墓底长 216、宽 95 厘米，墓深 212 厘米。填土为黄花夯土，夯层厚 16 ~ 18 厘米，夯窝直径 6 ~ 8 厘米。

墓室东西两侧二层台宽 7 ~ 8、高 57 厘米，南北两侧二层台宽 13 ~ 18、高 22 厘米。

腰坑长 63、宽 33 ~ 38、深 16 厘米。内见少量朽骨，少量碎鬲片散落于坑内。

葬具为一棺，棺长 180、宽 50、高 22 厘米，底部见有棺灰。

墓主头向南，直肢，骨架已朽。

二层台上有陶觚、爵各 1 件，陶鬲破碎散于棺内。

陶觚 1 件。

SM891:2，泥质灰陶。仅剩腹、足部残片。短直腹，小圈足极矮。残高 4.2 厘米。（图 2 – 202）

陶爵 1 件。

SM891:1，Ⅶ式。泥质灰陶。残。通体较矮，敞口，短流，无尾，半圆形小鋬，粗腹内收，三足残失。口沿外侧有凸棱一周。口径 8、残高 7.8 厘米。（图 2 – 202）

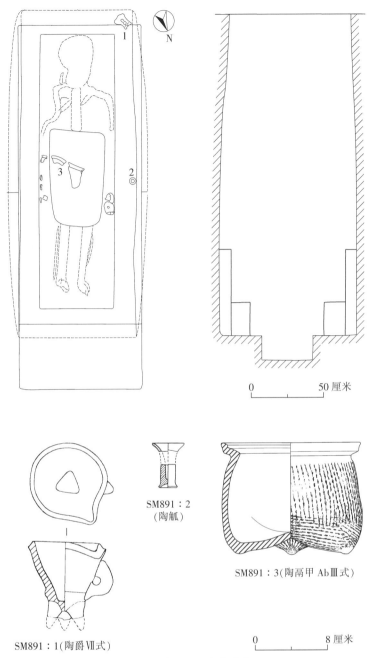

SM891：2
（陶觚）

SM891：3（陶鬲甲 Ab Ⅲ 式）

SM891：1（陶爵Ⅶ式）

0　　　　　8厘米

0　　　　　50厘米

图 2－202　SM891 平、剖面图及出土遗物

陶鬲　1件。

SM891：3，甲 Ab 型Ⅲ式。夹砂灰陶，修复。扁方体。斜折沿，方唇内敛并带浅凹槽，短颈，斜直腹，三袋足肥硕，矮裆。器表及裆部饰中粗绳纹，颈部经修整，足根部绳纹被抹掉。口径15.4、高11.8 厘米。（图 2－202；彩版一八九，3）

墓葬年代： 殷墟四期早段。

SM910

位于 ST2905 东北部，一半在 ST3005 内。开口于②层下，东南角被灰坑打破少许。方向为 198 度。（图 2－203A、B；彩版一八九，4；彩版一九〇，3）

图 2 - 203A　SM910 平、剖面图

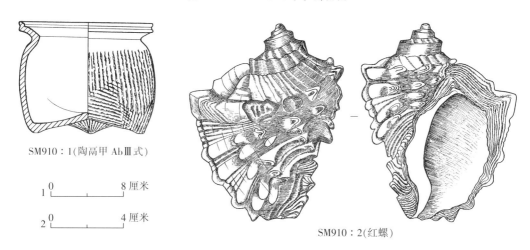

SM910 : 1(陶鬲甲 AbⅢ式)

1 0 ～～～ 8 厘米

2 0 ～～～ 4 厘米

SM910 : 2(红螺)

图 2 - 203B　SM910 出土遗物

　　长方形竖穴土坑墓，口大底小。墓口距地表深 60 厘米，墓口长 206、宽 68～70 厘米，墓底长 195、北宽部 63、南部宽 70 厘米，墓深 246 厘米。墓壁仅西壁下部外扩，其余三壁皆向内收。填土为黄花夯土。(图 2 - 203A)

　　南部二层台宽 12、其余三面宽 5～6 厘米，为黄花夯土。

　　葬具为木棺，棺长 178、宽 50～53 厘米，底部见有板灰。

　　墓主仰身直肢，头向南，面上。双手合并放于腰部，腿部稍弯曲，骨骼范围长度 163 厘米。

　　南部二层台上放置陶鬲 1 件，脚下部有红螺 1 个。

　　陶鬲　1 件。

SM910:1，甲 Ab 型Ⅲ式。夹砂灰陶，修复。扁方体。折沿上翘，方唇内敛并带浅凹槽，短颈，腹较直，裆与实足较矮，无足尖。器表及裆部饰中粗绳纹，裆部有烟炱。口径 14.7、高 11.6 厘米。（图 2-203B）

红螺 1 件。

SM910:2，微残。体大，厚重，表面密生螺旋形沟纹和尖瘤状突起。长 10.3、宽 8.8 厘米。（图 2-203B；彩版一八九，4）

墓葬年代：殷墟四期早段。

人骨鉴定：

人骨保存情况较差。除颅骨残片、下颌骨及 23 颗牙齿、部分寰椎、第二至六颈椎，舌骨等采集可供观察外，其余残留肢骨均腐朽。

墓主眉弓欠发达，眶上缘较薄锐，鼻根点凹陷较浅，乳突与枕外隆突欠发达，下颌骨支较窄，下颌角区外翻不明显，表面肌脊肌线不明显。仅根据颅骨形态特征推测，墓主可能为女性。由于骨骼保存状况的限制，个体年龄只能借助牙齿磨耗程度来推测：第三臼齿萌出，齿尖略有磨耗，第一、二臼齿磨耗程度 1~2 级（吴汝康分级系统）。据以上推断该个体应为年轻成年个体，年龄 18~25 岁。仅据四肢长骨保存状况目前无法进行身高估算。

墓主下颌右侧犬齿及第二臼齿咬合面龋齿。下颌右侧门齿生前脱落，齿槽唇侧面可见由根尖脓疡造成的瘘孔。轻度牙结石。上、下颌多颗牙齿咬合面可见轻微的釉质剥脱现象。三颗犬齿釉质表面均可见线型釉质发育不全现象。

SM916

ST2501 东南部，延伸到 ST2500 北隔梁中。开口于①层扰土层下，被盗。盗沟位于墓室中部偏南，东西长 70、宽 46 厘米，深至墓底。方向为 10 度或 190 度。（图 2-204；彩版一九一，1）

长方形竖穴土坑墓，口小底大。墓口距地表深 80~90 厘米，墓口长 240、宽 75 厘米，墓底长 245、宽 95~105 厘米，墓深 225 厘米。填土为黄褐色花夯土，被扰。

墓圹与棺之间填土后形成熟土二层台，宽 5~30、保留高度 55 厘米。

墓底有 4 个木桩孔洞，东西各两个。两边对称，平面呈圆形、椭圆形，直径 2~4 厘米，深 5 厘米。

葬具为一木棺，被扰。长 194、宽 56 厘米。

人骨被扰。

北二层台上有陶爵、陶瓿各 1 件。

陶瓿 1 件。

SM916:2，A 型Ⅷ式。泥质灰陶。修复。体较矮，喇叭口，腹呈直筒形，矮圈足外撇下折，腹部有凹弦纹二周。口径 8.7、圈足径 5.2、高 11.7 厘米。（图 2-204）

陶爵 1 件。

SM916:1，Ⅵ式。泥质灰陶。修复。通体较矮瘦，短流，无尾，半环形鋬，腹内收，底部形成凸棱，三足外撇。口径 7.3、高 9 厘米。（图 2-204；彩版一九一，1）

墓葬年代：殷墟四期早段。

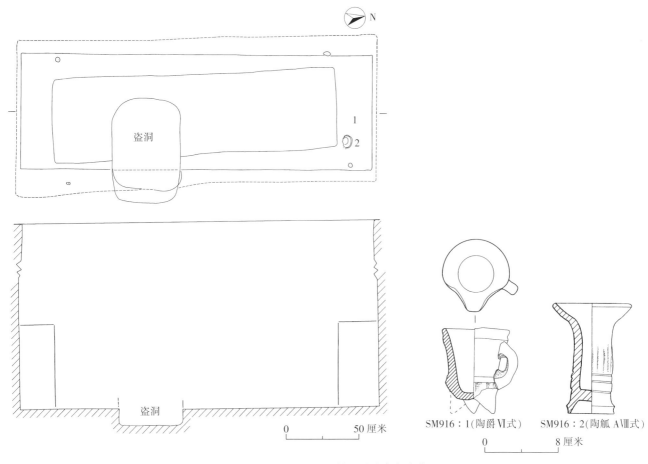

图 2-204　SM916 平、剖面图及出土遗物

<!-- 盗洞, SM916:1(陶爵Ⅵ式), SM916:2(陶觚 AⅧ式), 0 50厘米, 0 8厘米 -->

SM932

位于 ST3008 的中部。开口于①层下，直接打破生土。在墓室中部有一宽 53~55 厘米的长方形盗沟横穿墓室，一直破坏至墓底，在盗沟内出有少量乱骨和残铜片等。方向为 12 度。（图 2-205A、B；彩版一九一，2~4）

长方形竖穴土坑墓，坑壁不甚整齐。墓壁外扩，口小底大。墓口距地表约 30 厘米，墓口长 255、东西宽 108~114 厘米，北端较宽，墓底长 305~310、宽 160~163 厘米，墓深 420 厘米。填土为黄褐色花夯土，土质坚硬，夯窝稀疏，分布无规律。夯层不明显（图 2-205A）。在墓室南端，距墓口 210 厘米的填土中有一殉狗，保存较差，大部朽成骨渣。殉狗头西尾东，脊背向下。在墓室中部偏南，距墓口 290 厘米的填土中有一已朽成粉状的狗头，身体为盗沟破坏。

墓底四周有高约 50 厘米的熟土二层台。二层台北端宽 44、南端宽 23~26、东侧宽 35-56、西侧宽 13~21 厘米。在东侧熟土二层台内靠东壁留有一道高 45、宽 25~28 厘米的生土二层台，其被完全包在熟土二层台中。墓底较大，椁室位置偏西。

在墓底中部有一圆角长方形腰坑。腰坑南北长 85、东西宽 34、深 20 厘米。坑壁竖直，腰坑内殉有一幼狗，大部骨骼已朽无。狗头向北。

通过迹象分析，葬具为一棺一椁。棺椁被扰乱，扰土中有散乱的红漆。根据二层台的范围判断，

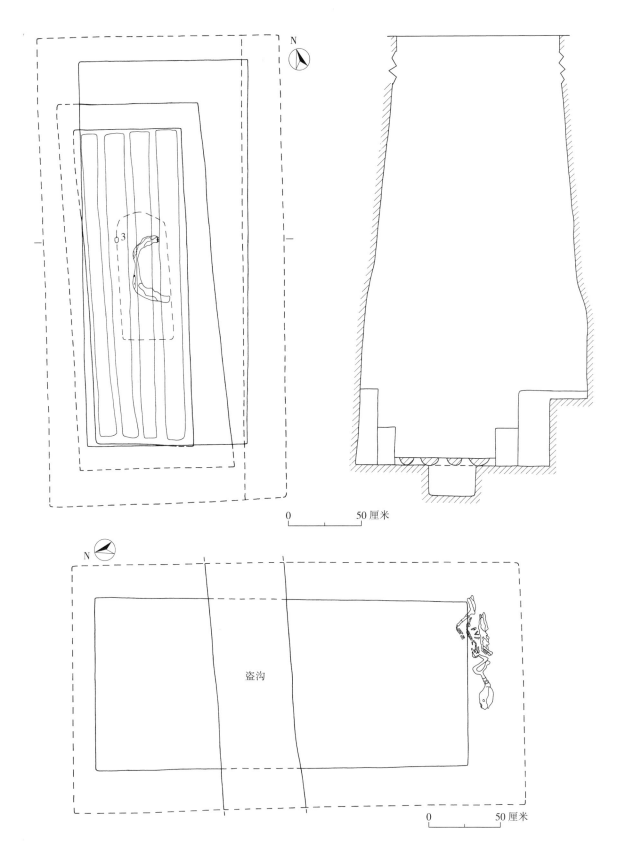

图 2－205A　SM932 平、剖面图及填土殉狗平面图

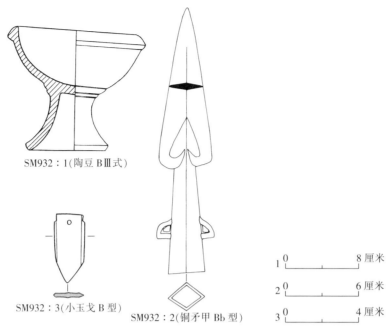

SM932：1(陶豆 BⅢ式)

SM932：3(小玉戈 B 型)　　SM932：2(铜矛甲 Bb 型)

1　0 ────────── 8 厘米

2　0 ────────── 6 厘米

3　0 ────────── 4 厘米

图 2 - 205B　SM932 出土遗物

椁长 241、宽 97、高 50 厘米。棺长 210、宽 70、高 25 厘米。在棺椁之间有一定的空隙，北端宽 17、南端宽 13～20、东侧宽 13～25、西侧宽 13～21 厘米。在棺底部垫有 4 根纵向圆木。圆木南北长 200～205、直径 8～13 厘米。其剖面呈半圆形，深约 5 厘米。

墓主的骨架被扰无，墓主的葬式不详。盗沟中的乱骨包括腿骨、骨盆等。

在盗沟扰土中出有 1 件铜矛和 1 件陶豆。在棺室中部东侧有 1 件小玉戈。

陶豆　1 件。

SM932：1，B 型Ⅲ式。泥质灰陶。修复。微敛口，方唇略外凸，深盘，高圈足，束腰。圈足上部饰凹弦纹三周。口径 15.2、圈足径 8.7、高 12.7 厘米。(图 2 - 205B；彩版一九一，2)

铜矛　1 件。

SM932：2，甲 Bb 型。残。体细长，厚重。叶呈细长柳叶形，锋尖锐利，中脊明显隆起，直达前锋，叶中部有圆角三角形凹坑；骹截面呈菱形，两侧有纽。残长 21.3、叶长 12.7、叶最宽 4.4、叶厚 0.7、骹腔径 1.6×2.4 厘米。重 0.167 千克。(图 2 - 205B；彩版一九一，3)

小玉戈　1 件。

SM932：3，B 型。完整。青色，有白斑。短直内，圭首条形援，援部有中脊。内中部有一单面钻孔。双面抛光。通长 3.5、内长 0.4、内宽 1.3、援宽 1.6、援中脊厚 0.3 厘米。(图 2 - 205B；彩版一九一，4)

墓葬年代：殷墟四期早段。

SM953

位于 ST2105 中部。方向为 285 度。被晚期坑打破，打破生土。(图 2 - 206)

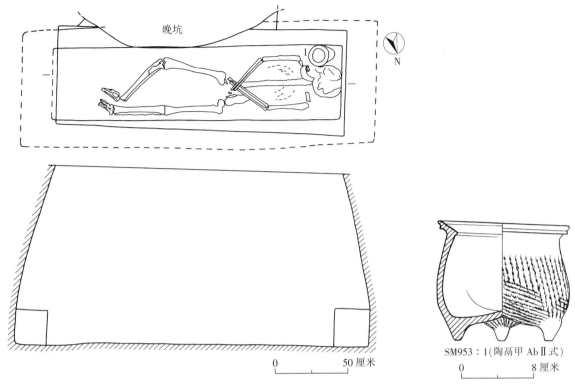

图 2 - 206 SM953 平、剖面图及出土遗物

长方形竖穴土坑墓，墓壁外扩，口小底大，西侧较宽。墓口距地表 20、东西长 196、南北宽 66 ~ 70 厘米，墓底东西长 243、南北宽 83 厘米，墓深 116 厘米。填土为黄褐色五花土。

在墓底四周有一周高约 25、宽约 23 厘米的熟土二层台。

根据二层台的大小，判断棺东西长 193、南北宽 48、残高 25 厘米。

墓主骨架保存较差，墓主葬式为头西面南，仰身，双手屈置于小腹部，左下肢伸直，右下肢稍向南弯曲。

在墓主头南侧放置陶鬲 1 件。

SM953：1，甲 Ab 型Ⅱ式。夹砂灰陶，微残。近方体。侈口，方唇内敛并带浅凹槽，折沿上翘，短颈，鼓腹，裆与实足较高，乳头状足尖。器表饰粗绳纹，颈部经修整，足根部绳纹被抹掉。口径 14.6、高 12.6 厘米。（图 2 - 206）

墓葬年代： 殷墟四期早段。

人骨鉴定：

男性？ 25 ± 岁。

肢骨较粗壮。M3 刚萌出。

SM960

位于 ST2407 西北角。方向为 10 度。开口于①层下，直接打破生土。（图 2 - 207）

长方形竖穴土坑墓，墓壁竖直。墓口距地表约 50、南北长 207、东西宽 70 厘米，墓深约 60 厘米，填土为黄褐色花夯土，土质坚硬，含沙性。

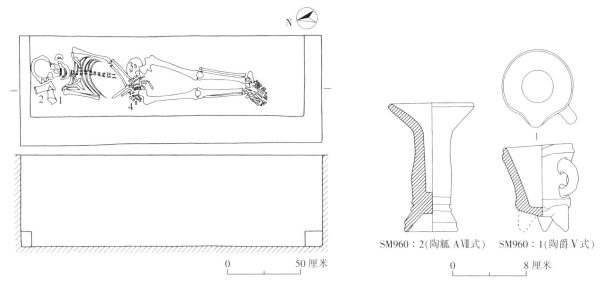

图 2 – 207　SM960 平、剖面图及出土遗物

墓底西侧和南北两侧有高 10、宽 5 ~ 20 厘米的熟土二层台。

葬具为一棺，长 187.5、宽 53 厘米。二层台边残存有部分棺腐朽后的痕迹。

墓主的骨架保存状况较好。骨骼范围长度 150 厘米。墓主头北面上，仰身直肢，双手交叉于小腹部。

在棺内墓主头部西侧放置陶瓿、爵各 1 件。在墓主腰部有贝 1 枚，腰部西侧出有贝 1 枚。

陶瓿　1 件。

SM960：2，A 型Ⅶ式。泥质灰陶。修复。体较矮，喇叭口，瘦腹呈直筒形，圈足外撇下折，腹部有凹弦纹三周。口径 9.3、圈足径 5.8、高 13.7 厘米。（图 2 – 207）

陶爵　1 件。

SM960：1，Ⅴ式。泥质灰陶。修复。短流，无尾，半环形鋬，直腹内收，下腹部略外鼓，三足外撇。口径 7.8、高 9.3 厘米。（图 2 – 207）

贝　2 枚。A 型货贝。

墓葬年代：殷墟四期早段。

人骨鉴定：

男性。25 ± 岁。

头骨片肢骨段性征明显。M3 刚萌出未磨耗，髂嵴未完全愈合。

下颌牙齿磨耗严重，达 4 级。下颌右 C 齿根脓疡，形成瘘道，齿根暴露。右 M1 显示牙周炎严重。

轻度摇椅形下颌。

NM114

该墓葬位于北区的北部，其南壁距 NT1827 北壁的垂直距离为 450 厘米。开口于④层下。方向 10 度。（图 2 – 208；彩版一九二，1）

长方形竖穴土坑墓，口、底大小一致。墓口距地表深 160 厘米，墓口长 230、宽 70 ~ 72 厘米，墓深 200 厘米，填土为黄红色花土，质地坚硬，经过夯打。

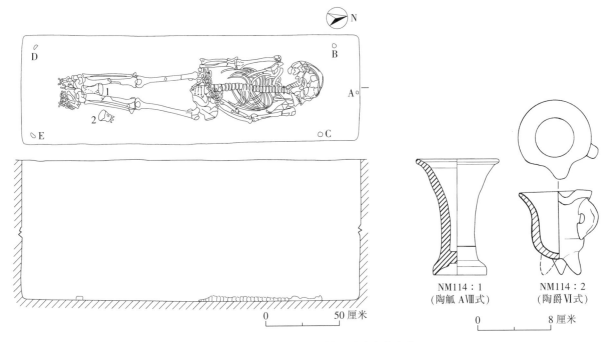

图 2-208 NM114 平、剖面图及出土遗物

不见二层台和腰坑。在墓底发现有 5 个小洞，其中圆形 3 个，半圆形 2 个，分别编号为 A、B、C、D、E。A 位于墓底的北壁中部，直径 2、深 8 厘米。B 位于墓底西部北端，其北边距墓北壁 15 厘米，西边距墓西壁 5 厘米，直径 2.5、深 9 厘米。C 位于墓底东部北端，其北边距墓北壁 25 厘米，东边距墓东壁 6 厘米，其直径为 3、深 10 厘米。D 位于墓底的西部南端，其西边距墓西壁 5 厘米，南边距墓南壁 8 厘米，其长 8、宽 2、深 10 厘米。E 位于墓底的东部南端，其南边距墓南壁 5 厘米，东边距墓东壁 4 厘米，其长 8、宽 2、深 10 厘米。其中，A、B、C 三个洞为直壁，底部为圆形，而 D、E 两个洞为斜壁，而且都是底部向墓中部斜，而且洞的底部都变小成圆形。

葬具为一棺，长 230、宽 70、厚 2.5 厘米。

墓主仰身直肢葬。头向北，面向东，双手置于腹部。保存较差。

在墓主脚部的填土中（距墓口 170 厘米）有陶觚、陶爵各 1 件。

陶觚 1 件。

NM114:1，A 型Ⅷ式。泥质灰陶。修复。体较矮，喇叭口，腹呈直筒形，矮圈足，素面。口径 9.2、圈足径 6、高 12.3 厘米。（图 2-208）

陶爵 1 件。

NM114:2，Ⅵ式。泥质灰陶。修复。通体较矮瘦，大口，短流，无尾，半圆形小鋬，下腹微外鼓，三足外撇。口径 8、高 9.1 厘米。（图 2-208）

墓葬时代： 殷墟四期早段。

人骨鉴定：

人骨保存状况较差。头骨残破，肢骨多腐朽；仅部分颅骨、下颌骨残片、28 颗牙齿、部分掌骨、跖骨及趾骨保存可供观察。

墓主鼻根点凹陷较深，下颌骨整体较厚重，颏突粗大，下颌角区外翻明显；仅据以上形态特征推断，该个体可能为男性。由于骨骼保存状况的限制，个体年龄只能借助牙齿磨耗程度来推测：第一、二白齿磨耗 2～3 级（吴汝康分级系统）；第三白齿萌出，齿尖顶和边缘部分略有磨耗；骨骺愈合，愈合痕迹模糊不清。因此墓主应为年轻成年个体，年龄 18～35 岁。仅据四肢长骨保存状况目前无法进行身高估算。

墓主多数前部牙齿可见线型釉质发育不全。三颗保存的第一白齿均可见轻微的釉质剥脱现象。足部左侧距骨远端关节面背侧面骨赘明显。左侧踝关节第三楔形骨及右侧第四跖骨可见边缘硬化型骨质疏松的骨关节炎病理表现。

NM138

位于 ST2021 的西部，东邻 NM169，西邻 NM179。在 F8 垫土下被发现，被 F8 和 NM169 打破。方向为 185 度。（图 2－209A～E；彩版一九二，2；彩版一九三）

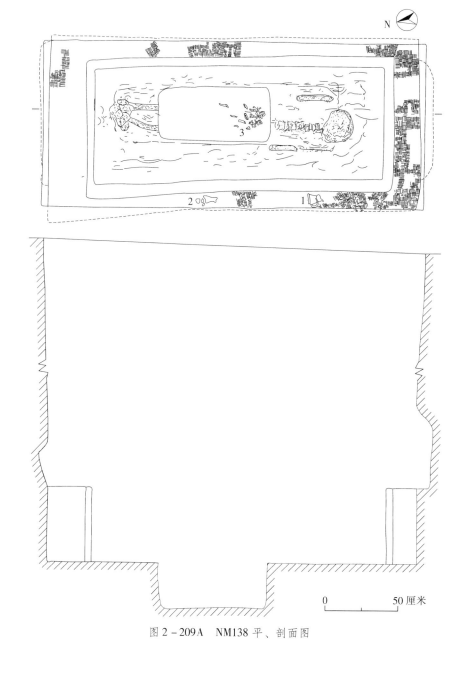

图 2－209A　NM138 平、剖面图

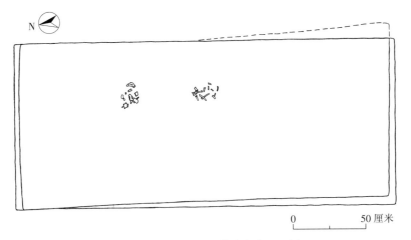

图 2 - 209B　NM138 填土殉狗平面图

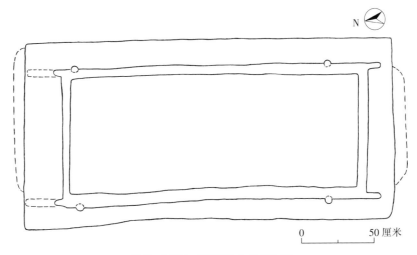

图 2 - 209C　NM138 木椁平面图

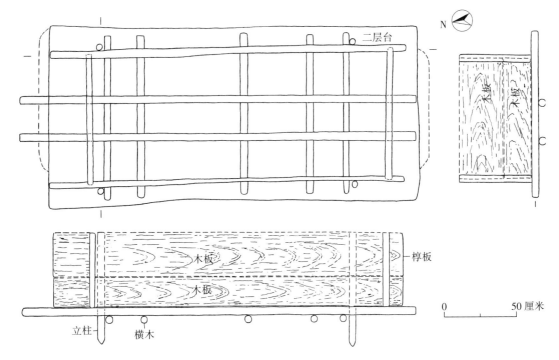

图 2 - 209D　NM138 椁室底部、东壁、北壁结构图

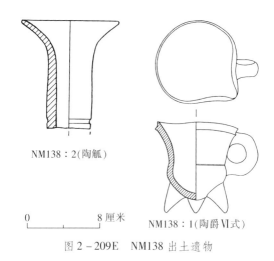

NM138:2(陶觚)

NM138:1(陶爵Ⅵ式)

0   8厘米

图2-209E　NM138出土遗物

长方形竖穴土坑墓。墓口距地表深70厘米，墓口长260、东西宽110厘米，墓底长250、东西宽115~123厘米，墓深450厘米。（图2-209A）

经过夯实的红褐色花土，土质坚硬。夯层厚4~25厘米，夯窝十分清晰，夯窝直径为6~11、深4厘米。墓室填土内殉狗，腐蚀严重。另有猪左前腿骨。（图2-209B）

熟土二层台宽22~30、高50厘米。

二层台上部的南北两端的墓壁上各有一壁龛，皆为方形。北部的壁龛，高50、进深10厘米，南部的壁龛稍矮，高30、进深7厘米。

墓底有一长75、宽35、深30厘米的圆角长方形腰坑，内殉一狗。

葬具为一棺一椁。从残存的现象看，棺长约194、宽约78、高48厘米，棺板的厚度不清楚。棺板上髹有白漆和红漆。椁内框长210、宽90厘米，椁板厚5~7、高50厘米（图2-209A、C）。椁底部用7根圆木搭成"井"字形。椁四壁均是用2块板合在一起的，南北两端的板插在东西两侧的板中。椁板南北长为240厘米，北端插进墓壁，南端未及墓壁。椁外立有4根木柱，用于固定椁板，木柱的高度与椁一致，其下端插入生土中约20厘米。木柱的一端呈尖锥形。这充分证明，在许多墓室底部发现的桩孔主要用于构筑椁室，固定椁板而在墓底打下的木桩的孔洞（图2-209D）。在该墓中，除了在墓室底部发现有桩孔外，在墓室的四周二层台内，也发现一些横向插入墓壁的孔洞，也应是木棍的痕迹，一端插入墓壁，另一端与椁室相连。目的还是稳固椁室。后被夯打在二层台内。

在椁盖板上盖有草席，纹饰清晰可见。

墓主因骨骼保存不好，无法鉴定。仰身直肢，头朝南。

西部二层台上随葬陶觚和陶爵各1件，腰坑中发现1枚贝。

陶觚　1件。

NM138:2，泥质灰陶。残。仅剩口、腹部残片，喇叭口，直筒形腹。口径10.7、残高11.6厘米。（图2-209E）

陶爵　1件。

NM138:1，Ⅵ式。泥质灰陶。残。短流无尾，束腰，下腹部略外鼓，半环形鋬，锥形足外撇。口径8.7、残高9.5厘米。（图2-209E）

贝　1枚。A型货贝。

墓葬年代： 殷墟四期早段。

NM142

位于 NT1927 的东南角，东距东隔梁100厘米，南部进入 NT1926 北隔梁内。开口于③层下，打破④层。方向为353度。（图2-210A~D；彩版一九四、一九五）

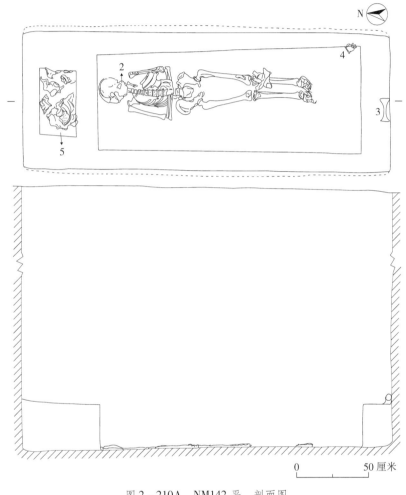

图2-210A　NM142平、剖面图

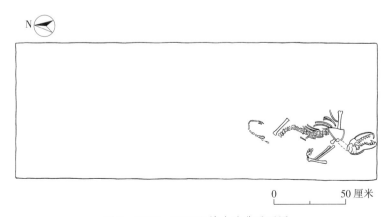

图2-210B　NM142填土殉狗平面图

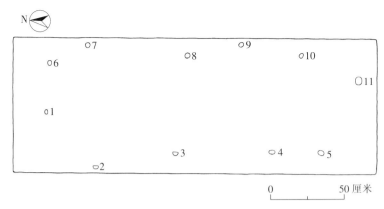

图 2 - 210C　NM142 墓底桩孔图

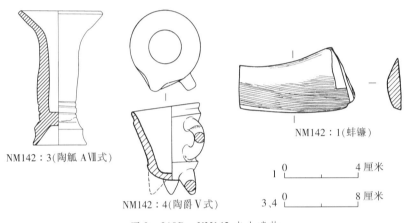

NM142：3(陶觚 A Ⅶ式)

NM142：4(陶爵 Ⅴ式)

NM142：1(蚌镰)

图 2 - 210D　NM142 出土遗物

长方形竖穴土坑墓，墓壁较直，东西两壁在二层台的高度时略有外扩，大于墓口约几厘米，墓底较为平整。墓口距地表约 80 厘米，墓口长 250、宽 90 厘米，墓深约 335 厘米，填土为褐色花夯土，土质坚硬（图 2 - 210A）。填土内出有少量陶片。距墓口 250 厘米处的墓室南侧填土中出有一殉狗，殉狗头向南，前肢被缚于背部（图 2 - 210B）。在填土中出有蚌镰残片 1 件。

墓底的二层台高约 30、宽 15 ~ 20 厘米，北端二层台较宽，宽约 50 厘米。

葬具为一棺。因腐朽过甚，不甚清楚。根据二层台推断，棺长约 180、宽 62.5 ~ 70、高 30 厘米，北侧较窄，南侧较宽。在墓主骨架上发现棺盖板的痕迹。盖板上髹有漆，为红色底漆上髹有黑色弦纹。

在墓底发现有 11 个木桩孔洞，南北两端各有 1 个，东侧发现有 5 个，西侧发现有 4 个，排列不甚整齐。孔洞平面呈长方形和椭圆形，直径 2 ~ 5、深 15 ~ 30 厘米。（图 2 - 210C）

墓主骨架已腐朽呈粉状。墓主头北面东，仰身直肢，双手屈于腹部，双脚并拢。墓主口中贝 1 枚。

在北二层台上置漆器 1 件；在南二层台上有陶觚、陶爵各 1 件。

陶觚　1 件。

NM142：3，A 型Ⅶ式。修复。腹部有凹弦纹三周。口径 9.2、圈足径 5.9、高 14.3 厘米。（图 2 - 210D）

陶爵　1 件。

NM142：4，Ⅴ式。完整。口径 7.8、高 9.8 厘米。（图 2 - 210D）

漆器　1 件。

NM142:5，可能为漆盘或俎。长40、宽25厘米。以白彩为底，上以黑彩描绘的纹饰，在纹饰之间的空隙上髹有黄漆和红漆，或以黑色小点装饰。漆器的具体图案已难以辨认，其中可见有兽面状，可能为兽面纹。（图2-210A）

蚌镰　1件。

NM142:1，残。由蚌壳锯磨而成，背部较直，弧刃较薄。残长6.2、宽2.2～3.3、厚0.5～0.8厘米。（图2-210D；彩版一九四，3）

贝　1枚。A型货贝。

墓葬年代：殷墟四期早段。

人骨鉴定：

骨质极差，头骨挤压变形呈碎片，肢骨多腐朽残损严重。

女性。50～60岁。身高约150厘米。

耻骨性征明显，耻骨联合面清晰。牙齿磨耗严重，皆为5级。

耻骨联合面呈退行性疏松小孔状。牙齿磨耗偏重。

NM145

位于NT2026的北隔梁，距西壁约550厘米。开口于③层下，打破④层和H74。方向为5度。（图2-211A～F；彩版一九六）

长方形竖穴土坑墓，墓壁较直，墓底较平。墓口距地表约80厘米，墓口长260、宽110厘米，墓深约210厘米。（图2-211A）

距墓口105厘米的墓室南壁处出有殉狗，保存不好，仅剩头骨、尾骨和部分后腿骨。从残迹分析，狗头东尾西，侧身，前肢被缚于背部（图2-211C）。在距墓口140厘米的墓室西壁处出有殉狗，头南侧卧，四肢屈于腹下。颈部系1件铜铃。（图2-211B）

墓底的熟土二层台高约40、宽20～35厘米。

墓底腰坑呈圆角长方形，长约60、宽约27、深约20厘米。坑壁为斜壁。坑内无物。填土为褐色花夯土，土质坚硬。

在墓底发现10个木桩孔洞，南北端各有1个，东西两侧各有4个，分布对称。孔洞平面呈长方形，直径1.5～5厘米，深10～30厘米。（图2-211E）

葬具为一棺一椁。椁的左右侧板以及前后挡板的痕迹较为清楚。残存板灰高5～10厘米。椁长约240、宽90、高40厘米。棺盖板塌落在墓主骨架上，上髹黄漆和黑色条纹漆绘。棺长约208、宽65厘米。（图2-211D）

墓主骨架已腐朽呈粉状。墓主头北面东，仰身直肢，双脚并拢，左手置于胸部，右手屈于体侧。

距墓口140米填土中东壁下出有陶瓿和陶爵各1件。（图2-211B）

陶瓿　1件。

NM145:3，泥质灰陶。残。仅剩腹部残片，瘦腹，直筒形，残高10.7厘米。（图2-211F）

陶爵　1件。

NM145:2，Ⅵ式。口径6.8、高9.4厘米。（图2-211F）

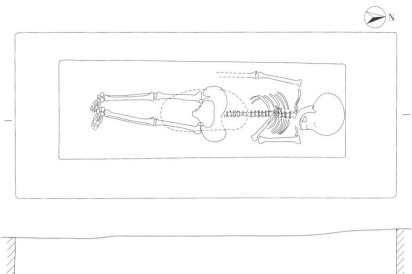

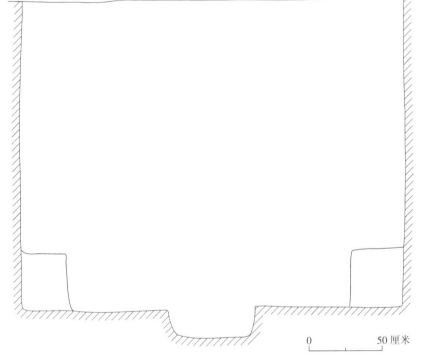

图 2 - 211A NM145 平、剖面图

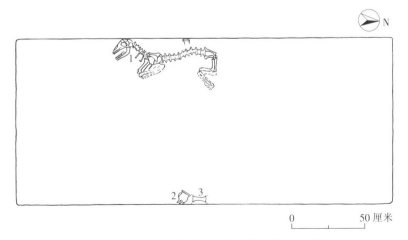

图 2 - 211B NM145 填土殉狗及随葬器物平面图

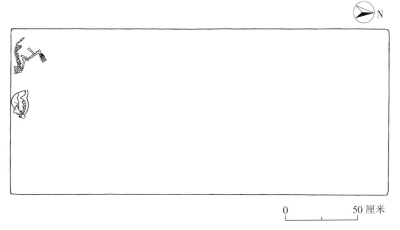

图 2-211C NM145 填土殉狗平面图

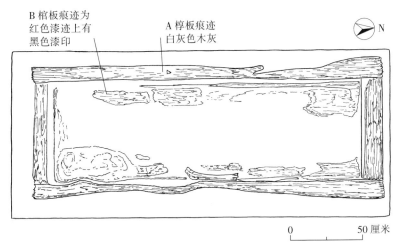

图 2-211D NM145 棺椁结构图

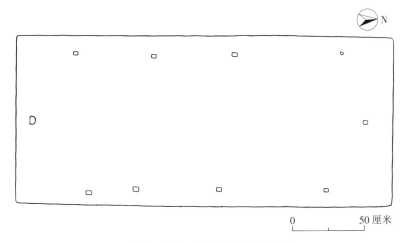

图 2-211E NM145 墓底桩孔图

铜铃 1件。

NM145：1，Aa 型 II 式。残。素面，锈蚀严重。通高 6.5、口缘径 2.3×3.6、腔壁厚 0.2 厘米。（图 2-211F；彩版一九六，3）

背瘤丽蚌 1枚。

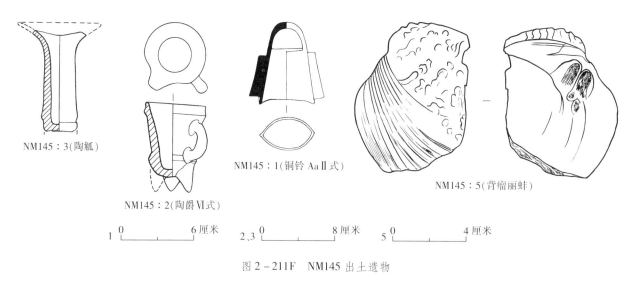

NM145：3（陶觚）

NM145：2（陶爵Ⅵ式）

NM145：1（铜铃 AaⅡ式）

NM145：5（背瘤丽蚌）

1 0────────6厘米

2、3 0────────8厘米

5 0────────4厘米

图2-211F　NM145 出土遗物

NM145：5，残。单扇，体大，厚重，背部密生瘤状突起。残宽6.5厘米。（图2-211F；彩版一九六，4）

贝　1枚。A型货贝。

墓葬年代：殷墟四期早段。

人骨鉴定：

骨质极差，皆呈粉状，仅具其形。

男性？成年。身高约170厘米。

NM153

位于 NT2030 的西部。开口于③下，打破生土。方向为17度。（图2-212；彩版一九七）

长方形竖穴土坑墓，口小底大。墓口距地表65厘米，墓口长210、宽80厘米，墓底长240、宽95厘米，墓深170厘米。墓室内填灰褐色花夯土。在距墓口110厘米深处发现一具殉狗的骨架，保存较好。狗头向南。

葬具为木棺，长210、宽80厘米，高度不详。

在墓底发现4个桩孔，有圆形和椭圆形两种，直径3~4、深2~4厘米。

编号	位置	形　状	直径（厘米）	深度（厘米）
A	北边中部	圆形	3	3
B	东部北端	椭圆形	3.5	2
C	南边偏东	圆形	4	3.5
D	西边中部	圆形	2	4

墓主仰身直肢，头向北，面各西。双手交于腹部。

墓主口内含贝1枚。另有陶觚、爵各1件，位于墓主下肢西侧。

陶觚　1件。

NM153：2，B型Ⅰ式。泥质灰陶。修复。器形矮小，喇叭口，腹较粗，腹下部有凸棱一周，矮圈足外撇，素面。口径10.2、圈足径6.1、高11.8厘米。（图2-212；彩版一九七，2）

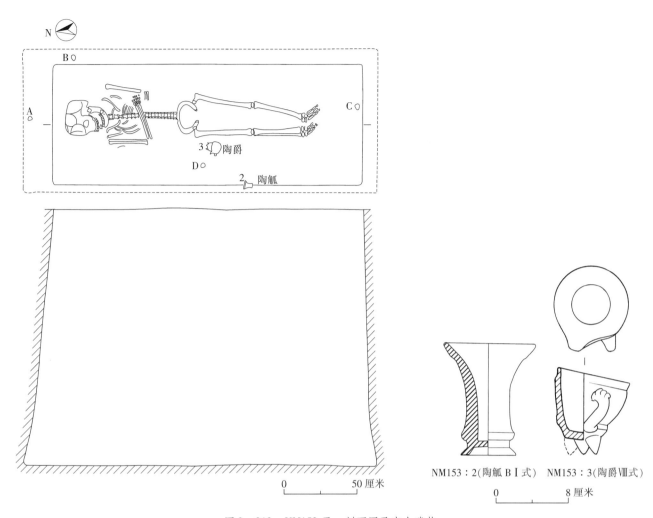

图 2 – 212 NM153 平、剖面图及出土遗物

NM153：2（陶觚 B I 式） NM153：3（陶爵Ⅷ式）

陶爵 1件。

NM153：3，Ⅷ式。泥质灰陶。修复。器形矮小，敞口，拱形鋬，腹内收，底稍平，三锥足，口沿外侧有浅凹槽一周。口径8.2、高9.4厘米。（图2 – 212；彩版一九七，3）

贝 1枚。A型。

墓葬年代：殷墟四期早段。

人骨鉴定：

骨质极差，头骨挤压成饼状，肢骨腐朽严重，多呈粉状。

女性？30～35岁。身高约167厘米。

头骨倾向于女性。骨密度1级。牙齿磨耗3级。

NM179

位于 NT2021 的西北角，东邻 NM138。在 F8 下被发现，打破生土。方向为 185 度。（图 2 – 213A、B；彩版一九八）

长方形竖穴土坑墓，口小底大。墓口距地表深 130 厘米，墓口长 210、东西宽 85 厘米，墓底长

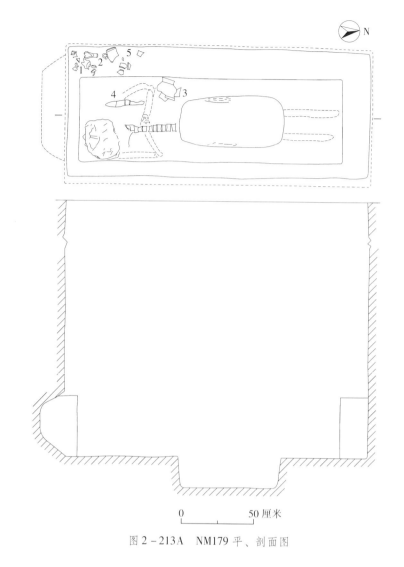

图 2 - 213A　NM179 平、剖面图

225、东西宽 92 厘米，墓深 260 厘米。黄褐色五花夯土，土质比较坚硬。夯层厚 15 ~ 25 厘米，夯窝十分清晰，为两根集束所夯，夯窝直径为 5 ~ 7、深 3 厘米。（图 2 - 213A）

熟土二层台宽 10 ~ 20、高 40 厘米。在南面与墓底相连有一斜坡形的壁龛，向生土伸入 25 厘米，其宽为 70 厘米。在南壁二层台内有一龛向生土伸入 15 厘米，其高为 45 厘米，呈半圆形。

墓底中部有一长 70、宽 35、深 20 厘米的长方形腰坑，坑壁较斜，其内无物。

葬具为一棺。从残存的迹物判断，棺长 180、宽 55、高 40 厘米，两侧棺板厚度、块数不清楚，棺板上髹红、白漆。

墓主骨骼成粉末状，仰身直肢，头向南。两手放于胸部。

墓主左肩部随葬铜戈，有一残余的木柄。西南角的二层台上放置陶觚、陶爵各 1 件，棺内墓主身上有陶簋 1 件，应是从棺上陷落于此。

陶觚　1 件。

NM179：2，泥质灰陶。残。仅剩腹部残片，瘦腹，直筒形。残高 8.2 厘米。（图 2 - 213B）

陶爵　1 件。

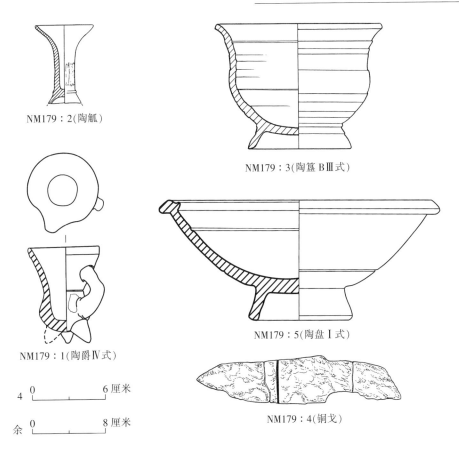

NM179：2（陶觚）

NM179：3（陶簋 BⅢ式）

NM179：1（陶爵Ⅳ式）

4 0   6厘米

余 0   8厘米

NM179：5（陶盘Ⅰ式）

NM179：4（铜戈）

图 2 - 213B NM179 出土遗物

NM179：1，Ⅳ式。修复。口径7.8、高10.2厘米。（图2-213B）

陶簋 1件。

NM179：3，B型Ⅲ式。修复。器表颈、腹部饰凹弦纹八周，足部饰凹弦纹二周。口径18.4、圈足径11.4、高13.3厘米。（图2-213B；彩版一九八，2）

陶盘 1件。

NM179：5，Ⅰ式。修复。盘内、外壁各饰凹弦纹一周。口径30.6、圈足径11.5、高12.5厘米。（图2-213B）

铜戈 1件。

NM179：4，残。质轻薄，锈蚀严重。条形援，援末残，两面粘有木材朽痕；内部后端下垂。残长16.9、援长13.2、宽3.8厘米。（图2-213B）

墓葬年代：殷墟四期早段。

SM570

位于ST2006的西部，南靠SM395。开口于②层下，被H222打破，本身打破生土。方向为0度。（图2-214；彩版一九九，1）

长方形竖穴土坑墓，墓壁残存部分较整齐。墓口南北残长155、东西宽58厘米，墓底与墓口的尺寸相等，墓深35厘米。填土为黄褐色花土，土质较硬。

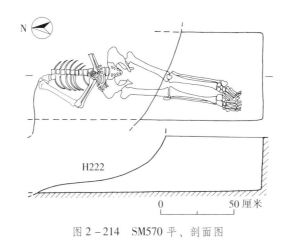

图 2 - 214 SM570 平、剖面图

未见葬具。

墓主头部被 H222 灰坑毁掉,残高至肩部 130 厘米。骨架保存较好。墓主的葬式应为仰身直肢,头向北。

无随葬品。

墓葬年代: H222 年代为殷墟四期早段,因而 SM570 不晚于四期早段。

人骨鉴定:

女性。30~35 岁。

盆骨、肢骨性征明显。骨密度中等粗壮度弱。耻骨联合面残片。

腰椎有轻度增生现象。左右第一跖骨上有明显跪踞面痕迹。

SM589

位于 ST2306 东南部。开口于 H252 下,SM589 打破生土。方向为 20 度。(图 2 - 215;彩版一九九,2)

长方形竖穴土坑墓,墓壁垂直。墓口距地表深 150 厘米,口底同大,长 140、宽 40 厘米,墓深 60 厘米。填土为黄灰夯土,土质较硬。

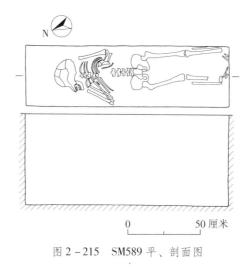

图 2 - 215 SM589 平、剖面图

在墓主人骨下有席纹，临墓壁边有较少席纹，可见人骨下铺有席。

墓主为俯身直肢葬，头北面西。人骨保存完好，双手弯折于胸下，下肢顺直，偏向东侧。

墓葬年代：H252 属殷墟四期早段，因而 SM589 年代不晚于此时。

人骨鉴定：

性别不明。10 ± 岁。

恒齿萌出顺序清晰。

SM592

该墓位于 ST3609 西南部。开口于①层下，其西边上部被 SM591 打破，南部被 H461 打破。中部有一东西向盗沟，横穿 SM592 和 SM591，深度超出墓底约 32 厘米，腰坑被破坏。方向为 192 度。（图 2 -216A、B；彩版一九九，3；彩版二〇〇，1 ~ 3）

长方形竖穴土坑墓。墓口距地表约 50 厘米，墓口长 232、宽 86 ~ 90、墓深 97 厘米，口部被 SM591 打破，深约 60 厘米。SM591 向西挪位以避免两墓重叠。填土为红褐花土，土质坚硬，夯层厚约 20 厘米，夯窝稀疏，分布无规律，窝径 6 ~ 8 厘米，剖面呈半球状。（图 2 -216A）

二层台北端宽 16 ~ 18、南端宽 20、东侧宽 13 ~ 14、西侧宽 17 ~ 18、高约 23 厘米。

木棺南部及中部被扰，北部保存少部分棺盖板残段。共有三块板，板宽约 15 厘米，残长 20 ~ 50 厘米，上髹白黄漆，略显黑，红彩绘，图案不清。根据二层台推断木棺长 195、宽 55 ~ 58、高 23 厘米。

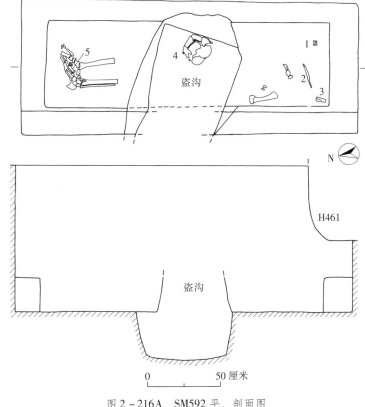

图 2 - 216A　SM592 平、剖面图

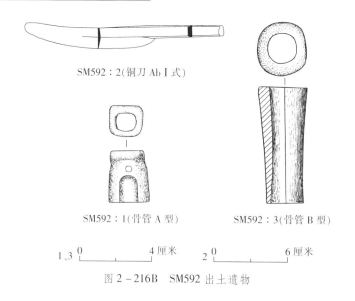

SM592：2(铜刀 Ab I 式)

SM592：1(骨管 A 型)　　　　SM592：3(骨管 B 型)

1,3 0 _____ 4厘米　　2 0 _____ 6厘米

图 2-216B　SM592 出土遗物

墓主骨架被扰，头骨破碎与部分肢骨堆于盗沟底部，北部两条小腿及脚保存完好。墓主头向南，仰身直肢，双脚并拢，趾尖向东，男性，年龄 30~35 岁，身高不详。

随葬有方骨管 1 件，小铜刀 1 件，圆骨管 1 件。在盗沟内发现有货贝 2 枚，在足部发现货贝 1 枚。

铜刀　1 件。

SM592：2，Ab 型 I 式。完整。通长 16.4、柄长 5.8、刀身宽 1.8、柄宽 1、背厚 0.2、柄厚 0.3 厘米。重 0.032 千克。(图 2-216B；彩版二〇〇，1)

骨管　2 件。

SM592：1，A 型。残。体短小。一端有凹槽，两侧有对称的小圆孔。腐朽严重。长 2.7、直径 2.2 厘米。(图 2-216B；彩版二〇〇，2)

SM592：3，B 型，残。体较长。长 6.2、直径 1.9~2.7 厘米。(图 2-216B；彩版二〇〇，3)

贝　3 枚，A 型。

墓葬年代：被殷墟四期早段的 H461 打破，因而其年代不晚于殷墟四期早段。

SM625

位于探方西南部，向南进入 ST2705 的北隔梁。开口于③层下，被 H343 打破，打破生土。方向为 20 度。(图 2-217；彩版二〇〇，4)

长方形竖穴土坑墓，墓壁由口至底部向外倾斜，较平整。墓口距地表深约 78 厘米，墓口长 186 厘米，宽 77~93 厘米，墓底为长方形，长约 194、宽 87~91 厘米，墓深约 125 厘米，填土分两层，上层为灰黄色土，下层为黄色花土，未经夯打。上下两层都出土少量泥质灰陶和夹砂红陶的陶片及少量动物骨骼。

墓底有熟土二层台，保存不完整，宽约 12、高 25 厘米。

腰坑平面呈梯形，距墓口深 122 厘米，腰坑长 40、宽 23~28、深约 7 厘米，坑中发现狗的下颌骨。

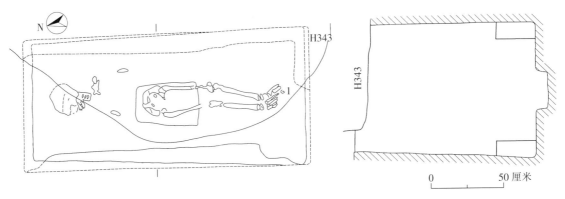

图 2 - 217 SM625 平、剖面图

葬具被扰，从二层台判断，应为木棺，长 177、宽 62、残高 25 厘米。

墓主头向朝北，面向朝西，仰身，下肢略弯曲。下肢骨骼完整，上肢及胸部、腹部骨骼仅残存几块碎骨，头骨保存较差。

在左趾骨南侧有 1 枚 A 型货贝。

墓葬年代：H343 为殷墟四期早段，因而此墓不晚于此时。

人骨鉴定：

人骨保存状况较差，仅 7 颗上颌恒齿被采集。左侧第二臼齿发育程度为 R3/4（3/4 齿根发育形成），右侧第二臼齿发育程度为 Rc（齿根发育完全）。第一臼齿齿尖稍有磨耗。第二臼齿齿尖磨耗不明显。据以上信息推测，墓主的年龄 11～14 岁。性别未知。

SM874

位于 ST2214 西南部。开口于①层下，被殷墟四期早段的 SM875 打破南边。方向为 23 度。（图 2 -218；彩版二〇一，1）

长方形竖穴土坑墓，墓壁略内收，口大底小，东西两壁略外扩。墓口距地表约 2 厘米，墓口长 208、东西宽 68 厘米，墓底长 202、宽 78 厘米，墓深 120 厘米。填土为红褐色花夯土，质硬，夯层厚约 20 厘米，夯窝清晰，直径 5～7、深约 4 厘米，夯具为单棍。

墓底东、南、西三壁有熟土二层台，北面没有发现二层台，二层台高 16、宽 12～20 厘米。

葬具为一棺，从残存迹象判断，棺长 193、宽 42～49、残高 16 厘米，两侧棺板厚约 3 厘米，棺板上髹有白漆。

骨骼范围长度 150 厘米，墓主下颌骨残，躯干骨及上肢骨缺失；葬式为头北面东，仰身直肢，双脚向东撇。

无随葬品。

墓葬年代：不晚于殷墟四期早段。

人骨鉴定：

女性？成年。

肢骨细弱，滚密度较小。

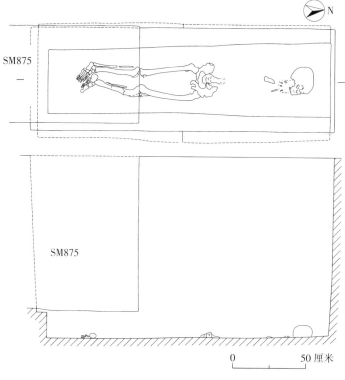

SM875

SM875

0   50 厘米

图 2 - 218   SM874 平、剖面图

SM912

位于 ST2214 东北部。墓葬方向 213 度。开口于①层下，被 H660 打破，SM912 直接打破生土。（图 2 - 219）

长方形竖穴土坑墓，南端宽于北端，墓壁垂直。墓口长 190、东西宽 70 ~ 80 厘米，墓残存深度为

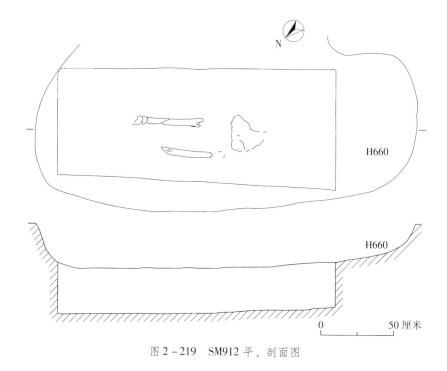

H660

H660

0   50 厘米

图 2 - 219   SM912 平、剖面图

30～35 厘米。墓底南部稍高。填土为红褐色花土，质硬，未发现夯窝、夯层。

未见葬具。

墓主骨骼腐朽严重，墓主年龄、性别、身高不详，只残存两截股骨外，其余骨骼均已腐朽，从股骨判断，墓主头向南。

无随葬品。

墓葬年代：打破该墓的 H660 为殷墟四期早段，因而其年代不晚于殷墟四期早段。

SM918

位于 ST3007 东南部，南侧少部在 ST3006 内。开口于④层下，其打破 H642 及生土。方向为 190 度。（图 2－220A、B；彩版二〇一，2～4）

长方形竖穴土坑墓，墓壁较直。墓口距地表约 168 厘米，墓口长 190、东西宽 60 厘米，墓深约 80 厘米，填土为灰褐色花土，土质较硬，夯层不明显。（图 2－220A）

在墓底中部有一圆角长方形腰坑。腰坑南北长 97、东西宽 49、深约 15 厘米。坑底部呈锅底状，坑内有一殉狗。殉狗头北面东，侧卧，前肢北缚置于背部，后肢屈于腹下。（图 2－220A）

葬具为一棺，紧贴着墓底四壁放置。已朽成灰烬，具体形制不明。棺南北长约 190、宽 60 厘米。墓主的骨架保存较好。

墓主葬式为头南面上，仰身直肢，右手弯曲放于腹部，右下肢的胫骨横置于棺内。墓主骨骼范围

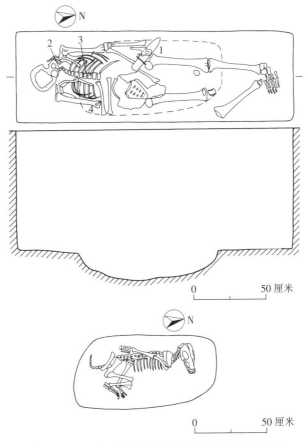

图 2－220A　SM918 平、剖面图及腰坑殉狗平面图

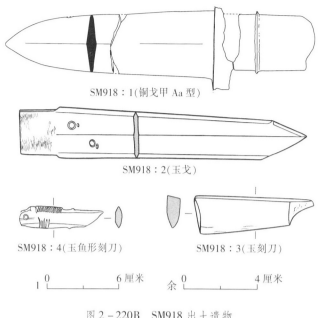

SM918:1(铜戈甲 Aa 型)

SM918:2(玉戈)

SM918:4(玉鱼形刻刀)　　　　SM918:3(玉刻刀)

1　0　　　　　6厘米　　余　0　　　　4厘米

图 2 - 220B　SM918 出土遗物

长度 170 厘米。

在墓主的左股骨上放置残铜戈 1 件。在墓主口中有残玉戈 1 件。在墓主胸部放置残玉器 1 件。在腰坑中有玉鱼形刻刀 1 件。

铜戈　1 件。

SM918:1，甲 Aa 型。残。整体厚重，直内，后端有一刺，上、下两端均出阑，长条形宽援，中脊隆起，援末呈三角形。锈蚀严重。残长 25.6、援长 17.6、援最宽 5.5、内宽 4.6、阑宽 6.5、援厚 0.8、内厚 0.9 厘米。重 0.284 千克。（图 2 - 220B）

玉戈　1 件。

SM918:2，残。青灰色，有杂斑，玉质温润。长方形直内。三角形条形援，有中脊，边刃锐利，援本部有两个对钻孔。内表面未抛光，援部双面抛光。通长 15.5、内长 1.9、内宽 2.3、援宽 2.6、援中脊厚 0.3 厘米。（图 2 - 220B；彩版二○一，2）

玉刻刀　1 件。

SM918:3，残。青色，有白斑。柄残断，断面经打磨；刀背厚直，前端形成双面直刃。通体抛光。长 6.3、宽 1.3～1.8、厚 0.6 厘米。（图 2 - 220B；彩版二○一，4）

玉鱼形刻刀　1 件。

SM918:4，微残。青色，有褐斑。直体，口部残，阴线刻出鳃、鳍，头部双面桯钻出小圆穿，尾部斜出刻刀。长 4.6、宽 1.2、厚 0.3 厘米。（图 2 - 220B；彩版二○一，3）

墓葬年代：殷墟三期。

人骨鉴定：

男性。50～60 岁。

盆骨片性征明显。骨质疏松。

骨质极为疏松，达 3 级。腰椎重度增生。